UTB

UTB **3143**

Eine Arbeitsgemeinschaft der Verlage

Böhlau Verlag · Köln · Weimar · Wien
Verlag Barbara Budrich · Opladen · Farmington Hills
facultas.wuv · Wien
Wilhelm Fink · München
A. Francke Verlag · Tübingen und Basel
Haupt Verlag · Bern · Stuttgart · Wien
Julius Klinkhardt Verlagsbuchhandlung · Bad Heilbrunn
Lucius & Lucius Verlagsgesellschaft · Stuttgart
Mohr Siebeck · Tübingen
C. F. Müller Verlag · Heidelberg
Orell Füssli Verlag · Zürich
Verlag Recht und Wirtschaft · Frankfurt am Main
Ernst Reinhardt Verlag · München · Basel
Ferdinand Schöningh · Paderborn · München · Wien · Zürich
Eugen Ulmer Verlag · Stuttgart
UVK Verlagsgesellschaft · Konstanz
Vandenhoeck & Ruprecht · Göttingen
vdf Hochschulverlag AG an der ETH Zürich

Markus Rhomberg

Politische Kommunikation

Eine Einführung für Politikwissenschaftler

Wilhelm Fink

Markus Rhomberg, Dr. phil., geb. 1979, Wissenschaftlicher Mitarbeiter am Lehrstuhl für Medienwissenschaften an der Zeppelin Universität Friedrichshafen. Studium der Politik- und Kommunikationswissenschaft an der Universität Wien, Promotion am Institut für Politikwissenschaften der Universität Wien. Arbeitsgebiete: Politische Kommunikation, öffentliche Meinung und Diskurse, Journalismusforschung, Risikokommunikation, internationale und globale Ebenen politischer Kommunikation.

Bibliografische Information der Deutschen Nationalbibliothek

Die Deutsche Nationalbibliothek verzeichnet diese Publikation in der Deutschen Nationalbibliografie; detaillierte bibliografische Daten sind im Internet über http://dnb.d-nb.de abrufbar.

Gedruckt auf umweltfreundlichem, chlorfrei gebleichtem
und alterungsbeständigem Papier ♾ ISO 9706

(Wilhelm Fink GmbH & Co Verlags-KG, Jühenplatz 1, D-33098 Paderborn)
Internet: www.fink.de

ISBN 978-3-7705-4697-8

Printed in Germany.
Herstellung: Ferdinand Schöningh, Paderborn
Einbandgestaltung: Atelier Reichert, Stuttgart

UTB-Bestellnummer: 978-3-8252-3143-9

Für A.

Inhaltsverzeichnis

Abbildungs-, Skizzen- und Tabellenverzeichnis

Abbildungsverzeichnis

Skizzenverzeichnis

Tabellenverzeichnis

Zum Buch | Einleitung

Kommunikation ist das zentrale Strukturelement demokratischer Systeme. Bereits in der antiken Form von Demokratie begegnen uns öffentliche Kommunikationen zur politischen Diskussion und Entscheidungsfindung auf der *Agora*, in modernen Demokratien haben massenmediale Kommunikationen diese Vermittlerrolle zwischen (gewählten) politischen Akteuren und dem Publikum in der politischen Öffentlichkeit übernommen. Das, was wir über Politik wissen, wissen wir fast ausschließlich aus den Medien. Deshalb stehen die Wirkungen und die Funktionen der Massenmedien in der Diskussion zwischen Regierenden und Regierten im Zentrum dieses Buches. Dieses Verhältnis wird von den Massenmedien und seinen Wirkungen auf das Publikum bzw. die politischen Akteure im Forum der Öffentlichkeit entscheidend geprägt. Welche normativen Funktionsverständnisse der Medien gibt es dabei, welche Funktionen leisten die Medien für die Gesellschaft, wie aber sieht die empirische Realität aus? Welches sind die individuellen Wirkungen medienvermittelter Politik auf den Grad politischer Informiertheit, politischen Involvement und Verhaltens? Oder allgemeiner: Wie gestalten sich die langfristigen Folgen für die Gesellschaft und das politische System, im Hinblick auf Responsivität, Partizipationsbereitschaft, Wandlungsfähigkeit und Legitimation?

Wir ordnen die politischen Dimensionen von Medienwirkungen anhand dieser thematischen Schwerpunkte, und werden nicht einzelne Theorien und Modelle der Medienwirkungsforschung abarbeiten. Beleuchtet werden dabei – unter Zuhilfenahme empirischer Ergebnisse – die Rolle und die Wirkungen der Medien in Verbindung mit demokratischen Strukturprinzipien wie etwa Pluralismus, Partizipation, Repräsentation, Responsivität und Legitimation. Diese Fragestellungen werden eingebettet in ein Gesamtsystem von gesellschafts- und politiktheoretischen Überlegungen zur Rolle der Medien in demokratischen Prozessen und zu den Funktionen einer politischen Öffentlichkeit.

Vorgehen | Didaktischer Aufbau

Dieses Lehrbuch richtet sich vor allem an Studierende der Politikwissenschaft (sowohl im BA- als auch im MA-Bereich), aber auch an verschiedene Studiengänge der Publizistik-, Medien- und Kommunikationswissenschaft (BA- und MA-Module, die sich mit politischen Systemen aus einer Medien-Perspektive beschäftigen).

Das Buch teilt sich in acht Kapitel. In einem Trichtermodell bewegen sich die ersten zwei Kapitel auf einer allgemeineren Ebene und geben einen Einblick in die Themenfelder und Wirkmodelle der politischen Kommunikationsforschung und verorten die Massenmedien als zentrale Instanz moderner Gesellschaften.

Die Kapitel 3 bis 7 konzentrieren sich dann auf spezielle Phänomene der politischen Kommunikationsforschung: von der grundsätzlichen Frage, wie viel Interesse und Information demokratische Systeme überhaupt benötigen, über die Routinen medialer Selektion und deren Abhängigkeiten, die Frage nach Partizipationsmöglichkeiten über die Massenmedien, bis hin zu medialen Einflüssen auf Repräsentation, Wahlentscheidungen und Responsivität. Kapitel 8 weitet wieder die Perspektive und führt unter dem Gedanken der Integration und Legitimation diese Aspekte zusammen und beschäftigt sich ebenso mit der grundsätzlichen Frage nach der demokratischen Integration in moderne Mediengesellschaften.

Das Ziel dieses Buches ist es, einen politikwissenschaftlich orientierten Zugang zu Fragen der politischen Kommunikationsforschung zu schaffen. Dies geschieht einerseits über den Aufbau, andererseits aber auch über eine Vielzahl von Abbildungen, Tabellen, Originalzitaten, Fallbeispielen sowie Tipps für die weitere Lektüre. Ebenso versuchen wir mit einer Reihe von handgezeichneten Skizzen komplexe Sachverhalte grafisch aufzubereiten und dem Leser so die Einordnung und das Verständnis zu erleichtern.

Zu Beginn jedes Kapitels zeigt eine Textbox auf, welche Erkenntnisziele für das jeweilige Kapitel gesetzt wurden. Am Ende jedes Kapitels finden Sie zentrale Schlüsselbegriffe in einem Glossar sowie eine Reihe von Diskussionsfragen, die die Erkenntnisse aus dem Kapitel festigen sollen.

Weitere Informationen, zusätzliche Diskussionsfragen zu jedem Kapitel, Links zu frei zugänglichen wissenschaftlichen Texten und aktuellen journalistischen Beiträgen sowie eine Mindmap, die die Inhalte der einzelnen Kapitel und deren Verbindungen veranschaulicht, finden Sie unter www.utb-mehr-wissen.de im Fachbereich Politik.

Danke | Abbildungen, Grafiken, Lektorat

Ohne die Mithilfe von lieben Menschen wäre dieses Buch nicht möglich gewesen: Vielen Dank an Klaus Schönbach für viele Stunden voller Diskussion über den Inhalt und die Ausrichtung dieses Buches. Großen Einfluss darauf hatte auch Diethard Sawitzki vom Fink-Verlag, der mit zahlreichen Anmerkungen und Anregungen das Gelingen dieses Buches entscheidend beeinflusste. Ebenso gilt mein Dank an Alois Mätzler, Michael Gasser und deren Büros für die Gestaltung der Abbildungen.

Für die kritische Reflexion und die gestalterische Umsetzung der Ideen für die Skizzen danke ich Aleksandra Andrzejewska. Mein größter Dank gilt ihr für ihre Zeit, ihr aufmerksames, intensives und diskussionsfreudiges Lektorat. Ihr möchte ich auch dieses Buch widmen. Für Dich!

1. Der massenmediale Kommunikationsprozess

„Was wir über unsere Gesellschaft, ja über die Welt, in der wir leben, wissen, wissen wir durch die Massenmedien“ (Luhmann 1996: 1).

Mit diesem Satz beginnt der Soziologe Niklas Luhmanns sein im Jahr 1996 erschienenes Essay über die gesellschaftliche Funktion der Massenmedien. Medien, so erklärt er, konstruieren eine für uns alle wahrnehmbare Realität. Eine Realität, von der wir ausgehen können. Diese Annahme einer Konstruktion von Realität durch die Massenmedien ist weit verbreitet, die Frage nach dem Verhältnis von Wirklichkeit und medial vermittelter Realität ist eine der Grundfragen der Massenkommunikationsforschung. Bereits 1922 stellte der Kommunikationswissenschaftler Walter Lippmann (1922: 18) fest: „The world that we have to deal with politically is out of reach, out of sight, out of mind. It has to be explored, reported and imagined“. Im Gegensatz zu einer realistischen Perspektive, die die Existenz einer objektiven, wahrnehmbaren Realität unterstellt und von den Massenmedien fordert, diese grundsätzliche Realität einzufangen und möglichst getreu abzubilden, erkennen konstruktivistische Perspektiven die Massenmedien als ein aktives Element im Definitionsprozess sozialer Wirklichkeit an: „Ihre Aufgabe besteht darin, die Stimuli und Ereignisse in der sozialen Umwelt zu selektieren, zu verarbeiten, zu interpretieren“, stellt Winfried Schulz (1989: 142) fest. In diesem Sinne bilden Medien nicht die Wirklichkeit ab, sondern schaffen Vorstellungen von Realität. Wir können davon ausgehen, dass auch andere diese Vorstellungen von Realität anerkennen, diese Wirklichkeiten sozial akzeptiert sind und demnach zur Grundlage gesellschaftlichen Beobachtens und Handelns gemacht werden können.

Unsere heutigen Lebenssituationen können ohne Medien und Massenmedien nicht gedacht werden. Die Medien sind allgegenwärtig in Politik und Wirtschaft, Arbeit und Freizeit, Bildung und Kunst, in der öffentlichen wie in der privaten Sphäre. Medien begleiten uns Tag und Nacht an fast jedem Ort. Wir verbringen die meiste Zeit unseres Lebens mit der Nutzung von Massenkommunikation.

Deshalb liegt es nicht fern, heutige Gesellschaften als „Mediengesellschaften“ zu beschreiben. So zumindest tut es die Deutsche Gesellschaft für Publizistik und Kommunikationswissenschaft, die ihre Forschungen selbst als „Wissenschaft der Mediengesellschaft“ (DGPuK 2001) beschreibt und somit dieses Modell als aktuelle Gesellschaftsformation ausruft. Doch was bedeutet diese Zuschreibung?

Erkenntnisziele von Kapitel 1:

- Begriffe von Kommunikation, Massenkommunikation, Medien und Massenmedien klären
- Konzepte der Massenkommunikation kennen lernen
- Wirkungen von Massenmedien auf Individuum und Gesellschaft: Ursprünge, Anwendungen, Kritik verstehen
- Medien in demokratischen Systemen begreifen

In einer kurzen Zeitspanne von nur 100 Jahren werden die Pole erkennbar, zwischen denen sich die Diskussion um die Wirkungen der Massenmedien auf den Einzelnen, die Demokratie und die Gesellschaft bewegen: Zwischen *Staunen* über die vielfältigen Möglichkeiten, die den Botschaften der Massenmedien erwachsen, bis hin zu *Alarmismus* über die Einflüsse und Propagandawirkungen der Medien. Schlussendlich setzte sich die Einsicht durch, dass man nicht pauschal über *die Wirkungen* der Medien als solche auf *die Menschen* sprechen kann, sondern vielmehr differenzieren muss.

Trotz der rasanten Entwicklungen der Informations- und Kommunikationstechnologie, dem Aufstieg einer eigenen kommunikationswissenschaftlichen Disziplin (vgl. Sarcinelli 2001), den enormen Veränderungen der Medienorganisationen und -systeme und der journalistischen Arbeitsweisen scheinen sich die Argumentationen in der öffentlichen Debatte über das Potential und die Möglichkeiten der Medien in den vergangenen Jahren aber nur geringfügig verändert zu haben. So zumindest beschreibt es einer der führenden Kommunikationswissenschaftler, Denis McQuail (2005a: 50):

Zitat

> „Although new media have arisen and social and economic circumstances are very different, there are many continuities and many of the issues that faced the early media theorists and researchers are still with us, sometimes in more acute form".

Im Wesentlichen führt er drei Punkte an, um die sich die aktuellen Diskussionen der Kommunikationswissenschaft zentrieren: (1) Macht und Einfluss neuer Kommunikationsmedien, (2) das soziale Integrationspotential von Medien und (3) die Rolle der Massenmedien als *Massenaufklärer* (50).

1.1 Kommunikation und Massenkommunikation: Begriffsklärungen

Damit wir uns in weiterer Folge mit den aktuellen Fragestellungen der politischen Massenkommunikationsforschung beschäftigen können, benötigen wir zunächst brauchbare Definitionen der Begriffe Kommunikation, Massenkommunikation, Medien und Massenmedien. Wobei das Phänomen der Massenkommunikation hier im Zentrum steht.

Zunächst beschäftigen wir uns mit dem Begriff der **Kommunikation**. Kommunikation ist von den unterschiedlichsten Wissenschaftlern auf verschiedenste Weise definiert worden. Bereits 1977 weist Merten (1977) in seiner Definitionsanalyse auf 160 verschiedene Definitionen von Autoren aus zwölf Wissenschaften hin. Wir wollen uns hier nicht an einer speziellen Definition von Kommunikation festhalten, der Veranschaulichung halber lediglich fünf nennen:

Definition

Verschiedene Definitionen von Kommunikation:

- „The transmission of information, ideas, attitudes, or emotion from one person or group to another (or others) primarily through symbols" (Theodorson/Theodorson 1969).
- „In the most general sense, we have communication wherever one system, a source, influences another, the destination, by manipulation of alternative symbols, which can be transmitted over the channel connecting them" (Osgood et al. 1957).
- „Communication may be defined as ‚social interaction through messages'" (Gerbner 1967).
- „Kommunikation ist der Prozess der Zeichenvermittlung zwischen Akteuren. Sie setzt zu ihrem Gelingen Verständnis und Gemeinsamkeiten und den Kommunizierenden voraus" (Saxer 2002 [1998]: 668).
- Kommunikation ist „Bedeutungsvermittlung zwischen Lebewesen" (Maletzke 1963: 18).

Beispielhaft umfasst Kommunikation also einen Sender, einen Kanal, eine Botschaft, einen Empfänger, eine Beziehung zwischen Sender und Empfänger sowie bestimmte Effekte und einen Kontext, in dem die Kommunikation entsteht und einen Rahmen auf den sich die Botschaft bezieht. Manchmal steckt eine Intention hinter dieser Botschaft, ein Zweck, um zu kommunizieren oder zu empfangen. In vielen Modellen ist eine Feedback-Möglichkeit eingebaut. Das bedeutet, dass erwartet wird, dass der Empfänger zum Sender wird, also ein Wechsel der Rollen (Reziprozität) vonstatten geht. Für den Sender wird dabei deutlich, wie und ob der Empfänger seine Botschaft verstanden hat (vgl. McQuail/Windahl 1993: 4-5).

Kommunikation zwischen Menschen kann definiert werden als eine Form des sozialen Handelns, das mit subjektivem Sinn verbunden ist und sich auf das Denken, Fühlen und Handeln anderer Menschen bezieht. Es handelt sich um ein verbales, bzw. non-verbales Miteinander-in-Beziehung-Treten von Menschen zum Austausch von Informationen. In der Individualkommunikation bezieht sich die Information auf bekannte, in der Massenkommunikation hingegen meist auf unbekannte Empfänger (Rezipienten). Eine Information kann definiert werden als Reduktion von Ungewissheit (vgl. Bonfadelli 2001: 22).

In gesellschaftstheoretischen Zusammenhängen wird Kommunikation oftmals als „gesellschaftliches Totalphänomen" (Saxer 1998b: 26) beschrieben, mediale und massenmediale Kommunikation als Prozess und Ort der gesellschaftlichen Selbstbeobachtung. Die Ubiquität von Kommunikation wird als gesellschaftskonstituierend verstanden, Gesellschaft als Kommunikationsgesellschaft.

Dies lässt sich ebenso auf das System der Politik anwenden, die politische Gesellschaft ist als kommunikativ konstituierte zu begreifen (vgl. Saxer 1998b: 26). Macht in der Mediengesellschaft ist in erster Linie kommunikative Macht (vgl. Habermas 2006), Kommunikation ist damit auch der zentrale Mechanismus der Politik. Dies allein ist keine neue Erkenntnis, bereits die antike Demokratie zeichnete sich durch kommunikative Vermittlung aus. Doch die verwendeten Kommunikationsformen der *Agora* waren direkte, interpersonale Kommunikationen über das Medium Sprache. Die antike Demokratie war im Wesentlichen eine Versammlungsdemokratie und damit abhängig vom physischen Erscheinen der Stimmberechtigten. Dies ist der entscheidende Unterschied zur modernen Demokratie, die den Massenmedien die politische Kommunikation als zentrale Leistung für das moderne politische System zuweist. Bürger müssen nicht mehr persönlich erscheinen, um am politischen Gemeinwesen teilzuhaben, Informationen werden über die Massenmedien vermittelt. Politik ist heute ein fast ausschließlich massenmedial vermitteltes Phänomen.

Daraus ergibt sich, dass das Kennzeichen moderner Gesellschaften und Demokratien die kommunikative Vermittlung über Massenmedien an breit gefächerte, weit verstreute Publika ist.

Deshalb konzentrieren wir uns in diesem Buch auf die Prozesse der Massenkommunikation sowie auf Effekte und Wirkungen der Massenmedien auf den Einzelnen, aber auch auf die Gesellschaft. Moderne Demokratien sind ohne die Möglichkeit, ein breites Publikum über Massenmedien zu erreichen, nicht denkbar.

1.2 Massenkommunikation und Massenmedien

In einer bereits mehr als 40 Jahre alten, aber immer noch allgemein verbreiteten Begriffsbestimmung definiert Gerhard Maletzke Massenkommunikation als „jene Form der Kommunikation, bei der Aussagen öffentlich, durch technische

Verbreitungsmittel indirekt und einseitig an ein disperses Publikum vermittelt werden" (Maletzke 1963: 32).

Ungewohnt für den Betrachter erscheint dabei zunächst der Begriff der *Masse*. Dieser ist nicht im Sinne von Ortega y Gasset (1963), als die *Masse* im Industriezeitalter zu verstehen, in dem die durch massenmedial verbreitete Propaganda und Werbung gesteuerte öffentliche Meinung das Denken und Handeln des Einzelnen bestimmt. Der Begriff der Massenkommunikation wurde aus dem englischen „mass communication" übertragen und weist keine Verbindungen zu diesen Vorstellungen aus. Damit soll lediglich darauf hingewiesen werden, dass sich Aussagen der Massenkommunikation prinzipiell an eine Vielzahl von Menschen richten, die sich für den Kommunikator als unüberschaubar, heterogen und anonym darstellen (vgl. Burkart 2002: 168).[1]

Greifen wir die wichtigsten Merkmale von Maletzkes Definition von Massenkommunikation heraus, so finden wir folgende: öffentlich, indirekt, einseitig, disperses Publikum und technische Verbreitungsmittel.

Öffentlich bedeutet in diesem Zusammenhang, dass diese Kommunikation allgemein und potentiell für jeden zugänglich ist. „Es drängt alle möglichen Organisationen und Institutionen sowie diverse Personengruppen zu den Massenmedien, weil sie bekannt und beredet werden wollen" (176). Vor allem in der Kritischen Theorie des Sozialphilosophen Jürgen Habermas – in Anschluss an die Frankfurter Schule – wird auf die prinzipielle Offenheit hingewiesen (siehe Kapitel 2.2.1, Seite 61).

Die Spezifizikation **indirekt** meint das für die technische Verbreitung zwischengeschaltete Medium, etwa Presse, Radio, TV oder Tonträger.

Die **Einseitigkeit** der Kommunikation verweist darauf, dass Massenkommunikation per se keine Interaktion ist, sondern dass ein Feedback durch den Rezipienten/Empfänger nicht nötig ist und die Rollen im Massenkommunikationsprozess starr sind.[2]

Das **disperse Publikum** ist durch drei wesentliche Merkmale gekennzeichnet: Es wird von Fall zu Fall durch Themenaffinitäten gebildet und ist so kein überdauerndes soziales Gebilde. Die Glieder des dispersen Publikums stellen eine Ansammlung räumlich getrennter Individuen oder relativ kleiner an einem Ort versammelter Gruppen dar (vgl. Beck/Bentele 1994: 50). Was dieses Publikum zusammenführt, ist das geteilte Interesse an den vermittelten Botschaften. Man nimmt „Erscheinungen wahr, von denen man weiß, dass gewichtige soziale Institutionen sie für allgemein relevant halten und dass gleichzeitig eine Unzahl

1 „Die Vorstellung, man kommuniziere mit hier mit ‚Massen' erscheint revisionsbedürftig". Der Terminus Massenkommunikation soll „weder explizit massenpsychologisch noch kulturkritische Assoziationen wecken; es soll damit lediglich darauf hingewiesen werden, dass sich die hier zu vermittelnden Aussagen an eine Vielzahl von Menschen richten" (Burkart 2002: 168)

2 Dies im Gegensatz zu den personalen Kommunikationsmodellen, in denen die Sender- und Empfänger-Rollen einfacher wechseln können.

anderer Menschen in der weiteren und näheren Umwelt ebenfalls auf sie aufmerksam sind“ (Burkart 2002: 176).

Unabdingbar für Massenkommunikation ist die Existenz von **technischen Verbreitungsmitteln**, die diese Kommunikationsform erst möglich machen. Massenmedien sind in diesem Sinne all jene Medien, über die durch Techniken der Verbreitung und Vervielfältigung mittels Schrift, Bild und/oder Ton optisch bzw. akustisch Aussagen an eine unbestimmte Vielzahl von Menschen vermittelt werden (Maletzke 1963: 36). Zu diesen zählen die Medien Flugblatt, Plakat, Presse, Buch, Hörfunk, Schallplatte/CD/DVD, Film, Fernsehen und Homepages im Internet. Burkart verweist aber explizit darauf, dass die Technizität des Mediums noch nicht ausreicht, um diese als Massenmedien zu beschreiben, „entscheidend ist vielmehr, dass diese technischen Medien auch in einen sozialen Prozess integriert sein müssen, der als ‚Massenkommunikation‘ bezeichnet werden kann“ (Burkart 2002: 172).

Für Prozesse der Massenkommunikation wird also die Existenz von Massenmedien vorausgesetzt.

Zitat

> „Mit dem Begriff der **Massenmedien** sollen im Folgenden alle Einrichtungen der Gesellschaft erfasst werden, die sich zur Verbreitung von Kommunikation technischer Mittel der Vervielfältigung bedienen. (...)
> Der Grundgedanke ist, dass erst die maschinelle Herstellung eines Produktes als Träger der Kommunikation – aber nicht schon Schrift als solche – zur Ausdifferenzierung eines besonderen Systems der Massenmedien geführt hat. (...)
> Entscheidend ist auf alle Fälle: dass keine Interaktion unter Anwesenden zwischen Sender und Empfängern stattfindet. Interaktion wird durch Zwischenschaltung von Technik ausgeschlossen“ (Luhmann 1996: 10-11).

Unter Massenmedien versteht Luhmann demnach alle Einrichtungen der Gesellschaft, die sich zur Verbreitung von Kommunikation technischer Mittel der Vervielfältigung bedienen. Massenmedien erzeugen Produkte in großer Zahl mit einem noch unbestimmten Adressatenkreis. Um von einem Massenmedium sprechen zu können, ist es ja nach Burkart jedoch neben der technischen Ausfertigung ebenso entscheidend, dass diese in einen sozialen Prozess integriert sein müssen, der als Massenkommunikation bezeichnet werden kann.

Interessant erscheint Luhmanns (1996) Verweis darauf, dass direkte Interaktion durch die Zwischenschaltung von Technik ausgeschlossen wird. Das Kommunikationsverhältnis gestaltet sich in der Massenkommunikation folglich als ein asymmetrisches. Oftmals wird darauf verwiesen, dass die Feedback-Möglichkeiten in Prozessen der Massenkommunikation auf die Publikumsforschung, Einschaltquoten bzw. Verkaufszahlen, Studiopublikum, Vorpremieren und Leserbriefe beschränkt sind. Um in den Massenmedien als Sprecher anerkannt zu werden und eine Botschaft mitteilen zu können, bedarf es – wie wir auch noch sehen werden – spezieller Ressourcen (siehe Kapitel 4.2.2, Seite 110ff).

Die wissenschaftliche Diskussion um die Einseitigkeit bzw. die Asymmetrie der Massenkommunikation bietet einen idealen Ansatzpunkt für eine demokratietheoretische Betrachtung. Zwar existieren – wie oben besprochen – auch in der Massenkommunikation die Rollen von Sender und Empfänger, ein entscheidender Unterschied ist aber, dass der Empfänger „nur ganz geringe Chancen" hat, die Rolle des Senders einzunehmen, wie dies bei den meisten Formen der interpersonalen Kommunikation möglich ist, wie im Gespräch (Beck/Bentele 1994: 42). Die Dimension der **Reziprozität** als ständiger Wechsel zwischen den Rollen des Senders und des Empfängers, ist diesen Betrachtungsweisen zufolge nur sehr schwer möglich. Eine andere Perspektive auf die Reziprozität erwägt Burkart, der ein normatives Verständnis des Kommunikationsprozesses als verständigungsorientiertes Handeln beschreibt. Er verwendet den Begriff der impliziten Reziprozität und stellt heraus, dass diese ein kennzeichnendes Merkmal des Massenkommunikationsprozesses sein muss: „Von massenmedialer Kommunikation soll (nur) dann gesprochen werden, wenn das, was der Kommunikator mitteilen will, von den jeweiligen Rezipienten seiner Aussage auch (annähernd) so verstanden wird, wie es von ihm gemeint war" (Burkart 2002: 174).

Diese Definitionen von Massenkommunikation und Massenmedien werden uns die folgenden Kapitel begleiten, insbesondere im nächsten Abschnitt, der sich mit der Bedeutung der Massenmedien für den Einzelnen, die Demokratie und die Gesellschaft beschäftigt.

1.3 Die Funktionen der Massenmedien für den Einzelnen, die Demokratie und die Gesellschaft

In einem ersten Schritt wollen wir betrachten, welche Leistungen und Funktionen den Massenmedien für Individuum und gesellschaftliches System zugewiesen und normativ eingefordert werden. Im daran anschließenden Kapitel werden wir dann aus der entgegengesetzten Perspektive beschreiben, welche Effekte auf den Einzelnen und die Gesellschaft die Medienwirkungsforschung bis heute zu Tage gebracht hat.

Unter Funktionen[3] verstehen wir jene Leistungen der Massenmedien, die diese für moderne Gesellschaften bzw. die Teilsysteme dieser Gesellschaften erfüllen; dabei konzentrieren wir uns auf die sozialen und politischen Funktionen.

Tabelle 1: Funktionen der Massenmedien.[4]

Funktionen der Massenmedien		
soziale	politische	ökonomische
	Informationsfunktion	
· Sozialisationsfunktion	· Herstellen von Öffentlichkeit	· Zirkulationsfunktion · Wissensvermittlung · Sozialtherapie · Legitimationshilfe
· Soziale Orientierungsfunktion	· Artikulationsfunktion	· Regenerative Funktion
· Rekreationsfunktion (Unterhaltung, Eskapismus)	· Politische Sozialisations- bzw. Bildungsfunktion	· Herrschaftliche Funktion
soziales	politisches	ökonomisches
	Gesellschaftliches System	

Fundamental für alle Leistungen der Massenmedien ist deren Funktion zur Information: Diese stellt *die* zentrale und zugleich basale Leistung der Massenkommunikation in modernen Gesellschaften dar, ohne die andere Leistungen durch die Massenmedien gar nicht erfüllt werden könnten.

1.3.1 Die Informationsfunktion der Massenmedien

Einen Großteil unserer Einblicke in die Welt erlangen wir nicht direkt, da es sich meist um Ereignisse handelt, die nicht unserer direkten Umgebung entspringen. Daher müssen uns diese Ereignisse medial vermittelt werden. Zusätzlich zu diesen Einblicken werden auch Erfahrungen medial vermittelt. Diese Vermittlung geschieht durch Informationen.

3 „Funktionen werden in diesem Zusammenhang als Leistungen verstanden, die von sozialen Gebilden oder Systemen dauerhaft für eine bestimmte Umwelt erbracht werden. Existenz und Funktionsfähigkeit der Massenmedien sind für die Demokratie daher von größter Wichtigkeit" (Marcinkowski et al. 2001: 27)

4 Nach Burkart (2002: 382).

Eine Information ist „eine Mitteilung, die den jeweiligen Kenntnisstand, das subjektive Wissen des Empfängers erweitert, indem sie dessen Unkenntnis bzw. sein subjektives Nichtwissen verringert oder beseitigt" (Burkart 2002: 402).

Informationen können auf zwei Arten gewonnen werden: entweder geschieht dies durch eigenes Erfahren in direktem Umgang mit Dingen oder Ereignissen (Primärerfahrungen) oder ohne direkten Kontakt (Sekundärerfahrung). Massenmediale Informationsvermittlung basiert auf der Vermittlung von Erfahrungen *aus zweiter Hand*. Wir schätzen die Realität, in der wir leben und die wir erfahren, aus einer indirekten, sekundären Perspektive ein.

In der Luhmann'schen Systemtheorie ist Information der zentrale Code des massenmedialen Systems: Informationen müssen Neues vermitteln, denn sobald eine Information über die Medien vermittelt worden ist, ist diese alt und nicht mehr als Information zu begreifen: „Informationen lassen sich nicht wiederholen" (Luhmann 1996: 41). Dies führt zu einem ständigen Zwang Neues zu produzieren, Medien wecken in der Gesellschaft ein unaufhörliches Bedürfnis nach Informationen. Die Gesellschaft passt sich dem an: Auf der einen Seite werden ständig (neue) Informationen produziert und auf der anderen Seite ist die Gesellschaft ständig auf (neue) Informationen gefasst: „Massenmedien halten die Gesellschaft wach" (47).

Vielmehr als das: Die Massenmedien sind zu der wesentlichen Quelle geworden, aus denen wir unser Wissen über die Welt speisen. Dies lässt sich ausdifferenzieren und die Behauptung aufstellen, dass das, was wir über die Politik wissen, wir fast ausschließlich durch die Massenmedien erfahren. Politische Ereignisse, insbesondere auf nationaler oder transnationaler Ebene, können oftmals gar nicht anders wahrgenommen werden als durch die Vermittlung durch die Massenmedien.

Beispiel

So nehmen nur wenige Menschen direkten Kontakt mit Politikern auf. Bei der Bundestagswahl 1990 nahmen 7 Prozent der Wahlberechtigten an Wahlveranstaltungen teil, 18 Prozent hatten Kontakte mit Kandidaten oder Wahlhelfern, die Berichterstattung der Tagespresse verfolgten aber 72 Prozent regelmäßig, die des Fernsehens 95 Prozent (vgl. Schmitt-Beck/Pfetsch 1994).

Die meisten Menschen erhalten politische Informationen aus den Massenmedien: Zu Beginn der 1960er Jahre waren Tageszeitungen die wichtigste Informationsquelle, seit Ende der 1960er ist dies das Fernsehen. Seit Mitte der 1980er Jahre geben jeweils rund 70 Prozent der Deutschen an, „viel" oder „sehr viel" über Politik aus Tageszeitungen und Fernsehen zu erfahren (vgl. Kepplinger/Maurer 2000). Den Massenmedien kommt bei der Vermittlung politischer Informationen folglich eine besondere Stellung zu.

Luhmann (1996: 176) jedoch geht einen Schritt weiter, indem er behauptet, dass die Medien Realität konstruieren und der Gesellschaft eine Beschreibung dieser Gesellschaft liefern, einen massenmedialen Spiegel, in dem sich die Gesellschaft selbst beobachten kann: „Die Massenmedien garantieren allen Funktionssystemen eine gesellschaftsweit akzeptierte, auch den Individuen bekannte Gegenwart, von der sie ausgehen können, wenn es um die Selektion einer systemspezifischen Vergangenheit und um die Festlegung von für das System wichtigen Zukunftserwartungen geht«.

Wenn wir akzeptieren, dass ein Großteil unserer Erfahrungen massenmedial generiert ist, folgt daraus, dass in demokratischen Gesellschaften bestimmte Ansprüche an die Qualität der massenmedialen Informationsvermittlung gestellt werden (müssen): So wird etwa gefordert, dass Nachrichten *vollständig, objektiv* und *verständlich* sein sollen. Alleine diese Forderung birgt „ein nicht geringes Maß an Problematik in sich“ (Burkart 2002: 407).

Vollständigkeit kann zum Beispiel nicht bedeuten, dass alles zum Gegenstand von Berichterstattung gemacht wird, sondern lediglich „inwieweit es der Berichterstattung gelingt, die Komplexität der Wirklichkeit, über die informiert werden soll, tatsächlich einzuholen“ (407). Diese drei Attributionen werden uns noch ausführlich im Kapitel 4.2.2 (Seite 117ff) beschäftigen, wenn wir uns die Frage nach der Konstruktion von Realität durch die Medien stellen und ausführlich auf die medialen Selektions- und Darstellungsregeln eingehen werden.

1.3.2 Soziale Funktionen der Massenmedien

Zentral für das Zusammenleben der Menschen in modernen, komplex organisierten Industriegesellschaften ist die **Sozialisationsfunktion** der Massenmedien. „Man ist sich heute weitgehend einig, dass die Medien neben den ‚traditionellen‘ Faktoren wie Familie, Schule, Kirche, Peer-Groups in hohem Maße in diesen Prozess eingreifen, etwa indem sie Denk- und Verhaltensmuster, Status- und Rollenbilder, Images und Typenvorstellungen anbieten, an denen sich Kinder und Jugendliche orientieren können. Einen wesentlichen Aspekt bietet die Tatsache, dass dabei einer sehr großen Zahl junger Menschen die gleichen Muster vermittelt werden“ (Maletzke 1980: 201).

Massenmedien haben sich quantitativ und qualitativ immer weiter ausgebreitet, aus den herkömmlichen Massenmedien haben sich neue Medienformen differenziert (Special-Interest-Medien, Netzmedien, Interaktive Medien etc.), die Vermittlungsleistung und -geschwindigkeit von Informationen durch die Medien hat zugenommen, Medien durchdringen immer stärker und engmaschiger alle gesellschaftlichen Bereiche und erlangen aufgrund ihrer hohen Beachtungs- und Nutzungswerte gesamtgesellschaftliche Aufmerksamkeit und Anerkennung. Mit diesen Schlagworten charakterisiert Jarren (2001) moderne Mediengesellschaften. Durch diese Ubiquität bieten uns die Massenmedien neben der Funktion der Sozialisierung auch die Möglichkeit **sozialer Orientierung**: Sie versorgen uns fortwährend mit einer Fülle von Informationen, die uns das Zurechtfinden in einer immer *unüberschaubareren Welt* erst ermöglichen. Medien bieten ebenso die Chance, unseren gesellschaftlichen Realitäten zu *entkommen* und in andere – fiktionale – Realitäten zu flüchten (**Eskapismusfunktion**), um uns zu entspannen (**Rekreationsfunktion**) oder zu unterhalten (**Unterhaltungsfunktion**).

Zusammengeführt ermöglichen diese unterschiedlichen Einzelfunktionen die **Integration** des Einzelnen in eine bestimmte Gesellschaftsordnung. Die Frage nach der Integrationsfunktion der Massenmedien gehört „ohne Übertreibung zu den großen Fragen" der Kommunikationswissenschaft (Vlasic/Brosius 2002: 93). Immer wieder taucht die Vorstellung auf, dass die Massenmedien den Zusammenhalt der Gesellschaft fördern, diesen sogar bestimmen würden.

Die Massenmedien in Deutschland sind im Übrigen sogar dazu verpflichtet, zur Integration beizutragen. So ist im 2. Rundfunkurteil des Bundesverfassungsgerichts 1971 zu lesen: „Die Rundfunkanstalten stehen in öffentlicher Verantwortung, nehmen Aufgaben der öffentlichen Verwaltung wahr und erfüllen eine integrierende Funktion für das Staatsganze".[5]

Integrativ wirken die Medien etwa als *Sozialisationsagenten*, aber auch in Bereichen der direkten persönlichen Kommunikation, indem sie Themen für Gespräche Bereit stellen.

1.3.3 Politische Funktionen der Massenmedien

Auch für den politischen Prozess im Speziellen haben die Massenmedien eine zentrale Rolle übernommen. Dies führt Ronneberger (1974: 296) bereits 1974 aus: „Als politische Funktionen seien diejenigen bezeichnet, die von der Massenkommunikation im Hinblick auf das politische System erbracht werden, das heißt, die benötigt werden, damit die politische Ordnung der Parteien und Verbandsdemokraten den Anforderungen gewachsen bleibt, die von den verschiedenen Seiten gestellt werden".

Die informationelle Ausleuchtung des politischen Systems ist die zentrale Leistung, die die Massenmedien für die Politik erbringen. Ihre normativ zugewiesen Funktionen betreffen die Konstituierung und Aufrechterhaltung eines möglichst pluralen Medienmarktes, der Möglichkeiten zur individuellen Meinungsbildung

---

5 „Dieser Satz ist als Postulat zu verstehen, zugleich aber wohl auch als Feststellung. Ohne Zweifel verfolgen die öffentlich-rechtlichen Rundfunkanstalten – und auf ihre Weise auch die Zeitungen und Zeitschriften – bewusst Integrationsziele; so mit dem Bestreben, dem Anspruch auf ‚Ausgewogenheit' gerecht zu werden; ferner mit Programmen, die sich bemühen, allen gesellschaftlichen Gruppen zu dienen und den Staatsbürgern zu zeigen, dass es in der Gesellschaft eine Vielfalt von Gruppen mit eigenen Lebensformen, Anschauungen und Interessen gibt und dass diese Gruppen aufeinander angewiesen sind; schließlich auch dadurch, dass die Medien die Minoritäten und Randgruppen zu berücksichtigen suchen, indem sie nicht nur auf deren Bedürfnisse eingehen, sondern auch die anderen mit den Nöten, Problemen, Schwierigkeiten dieser Gruppen, etwa der Alten, der Behinderten, der Gastarbeiter – vertraut machen (Maletzke 1980: 201)

schafft. Konkret leitet sich davon ab: (1) die Information- und Artikulationsfunktion, (2) die Kritik- und Kontrollfunktion und (3) die Funktion der Bildung und Sozialisation (vgl. Kaltefleiter/Wildenmann 1965): „Dieser normative Funktionskatalog ist für die medienpolitische Diskussion bis heute von größter Bedeutung. Seine Forderungen bezüglich der Funktionsfähigkeit von Massenmedien ermöglichte die Erarbeitung von ordnungspolitischen Modellen im Mediensektor und ist die Grundlage medienpolitischer Gesetzgebung“ (Marcinkowski et al. 2001: 28).

Ad (1). **Die informationelle Ausleuchtung des politischen Systems ist die zentrale Leistung der Massenmedien**.

Zur Integration in einer demokratischen Gesellschaft ist es notwendig, dem öffentlichen Geschehen folgen zu können, politische, wirtschaftliche und soziale Zusammenhänge zu erkennen, seine eigenen Positionen in der Gesellschaft wahrzunehmen, die demokratische Verfassung zu verstehen und über die Absichten und Handlungen des politischen Systems informiert zu sein. Massenmedien dienen dabei als Transmissionsriemen zwischen den Regierten und den Regierenden. Wie bereits erwähnt, ist es für den Einzelnen kaum möglich, Primärerfahrungen im politischen System zu sammeln. Massenmedien berichten deshalb über Ereignisse, schildern und thematisieren Probleme und stellen auf diese Weise Öffentlichkeit her.

In diesem Forum der Öffentlichkeit treten alle am politischen Prozess beteiligten Akteure miteinander in Kommunikation. Für das Publikum werden auf einer ersten Ebene die Positionen der verschiedenen Akteure erkenn- und bewertbar. Die Politik informiert mittels der Massenmedien über ihre Absichten, Programme und Maßnahmen. Allerdings weiß das politische System nicht, was das Publikum denkt, worüber die Bürger kommunizieren und wo ihre Präferenzen liegen. Deshalb nutzt es die Massenmedien als Spiegel. „Auf dem Weg in das politische Zentrum haben die Massenmedien die spezifische Aufgabe, die äußerst komplexe Gischt der Meinungsflut, die der Politik vom Publikum aus entgegenbrandet, auf jene Beiträge und Themen zu konzentrieren, die hinreichend viel Aufmerksamkeit verdienen und genug Durchhaltevermögen gegenüber der medialen Beanspruchung besitzen. Das Ergebnis dieser ersten Vorselektion politisch relevanter Themen außerhalb des Publikums ist die öffentliche Meinung“ (Hellmann 2003: 183).

Die Möglichkeit des Publikums, Forderungen und Wünsche an das politische System zu stellen und deren Absichten und Ziele zu kommentieren und zu kritisieren, vollendet diesen (massenmedialen) Kommunikationsprozess. Durch sein Feedback via Medien zeigt das Publikum, dass die Botschaften der Politik bei den Empfängern angekommen sind und verarbeitet wurden. Dieser Vorgang bedeutet jedoch nicht zwangsläufig, dass das Publikum ausschließlich positiv auf politische Absichten reagiert. Entscheidend ist vielmehr, dass die Information bei den beabsichtigten Empfängern angekommen ist. Ob ihre Reaktionen positiv oder negativ ausfallen, kann nicht im Voraus kontrolliert werden.

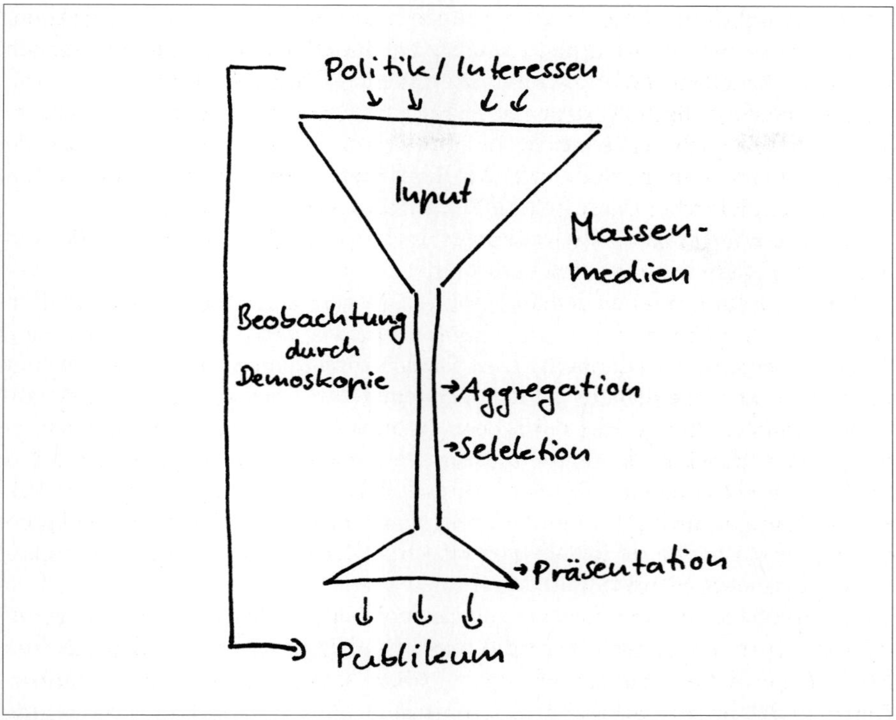

Skizze 1: Artikulation im politischen System.

Die Massenmedien, so die normative Forderung, haben für **Pluralismus** zu sorgen und prinzipiell allen gesellschaftlichen Interessen die Möglichkeit anzubieten, auf den Prozess der politischen Willensbildung Einfluss zu nehmen und deren Ziele zu kritisieren. Dies gilt insbesondere für die parlamentarische Opposition. Für die Ausfüllung dieser pluralistischen Anforderungen bedarf es verschiedener Perspektiven und alternativer Sichtweisen, die über die Massenmedien vermittelt werden sollten (siehe Kapitel 4.4, Seite 134ff).

Ad (2). Angesichts der gewichtigen Rolle der Medien bei der Information sowie der Urteils- und politischen Bewusstseinsbildung in demokratischen Systemen, erscheint es erstaunlich, wie vehement Medienmacher ihren Einfluss auf das gesellschaftliche oder das politische Geschehen leugnen. In der Tat sticht schließlich neben der Informationsrolle die **Kritik- und Kontrollfunktion** – in der amerikanischen Tradition *Watch-Dog-Funktion* – der Massenmedien heraus. Besonders liberale politische Traditionen weisen den Medien und der öffentlichen Meinung primär die Funktion der Kontrolle staatlichen Handelns zu (vgl. Mill 1991 [1861]; Paine 1791; Tocqueville 2000 [1835/1840]). In parlamentarischen Regierungssystemen wird zwar grundsätzlich der Opposition diese Rolle zugeschrieben, doch auch der Journalismus nimmt diese Aufgabe wahr. Themen wie Korruption oder Missbrauch von staatlichen Ämtern stehen auf der Skala der Nachrichtenfaktoren mit Konflikt, Negativität und oftmals Prominenz ganz weit oben.

In einer Untersuchung über die Aufdeckung von politischen Skandalen in Österreich beschreiben Langenbucher und Staudacher (1989), dass der Journalismus diese Kontrollfunktionen in der Regel erst in letzter Instanz ausübt, Medien also erst dann auf den Plan treten, wenn alle zuständigen Kontrollorgane versagt haben; mit der Aktivierung des Journalismus beginne dann aber ein Kreislauf, dem sich die anderen Kontrollinstanzen sehr rasch anschließen. In der Thematisierung von Skandalen liegt eine Sanktionsmöglichkeit: Medien schaffen Publizität!

Ad (3). Die Funktion der **politischen Sozialisation** fokussiert die bereits weiter oben angesprochene Leistungsrolle der Medien zur gesellschaftlichen Integration des Einzelnen auf das politische System. Das bedeutet nichts anderes, als dem Bürger dessen Funktionen für das politische System näher zu bringen, etwa dessen Möglichkeiten, als Wähler Teil politischer Entscheidungen zu werden, sich in politischen Organisationen zu engagieren, aber auch durch die Berichterstattung auf politische Problemlagen aufmerksam gemacht zu werden. „Bildung ist in diesem Zusammenhang als die Fähigkeit anzusehen, Informationen zusammenhängend zu verstehen und einzuordnen" (Marcinkowski et al. 2001: 28). Davon nicht zu trennen ist die massenmediale Funktion der **politischen Bildung**: Medien leisten ihren Beitrag zur Bildung, Aktivierung und Mobilisierung von Staatsbürgern. Bildung kann zwar durch Massenkommunikation angeboten jedoch nicht *erzwungen* werden. Darauf kommen wir noch ausführlich bei der Thematisierung des politischen Interesses in Kapitel 3.1.2, Seite 83ff zurück: Wir werden uns dann die Frage stellen, ob es *Schwellenwerte* für politisches Interesse gibt, unterhalb derer das Funktionieren von Demokratien gefährdet sein kann.

Nach dieser umfangreichen normativen Vorstellung von Funktionen, die die Medien für den Einzelnen und die Gesellschaft zu erfüllen haben, wollen wir uns nun genauer damit beschäftigen, welche Wirkungen die Medien auf Individuum und Gesellschaft haben.

1.4 Wie wirken Medien?

Die von den Massenmedien ausgehende Wirkung ist sicherlich die prominenteste Fragestellung, der sich die moderne Kommunikations- und Medienwissenschaft stellt. Sie ist zugleich aber auch eines der schwierigsten Unterfangen. Auf der einen Seite wird dieses Gebiet der Kommunikationsforschung mit hohen Erwartungen der Öffentlichkeit konfrontiert, die großes Interesse an eindeutigen Aussagen zu den Wirkmechanismen und dem Potential moderner Massenmedien hat, und sich einfache Antworten auf die Frage nach der *Macht der Medien* erwartet.

1.4.1 Individuelle Effekte von Medien

Außerordentlich hohe Komplexität, zahlreiche Interdependenzen und intervenierende Variablen auf Seiten von Sender, Medium und Empfänger stellen andererseits diese einfachen Antworten in Frage und schließlich gilt die *naive* Meinung, dass eine mediale Botschaft linear und direkt auf den Rezipienten wirkt, bereits seit den 1940er Jahren in der wissenschaftlichen Diskussion als veraltet. Für ein Verständnis von Medienwirkungen scheint der alltagssprachliche Gebrauch des Begriffs *Wirkung* ein Hindernis darzustellen, der *mächtige* Medien impliziert. Diese Gleichstellung der Massenmedien mit allmächtigen Manipulationsinstrumenten reicht zurück in die 1930er Jahre als mit dem Aufkommen der Massenpresse und des Rundfunks die politische Propaganda und die Wirtschaftswerbung entstanden.

In der wissenschaftlichen Diskussion ist man sich über die Unschärfe des Begriffes *Wirkung* durchaus bewusst. Dies bemerken bereits im Jahr 1948 Paul Lazarsfeld und Robert K. Merton: „To search out ‚the effects' of mass media upon society is to set out upon an ill defined problem" (Lazarsfeld/Merton 1948). Selbst heute wird angemerkt, dass die Begriffe Wirkung und Wirkungsforschung die „Hypothek einer engen, eindimensionalen, theoretisch überholten Perspektive aus der Frühzeit des Forschungszweiges" tragen (Berghaus 1999: 181).

Eine weitere Differenzierung geschah um 1970 mit Hilfe neuer Modelle und Konzepte wie etwa der Kultivationsanalyse, das Agenda-Setting-Modell und der Theorie der Schweigespirale. Diese werden wir in Kapitel 1.5.3, Seite 37ff ausgiebig erötern.

Zweitens konzentrierte sich die Forschung immer weiter auf bestimmte Teilaspekte und fragt nach den Wirkungen von Unterhaltung, den Wirkungen bestimmter Medien und im speziellen auch nach den Wirkungen von Medien auf politischer Ebene (vgl. Schulz 2007).

Ein dritter Aspekt bezieht sich auf die Differenzierung der Wirkungsebene, also die Unterscheidung zwischen verschiedenen Wirkphänomenen: So kann man zwischen Wirkungsbereichen (Wirkungen auf das Verhalten, auf das Wissen, auf Einstellungen, auf Emotionen), Wirkungsphasen (vor, während und nach Empfang einer Aussage) oder auch Wirkungen im Zeitverlauf (kurzfristig, langfristig) differenzieren.

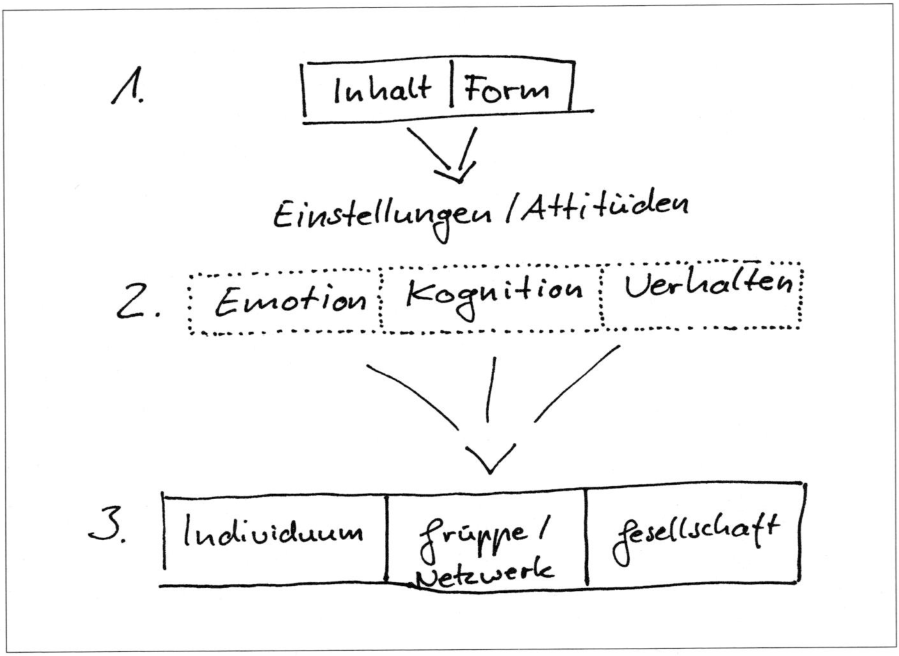

Skizze 2: Medienwirkungen.[6]

Merksatz

Fraglos haben Medien Wirkungen: Nur ist zu unterscheiden, was für Wirkungen.

Wirkungen sind selektiv und individuell: Manche Medienbotschaften führen bei manchen Rezipienten unter bestimmten Umständen und zu gewissen Zeiten zu einer Wirkung. Wirkungen sind also abhängig von der Art der Botschaft, dem Medium, der Art der Präsentation, den Prädispositionen der Rezipienten und den zeitlichen Umständen.
Dennoch: Medien wirken! Sie tun es zwar begrenzt, doch bereits die Selektion von Informationen und deren Gewichtung durch die Medien konstruieren ein – medial vermitteltes – Bild der Realität. Im Mittelpunkt steht also nicht die Frage, ob die Medien wirken, sondern unter welchen Bedingungen ihre Wirkungen auftreten.

6 Nach Schenk (2002: 42, in Anlehnung an Chaffee 1977: 211).

In diesem Zusammenhang soll das Bild eines individuellen und aktiven Rezipienten verdeutlicht werden. Dieser These entsprechend gehen wir von einem aktiven Rezipienten aus, der selbst auswählt, welche Typen von Medien und Formaten er konsumiert, für welche Inhalte er sich interessiert und wie viel Zeit er für seine Mediennutzung verwendet (siehe Kapitel 5.3, Seite 149ff).

1.4.2 Gesellschaftliche Wirkungen von Medien

Neben diesen Wirkungen, die sich in besonderer Weise auf das Individuum, also den einzelnen Rezipienten, beziehen, eröffnet eine neue Dimension sich mit den Wirkungen von Medien auf die Gesellschaft: Schließlich ergeben sich gesellschaftliche Wirkungen bereits aus der Tatsache, dass Massenmedien existieren. Politiker – wie auch *normale* Bürger – ändern ihr Verhalten, wenn Medien anwesend sind bzw. ändern Personen ihr Verhalten weil sie einen Einfluss der Medien zwar nicht auf sich selbst, aber auf andere befürchten oder erhoffen. So wird dem früheren deutschen Außenminister Genscher nachgesagt, er habe bei Interviews seine Stimme am Ende von Sätzen nie abgesenkt, um Journalisten das nachträgliche Schneiden seiner Äußerungen zu erschweren. Wahrscheinlicher Grund dafür: Selbst vom Fernsehen beeindruckt, vermutete er dramatische Wirkungen seiner Aussagen auf das Publikum und verhielt sich entsprechend. Dieses Phänomen wird ***Third-Person-Effect*** genannt (vgl. Schönbach/Becker 1995).

Ereignisse verändern durch die Präsenz des Fernsehens ihren Charakter. Manche Ereignisse werden ausschließlich für die Medien produziert: Im politischen Bereich bieten Inszenierungen von Parteitagen und Wahlkämpfen zahlreiche Beispiele (vgl. Dörner 2002; Fischer-Lichte 2001; Rhomberg 2004; Schicha 1999).

Darauf kommen wir ausführlich in Kapitel 2 zurück.

1.5 Paradigmengeschichte der Medienwirkungsforschung

Die Frage, was der Prozess der Massenkommunikation für die Gesellschaft und den Einzelnen als Teil der Gesellschaft bedeutet, war schon in der frühen kommunikationswissenschaftlichen Forschung des 20. Jahrhunderts von großer Bedeutung. Kaum ein anderer Bereich der Kommunikationsforschung kann mit einer derart großen Fülle an Befunden aufwarten, obwohl diese oftmals widersprüchlich sind: „Die Frage nach den Wirkungen der Massenmedien gleicht einem Fass ohne Boden. Zum einen ist die Vielzahl an Befunden kaum mehr überschaubar, zum anderen wurde (und wird) die Frage selbst immer wieder als unangemessen klassifiziert, weil man sie entweder als ‚falsch gestellt' betrachtet oder in dieser globalen Form für wissenschaftlich gar nicht beantwortbar hält" (Burkart 2002: 186).[7]

[7] Die Geschichte der Medienwirkungsforschung war immer schon eine politisch geprägte. Die politischen Wirkungen der Massenmedien gehörten von Anfang an zu den wichtigsten Anliegen

Das Interesse an den Wirkungen von Massenmedien entstand im Wesentlichen aus der Verdichtung von massenmedialer Kommunikation im Zeitalter zwischen 1845 und 1945; war doch die zweite Hälfte des 19. Jahrhunderts gekennzeichnet durch das starke Wachstum der Massenpresse („penny press“) sowie technische Neuerungen wie der Einführung von Telegraphen zur Weltausstellung 1851 in London oder Fortschritten in der Drucktechnik, die höhere Auflagen ermöglichten und damit erstmals ein Massenpublikum ansprechen konnten. Ende des 19. Jahrhunderts folgte darauf die Entwicklung des Films, ab den 1920ern das Radio und den 1940er das Fernsehen.

Erstmals wurden im Ersten Weltkrieg die Massenmedien gezielt als Propagandamittel eingesetzt.[8]

1.5.1 Die These von der Allmacht der Medien

Geleitet wurde der Einsatz der Massenmedien zu solchen Zwecken durch die Vorstellung von der *Allmacht der Medien*. Wissenschaftlich fundiert wurde diese Perspektive durch die den Massenkommunikationsprozess sehr simpel erklärenden Stimulus-Response-Theorien (oftmals auch als *Hypodermic-Needle Theory* oder *Transmission-Belt Theory* bezeichnet). Stimuli, so die These, erreichen über die Massenmedien jedes Individuum der Gesellschaft auf die gleiche Weise, sie werden von jedem Gesellschaftsmitglied in der gleichen Art wahrgenommen und erzielen bei allen Individuen die gleichen Reaktionen.

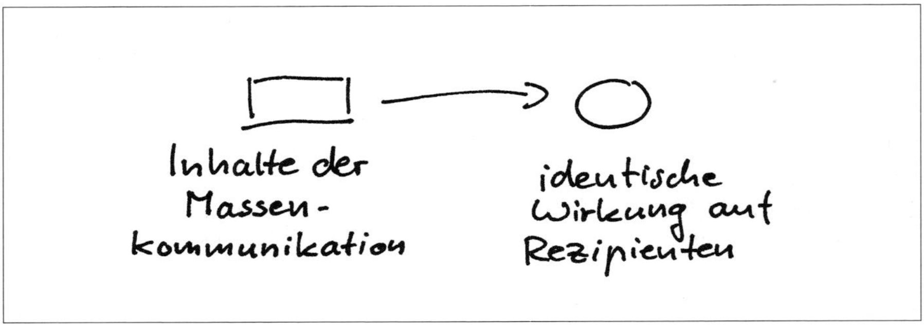

Skizze 3: Stimulus-Response-Theorie.

Unterstützt wurde diese These omnipotenter Medienwirkungen durch die Vorstellungen einer Massengesellschaft, in der Individuen anonym und isoliert agie-

der US-amerikanischen Kommunikationswissenschaft. Diese Studien orientierten sich an politischen Prozessen, etwa an Wahlentscheidungen oder an markanten gesellschaftlichen Veränderungen wie Kriegen oder Demokratisierungsbewegungen (vgl. Eichhorn 1996: 10).

8 Versuche früher gab es auch, so wird Napoleon das Zitat zugeschrieben, dass eine Druckerpresse effektiver wäre als 100 Kanonen.

ren und dadurch den Medien und ihren Stimuli willkürlich ausgeliefert sind (vgl. Ortega y Gasset 1963).

Die Gesellschaftstheorie lieferte aber verschiedene Schlüsse für die Konsequenzen aus diesen Allmachts-Annahmen. So betrachtete etwa Cooley die Massenmedien als notwendiges Kommunikationsinstrument für die Gesellschaft. Denn diese bieten eine Basis für demokratische Entscheidungsprozesse und brechen das „aristokratische Wissensmonopol" auf (Cooley 1909; zitiert nach Schenk 2002: 28).

Angesichts der Propagandaeffekte im Zweiten Weltkrieg erstaunt es nicht, dass auch konträre Meinungen weit verbreitet waren. In diesen werden die Massenmedien als Instrumente der Manipulation und Möglichkeit zur Kontrolle ganzer Gesellschaften durch eine herrschende Elite beschrieben. Gerade in den Kanälen der Massenmedien sehen Autoren wie Marcuse und in späterer Folge Horkheimer, Adorno und darauf aufbauend Habermas Instrumente zur Beherrschung der Massengesellschaft.[9] Ob die Effekte der Medien nun positiv oder negativ bewertet wurden, einig war man sich in der Forschung zumindest darüber, dass die Massenmedien große Wirkungen auf ihr Publikum und die Gesellschaft auszuüben imstande sind.

Im Zweifel an diesen Annahmen wurden mit der Zeit intervenierende Variablen auf drei Ebenen eingebaut. Demnach sind Medienwirkungen stark abhängig von den (1.) Qualitäten des Senders wie etwa seiner Glaubwürdigkeit und Seriosität, den (2.) Qualitäten der transportierten Aussagen und Botschaften (Schlüssigkeit und Nachvollziehbarkeit von Argumentationen, Abwägung verschiedener Meinungen) und (3.) intervenierenden Variablen auf der Ebene des Rezipienten (Alter, Bildungsniveau, Geschlecht, Schichtzugehörigkeit, grundlegende politische Einstellungen, Werthaltungen).

Gleichwohl blieb das Stimulus-Response-Modell lange Zeit explizit und „bis heute implizit das beherrschende Wirkungsmodell" (Merten 1999: 335).

1.5.2 Der Wendepunkt: Von der Allmacht zu minimalen Medieneffekten

Der „Wendepunkt" (Schenk 2002: 30) dieser Allmachts-Vorstellungen ereignete sich durch die Studie **„The people's choice"** von Lazarsfeld, Berelson und Gaudet (1944). Diese Forschergruppe beschäftigte sich im Umfeld der US-amerikanischen Präsidentschaftswahlen 1940 mit der Frage nach der Abhängigkeit individueller Wahlentscheidungen von individuell bevorzugten Medien. Sie selbst stellten fest, dass eine Verbindung zwischen diesen Variablen nicht feststellbar war. Zwei Drittel der befragten Personen hatten bereits ein halbes Jahr vor der Wahl ihre Entscheidung getroffen, nur rund ein Zehntel der Befragten änderte durch Mediennutzung ihre Wahlabsicht. Bei der Mehrheit führte die Mediennutzung bloß zu einer Kristallisierung, Verstärkung und Bestätigung der ursprünglichen Absicht. Die zentralen Befunde dieser Studie ergaben: Personen, die viel

9 Darauf kommen wir bei den gesellschaftstheoretischen Überlegungen, insbesondere der *Dialektik der Aufklärung* zurück.

über den Wahlkampf in den Medien erfuhren, gingen mit größerer Wahrscheinlichkeit zur Wahl. Die Berichterstattung als solche führte eher zu einer Verstärkung der Wahlentscheidung als zu einer Meinungsänderung.

Die Forschergruppe hatte zudem gefragt, ob sich die Befragten auch direkt von anderen Personen Rat holten oder selbst Rat gaben.[10] Es zeigte sich, dass Ratgeber einen erheblich größeren Ausschlag für die Wahlentscheidung gaben als die Massenmedien.

Diese Ergebnisse zeigten also wirkungsschwache Medien und souveräne Rezipienten, in der Forschung wird dieses Paradigma als **Modell der „mininmal effects“** (Klapper 1960: 53) bezeichnet. Die Kernidee besagt, dass die Menschen aktiv in den massenmedialen Kommunikationsprozess eingreifen, Botschaften selektiv auswählen und Wirkungen der Medien eher durch die Merkmale des Publikums selbst als durch die Botschaft als solche bestimmt werden. Massenmedien würden somit primär bestehende Einstellungen verstärken und nur selten Einstellungsänderungen hervorrufen. Das Wirkpotential der Medien bliebe aber, so die These, bei noch nicht eingeführten Themen, bei denen die Rezipienten noch kaum fest gefügte Einstellungsstrukturen besitzen, relativ groß (vgl. Klapper 1960: 53).

So wurden die Massenmedien in den folgenden Michigan-Studien zu den US-amerikanischen Präsidentschaftswahlen der 1950er und 1960er als Einflussquelle weitgehend ignoriert (vgl. Campbell et al. 1960). Darüber hinaus kann „The people's choice“ als Wendepunkt in der Betrachtung der *Ziele* der Wirkungsforschung gesehen werden:

Zitat

> „Während die auf dem mechanistischen Stimulus-Response-Modell aufbauenden Kritiker und Befürworter der Massenmedien versuchten, die Konsequenzen der Massenkommunikation für die Gesellschaft auszuloten, also durchaus makrosoziologische Bezüge herstellten, interessierte sich die *empirisch* orientierte Massenkommunikationsforschung vornehmlich für die Wirksamkeit, das heißt für die *Wirkungen* von Aussagen der Massenkommunikation für den einzelnen Rezipienten“ (Schenk 2002: 32).

---

10 In einem Modell zur Interpretation dieser Ergebnisse verknüpfte Lazarsfeld die interpersonale mit der Massenkommunikation: Nach dem Zweistufenfluss der Kommunikation (Two-Step-Flow-of-Communication) wirken die Massenmedien zweistufig: „(1.) Opinion-Leader werden von den Medien erreicht und beeinflusst und (2.) Opinion-Leader geben diesen Einfluss weiter an die Opinion-Follower, die sich davon beeinflussen lassen“ (Merten 1999: 362). In den 1960er Jahren wurde dieser Ansatz aber wieder verworfen, es hatte sich gezeigt, dass er die direkte Kommunikation von Massenmedien zu Rezipienten vernachlässigte und, dass nicht jeder Ratsuchende Teil einer sozialen Gruppe ist. Auf der anderen Seite zeigten sich aber auch die Möglichkeiten sogenannter virtueller Meinungsführer, die mit Medienpräsenz Prominenz und Glaubwürdigkeit aufbauen konnten, und so als Ratgeber von Personen fungierten, die eben nicht so stark in soziale Gruppen integriert waren (Merten 1999: 363).

Ein weiterer Lerneffekt dieser Erfahrungen war die Umkehr vom Modell des passiven Publikums hin zu einem aktiv agierenden Rezipienten. Nicht mehr die Frage ***Was machen die Medien mit den Menschen?*** stand im Vordergrund, sondern deren Umkehrung ***Was machen die Menschen mit den Menschen mit den Medien*** (vgl. Katz/Foulkes 1962)?

Aus diesen Überlegungen leitet sich der **„Uses and Gratifications-Approach"** ab: Medien, so die These, werden darum genutzt, weil sich der einzelne Rezipient einen Nutzen daraus verspricht. Medienbotschaften dienen als Wirklichkeitsangebote des Mediums, mit denen der Rezipient entsprechend seiner aktuellen Bedürfnislage recht subjektiv umgeht (vgl. Burkart 2003: 6; siehe Kapitel 5.3.1, Seite 151).

In dieser Phase hat sich die Forschung endgültig von der Annahme starker Medienwirkungen und direkten Einstellungsänderungen abgewandt. Stattdessen rückte nun immer mehr die Frage nach den Informationsleistungen der Massenmedien und ihrem Potential zur Stimulation von Partizipationsbereitschaft in den Vordergrund. Mit ein Grund für diese Entwicklungen war neben der Problematik, massenmediale Wirkungen nachzuweisen, ein neueres Partizipationsverständnis von Politik. In den Studien der 1940er Jahre standen vor allem Wahlverhalten und Einstellungen zu Politikern und Parteien im Mittelpunkt, weil sich die Beteiligungsmöglichkeiten der Bürger im weitesten Sinne auf die Wahl beschränkten. Die amerikanische Bürgerrechtsbewegung und die europäischen Studentenrevolten machten deutlich, dass Partizipation sich nicht lediglich auf den Wahlvorgang beschränken darf. Damit war der Anstoß gegeben, bei der Frage nach der Wirkung von Massenmedien nicht bei Einstellungsänderungen halt zu machen, sondern auch nach der Informationsleistung von Massenmedien oder ihrem Potential zur Stimulation von Partizipationsbereitschaft zu fragen (vgl. Eichhorn 1996: 11).

Lektüretipp

- Lazarsfeld, Paul F./Berelson, Bernard/Gaudet, Herbert, *The People's Choice*, New York: 1944.

1.5.3 1970er Jahre: Moderate Medieneffekte

In den 1970er Jahre führen diese Entwicklungen zu einer Neubetrachtung des Paradigmas der begrenzten Medieneffekte. Gitlin (1978) problematisiert die Orientierung der Medienwirkungsforschung an kurzfristigen individuellen Entscheidungen der Rezipienten und die Ausblendung makroskopischer Analysen des gesamten Mediensystems. Das Mediensystem selbst, dessen Beziehungen zu seinen Quellen und Eliten sollten längerfristig untersucht werden, etwa die Konstruktion politischer und sozialer Realitäten durch die Medien. Seit den 1960er Jahren haben sich die Beziehungen zwischen Medien und Politik geändert. Wechselseitig kursierten im Wissenschaftsdiskurs **Instrumentalisierungs- und Manipulationsthesen**.

Solche, die der Politik und den organisierten Interessen die Hoheit über die Medien zuschrieben und solche, die eine Übernahme medialer Regeln im politischen System konstatierten (siehe Kapitel 4.2.1, Seite 106ff).

Dieser Paradigmenwechsel ist ebenso auf die kontinuierliche Vermehrung des Medienangebots und die massenmediale Durchdringung verschiedenster Gesellschaftsbereiche zurückzuführen. Das neue Paradigma wird zweifach ausgefüllt: Auf der einen Seite wird die Vorstellung nur schwacher Medienwirkungen zurückgewiesen, auf der anderen Seite wird konstatiert, dass die Rezipienten selektiv vorgehen. Dieses stärker selektive Verhalten des Publikums hat seinen Ursprung in der steten Steigerung und Diversifizierung des Medienangebots: Die Senderzahlen im TV steigen ebenso wie die Radioprogramme; die Möglichkeiten privater Kanäle standen unmittelbar bevor bzw. wurden breit diskutiert. Die Anzahl der Zeitschriften auf dem Markt erhöhte sich ebenso dramatisch. Das Publikum kann sich sein Informations- und Unterhaltungsangebot ganz nach eigenen Wünschen abstimmen und unerwünschte Medieninhalte bereits präventiv vermeiden. Auf der anderen Seite ist das Mediensystem hingegen so konzentriert wie noch nie. Verlage besitzen unterschiedliche Zeitungen und Zeitschriften und betreiben zugleich TV- oder Radioprogamme. Verflechtungen dieser Art sind für das Individuum nur noch schwer nachvollziehbar. Dabei drängt sich die Frage auf, ob (scheinbare) Angebotsvielfalt in der Tat ein Mehr an Information bedeutet. Oder findet eine – für den Rezipienten nur schwer durchschaubare – Gleichschaltung von Informationen und Meinungen statt und führt diese Konzentration nicht in gewisser Weise zu – vom Rezipienten – nicht erwünschten Wirkungen (vgl. Brosius 2003: 133)?

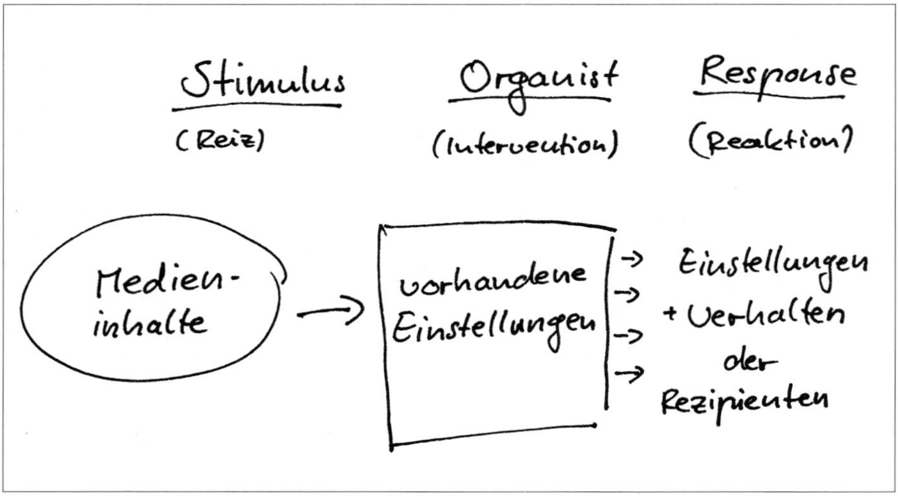

Skizze 4: Stimulus-Organist-Response-Schema.

Die Theorielandschaft in der Medienwirkungsforschung reagierte auf diese gesellschaftlichen Veränderungen im medialen und im politischen System, indem sie neue kognitive und emotionale Effektmodelle einbezog. Dabei profitierte sie auch vom Fortschritt in den sozialwissenschaftlichen Methoden selbst.[11]

Zu diesen neueren Paradigmen in der (politisch orientierten) Medienwirkungsforschung zählen insbesondere das Agenda-Setting-Modell, die Theorie der Schweigespirale und die Kultivationsanalyse.

Das Agenda-Setting-Modell

Das Konzept des Agenda-Setting sieht einen direkten Zusammenhang zwischen der Themenstruktur der medialen Berichterstattung und der Themenwahrnehmung des Publikums. Die Wirkungen der Berichterstattung liegen zunächst nicht in der Veränderung von Meinungen und Einstellungen der Rezipienten, sondern im Potential der Medien durch Häufigkeit und Umfang der Berichterstattung die Wichtigkeit von Themen zu bestimmen.

Das Publikum wird – so die Grundthese – dazu veranlasst, bestimmte Themen für wichtiger zu halten als andere. Die Medien sind es, die viele, vielleicht sogar die meisten Themen der öffentlichen Diskussion *wenn nicht setzen*, so doch in der Bevölkerung verbreiten. „Agenda setting is a theory about the transfer of the elements in the mass media's picture of the world to the elements in the pictures in our heads" (McCombs 2000: 1).

Maxwell McCombs zählt gemeinsam mit Donald Shaw zu den Vorreitern der Agenda-Setting-Forschung. Ihren Ausgangspunkt nahm sie im Jahr 1968 in der US-amerikanischen Stadt Chapel Hill. Während des Präsidentschaftswahlkampfes untersuchten Shaw und McCombs die Bedeutung, die 100 eingeschriebene Wähler den Wahlkampfthemen zwischen Nixon und Humphrey beimaßen, mit der Berichterstattung der lokal verfügbaren Medien. Informationen über Wahlkampfthemen – so ihr Ausgangspunkt – würden umso besser gelernt, je mehr Beachtung diese Themen in der Medienberichterstattung erhalten. Die Forschergruppe kam schließlich zu dem Ergebnis dass es einen starken Zusammenhang zwischen der Nennung von Wahlkampfthemen durch die Befragten und der Medienberichterstattung gibt.

Nach dieser ersten – mit noch einigen Unwägbarkeiten und Einschränkungen versehenen – Studie entwickelte sich die Agenda-Setting-Forschung zu einem der aktivsten Bereiche der Kommunikationsforschung. In den vergangenen 40 Jahren finden wir mehr als 400 publizierte Studien zu Agenda-Setting-Effekten weltweit. Die überwiegende Zahl dieser Studien findet „zumindest teilweise" Agenda-Setting-Effekte:

---

11 Unter anderem konnten langfristige Wirkungen durch das Aufeinanderbeziehen von Inhalts- und Umfragedaten besser erfassbar gemacht werden (vgl. Schenk 2002: 59).

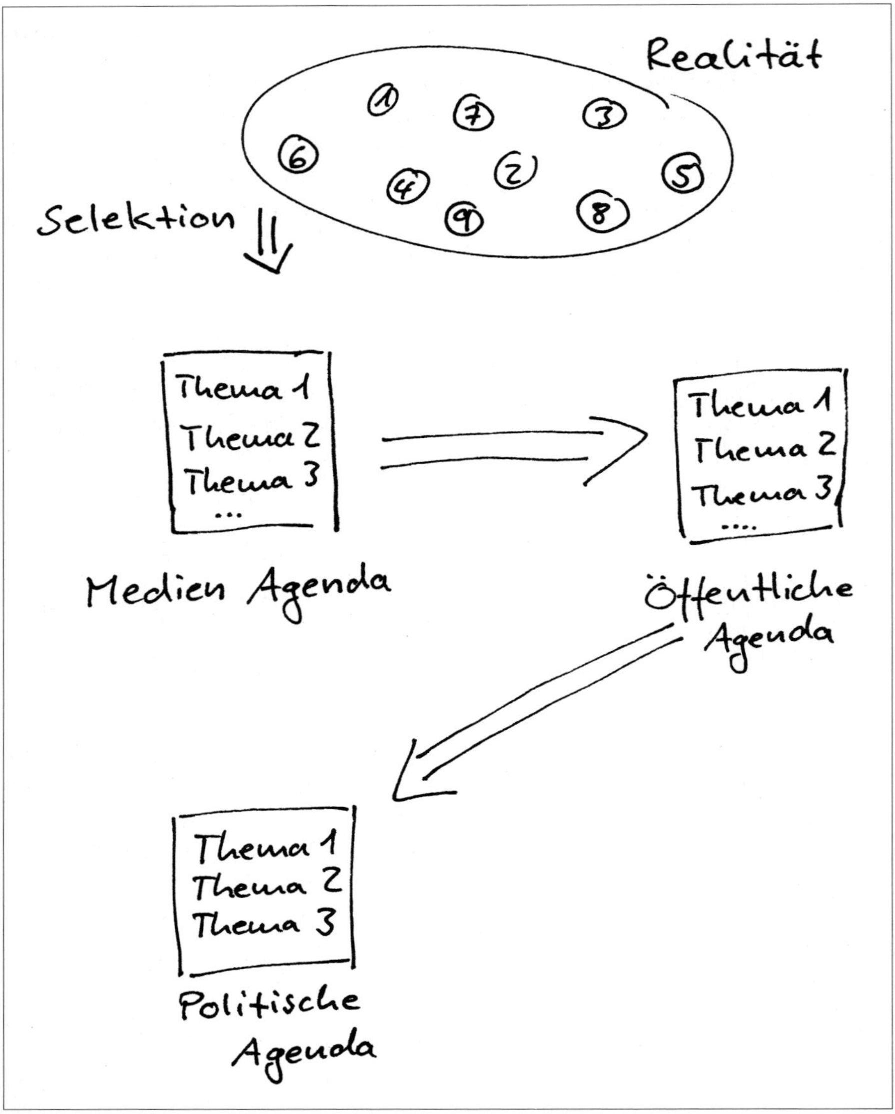

Skizze 5: Grundsätzliches Modell des Agenda-Setting-Prozesses.

Zitat

„Auf individuellem Nutzerniveau (Mikroebene) sind freilich die Zusammenhänge äußerst kompliziert; das individuelle Agenda-Setting hängt von einer Vielzahl von Randbedingungen ab. Beispielsweise wird auf das individuelle Themeninteresse oder Orientierungsbedürfnis hingewiesen, welches die ‚selektive Zuwendung' der Rezipienten der Berichterstattung zu den Inhalten beeinflusst" (Schenk 2002: 66).

Neben individuellen Themenstrukturierungen werden auch solche auf gesellschaftlicher Ebene untersucht (siehe Kapitel 4.2.2, Seite 110ff), wie zum Beispiel die Einflüsse von Politik und Interessengruppen auf die Medien-Agenda (Agenda-Building).

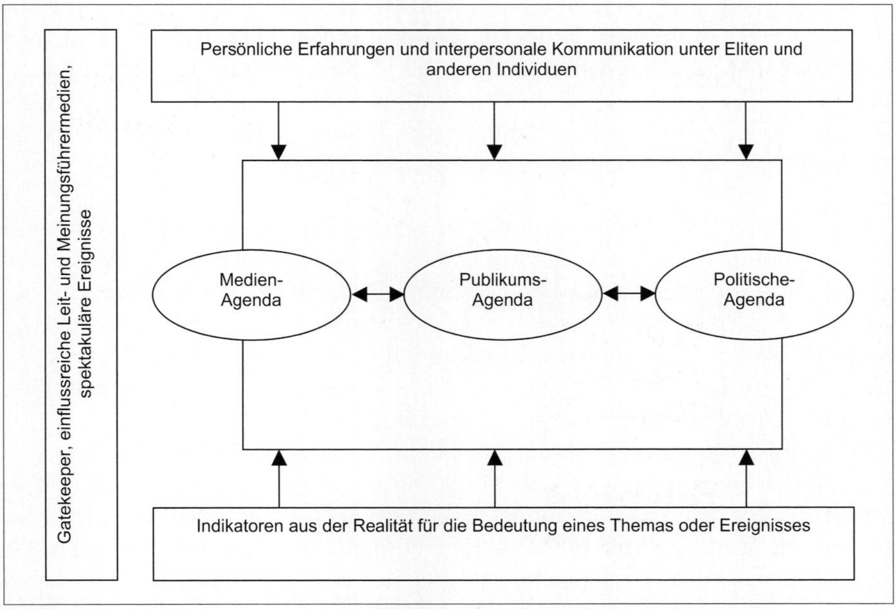

Abbildung 1: Weiterentwicklung des ursprünglichen Agenda-Setting-Modells.[12]

[12] Nach Dearing/Rogers (1996).

Lektüretipp

- McCombs, Maxwell, *Setting the Agenda: The News Media and Public Opinion*, Cambridge: Polity Press, 2004.
- McCombs, Maxwell/Masel-Walters, Lynn, „Agenda-Setting: A New Perspective on Mass Communication", in: *Mass Communication Review*, Jg. 3, 1976, S. 3-7.
- McCombs, Maxwell/Shaw, Donald L./Weaver, David, *Communication and Democracy. Exploring the Intellectual Frontiers in Agenda-Setting Theory*, Mahwah, New Jersey: 1997.

Noch eine weitere Theorie beeinflusst die Themenauswahl und -setzung der Rezipienten, und zusätzlich deren Urteile über bestimmte Issues und Personen: **Priming**. Die Themenauswahl und -setzung der Medien beeinflusst auch die Urteile, die Rezipienten etwa über bestimmte Issues oder Personen haben. Das Konzept des Priming legt nahe, dass Medien zwar die Urteile von Rezipienten über bestimmte Objekte nicht direkt beeinflussen, gleichwohl durch die Thematisierung von bestimmten Issues die Bewertung von Objekten oder Personen lenken können. Demnach beeinflussen die Medien nicht die Einstellungen zu einem Politiker, indem sie diesen als tatkräftig, willensstark oder entscheidungsschwach bezeichnen, sondern indem sie bestimmte Issues in den Mittelpunkt stellen, für die die Rezipienten diesen Politiker als kompetent oder weniger kompetent beurteilen.

Seine konzeptionelle Weiterentwicklung erfuhr der Agenda-Setting-Ansatz im Second-Level of Agenda-Setting. Auf einer zweiten Ebene werden in diesem Ansatz die Attribute von Issues berücksichtigt: In der medialen Berichterstattung werden bestimmte Aspekte eines Issues hervorgehoben, während andere im Hintergrund bleiben. Eine ähnliche Auffassung findet sich auch bei dem dem Agenda-Setting zwar verwandten, aber nicht auf den gleichen paradigmatischen Grundlagen aufbauenden Ansatz des Framing.

Framing-Konzepte gehen davon aus, dass in Medienberichten gesteuert werden kann, welche Aspekte eines Issues in das Aufmerksamkeits-Zentrum des Individuums rücken. Journalisten und Rezipienten stellen Ereignisse und Themen in bestimmte Deutungs- und Interpretationsrahmen. Diese Rahmen steuern erst die Nachrichtenauswahl durch den Journalisten und ebenso die anschließende Interpretation der Nachricht durch den Rezipienten. Durch die Selektion und Betonung bestimmter Realitätsaspekte können Themen unterschiedlich präsentiert und definiert werden: „To frame is to select some aspects of a perceived reality and make them more salient in a communicating text, in such a way as to promote a particular problem definition, causal interpretation, moral evaluation and/or treatment recommodation for the item described" (Entman 1993: 52). Framing beschreibt also die Selektion, Exklusion und Betonung spezifischer Themeneigenschaften, durch die der sachliche Gehalt eines Themas kontextualisiert oder gerahmt wird. Das bedeutet, dass durch die gewählte Perspektive der Mediendarstellung die Bewertung durch den Rezipienten bewusst oder unbewusst in eine bestimmte Richtung gelenkt wird. Rezipienten sind dabei nicht vollkommen passiv, denn die individuellen Erfahrungen und das soziale Wissen des Einzelnen setzen diese Interpretationen erst in Gang.

Die Theorie der Schweigespirale

Der Ausgangspunkt der Theorie der Schweigespirale von Elisabeth Noelle-Neumann Ende der 1970er Jahre ist die These, dass die Menschen versuchen Meinungsverteilungen und Trends in der öffentlichen Meinung abzuschätzen, indem sie ihre Umwelt durch interpersonale Kommunikationen aber auch durch die massenmediale Berichterstattung beobachten. Sie nennt dieses Phänomen das „quasi-statistische Organ" (Noelle-Neumann 2001: 164) des Menschen, das als Bindeglied zwischen der individuellen Ebene und der kollektiven Sphäre, also der öffentlichen Meinung fungiert. Öffentliche Meinung definiert sie dabei als „Meinungen im kontroversen Bereich, die man öffentlich äußern *kann*, ohne sich zu isolieren" (Noelle-Neumann 2001: 91). Diese Furcht vor der Isolation ist der Ansatzpunkt ihrer Theorie:

Zitat

„Aufgrund der ‚sozialen Haut' der Menschen versuchen diese aus Furcht vor ‚sozialer Isolation', sich den Mehrheitsmeinungen – dem so genannten Meinungsklima – anzupassen (meinen was andere meinen); sie sind auch redebereiter, wenn sie die Mehrheit hinter sich glauben. Sie schweigen jedoch, wenn sie sich im Hinblick auf einen Gegenstand bzw. ein Thema in der Minderheit wähnen" (Schenk 2002: 68).

Zu dieser Zeit herrschte die Meinung, dass die Massenmedien durch ihre Berichterstattung die Machtstrukturen des politischen Systems verändern. Dies galt insbesondere für das Fernsehen, dem durch die Kombination von verbal vermittelter Information mit „fiktiver Authentizität der Bilder" eine hohe Glaubwürdigkeit in der politischen Berichterstattung zugesprochen wurde (Marcinkowski et al. 2001: 59). Das politische System muss sich immer mehr nach medialen Regeln ausrichten, so zum Beispiel Konflikte inszenieren. Der Trend zur Visualisierung zwingt zu vermehrter Personalisierung von Politik. Ebenso ist zu dieser Zeit ein Zerrbild zwischen öffentlicher und veröffentlichter Meinung zu erkennen. „Die Journalisten stufen sich häufiger als die Gesamtbevölkerung ‚links' ein, sie wählen häufiger ‚linke' Parteien und teilen häufiger ‚linke' Ansichten" (Kepplinger 1983: 58).

Thematisiert werden die Folgen der Schweigespirale besonders im Zusammenhang mit Wahlentscheidungen. Noelle-Neumann selbst beschäftigte sich nach den deutschen Bundestagswahlkämpfe 1965 und 1972 mit der Entschlüsselung dieses „Rätsels" (Noelle-Neumann 2001: 16).

Zitat

„Die Furcht vor Isolation erscheint als die treibende Kraft, die den Prozess der Schweigespirale in Gang setzt. Mit den Wölfen heulen, ist der glücklichere Zustand, aber wenn man das nicht über sich bringt, weil man offenbar allgemein verbreitete Überzeugungen nicht zu teilen vermag, so kann man doch noch immer schweigen, als zweitbeste Möglichkeit, gut gelitten zu bleiben. Schweigen, hat der englische Sozialphilosoph Thomas Hobbes in seinem 1650 veröffentlichten Buch ‚The Elements of Law' geschrieben, Schweigen könne man als Zeichen von Zustimmung auslegen, denn es sei ja so leicht, nein zu sagen, wenn man nicht zustimme. Dass es so leicht sei, nein zu sagen, darin irrte er sicher, aber was das Schweigen verlockend macht, nämlich, dass man es als Zustimmung auslegen kann, das kommt doch aus dem Text von Hobbes richtig heraus" (Noelle-Neumann 2001: 20).

Betonen wollen wir, dass in der Forschung zur Schweigespirale ebenso wie für die nun folgende Kultivationsanalyse der bedeutende Einfluss des Mediums Fernsehen hervorgehoben wird: „In vielen Fällen definieren die Medien, darunter besonders das Fernsehen, die soziale Realität. Vergleichbar der Kultivationsanalyse weist auch die Schweigespiraltheorie auf mögliche Verzerrungen der Realitätsdarstellungen hin, letztere vor allem auf solche im politischen Bereich, wobei auch die Folgen, etwa für das Wählerverhalten thematisiert werden" (Schenk 2002: 68).

Lektüretipp

- Noelle-Neumann, Elisabeth, *Öffentliche Meinung und soziale Kontrolle,* Tübingen: J. C. B. Mohr (Paul Siebeck), 1966.
- Noelle-Neumann, Elisabeth, *Die Schweigespirale. Öffentliche Meinung – unsere soziale Haut,* München: Langen Müller, 2001.

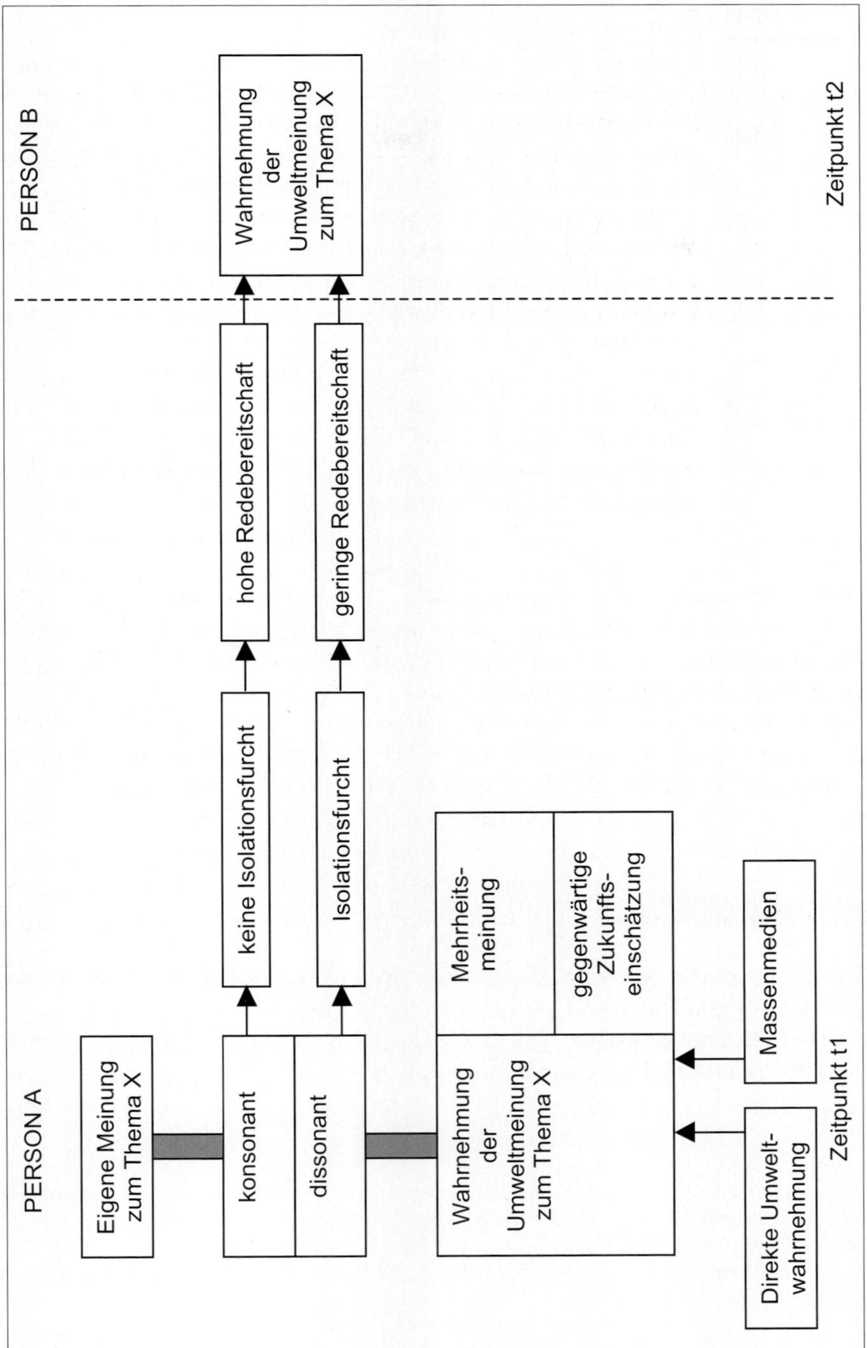

Abbildung 2: Theorie der Schweigespirale (Nach Schenk 2002).

Kultivationsanalyse

Das Fernsehen und das von ihm vermittelte Bild der Wirklichkeit stellte Ende der 1960er Jahre George Gerbner an der Annenberg School of Communication in Philadelphia in den Mittelpunkt seiner Untersuchungen. Danach besteht die Wirkung des Fernsehens weniger in der Vermittlung spezifischer Einstellungen und Meinungen zu bestimmten Themen als vielmehr in der Kultivierung grundlegender Einstellungen über die soziale Realität.

Kaum jemand könne sich, so Gerbner, dem kontinuierlichen und allumfassenden Angebot des Fernsehens entziehen. Durch Filme, Serien, Soaps, Nachrichten und Werbung bringt das Fernsehen dem Publikum Botschaften ins Haus:

Zitat

> „Television is the source of the most broadly-shared images and messages in history. It is the mainstream of the common symbolic environment into which our children are born and in which we all live out our lives. While channels proliferate, their contents concentrate. For most viewers, new types of delivery systems such as cable, satellite, and the Internet mean even deeper penetration and integration of the dominant patterns of images and messages into everyday live“ (Gerbner 1998: 177).

Durch diese dominante Rolle als Vermittler und Interpret von Botschaften spielt das Fernsehen, so Gerbner, eine große Rolle bei der Realitätskonstruktion des Einzelnen. Das Fernsehen verbreite Images und Bilder der Wirklichkeit und forme so den *Mainstream* der Populärkultur und *kultiviere* bestimmte Vorstellungen von Realität.

Ausgangspunkt seiner Analysen war eine Untersuchung über die Wirkung von Gewaltdarstellungen auf Kinder und Jugendliche. Diese Untersuchung reiht sich in die Ende der 1960er Jahre besonders in den USA geförderten Analysen zu den Wirkungen medialer Gewaltdarstellungen ein. Gerbner und sein Team entwickelten zunächst in der inhaltsanalytischen Erfassung von Gewalt in populären TV-Programmen einen „Violence-Index“.[13]

[13] „Der ‚Violence-Index‘ erlangte im weiteren Verlauf der wissenschaftlichen und politischen Diskussion eine beträchtliche Publizität, weil nunmehr die Programme der großen Fernsehgesellschaften untereinander und im zeitlichen Trend bezüglich der dargestellten Gewalt-‚Menge‘ vergleichbar wurden. So kam es, dass die Forschergruppe um George Gerbner aufgrund ihrer jährlichen ‚Messung‘ der Fernsehgewalt im Laufe der Siebzigerjahre fast der Status einer Wächter- und Aufsichtsinstitution in der amerikanischen Fernsehunterhaltung zuerkannt wurde“ (Schenk 2002: 538).

In einem zweiten Schritt begannen sie den Einfluss des Konsums dieser Gewaltdarstellungen auf die Einstellungen der Zuschauer zu untersuchen. Auf diese Weise meinten sie herauszufinden, ob das Fernsehen dazu beiträgt, dass Zuschauer die Welt bedrohlicher empfinden, als sie in Wirklichkeit ist. Vor allem bei Vielsehern waren solche Kultivierungseffekte zu konstatieren. So haben mehr Viel- als Wenigseher Angst, nachts allein durch die Stadt zu gehen, sie schützen sich durch Hunde oder Waffen vor Verbrechern, halten die Geburt von Kindern in *diese* Welt für unverantwortlich und haben kein Vertrauen zu Politikern.

Diese klaren und – teils – einfachen Antworten auf höchst komplexe Sachverhalte führten auf der einen Seite zu Kritik[14], auf der anderen Seite aber auch zu einer Weiterentwicklung zum **Mainstreaming-Konzept**: Dabei stand nicht mehr nur die mediale Vermittlung von Gewalt im Zentrum, zusätzlich wurden die Auswirkungen des Fernsehens auf die gesellschaftliche Kultur, auf kulturelle Überzeugungen, Werte und Praktiken analysiert. Mainstreaming postuliert bereits im Voraus bestimmte Richtungen und Tendenzen der medialen Berichterstattung: Ursprünglich sehr unterschiedliche Einstellungen und Ansichten werden durch den Einfluss des Fernsehens in den Hauptstrom der Meinungen geführt und durchschnittlichen bzw. vorherrschenden Tendenzen der öffentlichen Meinung angepasst. Das Fernsehen kultiviert gemeinsame Perspektiven (vgl. Schenk 2002: 553).

Am Kultivierungsansatz wird vor allem das Problem der Kausalität kritisiert. Möglicherweise habe gar nicht das Fernsehen die Einstellungsunterschiede zwischen Viel- und Wenigseher bewirkt sondern umgekehrt, da bestimmte Einschätzungen und Realitätskonstruktionen von TV-Zuschauern zu bestimmten TV-Nutzungen führen (vgl. Burkart 2002: 332-334).

Lektüretipp

- Gerbner, George, „Cultivation Analysis. An Overview“, in: *Mass Communication & Society*, Jg. 1, 1998, S. 175-194.
- Gerbner, George/Gross, Larry/Morgan, Michael/Signorelli, Nancy, „Charting the Mainstream: Television's Contribution to Political Orientations“, in: *Journal of Communication*, Jg. 32, 1982, S. 100-127.
- Gerbner, George/Gross, Larry/Morgan, Michael/Signorielli, Nancy/Shanahan, James, „Growing Up with Television: Cultivation Process“, in: *Media Effects: Advances in Theory and Research*, hg. v. Jennings Bryant und Dolf Zillmann, Mahwah: Lawrence Erlbaum, 2002, S. 43-68.

14 Im Besonderen die Durchführung, Auswertung und Interpretationen der Kultivationsanalysen haben große Kritik hervorgerufen (vgl. Schenk 2002: 560-564; aber auch Hirsch 1980, 1981)

1.6. Fazit

1.6.1 Zusammenfassung | Die gesellschaftlichen Funktionen der Medien

Die Massenmedien sind die wesentliche Quelle in modernen Gesellschaften, aus denen wir unser Wissen über die Welt speisen. Das, was wir über die Welt wissen, wissen wir aus den Massenmedien. Für das Individuum und die Gesellschaft erfüllen sie eine Vielzahl von Funktionen. Neben der Informationsfunktion, sind dies unter anderem Sozialisation, Orientierung, Integration und das Herstellen von Öffentlichkeit.

Medien besitzen also Wirkungen auf die Gesellschaft und den Einzelnen. Diese Effekte sind aber selektiv und individuell: Sie sind abhängig von der Art der Botschaft, dem Medium, der Art der Präsentation, den Prädispositionen der Rezipienten und den zeitlichen Umständen. Zur Erklärung dieser Wirkphänomene sind in den vergangenen Jahrzehnten verschiedenste Modell entstanden: unter anderem sind dies Agenda-Setting, die Theorie der Schweigespirale sowie die Kultivationsanalyse.

1.6.2 Diskussionsfragen

- Welche Funktionen können die Medien in modernen fragmentierten Gesellschaften für den Einzelnen erfüllen?
- Welche Möglichkeiten hat der einzelne Bürger in der Massenkommunikation vom Empfänger zum Sender zu werden?
- Aus welchen Gründen blieb das Stimulus-Response-Modell bis zum heutigen Tag implizit das vorherrschende Modell in der öffentlichen Diskussion um die Rolle der Medien?

1.6.3 Schlüsselbegriffe

2. Massenmedien und Gesellschaft

Im vorangegangenen Kapitel haben wir uns explizit mit dem System der Massenmedien auseinandergesetzt, haben die Begriffe von Kommunikation und Massenkommunikation geklärt, Modelle der jeweiligen Kommunikationsbegriffe erläutert und ausgeführt, die Funktionen der Massenmedien für den Einzelnen und die Gesellschaft beschrieben und uns schlussendlich mit Wirkungen und Effekten der (Massen)-Medien auf individueller Ebene beschäftigt. Hier schließt ein gesellschaftstheoretischer Blick als breit angelegte Perspektive an. Wenn wir uns die verschiedenen Differenzierungen des medialen Wirkungsbegriffes nochmals vor Augen führen, gehen wir davon aus, dass bereits die Existenz von Massenmedien Implikationen für die Gesellschaft hat. Darauf stellt sich die Frage: Was machen die Medien mit der Gesellschaft?

Warum tun wir das? Wir wollen uns hier nicht lediglich auf die individuellen Folgen und Wirkungen medienvermittelter Politik auf den verschiedensten Ebenen beschränken, wie etwa den Grad politischer Informiertheit, sondern auch die massenmedialen Entwicklungen und deren Wirkungen und Folgen auf das Gesellschaftssystem betrachten.

Erkenntnisziele von Kapitel 2: Was machen die Medien mit der Gesellschaft?

- Moderne politische Systeme verstehen und beschreiben
- Medien als Motor von Demokratisierungsprozessen begreifen
- Massenmedien in modernen Gesellschaften verorten: Niklas Luhmann und Jürgen Habermas
- Phänomene der politischen Öffentlichkeit und der öffentlichen Meinung in gesellschaftstheoretischen Zusammenhängen erkennen

Aus diesem Grund liegt es nahe – bevor wir in den anschließenden Abschnitten wieder vorwiegend auf der Mikroebene arbeiten werden – uns in diesem Kapitel ausführlich mit der Verortung von Massenmedien in modernen Gesellschaften auseinanderzusetzen. Prominente Autoren wie etwa Jürgen Habermas oder Niklas Luhmann haben sich auf ihre jeweils spezifische Art der Massenkommunikation, den Massenmedien und dem Massenkommunikationsprozess angenommen und mit entscheidender Bedeutung in ihre jeweiligen Gesellschaftsentwürfe eingebettet.

Den Ausgangspunkt für unsere Betrachtungen bilden dabei die Phänomene der politischen Öffentlichkeit und der öffentlichen Meinung. Von diesen Begriffen werden wir unsere gesellschaftstheoretischen Erkundungen starten und diese als allgemeinen Bezugspunkt immer im Blick behalten. Deutlich werden soll in den folgenden Ausführungen die Relevanz, die die massenmediale Kommunikation für demokratische Prozesse einnimmt.

2.1 Medien als Motor von Demokratisierungsprozessen

Die Entstehung einer politischen Öffentlichkeit ist in enger Verbindung mit den Entwicklungsprozessen der Massenmedien zu sehen. Unser Ausgangspunkt ist die simple Feststellung, dass die Entwicklung der modernen Demokratie ohne Massenmedien nicht möglich gewesen wäre. Das Aufkommen der modernen Massenmedien ist untrennbar verknüpft mit der Erfindung des Buchdrucks im Jahrzehnt zwischen 1440 und 1450 durch Johannes Gutenberg. Zwar hatte es in China schon Jahrhunderte zuvor eine ähnliche Innovation gegeben, aber die Buchdrucktechnik blieb damals in den Händen der Zentralgewalt. Der Buchdruck wurde somit eine Herrschaftstechnik und konnte sich nicht in die Gesellschaft ausbreiten. In Europa hingegen konnte keine Zentralgewalt die Verbreitung des Buchdrucks verhindern. Die Medien – damals waren es Bücher, Flugschriften und Pamphlete – waren in privaten Händen, sie galten als Handelsgut und folgten den existierenden Handelsnetzen: Wer Geld und Interesse hatte und lesen konnte, kaufte sich ein Buch.

Bücher waren die ersten Massenartikel für den Massenmarkt. Bis zum Jahr 1600 wurden jährlich 150 bis 200 Millionen Bücher produziert. Der Buchdruck änderte die Kommunikationsweise der Gesellschaft nachhaltig: Bücher wurden das Herz eines bis dahin unbekannten und unabhängigen gesellschaftlichen Gedächtnisses. Durch den Buchdruck wurde die „Geburtsstunde der neuen, exakten Wissenschaften“ (Wimmer 2000: 461) eingeläutet. Zu dieser Zeit betrieben Herrscher und Feldherrn mit Hilfe von Druckerpressen bereits politische Propaganda: Im 30jährigen Krieg (1618-1648) führten die Armeen bereits Druckerpressen mit sich. Napoleon wird das Zitat zugesprochen, dass *vier Druckerpressen gefährlicher als 100.000 Bajonette* seien. Nicht zuletzt ermöglichte der Buchdruck die Reformation, indem Luthers 95 Thesen gedruckt und als Flugschriften und Pamphlete weit verbreitet werden konnten.

Die Leser nutzten diese neue Möglichkeit der Information, um Sicherheit zu gewinnen. Auf diese Weise suchten sie die – medial präsentierte – Welt nach möglichen Bedrohungen ab. Viele Menschen befällt auch heute ein Gefühl der Unsicherheit, wenn man über mehrere Tage von Nachrichten abgeschnitten ist. Das Fehlen von Nachrichten erzeugt einen „universal sense of uncertainty“ (Stephens 1989: 221). Medien dienten schon damals als Seismograph dafür, dass die Welt noch *steht*. Dieser Hintergrund führte zur Entstehung von Zeitungen, bereits 1609 erschienen die ersten *Zeyttungen*, ein Jahr später die erste Wochenzeitung. Diese Zeitungen erfüllten schon damals zwei wichtige Funktionen: Sie waren gekennzeichnet durch eine regelmäßige Erscheinungsform, konnten so eine **Frühwarnfunktion** erfüllen und dem Leser ein Gefühl von Sicherheit vermitteln (vgl. Brosius 1995, siehe Kapitel 3.2.3, Seite 98f).

Massenmedien besaßen und besitzen aber auch die Funktion der prinzipiellen Publizität: Prinzipiell kann jeder alle Informationen erhalten. Eine weitere Funktion von Zeitungen, die auch heute noch gilt, ist der Versuch, allgemeine Verständlichkeit zu schaffen.

Der 30jährige Krieg sorgte – nach dem Motto *bad news is good news* – wesentlich dafür, dass die Zeitungen nicht gleich wieder eingestellt werden mussten. Mit der Konsolidierung der Fürstenmacht gerieten die meisten deutschen Zeitungen allerdings in direkte Abhängigkeit der jeweiligen Regierung. Auf dem europäischen Kontinent hinderten Restriktionen wie die Karlsbader Beschlüsse (1819) die Medien an unabhängiger Berichterstattung, in England hingegen waren solche Gesetze nicht vorhanden. Daraus erklärt sich, warum um das Jahr 1845 im Deutschen Bund lediglich 100 politische im Vergleich zu 1.000 unpolitische Zeitungen erschienen, in England zu dieser Zeit aber bereits 373 politische Zeitungen existierten (vgl. Wimmer 2000: 473). Im 17. Jahrhundert wurde bis zu einem Viertel der Bevölkerung von der aktuellen Tagespresse erreicht, in der Zeit der Französischen Revolution bereits mehr als jeder Zweite (vgl. Stöber 2003: 59). Ende des 18. Jahrhunderts erreichte die deutsche Tagespresse mit einer Gesamtauflage von 300.000 Exemplaren rund drei Millionen Leser.

Erklärung

Bereits 1644 formulierte der englische Dichter und Staatsphilosoph **John Milton** (1608-1674) den politischen Nutzen der Presse, rezipiert wurde dies im 17. Jahrhundert freilich noch nicht: „Sie [die Wahrheit, Anm. des Autors] bedarf keiner Staatskünste, Kriegslisten und Büchercensur, um sie zur Siegerin zu machen; [...] Gebt ihr nur Raum und bindet sie nicht, wenn sie schläft; denn dann spricht sie nicht wahr“ (zit. nach Stöber 2003: 135).
Beim französischen Schriftsteller und Aufklärer **Denis Diderot** (1713-1784) finden wir in der *Encyclopédie* (1751) die Vorstellung von Information als Vehikel, mittels derer die Skepsis als Weltanschauung unter die Leute gebracht werden soll. „Im Grunde seines Herzens war Diderot ein Revolutionär, und in seinem Konzept von Information war dies eine Waffe im Kampf für gesellschaftlichen und politischen Wandel“ (Postman 2001: 110).

Mit dem Beginn des maschinell organisierten Drucks von Zeitungen und der damit verbundenen Möglichkeit zur großen Verbreitung entstanden Plattformen für Diskurse unter den Bürgern. Sprecher und Publikum wurden über die Massenmedien verbunden, die Reichweite von Sprechern stieg zugleich durch die massenmediale Verbreitung. Öffentliche Kommunikation wurde zur Massenkommunikation.

Die Printmedien waren der Schlüssel für den freien Diskurs der Bürger in der Sphäre der Öffentlichkeit und in späterer Folge für Demokratisierungsbewegungen: Über die Massenmedien wurde Öffentlichkeit zu einer dauerhaft bestimmenden gesellschaftlichen und politischen Größe (vgl. Neidhardt 1994: 10). Dieser Prozess vollzog sich über örtlich zentrierte Öffentlichkeiten wie Salons, Kaffeehäuser und Lesegesellschaften und politische Veranstaltungen hin zu einer medial vermittelten Öffentlichkeit. Bereits in der zweiten Hälfte des 18. Jahrhunderts konstituierte sich Öffentlichkeit aus der Interaktion von Massenmedien und Diskursen der Bürger. Jürgen Habermas (1990 [1962]) konstatiert für diese Zeit den kritischen Geist des Bürgerpublikums, der seinen Ausdruck im kommunikativen Raum der Öffentlichkeit findet. Politische Öffentlichkeit umfasst also eine Vielzahl kleiner und großer Foren, die nur teilweise miteinander vernetzt waren; diese verschiedenen Ebenen unterschieden sich anhand der Kommunikationsteilnehmer, deren Rollen und dem Grad der strukturellen Verfasstheit der jeweiligen Foren.

Jürgen Gerhards und Friedhelm Neidhardt (1993; Gerhards et al. 1998) unterscheiden in ihrem Modell von Öffentlichkeit (siehe Kapitel 2.2.2, Seite 68ff) drei verschiedene Ebenen von Öffentlichkeit: einfache Interaktionssysteme (Encounters), öffentliche Veranstaltungen und massenmediale Kommunikation.

Wahrscheinlich waren zunächst Märkte und Marktplätze die frühesten Kristallisationspunkte von Encounters. Einen spezifischeren, örtlich zentrierten Kommunikationsrahmen für die Entstehung kleiner Öffentlichkeiten bildeten später aber Kneipen, Kaffeehäuser und Salons. Kaffeehäuser etablierten sich ab den 1680er Jahren als Zentren einer zunächst literarischen, später zunehmend politischen Kritik; diese erfassten auch breitere Schichten des städtischen Mittelstandes. Habermas beschreibt in seiner Studie zum *Strukturwandel der Öffentlichkeit* (1990 [1962]) die prinzipielle Unabgeschlossenheit für Teilnehmer, die Ebenbürtigkeit der Diskutanten und die Thematisierung von Bereichen, die bis dahin verwehrt waren als die Kriterien für solche Diskussionen. Diskutiert wurde unter anderem über die Ausweitung des Wahlrechts, die Presse- sowie die Meinungs- und Versammlungsfreiheit.

Zunächst waren diese Zirkel in den verschiedensten Kaffeehäusern nicht miteinander vernetzt. Die Zeitungen begannen den Kommunikationsfluss zwischen den Diskussionsforen zu verbinden: „Als Steele und Addison 1709 die erste Nummer des ‚Tatler‘ herausbrachten, waren die Kaffeehäuser bereits so zahlreich, die Kreise der Kaffeehausbesucher bereits so weit gezogen, dass der Zusammenhang dieser 1000fachen Zirkel nur noch durch eine Zeitung gewahrt werden konnte“ (Habermas 1990 [1962]: 105). Die Funktion der Medien lag also bereits damals in der Bereitstellung von Themen für Diskussionen. Nur über die Massenmedien lässt sich – und diese Erkenntnis klingt im 21. Jahrhundert nicht mehr ganz so neu – Öffentlichkeit für die Encounter-Ebene und die Ebene politischer Versammlungen herstellen: Themen daraus werden erst dann allgemein bedeutsam, wenn sie von den Massenmedien aufgegriffen werden.

Die massenmediale Produktionsweise löst ebenso die Problematik der persönlichen Anwesenheit aus der antiken Demokratie auf und überführt Öffentlichkeit in ein modernes System der massenmedial vermittelten Öffentlichkeit. Diese ist nicht mehr direkt erfahrbar, sondern wird medial vermittelt. Der moderne Begriff der Demokratie ist untrennbar verknüpft mit dem gedruckten Wort, mit Öffentlichkeit und öffentlicher Meinung. Davon zumindest gingen die politischen Denker der Aufklärung aus, etwa John Locke, James Madison, Thomas Jefferson, Thomas Paine oder John Stuart Mill. In den Arbeiten von Paine und Mill finden wir den Verweis darauf, dass steigende Bevölkerungszahlen es unmöglich machen, jeden Bürger zu Wort kommen zu lassen und von politischen Vorhaben zu überzeugen. Demnach ist Repräsentation notwendig. Die Frage bleibt hingegen, wie Bürger in ein repräsentatives System integriert werden können. Und wie kann diese Art politischer Kommunikation in modernen Flächenstaaten funktionieren?

Hier kommen nun wieder die Begriffe von Öffentlichkeit und öffentlicher Meinung ins Spiel.

2.1.1 Öffentlichkeit und öffentliche Meinung in der Aufklärung

Thomas Paine (1737-1809), Herausgeber, Buchautor, Politiker und einer der Gründerväter der USA, lässt kein gutes Haar an Monarchien und Aristokratien: Diesen Regierungsformen wirft er Inkompetenz und Verschleierung vor, Politik werde den Augen der Öffentlichkeit entzogen, wie etwas Geheimnisvolles zelebriert; wenn man den Vorhang wegziehe und ihre Wirklichkeit zu sehen bekomme, könne man nur in *schallendes Gelächter* ausbrechen. Die einzige Alternative ist für ihn ein System repräsentativer Demokratie, denn moderne Staaten benötigten ein Regierungssystem, das für unterschiedliche territoriale Ausdehnungen und verschiedene Bevölkerungszahlen geeignet und imstande sei, das für das Regieren erforderliche Wissen aus den verschiedenen Teilen der Gesellschaft einzubringen. In demokratischen Systemen wird, so Paine, die Vielfalt der Interessen deutlich sichtbar, das Informationsproblem der politischen Debatte und Entscheidung gelöst und Herrschaft auf ein Minimum beschränkt: Repräsentative Demokratien beruhen auf dem Prinzip der Öffentlichkeit. Die Bürger werden über die öffentliche Meinung und das Forum der politischen Öffentlichkeit mit den politischen Entscheidungssystemen verkoppelt (vgl. Paine 1791).

Bei diesen Ausführungen setzt **John Stuart Mill** in seiner Studie *Considerations on Representative Government* (1861) an. Mill (1806-1873) war britischer Philosoph, Ökonom und einer der einflussreichsten liberalen Denker des 19. Jahrhunderts.

Die Konstellation „Information, Partizipation und öffentliche Meinung" ist für ihn der Grundbaustein moderner politischer Systeme. Information ist allerdings nur über Kommunikation zu haben. Dies bedeutet für das politische System, zumindest ein Minimum an Partizipation zuzulassen. Der Staat befindet sich dabei in einer Zwickmühle: Auf der einen Seite hat er ein Informationsproblem, um den gesellschaftlichen Problemen adäquate Gesetze zu erlassen. Auf der anderen Seite steht aber das Problem der Akzeptanz dieser Gesetze in einer sich formierenden und auf Konflikt gepolten politischen Öffentlichkeit im Raum. In einem *perfekten Verwaltungsstaat* treffen wir, schildert Mill, auf einen *allwissenden* und *omnikompetenten* Monarchen bzw. ausführende Minister. Dieser Monarch und seine Minister müssten ständig über gesellschaftliche Entscheidungsbedürfnisse informiert sein. Doch woher sollen sie diese Informationen einholen? Darüber hinaus setzt dieser *perfekte Verwaltungsstaat* einen politisch passiven Staatsbürger – einen Untertanen – voraus. In der modernen Gesellschaft ergibt sich daraus ein nächster Widerspruch, nämlich ein Bürger, der in vielen anderen Bereichen autonom, kompetent und verantwortungsbewusst handeln soll, um sein Leben zu gestalten, nur eben nicht im Bereich der Politik.

Die **repräsentative Demokratie** ist für Mill diejenige Staatsform, die am ehesten einer Gesellschaft von freien, sich selbst bestimmenden, aktiven Bürgern entspricht; sie beruht auf der aktiven Partizipation gebildeter Bürger. Sie ist diejenige Staatsform, in welcher die Bürger die Regierung als ihre eigene Regierung betrachten können und daher bereit sind, die Demokratie im Falle einer Gefährdung zu verteidigen. Die oberste souveräne Instanz ist bei Mill das nach allgemeinem und proportionalem Wahlrecht gewählte Parlament. Dieses regiert nicht, sondern es kontrolliert die Regierung: Es entwickelt keine Gesetze, sondern debattiert diese und schafft so ein Forum der Öffentlichkeit. Die Bürger partizipieren an dieser diskursiven Öffentlichkeit und bilden sich eine eigene, reflektierte Meinung; auf den Punkt gebracht: Mills Vorstellungen von Demokratie fordern den politisch interessierten, kompetenten und informierten Bürger.

Das Parlament dient bei Mill zur Herstellung von Öffentlichkeit und zur Verbindung von Parlamentsöffentlichkeit und politischer Öffentlichkeit. Die Klammer dazu bildet die massenmediale Berichtererstattung. Parlamentarische Entscheidungen fallen zwar nach dem Mehrheitsprinzip, durch die Debatten werden aber auch Minderheitenpositionen gehört und über die Medien vermittelt. So können Meinungen in der Öffentlichkeit getestet werden und politisch Verantwortliche evaluieren, welche Ansichten in der öffentlichen Meinung zu- oder abnehmen (vgl. Mill 1991 [1861]).

Zusammenfassung

Bereits in der zweiten Hälfte des 18. Jahrhunderts konstituiert und verselbstständigt sich Öffentlichkeit aus der Interaktion von Massenmedien und Diskursen der Bürger. Habermas konstatiert den kritischen Geist des Bürgerpublikums, der seinen Ausdruck im kommunikativen Raum der Öffentlichkeit findet. In Kaffeehäusern lesen die Bürger ihre Zeitung und führen Diskussionen, während die Drucker ihre *Rapporteure* dorthin schicken, um zu erfahren, was die Gemüter bewegt. Die Aufklärung entwickelt das Ideal eines *urteilenden Publikums*, das sich selbst als *politische Öffentlichkeit* definiert. Diese Öffentlichkeit will Herrschaft als solche verändern und nicht lediglich eine neue Verteilung der politischen Gewalten erreichen.

2.1.2 Die Ära nach 1848

Die Entwicklung der Massenpresse (*Penny Press*) und eine bis dahin ungekannte Form von progressiver und fortschrittsgewandter Politik gehen im 19. Jahrhundert Hand in Hand: Beide bemühen sich um die *kleinen Leute*, um mehr Chancengleichheit und bessere Bildung. Zu einem der ersten Medienmogule weltweit stieg in dieser Zeit Joseph Pulitzer (1847-1911) auf. Seine *New York World*, die erstmals 1860 erschien, erreichte vor allem mit Sensationsjournalismus eine Auflage von 200.000 Exemplaren.

Im England des 19. Jahrhunderts richteten sich die Zeitungen immer stärker nach ideologischen Codes aus und radikalisierten sich: Liberale und konservative Zeitungen arbeiteten sich an denselben Themen jeweils nach ihrer ideologischen Ausrichtung ab, zum Beispiel der Reform des Wahlrechts. Diese Konfrontationen zusammen mit technischen Neuerungen wie der Einführung des Telegraphen zur Weltausstellung 1851 in London führen zu einer beträchtlichen Steigerung von Zeitschriftentiteln und Auflagen. Selbst ein Qualitätsmedium wie die *London Times* zirkulierte in diesem Jahr mit rund 60.000 Exemplaren pro Tag (vgl. Wimmer 2000: 486-487).

Auf gesellschaftlicher Ebene wurden nach 1848 die letzten Reste von ständischen Schichtungs- und feudalen Herrschaftsstrukturen in Frage gestellt, zugleich entstand ein industrielles Arbeiterproletariat. All diese Entwicklungen erzeugten eine tief greifende Verunsicherung und völlig neuen Orientierungsbedarf. Gesellschaft wurde zunehmend als Massengesellschaft erlebt, als kalt, unpersönlich, bedrohlich und lebensfeindlich empfunden (vgl. Ortega y Gasset 1963). Die Menschen waren auf der Suche nach *Gemeinschaften*. Die größte soziale Gruppe zur Identifikation bestand damals in der *Volksgemeinschaft* (Nation). Diese trug zur Identitätsstiftung bei indem sie es ermöglichte, sich von anderen abzugrenzen. Die Identität in dieser großen Gruppe konnte aber nur massenmedial hergestellt und vermittelt werden. In Deutschland geschah dies erst durch das Aufbrechen der bis dahin noch regional begrenzten Zeitungsmärkte in eine Öffentlichkeit der *deutschen Nation* (vgl. Wimmer 2000: 493).

Dieses Gemeinschaftsgefühl stellt sich auch auf sozialstruktureller Ebene ein, wie etwa bei der Entstehung der Arbeiterbewegung. Zunächst agierte diese eher im unpolitischen Vereinswesen. Im Jahr 1864 gelang es der Arbeiterbewegung mit der Zeitschrift *Sozialdemokrat*, eine für diese Gemeinschaft eigene massenmediale Öffentlichkeit herzustellen. Eigene Medien spielen eine wichtige Rolle bei der Bildung einer solchen politisch abgegrenzten Gemeinschaft, denn eigene Medien erzeugen sozialstrukturell definierte Informationswelten, die bestimmte soziale Gruppen mit gemeinsamen Informationen versorgen.

Erklärung

Parteizeitungen strukturierten und fragmentierten diese sozialen Milieus in verschiedene abgegrenzte parteipolitische Öffentlichkeiten (vgl. Blumler/Kavanagh 1999: 211). Politische Lagerbildungen beruhen somit auf einer hoch entwickelten Printmedienkultur. Dies erkannte bereits der französische Publizist und Politiker Alexis de Tocqueville (1805-1859) auf seinen Reisen in Nordamerika: „Nothing but a newspaper can drop the same thought into a thousand minds at the same moment", „newspaper maintain civilisation" (Tocqueville 2000 [1835/1840]: 220). Die frühesten Parteizeitungen entstanden in Großbritannien bereits im späten 17. Jahrhundert, die nordamerikanischen Kolonien folgten im 18. Jahrhundert, ebenso wie in Frankreich nach der Französischen Revolution. In Deutschland und Österreich konnte sich die Parteipresse nach mehreren Anläufen erst in den 1860er Jahren etablieren. Die Aufgabe dieser Medien war es, Themen zu bündeln und ideologisch auszurichten, um Diskussionen in den jeweiligen Lagern anzustoßen und die Abgrenzung zu den anderen Parteien deutlich zu machen.

Die politischen Entwicklungen zwischen 1845 und 1945 waren wesentlich bestimmt durch eine rasante Medienentwicklung und beginnende massenmediale Durchdringung der westlichen Gesellschaften. Die erste Hälfte des 20. Jahrhunderts markiert auch das Ende der von Printmedien dominierten öffentlichen Kommunikation, das Medium Radio war der erste Versuch diese Fragmentierungen aufzuheben. Der Aufstieg des Fernsehens zum Leitmedium (in den 1960er und 1970ern) führte diese verschiedenen Printöffentlichkeiten wieder zusammen.

2.1.3 Modernisierungstendenzen nach 1945

Nach 1945 identifizieren Blumler und Kavanagh (1999) drei unterschiedliche Phasen von politischer Kommunikation in demokratischen Systemen:

(1) Das *goldene Zeitalter* der Parteien.
(2) Den Aufstieg des Fernsehens zum Leitmedium, das erstmals die bis dahin segmentierten Suböffentlichkeiten zu einem Publikum zusammenführte.
(3) Die Re-Fragmentierung dieses Publikums in spezialisierte Teilöffentlichkeiten als Konsequenz der technischen und medialen Entwicklungen hin zu einer Mediengesellschaft.

Ad (1). In den ersten beiden Jahrzehnten nach dem Zweiten Weltkrieg sahen sich die politischen Parteien in den westlichen Industriegesellschaften auf ihrem Höhepunkt, Blumler und Kavanagh nennen diesen Zeitabschnitt nicht ohne Grund **„golden age of parties"**.

Parteien waren in dieser Phase die zentrale Quelle für Initiativen, Themen und Issues, die zur politischen Entscheidung gebracht werden sollten. Im Zusammenspiel mit den staatlichen Institutionen, die zu großen Teilen personell von den Parteien besetzt wurden, dominierten die Parteien den Kommunikationsfluss zwischen Politik und Bürgern. Das Parteiensystem und die Parteien selbst waren *noch* nach sozialen Strukturen aufgebaut, ihre Mitglieder wurden durch Parteizeitungen auf Kurs gehalten und – wie oben beschrieben – fragmentiert (siehe Kapitel 6.2, Seite 181ff). Diese 20 Jahre sind gekennzeichnet durch eine hohe Identifikation des Einzelnen zu einer Partei und hohes Vertrauen in die politischen Institutionen. Die politische Kommunikation wurde von den Parteien über das Medium Parteizeitung dominiert, diese strukturierten die sozialen Milieus in gegeneinander abgegrenzte *parteipolitische* Öffentlichkeiten.

Ad (2). Die technische Entwicklung und die großflächige Verbreitung des Fernsehens führten Ende der 1960er Jahre dieses bis dahin segmentierte Publikum zusammen. Das Medium **Fernsehen** wurde zur zentralen Plattform massenmedialer Politikvermittlung.

Wie kam es zu dieser Entwicklung? Fernsehen ist audiovisuell, spricht also die verschiedenen Sinne des Publikums an, Fernsehen unterliegt nur geringen sozialstrukturellen Beschränkungen: Literalität wird nicht vorausgesetzt, die Anschaffungskosten sanken sehr bald auf ein erträgliches Niveau und ließen Fernsehen zur Massenware werden, der Konsum war fast kostenlos, und das Fernsehen besaß einen bis dahin kaum gekannten Unterhaltungswert. In die Zeit des Siegeszugs des Fernsehens fiel auch der Beginn des Rückzugs der Parteienpresse auf dem europäischen Kontinent (mit Ausnahme Skandinaviens).

Erklärung

Fernsehen wurde innerhalb kürzester Zeit zum ersten Medium, das die Öffentlichkeit gesellschaftsweit penetrierte und die früher segmentierten Printöffentlichkeiten zu einem Publikum integrierte. In den USA wurden durch das Fernsehen erstmals die lokalen Subkulturen zusammengeschlossen und damit die Vorstellung einer *American Nation* geschaffen.

Fernsehen *erstrahlt im Schein von Neutralität und Fairness*, es erweitert das Publikum für politische Informationen, indem es auch neue Darstellungs- und Präsentationsweisen integriert. Politik wird durch Visualisierungen unmittelbarer, erscheint dem Zuschauer *einfacher* zu verstehen, Politik wird durch Personalisierung, Konfliktinszenierungen und Mythenbildungen dramatisiert. Diese Entwicklungen stellten die Parteien und die anderen politischen Akteure vor neue Herausforderungen, um ihr früher klar definiertes Publikum weiterhin erreichen zu können. Politische Kommunikation musste sich professionalisieren, neue Strategien entwickeln, um mit den Bürgern zu kommunizieren: Der politische Terminkalender orientierte sich immer weiter an den Ausstrahlungsgewohnheiten des Fernsehens. Politische Public Relations und eine stringente Demoskopie entstanden. Ebenso begannen die PR-Verantwortlichen der politischen Akteure Pressekonferenzen genau zu planen, Strategien zu entwickeln, um mit Themen in den Medien präsent zu werden (siehe Kapitel 4.2.2, Seite 114).

Ad (3). In der dritten und aktuellen Phase der Entwicklung politischer Kommunikation musste sich diese den Bedingungen einer beschleunigten und ausdifferenzierten **Mediengesellschaft** immer stärker anpassen (siehe Kapitel 4.2.1, Seite 107).

Wir beobachten eine Multiplikation und Spezialisierung von Fernseh- und Radiosendern sowie eine vergrößerte Kapazität der Berichterstattung. Politische Medien differenzieren sich aus und widmen sich vollumfänglich der politischen Berichterstattung. „To politicians, the third age media system must loom like a hydra-headed beast, the many mouths of which are continually clamoring to be fed“ (Blumler/Kavanagh 1999: 213). Diese Phase ist gekennzeichnet durch einen Kampf um Themenhoheit und Sendezeiten sowohl im politischen System selbst als auch des politischen Systems mit anderen gesellschaftlichen Teilbereichen, vor allem mit dem Unterhaltungssektor. Um in diesen Auseinandersetzungen bestehen zu können, versucht die politische Kommunikation auch, Präsentationsweisen aus dem Entertainmentsektor auf die Politik zu übertragen; Politainment und Infotainment entwickelten sich (siehe Kapitel 3.2.1, Seite 89).

Politik wird zum fast ausschließlich medienvermittelten Phänomen, die politische Kommunikation muss daher Issues und Präsentationsweisen auf bestimmte Medienformate mit bestimmten Zielgruppen zuschneiden: ***How will it play in the media?*** Das ist die leitende Frage. Politik passt sich immer weiter den Präsentations- und Darstellungslogiken der Massenmedien an, politische Akteure versuchen durch professionelles Issues-Management die Themenhoheit gegenüber Mitbewerbern zu erlangen bzw. zu erhalten (siehe Kapitel 4.2.2, Seite 111ff). Auch die Organisationsstrukturen in den Partei- und Regierungszentralen reagieren auf diese Veränderungen: Statements, deren zeitliche Abstimmung und deren Subtext werden zentralisiert, um öffentlich ausgetragene Konflikte zu verhindern. Zentralen füttern die Medien ständig mit Informationen oder Entgegnungen zu Aussagen von Mitbewerbern. Issues werden zunehmend personalisiert, mit bestimmten Themen sollen vom Publikum bestimmte Personen und Gesichter verbunden werden. Zur Professionalisierung der Politikvermittlung gehört ebenso die Auslagerung einzelner Aufgaben an spezialisierte externe Organisationen und Akteure, so werden für Wahlkämpfe spezielle Kommunikationstätigkeiten an kommerzielle Agenturen und Experten wie Medien-, PR- und Kampagnenagenturen, Meinungsforschungsinstitute etc. vergeben (vgl. Esser/Pfetsch 2004; Korte 2003; Pfetsch 1999; Sarcinelli/Tenscher 2003; Tenscher 2003).

Diese Entwicklungen bergen problematische Situationen: Durch die Anpassung an Medienlogik und Medienzeit (*instant responses*) werden in der Politik mehr *Schnellschüsse* produziert; politische Themen durchlaufen nicht mehr die regulären Routinen politischer Willensbildung, interessenabwägende Abstimmungsprozesse und Entscheidungsfindungen. Dies, so die Befürchtung, wirke sich auf die Qualität von Gesetzen aus (vgl. Beyme 1997; Marcinkowski 2005).

Steigende Konkurrenz begegnet uns aber nicht nur auf der politischen Seite des Themenmarktes, auch im Mediensystem selbst nehmen die Konkurrenzverhältnisse um Informationen auf der einen Seite, und Auflagen und Quoten auf der anderen Seite stetig zu. In einer modernisierungstheoretischen Perspektive werden diese angeführten Aspekte als unvermeidliche Konsequenz eines grundlegenden, strukturellen und vielschichtigen Wandels in Politik, Öffentlichkeit und Massenmedien interpretiert. Dieser Wandel ist kennzeichnend für moderne Demokratien und wird auch als Wandel von der Parteiendemokratie hin zur Mediendemokratie bezeichnet (vgl. Rhomberg 2008; siehe Kapitel 6.2.2, Seite 191ff).

Mit der Vielzahl an Kanälen und Programmen im Medienangebot beobachten wir wieder eine *Fragmentierung* der Öffentlichkeit. In den 1970er Jahren konnten wir durch die Entwicklung des Fernsehens mit einer damals noch sehr begrenzten Zahl an Sendern die Zusammenführung der einst segmentierten Printöffentlichkeiten zu *einem* Publikum erklären. Mit der Entfaltung der Informations- und Kommunikationstechnologien und der Vielfalt an neuen Medienangeboten geht wieder eine Differenzierung in verschiedenste Öffentlichkeiten vor sich. Dies führe, so die These, zu einer Multiplikation der politischen Agenden. Konsonanz und Verständigung über *die* wichtigen Probleme einer Gesellschaft werden zunehmend komplexer (siehe Kapitel 8, Seite 229ff).

Im Kontext dieser spezifischen Entwicklungen von politischer Kommunikation dürfen wir aber nicht die großen gesellschaftlichen Entwicklungsströme und Trends außer Acht lassen, die auf die politische Kommunikation *einwirken*. Wir wollen dabei aber nur einige für unsere Diskussion relevante Schlagworte herausgreifen und am Beispiel von politischen Parteien ausführen.

2.1.4 Gesellschaftliche Modernisierungstendenzen am Beispiel politischer Parteien

Politische Parteien galten lange Zeit als die Repräsentanten grundlegender gesellschaftlicher Lebens- und Konfliktlagen. Sie waren fest verankert in sozialen Kontexten, Schichten und Milieus. Im Zuge gesellschaftlicher Modernisierungsprozesse wie etwa der Individualisierung, Säkularisierung oder kognitiven Mobilisierung erkennt die Parteienforschung jedoch eine abnehmende gesellschaftliche und politische Einbindung der Bürger in Parteien. Die Symptome zeigen sich in einem empirisch belegbaren Rückgang der Parteienidentifikation, einem Mitgliederschwund, einem Schrumpfen des Stammwählerpotentials und der erhöhten Bereitschaft zur Wechselwahl (vgl. Sarcinelli/Schatz 2002c: 12).

Erklärung

Diese Indikatoren zur Entwicklung und Lage der politischen Parteien stehen in enger Verbindung mit der **Rolle der Medien, Medienwirkungen und den Entwicklungen des Mediensystems**:

- Rückläufige Mitgliederzahlen bei den Volksparteien, einhergehend mit einem stark steigenden Altersdurchschnitt der Parteimitglieder: Jugendliche leben heute in völlig veränderten Informationswelten mit einem von den Medien rund um die Uhr präsentierten Überangebot an Möglichkeiten sich – eben nicht nur politisch – zu engagieren. Gleichzeitig sind sie reserviert bzw. zurückhaltend gegenüber stärkeren Bindungen an formale Organisationen.
- Die sozialstrukturellen Verankerungen der Traditionsparteien sind aufgelöst, „die Auszehrung der ‚sozial-moralischen Milieus' ist weitgehend zum Abschluss gekommen" (Wimmer 2000: 601). Wir erklären das mit der Homogenisierung der Informationswelten, die früher von den verschiedenen Printmedien erreicht und dadurch segmentiert worden sind; diese Segmentierung habe sich durch den Aufstieg des Fernsehens zum Leitmedium aufgelöst; die von den Printmedien strukturierten Öffentlichkeiten sind nicht mehr existent, „politische Informationen gibt es im Überfluss, sie sind individuell rezipierbar und relativieren so die Bedeutung ‚mikrosozialer Kontexte'" (601). Ebenso existieren die Vorfeld- und Basisorganisationen der Traditionsparteien teilweise nur noch auf dem Papier.

Diese gesellschaftlich-politischen Entwicklungen stehen eben in engem Zusammenhang mit der zunehmenden Relevanz medial vermittelter Informationen für den politischen Prozess. Mediale Präsenz wird immer mehr zur Voraussetzung für die Kommunikationspraxis gesellschaftlicher und politischer Akteure. Traditionell ging die politische Kommunikation davon aus, dass die politischen Akteure Ereignisse produzierten, die dann von den Medien selektiert und anschließend in Szene gesetzt wurden. Aktuell dürfte aber eher die These zutreffen, dass die Ereignisse, die die Politik den Medien präsentiert, bereits so stark die Medienlogiken simulieren, dass die Medien diesen medialen Aufbereitungsprozess kaum mehr leisten müssen (vgl. Meyer 2001).

Doch zu welchen Folgen führen diese Entwicklungen? Entkoppelt sich dadurch nicht die mediale Darstellung vom realen politischen Handeln? Mit diesen Fragen beschäftigen wir uns ausführlich in Kapitel 4.2.1, Seite 106ff.

2.2 Gesellschaftstheorie, (politische) Öffentlichkeit und die Medien

Nach diesem Abstecher in die historischen Hintergründe und aktuellen Problemstellungen der Konstrukte von Gesellschaft, Öffentlichkeit und Massenmedien wollen wir uns nun auf einer gesellschaftstheoretischen Ebene mit der Rolle und den Wirkungen von Medien in zwei unterschiedlichen Gesellschafsentwürfen aus den vergangenen 40 Jahren beschäftigen, nämlich der gesellschaftstheoretischen Verortung der Begriffe Öffentlichkeit, öffentliche Meinung und Massenmedien in einem systemtheoretischen Verständnis von Niklas Luhmann und einer normativ-deliberativen Perspektive von Jürgen Habermas.

Erklärung

Die neueren systemtheoretischen Ansätze, die in besonderer Weise den Arbeiten von **Niklas Luhmann** und **Frank Marcinkowski** zu verdanken sind, gehen davon aus, dass die Massenmedien sich im Rahmen der Umstellung der modernen Gesellschaft auf funktionale Differenzierung zu einem eigenständigen Funktionssystem der Gesellschaft ausdifferenziert haben. Die Massenmedien reihen sich somit auf einer Ebene mit dem politischen oder dem ökonomischen System ein. Diese Funktionssysteme sind allenfalls wechselseitig resonanzfähig, keinesfalls aber wechselseitig beherrschbar (vgl. Luhmann 1996; Marcinkowski 1993).
Auf der anderen Seite wird die gesellschaftstheoretische Diskussion durch ein liberales Modell politischer (Medien-)Öffentlichkeit gekennzeichnet, das auf die Diskurstheorie von **Jürgen Habermas** (1981a; 1981b; 1990 [1962]; 1992a; 2006) und seine Vorstellungen von deliberativer Demokratie zurückgeht.

Warum wählen wir diese beiden Richtungen und stellvertretend diese beiden Autoren? Jürgen Habermas und Niklas Luhmann gelten als die international bekanntesten und bedeutendsten zeitgenössischen Sozialtheoretiker des deutschsprachigen Raums. Der neuere Entwicklungsstand auf makro- bzw. gesellschaftstheoretischer Ebene kennzeichnet sich einerseits aus durch das systemtheoretische Verständnis der Massenmedien als autopoietischem System und andererseits durch deliberative Modelle von Öffentlichkeit und Demokratie.

Mit diesen beiden Perspektiven und deren Ansätzen von politischer Öffentlichkeit, öffentlicher Meinung und der gesellschaftlichen Rolle und Funktion der Massenmedien wollen wir uns in der Folge beschäftigen.

2.2.1 Normativ-deliberative Verständnisse von Öffentlichkeit und öffentlicher Meinung

In seiner Begriffsgeschichte hat der Begriff der Öffentlichkeit als ein „wie immer auch genau zu bestimmendes Kollektiv, das gleichsam der Souverän politischer Entscheidungen sein soll" (Gerhards 1998: 268) immer wieder einen stark normativen Anstrich erhalten. In den Sozialwissenschaften findet diese Betrachtungsweise lange Zeit aber keine spezielle Beschäftigung, erst 1962 findet der Begriff durch die Studie von **Jürgen Habermas** zum *Strukturwandel der Öffentlichkeit* Eingang in das sozialwissenschaftliche Begriffsinventar.

Habermas selbst ist Schüler von **Max Horkheimer** und **Theodor W. Adorno**. Seine Theorie politischer Öffentlichkeit baut er auf deren Thesen zur *Dialektik der Aufklärung* (1969), genauer zu ihren Ausführungen zu den Medien technischer Kommunikation wie Zeitung, Radio, Film und Fernsehen als Instrumente zur Beherrschung der Massengesellschaft, auf. Habermas ist gegenwärtig der wichtigste Vertreter einer zweiten Generation der Kritischen Theorie der Frankfurter Schule.

Exkurs

Strukturwandel der Öffentlichkeit (1962)

Sein ***Strukturwandel der Öffentlichkeit*** gilt heute als Klassiker der modernen Demokratietheorie. Darin zeichnet er ein kritisches Bild der Transformation von Öffentlichkeit, die sich seit Ende des 19. Jahrhunderts durch die Etablierung des modernen Sozial- und Interventionsstaats und der damit verbundenen Verflechtung von Staat und Gesellschaft zunehmend von einer kritischen zu einer *vermachteten* Öffentlichkeit entwickelt habe. „Das Prinzip der Publizität wird zu demonstrativen und manipulativen Zwecken umfunktioniert. Das immer dichter gespannte Kommunikationsnetz der elektronischen Massenmedien ist heute, obgleich es technisch ein Potential zur Befreiung darstellt, so organisiert, dass es eher die Loyalität einer entpolitisierten Bevölkerung kontrolliert, als dass es dazu diente, die staatlichen und gesellschaftlichen Kontrollen ihrerseits einer dezentralisierten, folgenreich kanalisierten und entschränkten Willensbildung zu unterwerfen“ (Habermas 1990 [1962]: 11).

Am Beginn von Habermas Analyse steht der Versuch der Rekonstruktion der **bürgerlichen Öffentlichkeit**, die sich im Zuge der Aufklärung entwickelt hat. In diesem Verständnis handelt es sich um eine Sphäre öffentlicher, ungezwungener Meinungs- und Willensbildung von Mitgliedern einer demokratisch gebildeten politischen Gemeinschaft über die Regelung öffentlicher Angelegenheiten. Öffentlichkeit entsteht durch die Kommunikation unter Akteuren, die aus ihren privaten Lebensbereichen heraustreten, um sich über Angelegenheiten von allgemeinem, kollektivem Interesse zu verständigen. Mit der Emanzipation des Bürgertums beginnt ein revolutionärer Prozess, der die Macht des absoluten Herrschers bricht.

Die Merkmale von Öffentlichkeit in einem normativen Verständnis sind **Gleichheit und Reziprozität, Offenheit und diskursive Strukturen**: Jeder muss prinzipiell die Chance haben, sich an Diskussionen zu beteiligen. Dabei darf nicht nur die Möglichkeit bestehen, eine Publikumsrolle einzunehmen und sich eine Meinung zu bilden: Ein wesentlicher Bestandteil von Kommunikation ist der Wechsel von Hörer- und Sprecherrollen (siehe Kapitel 1.2, Seite 21). Welche Themen in dieser Öffentlichkeit behandelt werden, ist generell offen: Es gibt keine Beiträge, die a priori ausgeschlossen sind. Über deren Relevanz wird in der öffentlichen Debatte selbst entschieden. Auseinandersetzungen über Probleme und mögliche Lösungen sollen diskursiv mit Argumenten, die Anspruch auf kollektive Akzeptanz erheben, ausgetragen werden. Öffentliche Kommunikationen mit diesen Merkmalen sollen zu reflektierten Überzeugungen und Urteilen des Publikums für relevante kollektive Probleme führen.

Artikuliert wird dieses normative Modell von Öffentlichkeit „in den Kommunikationsfreiheiten von Verfassungen und Pressegesetzen, in politischen und juristischen Diskursen über Meinungs- und Äußerungsfreiheit, in Auseinandersetzungen über Medienpolitik, in journalistischen Professionsnormen und in öffentlichen Auseinandersetzungen über die Verhaltensstandards von Massenmedien, in öffentlicher Empörung über Geheimhaltung und Irreführung, in negativen Reaktionen auf manipulative Techniken in politischen Kampagnen, im Anspruch minoritärer Gruppen auf ‚Stimme' (voice) und öffentliches Gehör" (Peters 1994: 49).

Literatur

Habermas greift diese Thematik in mehreren Abhandlungen auf, vom *Strukturwandel der Öffentlichkeit* (erstmals erschienen 1962), der *Theorie des kommunikativen Handelns* (1981, 2 Bände), *Faktizität und Geltung* (1992), dem weniger bekannten Aufsatz *Volkssouveränität als Verfahren. Ein normativer Begriff der Öffentlichkeit* (1992) und aktuell in einem besonders in der Kommunikationswissenschaft breit rezipierten Aufsatz aus dem Jahr 2006 *Political Communication in Media Society: Does Democracy Still Enjoy an Epistemic Dimension? The Impact of Normative Theory on Empirical Research.*

Deliberative Demokratie in der Mediengesellschaft

In diesem Aufsatz aus dem Jahr 2006 entwirft Habermas ein Modell deliberativer Demokratie unter mediengesellschaftlichen Bedingungen: Massenmedial vermittelte politische Kommunikation kann unter zwei Grundbedingungen deliberative Prozesse in modernen Gesellschaften erleichtern: Wenn ein sich selbst regulierendes Mediensystem unabhängig von politischen und ökonomischen Zwängen agieren kann und wenn Feedback-Möglichkeiten zwischen Elitendiskursen und der Zivilgesellschaft gegeben sind.

Moderne liberale Demokratien sind auf drei Grundsteinen gebaut: die private Autonomie der Bürger, die Inklusion freier und gleicher Bürger in eine politische Gemeinschaft und eine unabhängige politische Öffentlichkeit, die als intermediäres System zwischen dem Staat – also den politischen Entscheidungszentren – und der Gesellschaft operiert.

Erklärung

Diese drei Elemente sollen den Schutz aller Individuen dieser Gesellschaft auf der Basis der Grundrechte garantieren; potentiell allen Bürgern – die das wollen – die Möglichkeit zu politischer Beteiligung geben, was regelmäßige Wahlen ebenso einschließt wie einen fairen Wettbewerb zwischen Parteien, Plattformen und Programmen; die Möglichkeiten einer politischen Öffentlichkeit garantieren, um die Bildung von wohlüberlegten öffentlichen Meinungen zu gewährleisten. Dies geschehe, so Habermas, durch die Trennung von Staat („tax-based state") und Gesellschaft („market-based society"), Meinungs-, Versammlungs- bzw. Vereinsbildungsfreiheiten und pluralistische, vielfältige und unabhängige Massenmedien sowie den freien Zugang der Bürger zu diesen.

Das Zentrum des politischen Systems besteht in Habermas Vorstellungen aus Parlament, Gerichten, Verwaltungsbehörden und Regierung. In der Peripherie des politischen Systems ist die politische Öffentlichkeit eingebettet in verschiedenste und vielfältige Netzwerke aus Informationen und Botschaften: Nachrichten, Berichte, Kommentare, Diskussionen, Bilder, Shows und Filme mit informativen, polemischen, erzieherischen oder unterhaltenden Inhalten; eine im wesentlichen massenmedial vermittelte Öffentlichkeit. Diese *veröffentlichten* Meinungen stammen aus den Quellen von Politikern, Parteien, Lobbyisten, Interessenverbänden oder zentralen und bekannten Akteuren der Zivilgesellschaft. Ausgewählt, interpretiert und präsentiert werden diese Inhalte aber von den Massenmedien. Es gibt, so Habermas, in der Konsequenz zwei Akteurstypen ohne die eine politische Öffentlichkeit nicht arbeiten kann: (1) Journalisten und Redakteure, die Informationen nach medialen Regeln selektieren, filtern und bearbeiten und (2) Akteure im politischen System, die als Quellen, Koautoren und Adressaten dieser veröffentlichten Meinungen fungieren. Massenmedial vermittelte politische Kommunikation, so bringt es Habermas auf den Punkt, ist in erster Linie getragen von Eliten. Zusätzlich zu dieser Elitenveranstaltung identifiziert er als weitere Akteure auf der Medienbühne Lobbyisten und Vertreter bestimmter Interessen, Advokaten, die oftmals marginalisierte Gruppen vertreten, Experten und Wissenschaftler, moralische Institutionen, die Aufmerksamkeit für anscheinend vernachlässigte Themen erzeugen und Intellektuelle.

Deliberation als wichtiger Bestandteil des politischen Prozesses hat bei Habermas folgende drei Funktionen zu erfüllen: (1) die Aggregation relevanter Themen, und benötigter Informationen zu diesen Themen und die Präzisierung von Interpretationen dazu; (2) die Gewährleistung eines öffentlichen Diskurses über diese Themen, Informationen und Interpretationen auf der Basis von rationalen Argumenten; (3) die Generierung von rational motivierten Ja- und Nein-Haltungen zu diesen Themen.

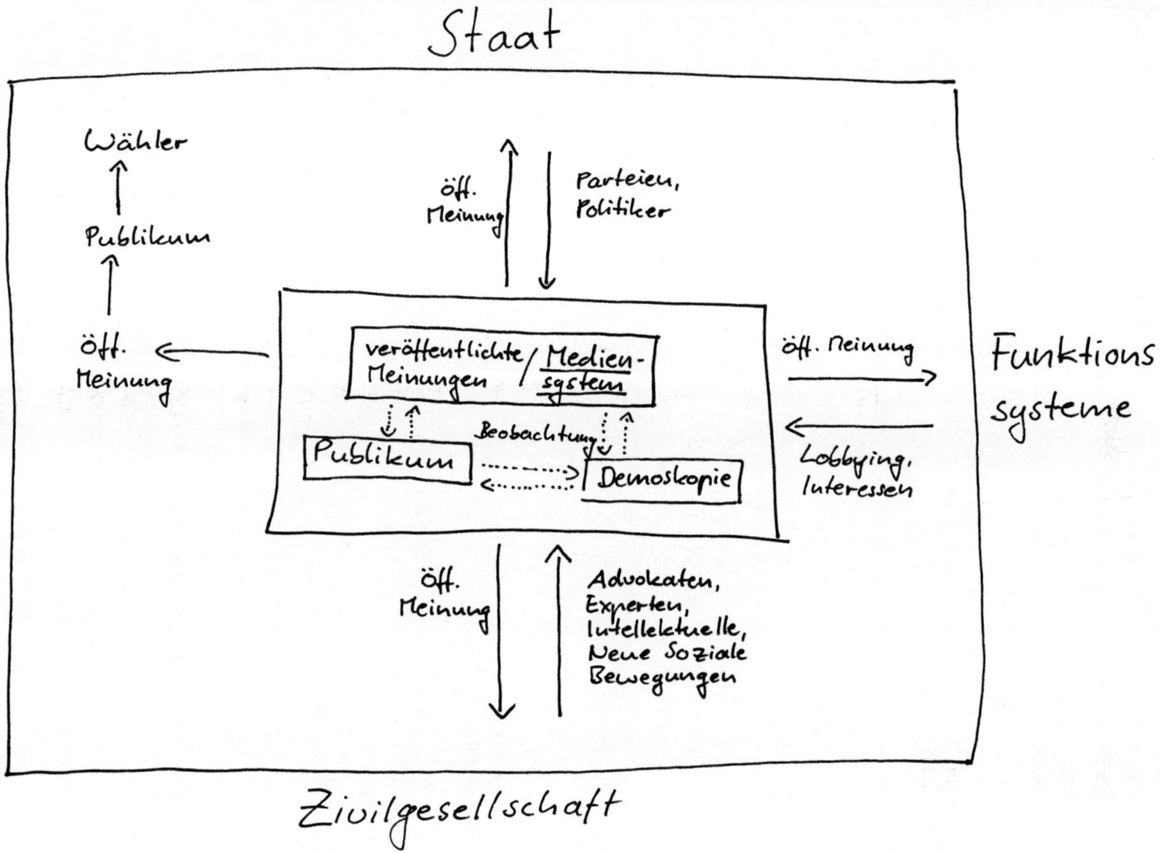

Skizze 6: Öffentlichkeit – Inputs und Outputs. Skizze in Anlehnung an eine Vortragspräsentation von Jürgen Habermas auf der Jahreskonferenz der International Communication Association, Dresden, Juni 2006.

In modernen Mediengesellschaften hat sich die Rolle der politischen Öffentlichkeit auf die Erfüllung der ersten Anforderung *reduziert*: Das deliberative Modell erwartet im Habermas'schen Sinne von der politischen Öffentlichkeit die Sicherstellung und Wahrung von vielfältigen öffentlichen Meinungen zu bestimmten Themen. Doch wo bleibt dabei die *Macht* der öffentlichen Meinung und der politischen Öffentlichkeit?

In einem früheren Aufsatz *Volkssouveränität als Verfahren* (1992a) beantwortet Habermas diese Frage auf folgende Weise: In der politischen Öffentlichkeit kreuzen sich zwei gegenläufige Prozesse: Die kommunikative Erzeugung legitimer Macht und die Legitimationsbeschaffung durch das politische System. Es stellt sich also die Frage nach dem Verhältnis von demokratischer Öffentlichkeit und Administration: „Die kommunikativ erzeugte legitime Macht kann auf das politische System in der Weise einwirken, dass sie den Pool von Gründen aus dem die administrativen Entscheidungen rationalisiert werden müssen, in eigene Regie nimmt. Es geht eben nicht alles, was für das politische System machbar wäre, wenn die ihm vorgeschaltete politische Kommunikation, die von ihm nachgeschobenen normativen Gründe diskursiv entwertet" (Habermas 1992a: 204). Letztlich baut die normative Erwartung vernünftiger Ergebnisse auf dem Zusammenspiel von institutionell verfasster politischer Willensbildung und spontanen, nicht vermachteten Kommunikationsströmen einer nicht auf Beschlussfassung programmierten Öffentlichkeit auf.

Zitat

Die Stabilisierung und Legitimierung der Öffentlichkeit selbst erfolgt aus der fortlaufenden Selbstthematisierung:

„Die kommunikativ verflüssigte Souveränität bringt sich in der Macht öffentlicher Diskurse zur Geltung, die autonomen Öffentlichkeiten entspringt, aber in den Beschlüssen demokratisch verfasster Institutionen der Meinungs- und Willensbildung Gestalt annehmen muss, weil die Verantwortung für die Entscheidung für politisch folgenreiche Beschlüsse eine klare institutionelle Zurechnung verlangt. Kommunikative Macht wird ausgeübt im Modus der Belagerung. Sie wirkt auf die Prämissen der Urteils- und Entscheidungsprozesse des politischen Systems ohne Eroberungsabsicht ein, um in der einzigen Sprache, die die belagerte Festung versteht, ihre Imperative zur Geltung zu bringen: Sie bewirtschaftet den Pool von Gründen, mit denen die administrative Macht zwar instrumentell umgehen kann, ohne sie aber, rechtsförmig verfasst wie sie ist, ignorieren zu können" (Habermas 1992a: 208).

Unter den Bedingungen der Mediengesellschaft gibt Habermas 14 Jahre später folgende Antwort auf die Möglichkeiten der politischen Öffentlichkeit:

„Organizations for public opinion research continously monitor and register the attitudes of private citizens. Media professionals produce an elite discourse, fed by actors who struggle for access to and influence on the media. Those actors enter the stage from three points: Politicians and political parties start from the center of the political system; lobbyists and special interest groups come from the vantage point of the functional systems and status groups they represent; and advocates, public interest groups, churches, intellectuals, and moral entrepreneurs come from backgrounds in civil society. Together with journalists, all of them join in the construction of what we call ‚public opinion', though this singular phrase only refers to the prevailing one among several public opinions" (Habermas 2006: 417).

Wenn die Massenmedien in modernen Demokratien aber den Zugang und die Inhalte der Diskussionen der politischen Öffentlichkeit filtern, stellt sich die Frage, mit welcher *Macht* sie das tun? Habermas geht aktuell davon aus, dass neben politischer, sozialer und ökonomischer, eine neue Machtquelle entstanden ist, nämliche *mediale Macht*. Die Massenmedien haben diese auf der Grundlage der Technologien der Massenkommunikation entwickelt: Massenmedien selektieren, bearbeiten und interpretieren Inhalte aus den verschiedensten politischen Quellen und greifen so in die Publikation von bestimmten Interessen und die Bildung von öffentlichen Meinungen ein. Medien setzen Themen und rahmen diese Themen mit bestimmten Deutungsmustern; Medien, führt Habermas aus, benutzen Agenda-Setting, Framing und Priming um Interpretationen zu schaffen. Sogar Regierungen haben, so Habermas, normalerweise keine Kontrolle, wie die Massenmedien deren Informationen präsentieren und interpretieren.

Exkurs

Weiter zugespitzt hat Habermas seine Thesen in einem Essay für die *Süddeutsche Zeitung:*

Medien, Märkte, Konsumenten.

„Die besondere Natur der Waren Bildung und Information" – Die seriöse Presse als Rückgrat der politischen Öffentlichkeit.

„Leser, Hörer und Zuschauer lassen sich, wenn sie die Medien nutzen gewiss von verschiedenen Präferenzen leiten. Sie wollen sich unterhalten oder ablenken, über Themen und Vorgänge informieren oder an öffentlichen Diskussionen teilnehmen. Sobald sie sich aber auf kulturelle oder politische Programme einlassen, zum Beispiel den von Hegel gepriesenen ‚realistischen Morgensegen' der täglichen Zeitungslektüre empfangen, setzen sie sich – gewissermaßen auto-paternalistisch – einem Lernprozess mit unbestimmten Ausgang aus. Im Verlaufe einer Lektüre können sich neue Präferenzen, Überzeugungen und Wertorientierungen ausbilden. Die Metapräferenz, von der eine solche Lektüre gesteuert ist, richtet, sich dann auf jene Vorzüge, die sich im professionellen Selbstverständnis eines unabhängigen Journalismus ausdrücken und das Ansehen der Qualitätspresse begründen".

Aus der *Süddeutschen Zeitung*, 16. Mai 2007, Seite 13.

Lektüretipp

- Habermas, Jürgen, Strukturwandel der Öffentlichkeit, Frankfurt/Main: Suhrkamp, 1990 [1962].
- Habermas, Jürgen, „Volkssouveränität als Verfahren. Ein normativer Begriff der Öffentlichkeit", in: Die Moderne – ein unvollendetes Projekt. Philosophisch-politische Aufsätze 1977-1992, hg. v. Jürgen Habermas, Leipzig: Reclam, 1992, S. 180-212.
- Habermas, Jürgen, „Political Communication in Media Society: Does Democracy Still Enjoy an Epistemic Dimension? The Impact of Normative Theory on Empirical Research", in: Communication Theory, Jg. 16, 2006, S. 411-426.

2.2.2 Systemtheoretische Verständnisse von Öffentlichkeit und öffentlicher Meinung

In diesem Teil wollen wir uns mit den systemtheoretischen Verständnissen von Öffentlichkeit und öffentlicher Meinung von Niklas Luhmann und Frank Marcinkowski beschäftigen. Zunächst werden wir aber die Überlegungen von Jürgen Gerhards und Friedhelm Neidhardt zu einem Funktionssystem der Öffentlichkeit kritisch diskutieren.

Öffentlichkeit als System

Nach den Vorstellungen von Gerhards und Neidhardt (1993; Gerhards et al. 1998) übernimmt das System der Politik die Steuerungsaufgaben gegenüber den anderen Teilsystemen und deren Problemproduktionen. Die Frage, die sich dabei stellt, ist, wie die Politik selbst sensibel gegenüber ihrer gesellschaftlichen Umwelt gehalten wird. Öffentlichkeit kommt dabei in ihren Vorstellungen die zentrale Funktion der Vermittlung zu, indem sie sich am Publikum orientiert, Informationen sammelt, diese zu öffentlichen Meinungen aggregiert und an das politische System weitergibt. Umgekehrt vermittelt Öffentlichkeit politische Entscheidungsprozesse an das Publikum und kann damit die Eigensteuerung und Anpassungsfähigkeit der Gesellschaft erhöhen. Öffentlichkeit als ein spezifisches Kommunikationssystem konstituiert sich auf der Basis des Austauschs von Informationen und Meinungen durch bestimmte Personen, Gruppen und Organisationen.

Offenheit dient dabei als Bedingung gleich in zweifacher Hinsicht, nämlich sowohl für Themen als auch für die Teilnehmer in diesem Forum: Öffentlichkeit ist prinzipiell unabgeschlossen, das bedeutet, es gibt keine Zugangsbedingungen, jedes Mitglied der Gesellschaft muss potentiell daran teilnehmen können. Ein weiteres Grundmerkmal von Öffentlichkeit ist die **Laienorientierung**: Nicht nur der Zugang ist frei, sondern auch die Art der Teilnahme ist nicht für Experten reserviert. „Wer die Laienorientierung des Öffentlichkeitssystems nicht beachtet, kommt nicht an" (Gerhards/Neidhardt 1993: 46). Selbst Experten aus anderen Systemen, etwa dem Wissenschaftssystem, müssen sich in der Öffentlichkeit auf Laienorientierung umstellen, Luhmann (1971: 21) nennt dies eine „Neutralisierung von Rollenanforderungen". Dennoch haben sich Spezialisten für diese Laienorientierung gebildet: Journalisten, Pressesprecher und Public-Relations-Profis füllen diese Expertenrollen des Öffentlichkeitssystems aus.

Das System der Öffentlichkeit unterhält bei Gerhards und Neidhardt über prinzipiell offene Grenzen Beziehungen zu seiner Umwelt und transformiert dabei Inputs in Outputs: Informationen werden gesammelt, verarbeitet und weitergegeben.

Bei der Informationssammlung stellt sich die Frage, mit welcher Selektivität das Öffentlichkeitssystem arbeitet. Wie offen und sensibel ist das System für Interessen, Themen und Meinungen der Umwelt? Die Öffentlichkeit kann sich nicht mit allen Geräuschen aus der Umwelt beschäftigen, muss also nach bestimmten Regeln filtern, welche Informationen sie aggregiert und verarbeitet und welche nicht. Die Informationen, die diesen Selektionsprozess überstehen, werden von Gerhards und Neidhardt als **öffentliche Meinung** bezeichnet; als einen Bestand an Themen, die man im politischen Prozess mit Anspruch auf Entscheidungstätigkeit benutzen kann, ohne erwarten zu müssen, dass sie als deplatziert empfunden oder abgelehnt werden. „Öffentliche Meinung nimmt Kommunikationsbeiträge aus der Gesellschaft auf, regt neue Kommunikationen an und zeichnet Themen mit der Unterstellung ihrer Bekanntheit aus" (Marcinkowski 2001: 251).

Auf der Output-Seite sind alle Resonanzen politischer Öffentlichkeit in der gesellschaftlichen Umwelt von Interesse. Dabei geht es im Besonderen um die Reaktionen der politischen Öffentlichkeit auf diesen Output. Im Sinne der Responsivität (siehe Kapitel 7.2, Seite 222ff) fließen diese Reaktionen in die politische Entscheidung mit ein.

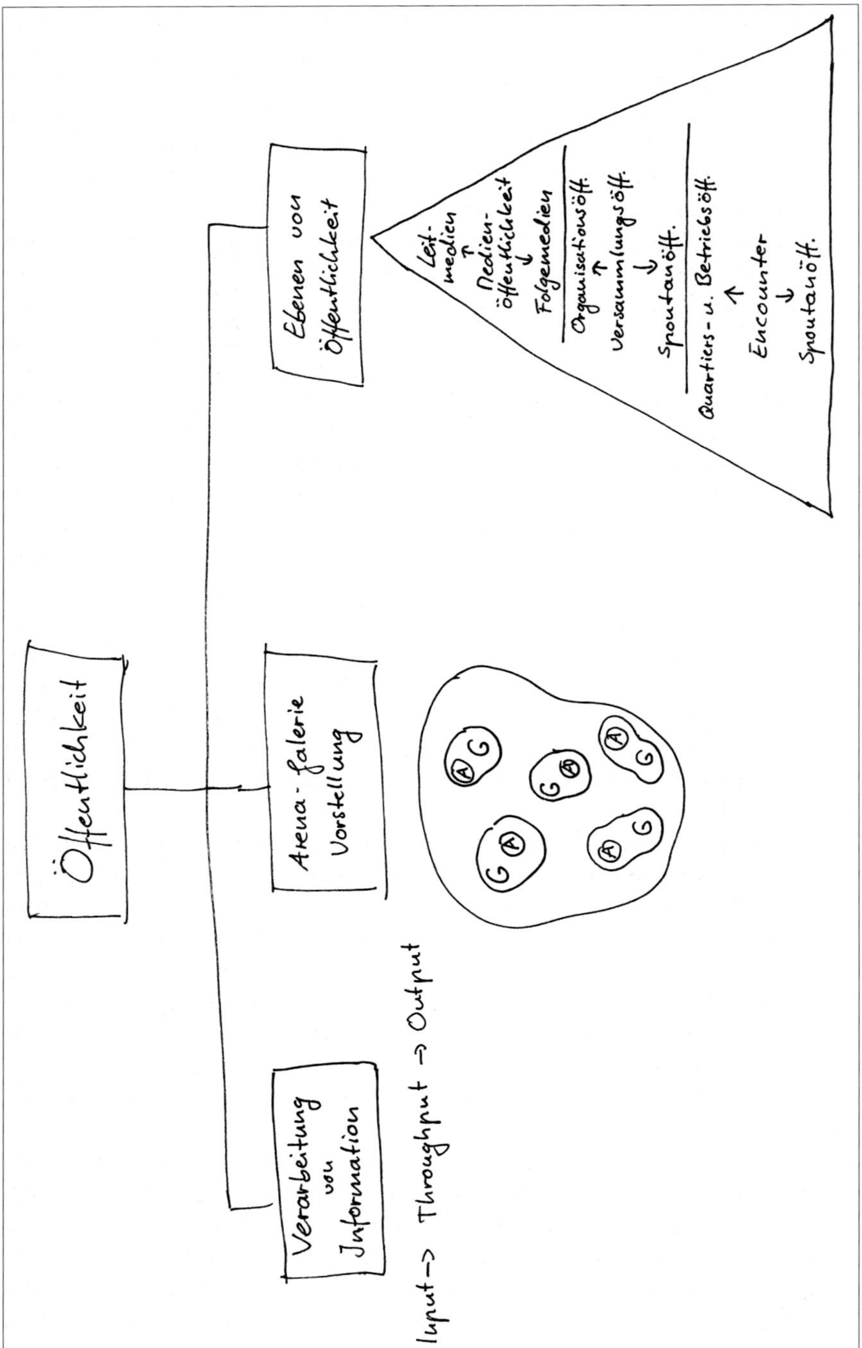

Skizze 7: Öffentlichkeit als intermediäres System.

Gerhards und Neidhardt verstehen Öffentlichkeit als Kommunikationsforum und eine diffuse Größe mit einer Vielzahl kleiner und großer, thematisch orientierter Foren. Diese sind nur teilweise miteinander vernetzt. Drei Ebenen von Öffentlichkeit spielen dabei eine Rolle: (1) einfache Interaktionssysteme (Encounters), (2) öffentliche Veranstaltungen und (3) massenmediale Kommunikationen.

Ad (1). **Einfache Interaktionssysteme** (Encounters) bilden sich immer dann, wenn Menschen mehr oder weniger zufällig aufeinander treffen und miteinander kommunizieren. Diese Interaktionssysteme sind zwar kurzlebig, zerbrechlich und nicht starr strukturiert. Durch die Fluktuation von Themen und Teilnehmern (Episodencharakter) sind solche Systeme allerdings sensibel und offen für Themen aus der Umwelt. „Gleichwohl ist diese kleine Öffentlichkeit nicht unbedingt folgenlos. (...) Ihre Voraussetzungslosigkeit sichert eine hohe Offenheit und Umweltsensibilität des Systems, der Informationssammlung sind kaum Grenzen gesetzt“ (Gerhards/Neidhardt 1993: 50). Es bleibt zu berücksichtigen, dass in Encounters keine gebündelte Informationsverarbeitung und keine Themenkontinuität zu erkennen ist. Ebenso sind Encounters Systeme von Anwesenden, was bedeutet, dass die Anzahl derer, die an der Kommunikation teilnehmen, beschränkt ist. Die Chance der Beeinflussung der öffentlichen Meinung ist deshalb erheblich eingegrenzt. „Die Schwächen des Systems können aber auch zu seinen Stärken werden. (...) In totalitären Herrschaftssystemen – seien es nun feudale oder sozialistische, die keine ausdifferenzierten, autonomen Öffentlichkeiten zulassen, konstituiert sich neben der politisch inszenierten Öffentlichkeit allenfalls Encounter-Öffentlichkeit“ (51). Encounter können in nicht-demokratischen Gesellschaften also als Startpunkt für Autonomisierungsprozesse von Öffentlichkeit gelten, weil sie durch ihre Episodenhaftigkeit nur schwer politisch kontrollierbar sind.

Ad (2). **Öffentliche Veranstaltungen** sind in besonderer Weise thematisch zentriert: Das Thema einer Veranstaltung bildet die Struktur dieser Öffentlichkeitsform und selektiert die Teilnehmer durch die Differenz Interesse und Nicht-Interesse. Die Teilnehmer teilen sich wiederum auf in Leitungs- und Publikumsrollen. Die Leitungsrollen geben Beschreibungen des Themas und Meinungen zu diesem Thema vor, wo hingegen die Äußerungsmöglichkeiten des Publikums sich oftmals auf Schweigen, Beifall oder Pfeifen beschränken. Die Institutionalisierung der Versammlungs- und Demonstrationsfreiheit als Bürgerrecht galt als wichtiger Schritt für die Entwicklung von Öffentlichkeit und die Demokratisierung politischer Systeme.

Ad (3). In modernen Gesellschaften ist die **massenmediale Kommunikation**, so Gerhards und Neidhardt (55), die folgenreichste Ebene: „In komplexen Gesellschaften ließe sich Öffentlichkeit ohne eine massenmediale Öffentlichkeit nicht herstellen“. Zur Institutionalisierung dieser massenmedialen Sphäre waren in besonderer Weise technische Entwicklungen der Infrastruktur notwendig. „Die Herstellung von medialer Öffentlichkeit obliegt in Organisationen eingebetteten spezialisierten Berufen, vor allem den Journalisten.“ (54). Das Publikum wird abstrakter, größer, gleichzeitig aber in seinen Handlungsmöglichkeiten reduzierter.

Zitat

„Fordert man von der Offenheit des Systems Öffentlichkeit, dass möglichst viele der Bürger selbst zu Wort kommen, dann handelt es sich bei den Massenmedien um ein relativ geschlossenes und damit unsensibles System. Geht man davon aus, dass für die Offenheit weniger die faktische Präsenz und die aktive Präsentation, sondern die Repräsentanz der eigenen Meinung wichtig sind, stellt sich die Frage neu. Dann hängt es von der Pluralität der Massenmedien sowie von dem Spektrum der von ihnen vermittelten Themen und Meinungen ab, ob man sie als offen in Bezug auf ihre Informationssammlungsfunktion bezeichnen kann“ (Gerhards/Neidhardt 1993: 55; siehe Kapitel Pluralismus 4.4, Seite 134ff).

Öffentlichkeit als umweltabhängiges Kommunikationssystem

Frank Marcinkowski schließt an diese Überlegungen an, plädiert aber dafür, Öffentlichkeit nicht als eigenes Funktionssystem der Gesellschaft zu verstehen, sondern als ein offenes und damit umweltabhängiges Kommunikationssystem außerhalb der großen Funktionssysteme der Gesellschaft liegendes zu begreifen. Öffentlichkeit ist weder ein Teil der Politik noch identisch mit den Massenmedien, obwohl beide an ihr mitwirken. Öffentlichkeit liegt gewissermaßen quer zu den Funktionssystemen, weil sich in ihr verschiedene Systemlogiken treffen und verwischen, unter anderem Rechtfertigungszwänge der Politik und die Informationsproduktion der Massenmedien: „Politisch wird Öffentlichkeit nur in den Momenten und Foren, wo über Angelegenheiten von kollektivem Interesse verhandelt wird“ (Marcinkowski 2002: 102).

Bei den Überlegungen von **Niklas Luhmann** zum Themenkomplex der öffentlichen Meinung und der politischen Öffentlichkeit müssen wir etwas weiter ausholen, sein umfangreiches Denken über diese Thematik lässt sich grob in vier historische Schritte einordnen.

Zunächst ist das politische System in modernen Massendemokratien durch eine hohe Kontingenz des politisch und rechtlich Möglichen gekennzeichnet. Das wird zum Problem, weil im politischen System zwar kollektiv verbindliche Entscheidungen getroffen werden müssten, die Frage aber offen bleibt, welche Themen die Politik aus der Fülle von anstehenden Problemen auswählen soll, um diese zur Entscheidung zu bringen. Zur Erfüllung seiner gesellschaftlichen Funktion des Treffens von verbindenden Entscheidungen braucht das politische System also nicht nur sein ureigenes Medium *Macht* (vgl. Luhmann 2000), um die Verbindlichkeit seiner Entscheidungen zu stärken, sondern die Politik braucht eine Selektionshilfe zur Entscheidung, über was entschieden werden soll, also eine Vorselektion der zu behandelnden und zu entscheidenden Issues. Diese Vorselektion übernimmt bei Luhmann die **öffentliche Meinung als thematische Strukturgeberin der politischen Kommunikation**.

Wir finden bei Luhmann also nicht wie in den normativen Vorstellungen von Öffentlichkeit öffentliche Meinung als die Herausbildung *vernünftiger* konsensbegründeter Meinungen durch öffentliche Diskurse. Luhmann differenziert in seinem ersten Aufsatz (1970) dazu *Thema* und *Meinung*. Die öffentliche Meinung legt über Auswahlmechanismen (*attention rules*) eine Themenstruktur an, an der sich das politische System bei der Auswahl seiner Themen zur Entscheidungsfindung orientiert. Die öffentliche Meinung wird beim frühen Luhmann insbesondere von der Politik zum Testen der Akzeptanz von Themen benutzt, die die Politik in die öffentliche Kommunikation einbringt, um zu beobachten, was dabei herauskommt. Luhmann spricht hier – zwar noch in anderen Worten, aber sinngemäß – von der Unterstellbarkeit der Bekanntheit von Themen. Dieses Testen läuft aber (noch) nicht wie man aus heutiger Sicht annehmen könnte über die Massenmedien ab, Luhmann setzt an diese Stelle zunächst die Parteien und Organisationen des politischen Publikums, also organisierte Interessen. Öffentlichkeit ist in diesem Zusammenhang nichts anderes als ein Ausdruck für die Unterstellung, dass Themen als Voraussetzung zwischenmenschlicher Kommunikation akzeptiert sind: „Politische Öffentlichkeit fokussiert diese Erwartung auf den Bestand politischer Themen, die man im politischen Prozess mit Anspruch auf Entscheidungstätigkeit benutzen kann, ohne erwarten zu müssen, dass sie als deplatziert empfunden oder (als Themen der Kommunikation!) abgelehnt werden" (Marcinkowski 2002: 89).

In den 1990er Jahren nimmt Luhmann Veränderungen an seiner Theorie der öffentlichen Meinung vor. So führt er die Unterscheidung zwischen *Medium* und *Form* ein. Medien sind die Themen, und die Massenmedien kommen neu in seinen Überlegungen ein und dienen als Formgeber der öffentlichen Meinung. Die 1970 noch verwendeten *attention rules* der Parteien und Organisationen des politischen Publikums werden von den Nachrichtenwerten und Produktionsroutinen der Massenmedien abgelöst. Die Themen für die Agenda des politischen Systems werden nun nach medialen Selektionskriterien bestimmt und nicht mehr nach den innersystemischen Aufmerksamkeitsregeln des politischen Systems. Die Medien werden in Luhmanns Denken zum Agenda-Setter für die öffentliche Meinung und die politische Entscheidungstätigkeit.

„Weit mehr als die anderen Funktionssysteme macht das politische System sich selbst von der öffentlichen Meinung abhängig" (Luhmann 1990: 180). Statt direkter Beobachtung der Umwelt fokussiert das politische System nun auf die Beobachtung der öffentlichen Meinung, denn angesichts der Überfülle von Themen und Kommunikationssträngen politischer Kommunikation bietet die öffentliche Meinung eine Themenstruktur dieser politischen Kommunikation an, also eine Reihung der Themen nach Wichtigkeit und Interesse. Und auf dieser Agenda sieht das politische System nicht nur, was in seiner Umwelt gerade wichtig und relevant ist, es erkennt darin auch sich selbst wieder und beobachtet, wie es selbst von der Umwelt beobachtet wird. Es kann also Rückschlüsse darauf ziehen, wie die bisherigen politischen Entscheidungen in der Umwelt angekommen sind.

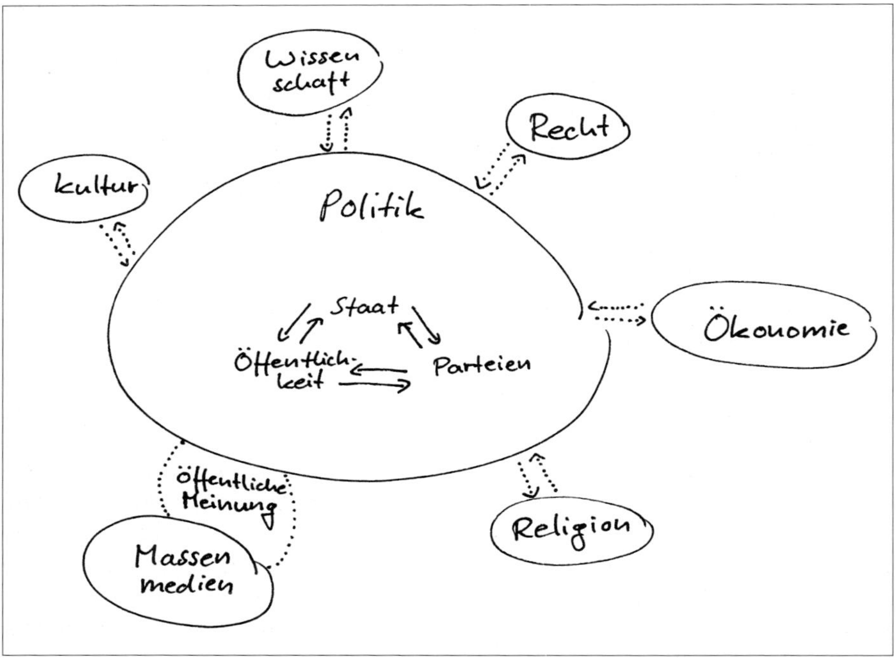

Skizze 8: Politik, Massenmedien und öffentliche Meinung im systemtheoretischen Denken.

Massenmedien als Funktionssystem der Gesellschaft. *Die Realität der Massenmedien*

Anknüpfend an die Frage, an welchem Ort der Gesellschaft eigentlich öffentliche Meinung geformt wird, präsentiert Luhmann im Jahr 1996 seinen Theorieentwurf *Die Realität der Massenmedien.* Ausgangspunkt seiner Überlegungen ist die oben aufgeworfene Frage nach der Formgebung der öffentlichen Meinung, die noch 1990 nach den Nachrichtenwerten und Produktionsroutinen verläuft und Systemstrukturen aufweist. Die Massenmedien „repräsentieren Öffentlichkeit" (Luhmann 1996: 188). In modernen Gesellschaften sind die Massenmedien an der Entstehung von öffentlichen Meinungen beteiligt, gleichwohl „ob sie intentional (zum Beispiel in der Form von politischer oder wirtschaftlicher Meinung)

Einfluss auf die öffentliche Meinung suchen oder ob die öffentliche Meinung gleichsam als Abfallprodukt ihrer auf Information und Unterhaltung gerichteten Aktivitäten entsteht" (2000: 303).

Massenmedien konstruieren eine für uns alle wahrnehmbare Realität, eine Realität von der wir ausgehen können.

Zitat

„Was wir von der Gesellschaft und ihrer Welt wissen, wissen wir fast ausschließlich durch die Massenmedien. Gleichzeitig haben wir jedoch den Verdacht, dass dieses Wissen manipuliert wird. Zumindest kommt es extrem selektiv zustande, gesteuert zum Beispiel durch wenige Faktoren, die den Nachrichtenwert von Informationen bestimmen oder Unterhaltungssendungen attraktiv erscheinen lassen. Aber dieses Gegenwissen wirkt sich nicht aus. Die Realität ist so hinzunehmen, wie sie von den Massenmedien präsentiert und rekursiv, auf sich selbst aufbauend, reproduziert wird" (Luhmann 1996, Klappentext).

Die Massenmedien sind, so Luhmann, zu einem Funktionssystem der Gesellschaft geworden, und deshalb fügt er sie zu seinen bereits ausgearbeiteten gesellschaftlichen Funktionssystemen wie Wirtschaft, Recht, Politik, Kunst, Religion, Familie hinzu: „Im folgenden geschieht dies über die Annahme, die Massenmedien seien eines der Funktionssysteme der modernen Gesellschaft, das, wie alle anderen auch, seine gesteigerte Leistungsfähigkeit der Ausdifferenzierung, der operativen Schließung und der autopoietischen Autonomie des betreffenden Systems verdankt" (1996: 22).

Darüber hinaus übt Luhmann Kritik an der Disziplin der kommunikationswissenschaftlichen Medienforschung: Diese beschäftige sich zwar mit dem zunehmenden Einfluss der Massenmedien auf das gesellschaftliche Geschehen und erkenne dabei eine Krise, sie biete jedoch keinerlei „zureichende Reflexionstheorie" (21). Auch würde die Medienforschung an einem falschen Zeitpunkt, nämlich an der Erfindung der Rotationspresse, ihre Forschungen beginnen und ihre Erkenntnisse nicht in eine allgemeine Theorie der modernen Gesellschaft einbauen: „Man braucht einen historisch weiter gespannten Beobachtungszeitraum, der im Prinzip bis zum Wirksamwerden der Druckpresse zurückreicht, und man braucht vor allem theoretische Instrumente, die abstrakt genug sind, um eine Theorie der Massenmedien in eine allgemeine Theorie der modernen Gesellschaft einordnen zu können" (22).

Die Massenmedien liefern, schreibt Luhmann, der Gesellschaft eine Beschreibung dieser Gesellschaft; im Spiegel der Massenmedien beobachtet sich die Gesellschaft: „Die Massenmedien garantierten allen Funktionssystemen eine gesellschaftsweit akzeptierte, auch den Individuen bekannte Gegenwart, von der sie ausgehen können, wenn es um die Selektion einer systemspezifischen Vergangenheit und um die Festlegung von für das System wichtigen Zukunftserwartungen geht“ (176). Die Stabilität der Gesellschaft beruhe „in erster Linie auf der Erzeugung von Objekten, die in der weiteren Kommunikation vorausgesetzt werden können. (...) Dass es solche Objekte ‚gibt‘, verdankt die moderne Gesellschaft dem System der Massenmedien, und es wäre kaum vorstellbar, wie eine weit über individuelle Erfahrungshorizonte hinausgreifende Gesellschaft kommunikativer Operationen funktionieren könnte, wäre diese unerlässliche Bedingung nicht durch den Kommunikationsprozess selbst gesichert“ (177-178).

Lektüretipp

- Luhmann, Niklas, „Öffentliche Meinung“, in: Politische Vierteljahresschrift, Jg. 11., 1970, S. 2-28.
- Luhmann, Niklas, „Gesellschaftliche Komplexität und öffentliche Meinung“, in: Soziologische Aufklärung. Band 5: Konstruktivistische Perspektiven, hg. v. Niklas Luhmann, Opladen: Westdeutscher Verlag, 1990, S. 170-182.
- Luhmann, Niklas, Die Realität der Massenmedien, Opladen: Westdeutscher Verlag, 1996.
- Luhmann, Niklas, Die Politik der Gesellschaft, Frankfurt am Main: Suhrkamp, 2000.

Zur Diskussion

- Kluge, Alexander/Bolz, Norbert/Baecker, Dirk/Hagen, Wolfgang, *Warum haben Sie keinen Fernseher, Herr Luhmann? Letzte Gespräche*, Berlin: Kadmos, 2004.

2.3. Fazit

2.3.1 Zusammenfassung | Medien in demokratischen Gesellschaften

Die Entstehung demokratischer Systeme steht in engem Zusammenhang mit der Entwicklung der modernen Massenmedien. Die Massenmedien sind zur wichtigsten Quelle unserer Realitätserfahrung geworden. Die politische Öffentlichkeit ist der Resonanzboden für Probleme in der Umwelt des politischen Systems. Massenmedien strukturieren die Kommunikationen in der politischen Öffentlichkeit und geben Themen für interpersonale Anschlusskommunikationen vor. Sie informieren und vermitteln Themen, Positionen und Meinungen zwischen der Politik und den Bürgern. Ebenso testen sie Themen in der politischen Öffentlichkeit ab, um zu erkennen, ob diese Themen für weitere Kommunikationen geeignet sind. Diese überragende Funktion der Massenmedien und der öffentlichen Meinung finden wir in den gesellschaftstheoretischen Ansätzen von Jürgen Habermas und Niklas Luhmann.

2.3.2 Diskussionsfragen

- Wie können Sie sich Demokratien ohne Medien vorstellen?
- Spielen Sie Ping-Pong wie einst auch Habermas und Luhmann: Welche Unterschiede erkennen Sie in den Verständnissen von Massenmedien, Öffentlichkeit und öffentlicher Meinung in den beiden Theorievorschlägen?
- Welche Vorschläge machen Sie als Berater in einer UN-Kommission um einen ehemals autokratisch regierten Staat unter den Gesichtspunkten dieses Kapitels zu demokratisieren?

2.3.3 Schlüsselbegriffe

3. Interesse, Information und Demokratie

Die Vorwürfe an Politiker, Parteien und politische Institutionen klingen seit Jahren ähnlich: Abgehobenheit, Inkompetenz, Postenschacher, Klüngelei, Vetternwirtschaft, Machtmissbrauch, Korruption, Darstellung von Macht wo eigentlich keine (mehr) ist, Verharrung und viele weitere.

Dieses Verhalten, so der öffentliche Vorwurf, ist schuld an Phänomenen, die wir ebenfalls schon seit längerem beobachten können und die in der Wissenschaft als *Politikverdrossenheit* (siehe Kapitel 3.1, Seite 81) oder Entfremdung von Politik beobachtet und beschrieben werden. Dem Mediennutzer begegnen diese Kritiken in wiederkehrender Regelmäßigkeit an Wahlabenden, wenn über die abermals gesunkene Wahlbeteiligung diskutiert und nach deren Ursachen gefragt wird. In den Tagen nach den Wahlen wird diese Schublade wieder geschlossen, Koalitionsspekulationen oder Rücktritte übernehmen diesen Platz, bis am nächsten Wahlabend wieder die Schublade der Politikverdrossenheit für kurze Zeit geöffnet wird.

Diese Vorwürfe werden zum einen gegen die Politik selbst gerichtet, indem die Medien unter den oben verwendeten Slogans die Politik selbst für die steigende Politikverdrossenheit verantwortlich machen sowie die politischen Missstände und die nicht vorhandene Problemlösungskompetenz der Politik kritisieren.

Zum anderen sehen sich die Medien von der Politik und der Öffentlichkeit, mit dem Vorwurf konfrontiert, nicht nur über ein Negativbild zu berichten, sondern durch bestimmte Präsentationen und Darstellungen diese negative Spirale sogar noch zu befördern. Hier kommt wieder die Einsicht zum Tragen, dass das was die Menschen von der Politik wissen, sie hauptsächlich aus den Medien erfahren.

Erkenntnisziele von Kapitel 3:

- Abwägungen zwischen einer politisch und einer massenmedial verursachten Entfremdung von Politik kennen lernen
- Ursachen für Politikverdrossenheit erkennen und analysieren
- Verständnis für individuelle Prozesse der Informationsverarbeitung erlangen

---

Das Konstrukt aus politischem Interesse, Engagement und Bereitschaft wird als zentrale und besonders kritische Variable für das Funktionieren moderner Demokratien betrachtet. Das Idealbild des allseits informierten, kompetenten, diskutierenden und aktiven Bürgers wurde bereits in der klassischen Demokratietheorie vorausgesetzt: John Stuart Mill beschrieb in seinen *Considerations on Representative Government* (1991 [1861], siehe Kapitel 6.1, Seite 176ff) genau solch einen Bürger, ebenso wie die normative Demokratietheorie diesen immer noch verlangt. Und in der Tat stellt sich auch für moderne Demokratien die Frage, wie viel Bürgerinteresse für das Funktionieren eines demokratischen Systems vonnöten ist. In jungen Demokratien werden zum Beispiel bestimmte Grenzen für die Wahlbeteiligung eingeführt, unter denen das Votum nicht gültig ist und einen neuen Wahlgang verlangt.

In zweiter Linie stellt sich aber auch die Frage, wie viel Information für den Einzelnen das Funktionieren von Demokratien verlangt: Woher beziehen Menschen diese Informationen? Kann man eine kritische Grenze festmachen, an der demokratische Strukturen scheitern können?

3.1 Wie viel Interesse braucht die Demokratie?

Moderne demokratische Gesellschaften werden in unterschiedliche Publikumsgruppen geteilt. Rund 20 bis 25 Prozent, so die Annahme, sind politisch interessiert, andere Studien sehen das besonders interessierte Publikum in Deutschland etwa bei zehn Prozent; ein weiteres Drittel interessiert sich in geringerem Maße für Politik, verfolgt das politische Geschehen aber durchaus und nimmt Veränderungen im politischen System wahr. Für rund die Hälfte der Bevölkerung spielt das politische Geschehen aber eine untergeordnete Rolle, politische Inhalte und Diskussionen werden nur am Rande wahrgenommen. Von diesen 50 Prozent nehmen wiederum zwei Drittel an Wahlen, besonders an solchen, die als wichtig erscheinen, teil (vgl. Meyer 2000: 135; Roth 2000: 123-126).

Diese Befunde lassen sich bereits seit Jahren in verschiedenen demokratischen Staaten zeigen, wie wir auch in der folgenden Grafik von Russell W. Neuman (1986) erkennen können: Gesellschaften lassen sich grob unterteilen in eine kleine Gruppe von interessierten, gebildeten und engagierten Bürgern und in eine größere Gruppe uninteressierter und relativ uninformierter Bürger. Lediglich die Ausprägungen ändern sich je nach Land und Zeitraum (vgl. auch McLeod et al. 2002: 238).

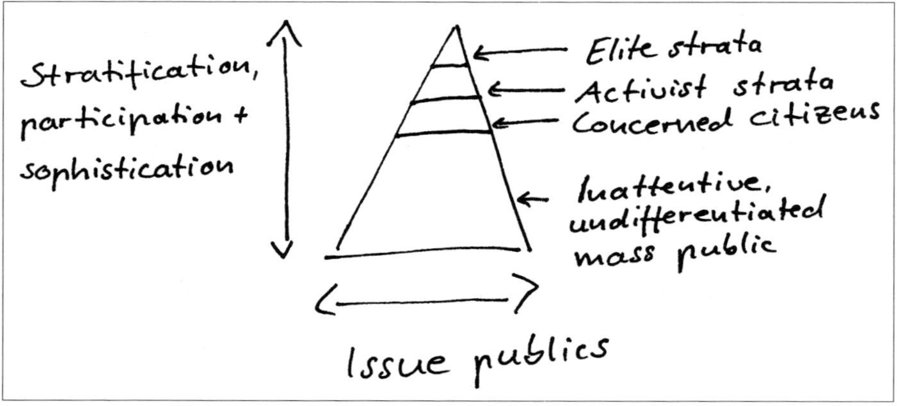

Skizze 9: Modell des geschichteten Pluralismus.

Betrachtet man die Beurteilungen über Politik beispielhaft in Deutschland zeigen sich folgende Befunde.

Maurer (2003: 36) erkennt eine „langfristige Tendenz zu negativeren Urteilen gegenüber politischen Autoritäten" mit Beginn in den 1980er Jahren und einer Beschleunigung in den 1990ern, die sich in der Folge von einer Unzufriedenheit gegenüber Akteuren zu einer Unzufriedenheit gegenüber dem Funktionieren des demokratischen Systems insgesamt ausweitet. Retrospektiv waren negative Urteile über die politische Führungselite in der Etablierungsphase der Bundesrepublik weit verbreitet, mit der politischen und wirtschaftlichen Konsolidierung der jungen Demokratie wurden diese jedoch von zunehmend positiven Bewertungen verdrängt. Doch spätestens in den frühen 1970er Jahren zeichnete sich ein Gegentrend ab, in dessen Verlauf „die positiven Ansichten über die politische Führungselite zunehmend erodierten", ergänzt Kepplinger (2000: 24).

Die Wertschätzung gegenüber Politikern fiel in den 1990er Jahren wieder auf die Ausgangswerte der frühen 1950er Jahre zurück. Diese Entwicklungen verlaufen nicht linear, sondern sind kurzfristigen Schwankungen unterworfen, die sich einerseits durch das politische Tagesgeschäft – unpopuläre Entscheidungen oder politische Missstände – zu negativen Urteilen formen, rund um Bundestagswahlen aber positiver sind, als während der regulären Legislaturperioden. Für Kepplinger (2000) besteht kein ernsthafter Zweifel daran, dass das Vertrauen in die politischen Führungseliten und die Akzeptanz der politischen Einrichtungen einer zunehmenden Skepsis gewichen sind.

Diese hier angemerkte Entfremdung von Politik oder Politikverdrossenheit bezeichnet ein Syndrom der Unzufriedenheit der Bürger mit dem politischen System bzw. Teilen davon.

Beispiel

Der Politikwissenschafter Ulrich von Alemann (1995) identifiziert folgende Krisensymptome:

- Mitgliederzahlen der Parteien sinken
- Wahlbeteiligung fällt
- Die Zersplitterung des Parteiensystems verstärkt sich
- Der Anteil der Stammwähler schmilzt
- Das generelle Vertrauen der Bevölkerung in die Parteien und in die Politiker schwindet
- Die Entfremdung der Jugendlichen von der Politik steigt

Beispiel

- Das Vertrauen in sonstige öffentliche Institutionen und gesellschaftliche Großorganisationen, auch in Gewerkschaften und Kirchen, schwindet
- Die Anzahl der politischen Skandale, über die von den Medien berichtet wird, steigt
- Die großen Oppositionsparteien in den Parlamenten profitieren nicht von der Unzufriedenheit; vielmehr büßen sie ebenfalls Stimmen zugunsten kleiner Protestparteien ein
- Generell sinkt das Vertrauen in die Problemlösungskapazität der Politik und auch der Wirtschaft

Diese angemerkte politische Entfremdung lässt sich nach Chen (1992) in vier Dimensionen fassen: (1) Normlosigkeit und Misstrauen, (2) Machtlosigkeit und Ineffektivität, (3) Bedeutungslosigkeit und (4) Apathie.

Ad (1). **Normlosigkeit** und **Misstrauen** beschreibt er als negative Bewertung des politischen Systems oder politischer Akteure, indem eine Diskrepanz zwischen politischer Norm und der Realität festgemacht wird. „Wenn sich das Misstrauen gegen das System richtet, ist die Systemstabilität stärker gefährdet als wenn es sich nur gegen die auswechselbaren Akteure richtet" (Maurer 2003: 25).

Ad (2). **Machtlosigkeit** und **Ineffektivität** wird unterschieden in interne und externe Ineffektivtät. Die interne, verstanden als Einflussüberzeugung, wird definiert als Orientierungsverlust und subjektives Ohnmachtsempfinden gegenüber dem politischen Prozess. Die externe, verstanden als Misstrauen, gilt als Vertrauensschwund in die politischen Akteure (vgl. Holtz-Bacha 1998b: 702).

Ad (3). **Bedeutungslosigkeit** ist definiert als das Gefühl, politische Prozesse seien undurchsichtig und politische Entscheidungen unvorhersehbar. „Die möglicherweise vorhandenen Einflussmöglichkeiten der Bürger – zum Beispiel bei Wahlen – haben demnach keine bedeutenden Konsequenzen, weil sich beispielsweise die zur Wahl stehenden Parteien so wenig unterscheiden, dass es bedeutungslos ist, welche man wählt, oder die Entscheidungen der Gewählten so sehr von unkontrollierbaren Faktoren abhängen, dass der Wähler die Konsequenzen seiner Wahlentscheidung nicht vorhersehen kann" (Maurer 2003: 26).

Ad (4). **Apathie** bezeichnet schließlich politische Teilnahmslosigkeit als einen Ausdruck von Desinteresse sowie als Rückzugsverhalten (vgl. Holtz-Bacha 1998a: 637).

3.1.1 Befund: Politische Entfremdung

Doch wo liegen nun die Ursachen für diese Entfremdung? In den 1950er und 1960er Jahren galt das Misstrauen gegenüber Politikern, Parteien und Institutionen, sowie der Verzicht auf Partizipation als reines Unterschichtenphänomen und wurde als Folge sozialer Benachteiligung betrachtet: Sozioökonomische Faktoren wie Ausbildung, Berufstätigkeit und Einkommen standen dabei im Mittelpunkt des Interesses. Die Massenmedien wurden dabei nicht als Ursache, sondern als Therapiemittel betrachtet, die „der Entfremdung entgegenwirken können" (Kepplinger 2000: 20).

Seit den 1980er Jahren wird diese Entfremdung nicht mehr als Charakteristikum der Unterschicht diagnostiziert, sondern zunehmend auch für die Mittelschicht angeführt. Die oben genannten sozioökonomischen Faktoren scheiden damit als mögliche Gründe aus. Daher begann die sozialwissenschaftliche Forschung das Phänomen auch mit medialen Einflüssen zu begründen. Zwei Mechanismen wurden in Betracht gezogen: die Entpolitisierung der Bevölkerung durch die Dominanz von Unterhaltungsangeboten vor allem im Fernsehen sowie die „Deformation der politischen Urteilsgrundlagen" durch einen Wandel der Berichterstattung über Politik. „Keine der beiden Wirkungsbeziehungen ist empirisch eindeutig bewiesen. Für beide häufen sich jedoch die Belege" (Kepplinger 2000: 20).

An dieser Stelle führt Kepplinger nun eine Trennung ein zwischen einer traditionellen Form der Politikverdrossenheit, die er mit den oben beschriebenen Phänomenen der politischen Entfremdung bezeichnet und einer gegenwärtigen Form der Politikverdrossenheit. Diese finde sich auch in den oberen gesellschaftlichen Schichten, bei den Gebildeten, den politisch Interessierten und den Informierten. Politikverdrossenheit wandelte sich also von einer Mangelerscheinung, von der man dachte, diese durch Bildung beheben zu können, zu einem Überdruss-Phänomen, das eben auch Personen mit höherer Formalbildung erreicht hat. Als Belege führt er Urteile über die politische Führungselite von Personen mit unterschiedlicher Schulbildung an, die aus den 1990er Jahren stammen und die zu folgendem Ergebnis gelangen: Je höher die Formalbildung, desto mehr Zweifel an den Fähigkeiten der Bundestagsabgeordneten. Die Befunde der Nichtwählerforschung zeigen in dieselbe Richtung. Früher bestand ein enger Zusammenhang zwischen Bildungsniveau und Wahlbeteiligung: Je höher die Bildung, desto höher die Wahlbeteiligung. „Weil in Deutschland das Bildungsniveau stark stieg, müsste man damit rechnen, dass die Wahlbeteiligung wuchs. Dies war jedoch bekanntlich nicht der Fall" (29). Zugleich schwächte sich der Zusammenhang zwischen politischem Interesse und Wahlbeteiligung ab: Die Mehrheit der Nichtwähler lässt sich zu Beginn der 1990er Jahre nicht mehr als politisch desinteressiert bezeichnen.

3.1.2 Massenmedien und politisches Interesse

Wir wollen uns zunächst auf die Fragestellung konzentrieren, welchen Einfluss die Massenmedien auf die Urteile von Rezipienten über Politik überhaupt auszuüben vermögen. Untersucht wird diese Frage seit den 1970er Jahren. Dabei finden wir in der Forschung drei Ansätze: (1) die Mediengattungs-Hypothese, (2) die Medieninhalts-Hypothese und (3) die Politikdarstellungs-Hypothese.

Ad (1). Die **Mediengattungs-Hypothese** bezieht sich darauf, dass die Einschätzungen, die der Einzelne über Politik zieht, von der Nutzung verschiedener Medientypen abhängig sind. Diese These ist auch als **Video Malaise**[1] bekannt (vgl. Robinson 1974, 1975, 1976). Sie beschreibt, dass Informationsangebote des Fernsehens im Gegensatz zu Printmedien politische Entfremdung hervorrufen. Robinson begründet seine Vermutung damit, dass das Fernsehen viele Rezipienten erreicht, die politische Informationen eher zufällig und unaufmerksam verfolgen würden. Diese seien aufgrund ihrer niedrigen Bildung und ihres geringen politischen Interesses besonders anfällig für Medienwirkungen (vgl. Maurer 2003: 66). Die hohe Glaubwürdigkeit des Fernsehens würde diesen Effekt zusätzlich stärken. „Zahlreiche Experimente aus der Persuasionsforschung zeigen, dass die Glaubwürdigkeit, die der einzelne einem Medium zumisst, entscheidenden Einfluss auf das Wirkungspotential der jeweils übermittelten Botschaft nimmt" (Rössler 1997: 147). Rezipienten akzeptieren am ehesten jene Botschaften, die aus einer glaubwürdigen Quelle stammen. Paradox ist aber, dass Rezipienten zwar angeben, den größeren Teil der für sie relevanten Informationen aus Zeitungen zu beziehen, gleichzeitig aber das Fernsehen für das wesentlich glaubwürdigere Medium halten (vgl. 148). Auch in Deutschland zeigen Umfragen regelmäßig, dass das Fernsehen mit großem Abstand als das glaubwürdigere Medium eingeschätzt wird.

Ebenso weichen Rezipienten bei der Beurteilung einer Nachricht häufig dazu aus, die Glaubwürdigkeit der Quelle, nicht jedoch den Wahrheitsgehalt der präsentierten Information zu beurteilen. „Die weniger Gebildeten verlassen sich (mit dem Gefühl, gut informiert zu werden) auf die massenattraktiven Rundfunknachrichten", so die These von Brosius (1998: 23). Zudem beschreibt die Video Malaise, dass sich die Berichterstattung des Fernsehens interpretativer, negativer und konfliktorientierter als die von Printmedien gestaltet.

Seit Beginn der 1990er Jahre wurde die These der Video Malaise auch in Deutschland untersucht, Maurer (2003: 70) weist aber darauf hin, dass sich in Deutschland wie in anderen europäischen Ländern „wenig Belege für eine größere politische Entfremdung unter Fernsehnutzern finden" lassen.

Obwohl die empirischen Belege für die These von Robinson dünn waren, erfreute sich die Video Malaise in den 1980er Jahren in den USA hoher Popularität und wurde auf das gesamte Medienspektrum ausgeweitet, zu einer **Media Malaise**.

---

1 Natürlich stellen sich bei US-amerikanischen Forschungsergebnissen Probleme der Übertragbarkeit auf die demokratischen Systeme Europas ein: Angeführt seien hier nur die Verschiedenartigkeit der politischen Systeme (präsidentiell vs. parlamentarisch), die ganz andere Formen der Personalisierung bzw. der Rolle von Parteien hervorbringen. Ebenso unterscheiden sich die Mediensysteme grundlegend: In den USA kann man davon ausgehen, dass das Mediensystem stärker kommerzialisiert ist als in den europäischen Ländern mit ihren spezifischen öffentlich-rechtlichen Rundfunkanstalten. Auch der Anteil politischer Informationen in der medialen Berichterstattung ist in den USA geringer als in Mitteleuropa; hingegen ist die TV-Nutzungsdauer in den USA höher.

Ad (2). Nicht mehr die Mediengattung an sich, sondern der **Medieninhalt** steht im Zentrum des zweiten Ansatzes. Inhalte, so die Vermutung, bestimmen vielmehr als der Medientyp Rezipientenurteile. Während politischen Informationen eine mobilisierende Wirkung zugeschrieben wird, wird angenommen, dass Medienunterhaltung die Rezipienten entpolitisiert. Ob diese unterhaltenden Inhalte nun im Fernsehen oder in Printmedien genutzt werden, ist irrelevant. Unter anderem ging Patterson (1993) in den 1990er Jahren davon aus, dass negative Berichterstattung in den Medien die Bürger negativ über Politiker und das politische System denken ließ.

Zitat

„The shift toward more general theories of ‚media malaise' does not mean that the television has been given a complete reprieve from its responsibility for all that ails American politics. Instead, the argument evolved to blame television journalism for initiating the deleterious shifts in tone and content that subsequently spread to other political media. Because of the need to compete with television, print media began to mimic television" (Mutz/Reeves 2005: 2).

Ad (3). Weiter präzisiert wird diese Vermutung in der **Politikdarstellungs-Hypothese**: Die steigende Politikverdrossenheit lässt sich demnach aus der veränderten Darstellung der Politik in den Medien betrachten. Maurer unterscheidet dabei drei mögliche Veränderungen: (1) Massenmedien stellen Politik zunehmend vereinfacht dar, (2) Massenmedien betonen zunehmend die Verantwortung des Staates als Problemlöser und (3) Massenmedien stellen Politik zunehmend negativ dar.

In einer Paneluntersuchung konnte Maurer zeigen, dass Massenmedien die Rezipientenurteile über Politik nachhaltig verändern. Zudem fand er heraus, dass negative Informationen über Politik eine stärkere Wirkung entfalten als positive. Dies, so seine These, lasse sich aber nicht gleichsetzen mit einer Infragestellung des politischen Systems an sich. Zur Untermauerung dieser These führt er an, dass die generelle Zufriedenheit mit der Demokratie und auch die Wahlbeteiligung nur relativ gering zurückgegangen sind, ebenso wie die Hinnahme tiefer Einschnitte in das Sozialsystem. Gleichzeitig fand er heraus, dass nur neun Prozent der Westdeutschen 1994 erklärten, sie hätten nach der Wiedervereinigung *lieber einen neuen Staat gehabt*; 79 Prozent waren damit *zufrieden, dass sich die Staatsform der Bundesrepublik durchgesetzt hat*. Die Zufriedenheit mit aktuellen Entscheidungen und Beschlüssen ist teilweise gering, die „diffuse Unterstützung für das politische System" aber nach wie vor hoch (Maurer 2003: 246).

Lektüretipp

- Kepplinger, Hans Mathias, *Die Demontage der Politik in der Informationsgesellschaft*, Freiburg: Alber, 2000.
- Maurer, Marcus, *Politikverdrossenheit durch Medienberichte. Eine Paneluntersuchung*, Konstanz: UVK, 2003.

3.2 Wie viel Information braucht die Demokratie?

Zitat

> „Knowledge will forever govern ignorance: And a people who mean to be their own Governors, must arm themselves with the power which knowledge gives. A popular Government, without popular information, or the means of acquiring it, is but a Prologue to a Farce or a Tragedy; or perhaps both" (James Madison; zit. nach Lupia/McCubbins 1998: 1).

James Madison (1751-1836), einer der Gründer der Vereinigten Staaten, war davon überzeugt, dass die Staatsform der Demokratie Bürger benötige, die durchdachte und begründete Entscheidungen treffen können. Dies beinhaltet, dass Bürger fähig sind mögliche Konsequenzen ihrer Entscheidung zu kennen und in die individuelle Entscheidungsfindung mit einzubeziehen. Zuvorderst bedeutet es, dass Bürger die notwendigen Informationen zur Verfügung haben müssen, um solche Entscheidungen treffen zu können: „Good decision making requires good information" (Converse 1990: 369).

Doch handeln Bürger in Demokratien wirklich nach diesen normativen Vorgaben? Studie um Studie wird uns immer wieder vor Augen geführt, wie wenig interessiert und informiert Bürger ihrer (politischen) Entscheidungen treffen. „The democratic dilemma is that people who are called upon to make reasoned choices may not be capable of doing so" (Lupia/McCubbins 1998: 1).

Woran liegt das? Ist es wirklich die Ignoranz der Bürger, sich nicht für politische Informationen zu begeistern und sich deshalb nicht zu informieren? Oder liegt es an der Art oder der Menge an Informationen, die das Ideal eines „informierten Bürgers" behindern?

Erklärung

Folgende Dimensionen sind zentral für die Wichtigkeit informierter Bürger für demokratische Prozesse:

(1) Die Fähigkeit zur Kontrolle und Bewertung von Politikern, die sich zur Wahl stellen. Wie können wir sichergehen, dass vom Volk gewählte Repräsentanten auch wirklich im Interesse des Volkes handeln? „Who shall guard the guardians" (Ferejohn 1990: 6)?
(2) Die Qualität der Information und Diskussion in der politischen Öffentlichkeit: Gewählte Politiker haben gegenüber ihren Wählern einen Informationsvorteil. Sie besitzen oftmals Informationen, die für die Wähler nicht erhältlich sind und so auch nicht in deren Einschätzungen über Politik eingehen können.
(3) Die Kapazität demokratischer Institutionen, Informationen zwischen Politikern und Bürgern auszutauschen: Wie responsiv verhalten sich politische Institutionen gegenüber ihren Wählern (siehe Kapitel 7.2, Seite 222ff)? Das Prinzip der Responsivität erfordert, dass die Gewählten Kenntnis besitzen über die Wünsche, Positionen und Standpunkte der Wähler. „This requirement seems to demand that representatives concern themselves with the effect of public acts on their constituents" (Ferejohn 1990: 10). Auf der anderen Seite bedeutet dies aber auch, dass Bürger so viel über demokratische Prozesse, Policy-Vorschläge und Alternativen wissen sollten, um sich darüber mit ihren Repräsentanten austauschen zu können.
(4) Wie aber verarbeiten Bürger solche Informationen?

Wenn Bürger nicht ausreichend über Politik und Kandidaten, die sie wählen (sollten), informiert sind, kann es geschehen, dass sie enttäuscht über die tatsächlichen Auswirkungen ihrer Wahlentscheidung sind, was wiederum Folgen für die individuelle Akzeptanz und Legitimität von Demokratien hat. „Das Sammeln von Informationen, um bei der Wahl eine begründete Entscheidung zu treffen, stellt jedenfalls ein öffentliches Gut dar, das die Bürger nur in einem begrenzten Maß bereit sind, bereitzustellen" (Frey 2005: 59).

Dies werden sie vor allem dann tun, wenn sich die Informationsbeschaffung in einem gewissen Rahmen *lohnt*. Dies ist dann der Fall wenn breite Beteiligungsrechte in einem demokratischen System verankert sind. Benz und Stutzer (2004) zeigen zum Beispiel in einer Studie über die Einführung des Maastricht-Vertrages in den verschiedenen Mitgliedsländern der EU, dass Bürger, die in Systemen mit breiten direktdemokratischen Elementen leben, objektiv besser über Politik informiert sind. Außerdem steigere die Möglichkeit politischer Mitwirkung die Intensität von Diskussionen darüber im Alltag.[2]

[2] In Ländern mit Referenden (wie Dänemark) mussten Politiker, so die Autoren, sich mehr Mühe geben, die verschiedenen Reforminhalte zu erklären; für die Bürger war der Anreiz, informiert zu

3.2.1 Information und Massenmedien

Präzisieren wir an dieser Stelle wieder unser Thema und fragen nach der Rolle der Massenmedien bei der Stärkung der Informiertheit der Bürger.

Eine Information haben wir bereits definiert als „eine Mitteilung, die den jeweiligen Kenntnisstand, das subjektive Wissen des Empfängers erweitert, indem sie dessen Unkenntnis bzw. sein subjektives Nichtwissen verringert oder beseitigt" (Burkart 2002: 402). Ebenfalls haben wir uns bereits damit beschäftigt, dass die Massenmedien in unseren heutigen Gesellschaften eine der größten Quellen sind, aus denen wir unser Wissen über die Welt beziehen und dass sie auf diese Weise den Grad unserer politischen Informiertheit beeinflussen. Massenmedien stellen, so Klingemann und Voltmer (1989b: 222), „für die Bürger die wichtigste Informationsquelle über aktuelle Ereignisse und Problemlagen dar. Sie erlauben den Brückenschlag von der Welt der Politik zur Welt des Privaten und sind damit eine grundlegende Voraussetzung für eine informierte politische Beteiligung".

Lektüretipp

- Früh, Werner, *Realitätsvermittlung durch Massenmedien. Die permanente Transformation der Wirklichkeit*, Opladen: Westdeutscher Verlag, 1994.

Wir haben dies in einer normativen Anforderung als die Informationsfunktion der Massenmedien bereits in Kapitel 1.3.1, Seite 22ff beschrieben, wollen nun aber einen Schritt weiter gehen und fragen, wie viel Information das Individuum über Politik benötigt, um das Funktionieren von Demokratien zu gewährleisten. Dies wirft die Frage nach dem gesellschaftlichen Grad an Informiertheit auf, den es benötigt, um demokratisches Regieren zu legitimieren.

„Streng genommen" (Gabriel/Brettschneider 1998: 288) zählt Mediennutzung nicht zu den klassischen Instrumenten politischer Partizipation, betrachten wir aber die Standarddefinition von politischer Partizipation als freiwillige Handlungen der Bürger mit dem Ziel, politische Sach- und Personalentscheidungen auf verschiedenen Ebenen des politischen Systems zu beeinflussen oder unmittelbar an derartigen Entscheidungen mitzuwirken, kann man darin ebenso die Nutzung politischer Medieninhalte einordnen. Plausibel klingt in diesem Zusammenhang die These, dass mit steigender Nutzung politischer Medieninhalte die Bereitschaft zu politischer Partizipation wächst (vgl. Brettschneider 1998; Gabriel/Brettschneider 1998: 289).

---

sein, viel größer, weil aufgrund der intensiven Diskussion das öffentliche Gut „informierte Meinung" zum Teil in ein privates Gut transformiert wurde.

Gleichwohl weisen die oben beschriebenen Umfragen auf einen steten Rückgang des Interesses an Politik hin. Und wie bereits erwähnt wird für dieses Schwinden nicht nur die Politik verantwortlich gemacht. Auch den Medien wird vorgeworfen, immer stärker die Einschaltquoten im Blick zu haben und deshalb zu skandalisieren und **Infotainment** zu betreiben. Dadurch wird der Unterhaltungsfaktor in den Vordergrund politischer Information gestellt, und mit ihm erhalten Aktualität und drastische Bilder mehr Bedeutung als sorgfältige Recherchen, Analysen oder politische Relevanz (vgl. Saxer 2007). Oftmals würden Schreckensszenarien medial aufgebaut, die sich dann, so Brosius (1998: 296), als haltlos erweisen: „Solche Nachrichten tragen wenig dazu bei, dass sich die Bürger, selbst wenn sie wollen, gut informieren können".

Infotainment bezieht sich also auf alle medialen Formen, bei denen Informationen unterhaltsam aufbereitet und dargestellt werden. In Europa wird in besonderer Weise seit dem Aufkommen des Privatfernsehens über dieses Phänomen diskutiert, Infotainment selbst ist aber nicht auf die privaten Anbieter beschränkt. Dabei wird auch darauf hingewiesen, dass sich die öffentlich-rechtlichen Sender in ihren Darstellungsformen und Inhalten an die Privaten anpassen (*These der Konvergenz*).

Tabelle 2: Skalen von Infotainment.[3]

	Informationssendungen	**Unterhaltungssendungen**
Themen-merkmale	Informationen über aktuelle Themen, Positionen, parteipolitische Auseinandersetzungen	Politik als solche wird nicht diskutiert
Akteurs-merkmale	Qualitäten der Politiker: sachkundig, fähig, verlässlich etc.	„human interest", menschliche Eigenschaften der Politiker wie Charakter, Charisma etc.
Stil-merkmale	Moderator ist Medienprofi, seriöser Stil, informationsorientiert, konfrontativ statt offen, objektiv ohne Werturteil	Moderator ist eine Persönlichkeit für sich, informeller, unterhaltungsorientierter Stil, emphatischer Zugang, offen statt konfrontativ
Format-merkmale	Sachorientiertes Gesprächsklima, keine Musik oder ähnliche Elemente, keine partizipierenden Zuschauer	Mehr debattierendes Gesprächsklima, Amüsement über die Szenerie, Musik und andere Showelemente, teilnehmende Zuschauer

Diese Verschränkung von Politik und Unterhaltung wird auch kritisch beobachtet. Oftmals wird darauf verwiesen, dass damit individuelle Wahlentscheidungen

[3] Nach Brants 2004: 97.

nicht mehr anhand politischer Inhalte getroffen werden, sondern immer öfter Personen und deren menschliche Eigenschaften wie etwa deren Charakter oder Charisma im Vordergrund stehen würden. Wähler würden durch diese Eigenschaften *verführt* und nicht mehr die für die Wahlentscheidung relevanten politischen Faktoren im Auge behalten. Brants (2005) hält diesen Kritikern vor, immer noch dem Stimulus-Response-Denken mit direkten Medienwirkungen nachzuhängen (siehe Kapitel 1.5.1, Seite 32f). Wir verweisen mit dem Demokratietheoretiker Sartori (1976; 1997) darauf, dass Wahlen ebenso auch Personenentscheidungen sind und dabei Faktoren wie Charakter oder Vertrauen genauso eine Rolle bei der Wahlentscheidung spielen. „In societies where ideologies disappear and differences between political parties become less and less important and visible, for the public much understanding of politics has the structure of narratives centred around individual characters" (Brants 2005 [1998]: 114). Gerade dann treten bspw. persönliche Eigenschaften eines Politikers in den Vordergrund.

Insbesondere das Fernsehen kann solche Wirkungen erzeugen: „Fernsehen ist ein Medium, das vor allem durch seine Bilder bei jenen Rezipienten, die nur beiläufig zuschauen, ‚ganz nebenbei' Bewertungen und Urteile vermittelt. Gerade weil Rezipienten häufig nicht konzentriert fernsehen, werden sie durch drastische Bilder und übertriebene Sprache (vom ‚Super-Gau' bis zur ‚noch nie dagewesenen Katastrophe') beeinflusst, und nicht durch die faktische Information" (Brosius 1998: 296). Nachrichten konzentrieren sich zudem auf die Berichterstattung negativer Ereignissen und Sachverhalte. Diese Kombination aus Sensation und Negativismus führt dazu, dass Rezipienten diese Sachverhalte für bedeutsamer und schwerwiegender halten, als diese vermutlich sind.

Brosius führt dies zu einer Form der **Wissenskluft** zusammen: Besser Gebildete entwickeln die Fähigkeit aus der Vielzahl von Informationsangeboten wichtige Informationen zu extrahieren und deren Relevanz und Glaubwürdigkeit abzuschätzen; weniger Gebildete „verlassen sich (mit dem Gefühl, gut informiert zu werden) auf die massenattraktiven Rundfunknachrichten. Durch deren Berichterstattung wird als Meta-Information ein pessimistisches und negatives Weltbild verbreitet" (296). Dieses negative Weltbild könnte eine mögliche Quelle von Politikverdrossenheit und des Rückzugs des Individuums in die Privatsphäre sein.

Ein weiteres Problem in diesem Zusammenhang hat Brosius bereits angesprochen: Die Fülle an Informationen, die auf den Einzelnen einströmen und die es für das Individuum immer schwieriger machen, zu selektieren, zu strukturieren und zu prüfen. „Das viel beklagte Desinteresse, das niedrige Informationsniveau und der Zynismus gegenüber der Politik stellen letztlich aber doch ein ‚Informationsparadox' unserer ‚informationsgesellschaftlichen Demokratien' dar: Noch nie hatten Bürgerinnen und Bürger Zugang zu so viel Informationen über Politik, noch nie waren Informationen so leicht und nahezu kostenlos zu haben wie heute. Der Kostenfaktor spielt kaum noch eine Rolle, wohl aber der Zeitfaktor" (Wimmer 2000: 522). Die gebotene Fülle an Informationen kann nur noch teilweise beachtet und aufgenommen werden.

Graber (1984: 1) spricht in diesem Zusammenhang von Informationsüberlastung: „There's more information available than there is time to assimiliate and order it". Untersuchungen belegen, dass der Anteil der nicht mehr beachteten Informationen an den Inhalten kontinuierlich angestiegen ist und das Individuum an seine Grenzen der Aufnahme und der Verarbeitung von Informationen stößt. Brünne, Esch und Ruge (1987) haben bereits Ende der 1980er Jahre versucht, diese Informationsüberlastung in einem mathematischen Modell anhand der Faktoren Informationsangebot, Informationsnachfrage und Aufmerksamkeit zu berechnen: Durchschnittlich 91,7 Prozent der Informationen in Zeitungen, 99,4 Prozent der Informationen im Radio und 96,8 Prozent der Informationen im Fernsehen wurden bereits damals nicht konsumiert.

Gleichwohl, so argumentieren Lupia und McCubbins, müssen limitierte Informationen Bürger nicht davon abhalten, begründete Entscheidungen zu treffen. Dieses Argument ist nicht neu, bereits Berelson, Lazarsfeld und McPhee (1954) fanden in ihrer Studie „Voting" heraus, dass Wähler sich bei ihren Entscheidungen auf Meinungsführer (Opinion Leader) stützen, um ihr Informationsdefizit auszugleichen.[4]

Wähler nutzen eine Vielzahl von einfachen Hinweisen als *Stellvertreter,* um damit komplexen Informationsanforderungen auszuweichen, „people can use substitutes for encyclopedic information" (Lupia/McCubbins 1998: 5). Solche Stellvertreter lassen sich in sozialen Netzwerken finden, aber auch in Signalen, Heuristiken und Schemata.

Zitat

„While information levels are indeed low and information about public issues is unevenly distributed, citizens are generally found to employ sensible decision rules, or heuristics, in acquiring and storing information about politics" (Ferejohn 1990: 5).

Rationale Entscheidungen der Bürger bedürfen nicht vollständiger Information sondern vielmehr der Fähigkeit, die Konsequenzen der eigenen Entscheidung vorherzusehen. Individuen greifen dafür auf bestimmte Strategien zurück, die ihnen helfen, mit komplizierten Informationsrealitäten umzugehen: nutzenorientierte und kognitive.

4 Sie hielten diesen Befund aus einem normativen Verständnis des Bürgers heraus für bedenklich: „The democratic citizen is expected to be well informed about political affairs. He is supposed to know what the issues are, what their history is, what the relevant facts are, what alternatives are proposed (...), what the likely consequences are" (Berelson et al. 1954: 308).

3.2.2 Informationsverarbeitung durch Nutzenabwägung: Rational Choice

Es gibt spezifische Bedingungen unter denen Personen, die nur über begrenzte Informationen verfügen, rationale Entscheidungen treffen können: „Ironically, for many political issues, information is not scarce; rather is the cognitive resources that a person can use to process information that are scarce“ (Lupia/McCubbins 1998: 6). Bürgern fehlt oftmals Zeit und Energie, die benötigt werden, um den Sinn von Informationen zu erfassen. Doch vollständige Informationen sind nicht notwendig. Das Treffen von politischen Entscheidungen bedarf vor allem der Fähigkeit, die Konsequenzen der eigenen Entscheidungen abzuwägen.

Wie argumentieren Lupia und McCubbins diese Einsicht? Bürger würden im Alltagsleben tagtäglich ebenso enorm komplexe Probleme lösen ohne allumfassend informiert zu sein. Sie treffen Entscheidungen durch die effektive Nutzung der vorhandenen Informationen und die grundsätzliche Frage, welche Entscheidung nützlich ist und welche nicht.

Informationen sind dann nützlich, wenn sie Menschen helfen, kostspielige Fehler zu vermeiden. In solchen Alltagssituationen verlassen sich Menschen ebenso auf bestimmte Signale. So beruht etwa das Überqueren einer Kreuzung mit einem Fahrzeug bei weitem nicht auf allumfassender Information. Wer weiß schon, was in den anderen Verkehrsteilnehmern vorgeht, wie die Straßenverhältnisse beschaffen sind etc. Einfache Signale (Ampeln) helfen bei der Entscheidung. Sind keine Ampeln vorhanden, benötige man eben mehr Informationen. „Using similiar logic, it follows that limited information precludes reasoned choice only if people are stuck to complex political intersections and lack access to effective political traffic signals“ (7).

Wenn dem so ist, könnte man davon ausgehen, dass das Rätselhafte eigentlich darin liegt, dass immer noch eine große Zahl von Bürgern einen relativ hohen Informationsstand besitzt. Ähnlich sieht das auch Dahl (1961: 279): „Instead of seeking to explain why citizens are not interested, concerned, and active, the task is to explain why a few citizens are“.

Gut informiert zu sein ist die quasi-normative Forderung der Demokratie an ihre Bürger. Aus gesellschaftlicher Perspektive sollte sich nur ein informierter Bürger an politischen Entscheidungs- und Willensbildungsprozessen beteiligen. Über die Massenmedien informieren sich Bürger über die verschiedenen Meinungen und Positionen zu öffentlichen Themen und Belangen und bilden aufgrund dieser Kenntnis eine wohlbegründete, unabhängige politische Meinung. Diese normative Informiertheit und Informationsfreiheit findet ihren Niederschlag in den Verfassungen demokratischer Systeme. Die tragende Rolle der Medien, ihre Informationsfunktion, schlägt sich unter anderem in den Regelungen für den öffentlich-rechtlichen und den privaten Rundfunk in Deutschland nieder. Im Staatsvertrag für das ZDF heißt es: „In den Sendungen der Anstalt soll den Fernsehteilnehmern in ganz Deutschland ein objektiver Überblick über das Weltgeschehen, insbesondere ein umfassendes Bild der deutschen Wirklichkeit vermittelt werden. (...) Diese Sendungen sollen (...) eine unabhängige Meinungsbildung ermöglichen" (Fuhr 1985: 9; siehe Kapitel 4.4, Seite 134ff).

Soweit zumindest die normative gesellschaftliche Makro-Perspektive; der individuelle Blick fällt etwas differenzierter aus. Wir versuchen im Anschluss, diese Problematik mit der Theorie des Rational Choice zu erklären.

Wissen und rationale Entscheidungen

Bürger, die rationale Entscheidungen treffen wollen, benötigen Wissen. Um an dieses Wissen zu gelangen, gibt es zwei Möglichkeiten: Die erste Möglichkeit besteht darin, Wissen aus persönlichen Erfahrungen zu generieren, indem Erfahrungen aus der Vergangenheit auf zukünftige Ereignisse übertragen und angewendet werden. Ebenso können wir von anderen lernen: Menschen füllen mit den Erfahrungen anderer, mit Traditionen, Überlieferungen oder Sitten ihre eigenen Informationslücken. Besonders im politischen Bereich ist ein Großteil der Bürger auf *Andere* angewiesen, da politische Prozesse oftmals abstrakt, intransparent und von alltäglichen Lebenssituationen des Normalbürgers abgeschlossen sind.

Doch wie können Menschen überhaupt von *Anderen* lernen? Die Sozialwissenschaften beschäftigen sich in diesem Zusammenhang unter anderem mit dem Phänomen der Meinungsführer (*Opinion Leader*), der Identifikation mit Parteien zur Senkung der Informationskosten (vgl. Downs 1957a), Wahlkampfinformationen, soziodemographischen und milieuspezifischen Zugehörigkeiten, Interessengruppen und dem Einfluss der Massenmedien. In der Forschung – zurückgehend bis zur Antike und Aristoteles – wird immer wieder darauf hingewiesen, dass wir vor allem aus Quellen lernen, die uns glaubwürdig erscheinen und vertraut sind: „If a speaker lacks the right character, then these scholars conclude that the speaker will not be persuasive. (...) Persuasion requires that a listener perceive a speaker to be both knowledgeable und trustworthy (Lupia/McCubbins 1998: 9).

Wissen und Vertrauen sind also die fundamentalen Faktoren, die solche Signale überzeugend machen. Darauf kommen wir zurück (siehe Kapitel 5.3.2, Seite 161).

Das Problem der Informationskosten in modernen Massendemokratien

Anthony Downs stellt in seinem Buch „An Economic Theory of Democracy" (1957a) gleich zu Beginn klar, dass man bei der Analyse des Politischen von hauptsächlich eigeninteressiertem Handeln ausgehen sollte. Er überträgt dann die Vorstellungswelt der Wirtschaftswissenschaften, insbesondere das Konzept des rational handelnden und eigennutzmaximierenden Konsumenten und des Produktanbieters auf die Beziehungen zwischen Wählern, Parteien und Regierung. Downs Akteure handeln ausschließlich auf der Basis rationalen Abwägens von Entscheidungsproblematiken unter besonderer Berücksichtigung ihrer jeweiligen Kosten-Nutzen-Bilanz. Downs überträgt also den *homo oecono-*

micus auf das politische Verhalten von Bürgern. Doch wie findet dieses Abwägen – also die Information über Alternativen – statt? Er unterstellt, dass die Bürger sich schon alleine aus Eigennutz nahezu vollständig über das politische Geschehen und ihre jeweiligen Möglichkeiten informieren müssten (vgl. Downs 1957b, 1995).

Für den Großteil der Bürger ist es aber irrational, sich allumfassend und detailliert über Politik und bestimmte Issues zu informieren, denn die individuellen Kosten übersteigen den relativen Nutzen. Wählen auf einer informierten Basis ist die hohen Informationskosten oftmals nicht Wert. Downs (1957a: 210) unterscheidet drei Arten von Informationskosten: (1) die Besorgung von Informationen (erhalten, selektieren und übersetzen), (2) die Analyse von Informationen und (3) die Evaluation von Informationen. Diese Kostenanstrengungen sind für den Großteil der Bürger zu bedeutsam, um auf das von Berelson, Lazarsfeld und McPhee geforderte normative Bild des informierten Bürgers zu gelangen (siehe Kapitel 3.2.1, Seite 91, Fußnote 4). Deshalb entscheiden viele Bürger, sich nur soweit über Politik zu informieren, bis die Kosten den Mehrwert übersteigen.

Deshalb setzen sie „Information Shortcuts" und Heuristiken ein, die den Erwerb, die Selektion und die Interpretation von Informationen erleichtern. Diese erlauben es den Bürgern, politische Entscheidungen zu treffen, ohne vollumfänglich informiert zu sein.

Zitat

> „Citizens make use of simple information shortcuts long familiar to political scientists under other names: party images, ideologies, and the like. These images change slowly in response to new information, and they appeared to organize the collection and retention of new information" (Ferejohn 1990: 11)

Wann sind solche „Information Shortcuts" sinnvoll? Nach Downs vor allem dann, wenn die reduzierte Informationsaufnahme zu überwiegend gleichen Entscheidungen führt als die umfängliche Informationsaufnahme und -verarbeitung. Wenn dies der Fall ist, warum sollten Bürger dann das aufwändigere Verfahren benutzen?

Downs erklärt damit im Jahr 1957, zu Zeiten der Hauptblüte der politischen Parteien in Europa (siehe Kapitel 2.1.3, Seite 56f), langfristige Parteiidentifikationen. Diese dienen dem Individuum als „Information Shortcut":

Zitat

„Some rational men habitually vote for the same party in every election. In several preceding elections, they carefully informed themselves about all of the competing parties, and all the issues of the moment; yet they always came to the same conclusion about how to vote. Therefore they have resolved to repeat this decision automatically without becoming well-informed, unless some catastrophes makes them realize it no longer expresses their best interests. Like all habits, this one saves resources, since it keeps voters from investing in information which would not alter their behavior. Thus it is a rational habit" (Downs 1957a: 100).

These

Wenn der Nutzen für den rational handelnden Bürger nicht hoch genug erscheint, wird er seine Finger von der Politik lassen. Für diese Alternative hat sich bereits ein nicht zu unterschätzender Teil der Bevölkerung entschieden: Für viele sind die Informationskosten zu hoch.
Man könnte aber ebenso argumentieren, dass die Demokratie anderen Spielarten von politischen Systemen überlegen ist bzw. für Bürger das größte Maß an Möglichkeiten offen lässt. Demokratie ermöglicht es, seine Interessen wahrzunehmen, an Entscheidungen teilzunehmen, je nach Perspektive in begrenztem Maße mitzuwirken und Rechte zugesprochen zu bekommen. Die Kosten für diese Freiheiten, die die Demokratie bietet, sind dann die Informations- und Partizipationskosten, die der Einzelne zu tragen hat. Wie in anderen Fällen, stellt sich auch beim öffentlichen Gut *Demokratie* das Problem der Free-Rider. Das völlige Absentieren von Politik stellt insofern ein Free-Rider-Verhalten dar, weil es davon ausgeht, dass andere die Mühe der Information und des Wählens auf sich nehmen, während Free-Rider die Vorteile einer stabilen Demokratie genießen.

3.2.3 Informationsverarbeitung durch Schemata

Die Art und Weise, wie Rezipienten Informationen verarbeiten, lässt sich ebenso durch psychologische Theorien der Wahrnehmung und des Gedächtnisses beschreiben. Rezipienten können nur eine bestimmte Menge von Informationen behalten, meist sind sie *überfordert*.

Damit das Individuum auf diese Fülle von Informationen in kürzester Zeit reagieren bzw. diese aufnehmen und verarbeiten kann, operiert das Bewusstsein mit kognitiven Routinen, die die aktuelle Informationskomplexität reduzieren helfen und eine Verbindung herstellen zu bereits im Langzeitgedächtnis existierenden semantischen Feldern, zu denen eine einzelne Information zugeordnet werden kann. Diese Zuweisung zu Routinen ermöglicht es in kürzester Zeit, zu bewerten, ob die einlaufende Information im Lichte der bereits vorhandenen Informationsbestände wichtig oder interessant genug ist, um ihr weitere Aufmerksamkeit zu schenken.

Definition

„**Kognitive Strukturen** entstehen aus früheren Erfahrungen, auch Erlebnissen, im Umgang mit den Gegenständen, Personen, Ereignissen etc. Kognitive Strukturen tendieren dabei zu Vereinfachungen und ermöglichen es dem Wahrnehmenden, die komplexe Umgebung auf eine handhabbare Anzahl relevanter Kategorien zu reduzieren. Sie übernehmen aber auch die Füllfunktion etwa dann, wenn zu wenig Information über einen Gegenstand vorhanden ist oder gegeben wurde, und sie tragen dazu bei, dass der Wahrnehmende sich sogar über die gegebene Information hinaus ein Bild machen kann" (Schenk 2002: 270).

Kognitive Strukturen sind verantwortlich für die Selektivität der gesamten Informationsverarbeitung. Diese werden mal als Frames, Skripte oder Schemata bezeichnet. Unter den Konzepten der kognitiven Psychologie hat sich nach Schenk das Schema-Konzept als übergreifender Ansatz durchgesetzt. **Schemata** sind Wissenskulturen, die die Informationsaufnahme und -verarbeitung der Menschen steuern: „Schemata übernehmen dabei einerseits die Interpretation der wahrgenommenen Informationen und leiten die Suche weiterer Informationen (‚Top-down'-Verarbeitung); andererseits werden bisweilen Informationen auch ohne Muster zunächst einmal aufgenommen und als Einzelfall behandelt, um sie dann weiter zu integrieren (‚Bottom-up'-Verarbeitung)" (Schenk 2002: 272).[5]

Der Prozess der Verarbeitung, Kategorisierung und Einordnung von Informationen

Wie aber werden nun politische Informationen in Schemata eingeordnet, wie können wir uns den Prozess der Informationsverarbeitung und -kategorisierung in bestehende Muster vorstellen? Analog zur Beschreibung des Kommunikations-

---

5 Schulz (1995: 155) definiert ein Schema als kognitive Struktur, Prozess und Steuerungsinstrument *zugleich*: „Als Struktur repräsentiert es einen organisatorischen Teilbereich der im Individuum gespeicherten Information von Wissen und Erfahrungen. (...) Als Prozess wertet das Schema die Signale der Mitteilung aus, setzt sie zur bereits gespeicherten Information in Beziehung und verändert diese; als Steuerungselement dirigiert es das Explorationsverhalten des Systems".

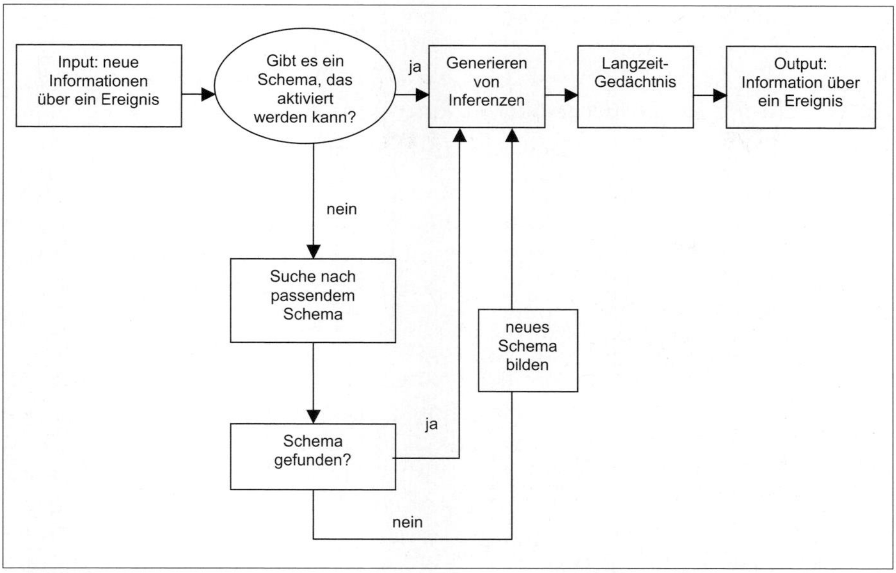

Abbildung 3: Modell des Schema-Prozesses.[6]

prozesses in Kapitel 1.2, Seite 19f erreichen im ersten Schritt technische Signale die Sinnesorgane des Individuums. Nach der Rezeption wird diese neue Information verdichtet und im Kurzzeitgedächtnis abgelegt. Dieses verfügt aber nur über begrenzte Kapazitäten, Informationsbestände werden rasch von neuen Eindrücken verdrängt, überlagert und schlussendlich gelöscht, sofern das Individuum nicht – durch mehr oder weniger bewusste Akte – die Speicherung beabsichtigt.

Kognitive Routinen helfen zunächst bei der Systematisierung dieser Informationen im Kurzzeitgedächtnis, sie stellen aber auch eine Brücke zu den Kategorien und Strukturen des Langzeitgedächtnisses her und erlauben so eine schnelle Bewertung, ob diese Information in bestimmte Schemata integriert werden kann: Ist die einlaufende Information im Lichte meiner Informationsbestände wichtig und interessant genug, um ihr weitere Aufmerksamkeit zuzuwenden oder kann ich sie ohne weiteres vergessen? Wenn die Integration erreicht wird, wird diese Information neuer Teil des individuellen Schema-Systems (vgl. Graber 1984: 147; Wimmer 2000: 523).

Nicht zuletzt sind es die Massenmedien, welche Schemata intensiv verwenden, lassen sich Nachrichten und Informationen aus den Medien vom Individuum relativ einfach verarbeiten. Die meisten Nachrichten besitzen den Charakter von Ereignisschemata. Sie werden also von Produzenten so aufbereitet, dass eine

6 Skizze nach Hastie (1981: 45; nach Schenk 2002: 278).

schemagesteuerte Verarbeitung seitens der Rezipienten unterstützt wird (vgl. Schenk 2002: 274).

Schema-Theorie und politische Informationen

Wie aber verbinden wir nun Schema-Theorie und politische Information? Wie viel an politischer Information landet im Langzeitgedächtnis und wird schematisiert? Im Zusammenhang mit dieser Frage beschäftigt sich die sozialwissenschaftliche Forschung besonders mit der Frage nach dem individuellen Erinnerungsvermögen, um behaltenes Wissen über politische Ereignisse zu testen.

Dass Medien Informationen an ihr Publikum vermitteln, ist seit den ersten Wahlstudien aus den 1940er Jahren (vgl. Lazarsfeld et al. 1944) bekannt. Verschiedene Formen politischer Kommunikation wie Debatten oder Nachrichten-Berichterstattung und andere fördern wahrnehmbar das Wissen ihrer Publika. Dies geschieht jedoch nur in Maßen, ein Großteil der Bürger bleibt im Wesentlichen uninformiert über öffentliche Belange. Wie zu Beginn dieses Kapitels stehen wir vor einem „Informationsparadox“: Wir verfügen zwar über ungeheure Möglichkeiten an Informationsquellen, nutzen diese aber nicht in gesteigertem Maße oder wissen diese nicht zu nutzen. Ein Großteil der Nachrichten des Fernsehens, des Radios oder der Zeitungen werden noch am selben Tag vergessen.

Graber (1984) verweist darauf, dass Rezipienten von 15 Nachrichtenmeldungen des Fernsehens schon nach kurzer Zeit nur noch ein Thema aus ihrer Erinnerung nennen können. Wenn kein dramatisches Ereignis geschehen ist, ist es für einen großen Teil der Bürger nach sieben Tagen kaum mehr möglich anzugeben, welche Meldungen damals in den Medien kursierten. „Fast alles, was wir an politischer Information aufnehmen, verbleibt im Arbeitsspeicher des Kurzzeitgedächtnisses und wird rasch wieder vergessen“ (Wimmer 2000: 527).

An dieser Stelle können wir auf zwei Phänomene verweisen, die uns helfen, dieses Paradox aufzulösen. Die bereits beschriebene **Schema-Theorie** bringt Licht ins Dunkel, zeigt sie doch explizit, dass sich Bürger ihre Urteile über Politiker bilden können. „Um Medienangebote zu verstehen, aktivieren die Rezipienten ihr Vorwissen, in Abhängigkeit von ihrem Interesse und ihrer persönlichen Betroffenheit nehmen sie daher Medienberichte sehr unterschiedlich wahr, sie interpretieren sie nach ihren Vorstellungen, nach ihren Schemata“ (Hasebrink 2003: 118). Diese Urteile und Bewertungen werden durchaus im Langzeitgedächtnis abgespeichert und dienen als kognitive Routinen. Die Informationen, die zu dieser Entscheidung geführt haben, werden vergessen.

Rezipienten sollten, so zeigt die lange Zeit in der Medienwirkungsforschung vorherrschende Prämisse, die in den Nachrichten vermittelten Informationen möglichst vollständig und korrekt wiedergeben. Demgegenüber hat Brosius ein Modell der **Alltagsrationalität** (1995) entwickelt, das sich von diesen normativen Erwartungen an den Zuschauer abgrenzt.

Definition

Nachrichtenrezeption unter diesem normativen Modell ist, so Brosius, die Ausnahme, die Regel wäre Rezeption unter folgenden Annahmen:

- „Rezipienten verarbeiten nicht alle zur Verfügung stehenden Informationen in Nachrichten.
- Rezipienten ziehen zur Urteilsbildung bevorzugt solche Informationen heran, die ihnen zum Zeitpunkt des Urteils besonders leicht zugänglich sind.
- Rezipienten überführen Einzelheiten der präsentierten Merkmale schon während der Informationsaufnahme in allgemeine semantische Kategorien.
- Rezipienten bilden ihre Urteile schon während der Rezeption und nicht erst im Anschluss daran.
- Rezipienten verkürzen und vereinfachen Probleme und Sachverhalte. Sie verwenden Faustregeln, Verallgemeinerungen, Schlussfolgerungen und Stereotype, die sich bewährt haben.
- Rezipienten orientieren sich bei ihrer Beurteilung von Sachverhalten hauptsächlich an Informationen, die ihnen aus dem Alltag vertraut sind.
- Rezipienten wenden sich Nachrichteninhalten in der Regel mit geringer Involviertheit zu, können sich jedoch unter bestimmten Bedingungen intensiv damit auseinandersetzen. Vor allem fehlt es ihnen an der Fähigkeit, die Relevanz der präsentierten Informationen zu beurteilen. Unter diesen Bedingungen weichen sie häufig dahin aus, nur die Glaubwürdigkeit der Quellen, nicht jedoch den Wahrheitsgehalt der präsentierten Informationen zu beurteilen“ (Brosius 1998: 294).

Ein Jahrzehnt zuvor hat bereits Graber auf die „**Assurance-Funktion**“ der Massenmedien verwiesen; Nachrichten werden normalerweise in einer Art Standardmodus gescannt, um Unsicherheit zu beseitigen: „To make sure that no unexpected dangers lurk“ (Graber 1997: 210). Das Fehlen von Nachrichten führt zu einem Gefühl der Unsicherheit, einem „universal sense of uncertainty“ (Stephens 1989: 221). Dies hat schon sehr bald nach der Erfindung des Buchdrucks zur Entwicklung von Zeitungen geführt. Deren regelmäßige Erscheinungsweise reagiert auf diese Unsicherheit. Und auch wir selbst können wohl häufig über die Befriedigung des Sicherheitsgefühls nach der Rezeption von Nachrichten berichten. Das subjektive Gefühl, informiert zu sein, vermittelt die Sicherheit, dass man in den Nachrichten das Wesentliche erfahren und nichts Wichtiges versäumt hat – „ob man die präsentierte Information nun behält oder nicht“ (Brosius 1998: 294).

Brosius geht in seinem Modell der Alltagsrationalität aber noch einen Schritt weiter, indem er auch die Möglichkeit einschließt, dass Rezipienten individuell entscheiden, welchen Aufwand sie für die Verarbeitung einer Information betreiben. Der Zuschauer belegt Informationen also mit seiner persönlichen Relevanz und entscheidet so, wie rational es ist, eine Information weiter zu verfolgen: „Wenn Information im Überfluss vorhanden ist, diese Information aber keinen Bezug zur Alltagswelt der Rezipienten hat und für die politische Willensbildung nicht relevant ist, ist es rational, sich nicht umfassend zu informieren und statt dessen die Verarbeitungskapazität für die relevant erscheinenden Dinge zu reservieren. Es geht nicht so sehr darum, in vielen Bereichen gut informiert zu sein, sondern die Kompetenz zu besitzen, aus der Vielzahl der Informationen die persönlich relevanten herauszufiltern“ (295).

Lektüretipp

- Brosius, Hans-Bernd, *Alltagsrationalität in der Nachrichtenrezeption: Ein Modell zur Wahrnehmung und Verarbeitung von Nachrichteninhalten*, Opladen: Westdeutscher Verlag, 1995.
- Downs, Anthony, *An Economic Theory of Democracy*, New York: Harper & Row, 1957.
- Graber, Doris, *Processing the News. How People Tame the Information Tide*, New York, 1984.

3.3. Fazit

3.3.1 Zusammenfassung | Wie verarbeiten Bürger politische Informationen

Wir sind in diesem Kapitel folgenden Fragen nachgegangen: Wie viel Bürgerinteresse ist für das Funktionieren demokratischer Systeme notwendig? Wie viel Information verlangen Demokratien dem Einzelnen ab?

Wir haben in diesem Zusammenhang das Phänomen der Politikverdrossenheit diskutiert, das sich in den vergangenen Jahrzehnten von einer Mangelerscheinung bei politisch weniger Gebildeten zu einem Überdruss-Phänomen über alle gesellschaftlichen Schichten hinweg entwickelt hat. Die Umfragen weisen auf einen Rückgang des politischen Interesses in den westlichen Demokratien hin. Diese Politikverdrossenheit wird nun ebenso mit medialen Einflüssen begründet, und zwar mit der Entpolitisierung der Bevölkerung durch die Dominanz von Unterhaltungsangeboten und durch eine zunehmend negative und skandalisierende Berichterstattung der Medien über die Politik.

Diese medial hervorgerufenen Politikverdrossenheit geht einher mit einem „Informationsparadox“: Noch nie waren für die Bürger so viele Informationen über Politik zu erhalten wie in den heutigen Mediengesellschaften. Rezipienten sehen sich aber von dieser Informationsfülle überlastet. Zwei Strategien werden in der Forschung beschrieben, die Bürger anwenden, um dieser Überlastung zu begegnen: Informationsverarbeitung durch Nutzenabwägungen und die Verarbeitung von Informationen durch kognitive Schemata, die helfen, Informationen zu kategorisieren und einzuordnen.

Dennoch wird nur ein Bruchteil der Informationen vom Individuum behalten: Welche Informationen das sind, beschreiben die Modelle der Alltagsrationalität und der Assurance-Funktion.

3.3.2 Diskussionsfragen

- Wer entfremdet sich: der Wähler von den Politikern oder die Politiker von den Wählern? Wodurch werden diese Tendenzen beschleunigt? Was kann sie aufhalten?
- Wer ist einfacher zu regieren: ein politikinteressiertes oder ein desinteressiertes Wahlvolk?
- Wie können Sie sich als Pressesprecher einer aufstrebenden populistischen Partei die Schema-Theorie zunutze machen?

3.3.3 Schlüsselbegriffe

4. Pluralismus: Nachrichten und die Vielfalt der Interessen

Allgemein meint Pluralismus Vielgliedrigkeit, im Gegensatz zu Monismus oder Dualismus. In der Soziologie ist Pluralismus der Fachausdruck für die Struktur moderner Gesellschaften, in denen – auf der Basis hochgradiger sozialer Differenzierung, zahlreicher Konflikte und vielfältiger Lebensstile – die Bürger ihre Interessen in einer Vielzahl autonomer Bewegungen, Vereinen, Parteien und Verbänden organisieren, die um Einfluss in Gesellschaft, Wirtschaft oder Politik ringen. Der Politikwissenschaft und der Demokratietheorie dient der Begriff des Pluralismus für die Beschreibung vielgliedrig organisierter, Willensbildungsformen und politischer Ordnungen (vgl. Schmidt 2000: 227).

Für Anhänger des Pluralismus ist die Freiheit der Meinungsbildung und Willensäußerung ein ebenso hohes Gut wie die Möglichkeit der Bildung von Interessenvertretungen. Sie befürworten nachdrücklich das Prinzip der Repräsentation von Bürgern durch gewählte – verantwortliche – Repräsentanten. Demokratie ist für sie „nicht direkte Volksherrschaft sondern verantwortliche Parlaments- und Regierungsherrschaft“ (Neumann 1986: 133). Nur in einem Repräsentativsystem können pluralistische Strömungen auch in den politischen Entscheidungszentren abgebildet werden.

Erkenntnisziele von Kapitel 4:
- Gesellschaftliche Interessenartikulation und -verarbeitung beschreiben
- Wie versucht das Mediensystem diese Interessen abzubilden?
- Mediale Produktionsprozesse und politische Medieninhalte analysieren: Medialisierung, Selektion und Thematisierung
- Einflussfaktoren auf die medialen Selektionsmechanismen erkennen: Public Relations und Issues Management
- Verortung massenmedialer Realität: Welche Realität bilden Medien ab?
- Abbildung pluralistischer Strukturen im Mediensystem

Freie politische Kommunikation ist ein zentrales Strukturelement der pluralistischen Demokratie. Das Repräsentationsprinzip erfordert wechselseitige Information zwischen Regierten und Regierenden zur Legitimation der Machtausübung durch parlamentarische Mehrheit und Regierung. Das Element der ungehinderten politischen Kommunikation ist aber ebenso für Interessenvertretungen unabdingbar. Einzelne Interessen können zwar individuell artikuliert werden (etwa in Form einer Petition oder im Rahmen einer Bürgersprechstunde bei einem Abgeordneten), die kollektive und möglichst gut organisierte Vertretung von Interessen ist jedoch weitaus Erfolg versprechender (vgl. Rucht 2007: 19-20).

In einer pluralistischen Gesellschaft ringen die verschiedenen Kräfte – unterschiedliche, oftmals gegensätzliche, soziale, ökonomische, politische, religiöse oder weltanschauliche Interessen vertretende Gruppen und Organisationen – autonom und prinzipiell gleichberechtigt miteinander um gesellschaftlichen Einfluss und Geltung. Die Gründung partikularer Verbände ist verfassungsrechtlich garantiert. Der Verbändepluralismus ist nicht starr, sondern steht Wandel offen: „All forms of political organizations have a bias in favor of the exploitation of some kind of conflict and the suppression of others because organization is the mobilization of bias. Some issues are organized into politics while others are organized out" (Schattschneider 1960: 71).

4.1 Akteure politischer Interessenvermittlung

Das System der politischen Interessenvermittlung organisiert sich in demokratischen Systemen im Wesentlichen durch vier Gruppen: politische Parteien, Interessenverbände, soziale Bewegungen und Massenmedien.

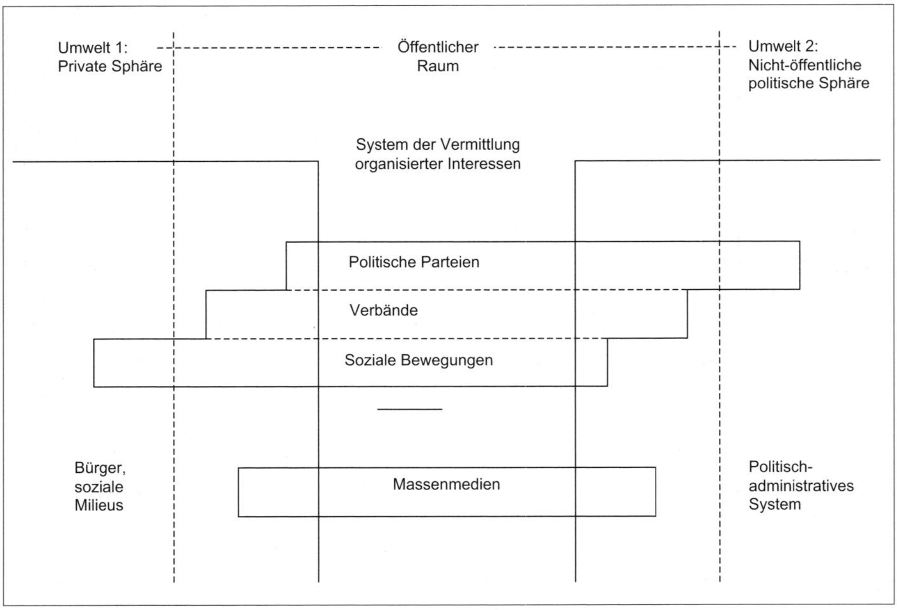

Abbildung 4: Modell der politischen Interessenvermittlung.[1]

[1] Nach Rucht 2007: 21.

Politische Parteien sind formale Organisationen, die auf der Grundlage ideologisch geprägter Programme in Wahlen Erfolge anstreben und die ihre Personalvorschläge für die Besetzung von Positionen der Staatsleitung realisieren wollen. Parteien entstammen dem gesellschaftlichen Pluralismus, sie dienen als Transmissionsriemen zwischen Staat und politischer Öffentlichkeit, beobachten die Öffentlichkeit nach Themen, die ihn ihr Repertoire passen, aggregieren sie und transferieren diese in die politische Entscheidungsfindung (siehe Kapitel 6.2, Seite 181ff).

Interessenverbände zielen primär auf Einfluss und nicht auf Machterwerb, im Gegensatz zu Parteien. Vielmehr versuchen sie zugunsten einer klar abgrenzbaren Klientel auf politische Entscheidungen einzuwirken. Dies tun sie unter anderem mit Mitteln der Einflussnahme auf die öffentliche Meinungsbildung, Wahlkampfhilfe für bestimmte Parteien, Lobbying, Beteiligung an Hearings und Expertengremien, Protest und Bestechung. Die Einbindung der Interessenverbände in das politisch-administrative System kann unterschiedlich eng ausfallen. In korporatistischen Systemen werden bestimmte Interessenverbände wie Tarifparteien etwa dauerhaft privilegiert, indem sie in politische Prozesse direkt eingebunden werden (vgl. Rucht 2007: 22).

Neue soziale Bewegungen sind durch kollektive Identität abgestützte Handlungssysteme mobilisierter Netzwerke von Gruppen und Organisationen, welche sozialen Wandel mittels öffentlicher Proteste herbeiführen, verhindern oder rückgängig machen wollen. „Die Mobilisierung von Bewegungsanhängern sowie die Erlangung öffentlicher Aufmerksamkeit und Zustimmung sind mangels anderer Mittel die zentralen Ressourcen, die Bewegungen unter günstigen Bedingungen aufbieten können. Erst damit kann es ihnen gelingen, über eine Randerscheinung hinauszuwachsen und letztlich auch ihren Zielen näherzukommen.“ (1994: 338-339).

Neue soziale Bewegungen machen sich die Mechanismen der Mediengesellschaft zunutze und versuchen, Aufmerksamkeit durch symbolträchtige, oftmals konfliktträchtige Aktionen zu generieren. NGOs (Non Governmental Organiziations) haben sich in besonderer Weise auf die Inputbedürfnisse des massenmedialen Systems spezialisiert. Man könnte fast sagen, dass diese Bewegungen die massenmediale Logik verinnerlicht haben. Eine Bewegung, über die nicht berichtet wird, findet nicht statt. Neue soziale Bewegungen sind nicht nur bei der Generierung von Aufmerksamkeit für Issues auf die Massenmedien angewiesen. Durch die Medien erhalten sie Bekanntheit und attrahieren Spenden. Ohne Medienberichterstattung könnten sich neue soziale Bewegungen kaum finanzieren (vgl. Imhof 2006a).

Trotz der wachsenden Möglichkeiten durch neue Informations- und Kommunikationstechnologien und die Vernetzung durch das Internet spielen für den Erfolg neuer sozialer Bewegungen immer noch „Mainstream-Medien“ eine große Rolle (vgl. Cammaerts 2007: 281).

Zusammenfassung

Im Gegensatz zur antiken Demokratie, in der jeder Bürger die Möglichkeit hatte an der öffentlichen Debatte auf der *Agora* teilzunehmen, sind moderne Demokratien charakterisiert durch eine Art medial vermittelter Repräsentation. Die kommunikative Verbindung zwischen Repräsentierten und Repräsentanten, zwischen Vertretern von Interessen und politischen Entscheidungsträgern wird in modernen Gesellschaften erst durch die Präsenz eines unabhängigen **massenmedialen Systems** möglich. Dieses Mediensystem soll, so die Forderung, prinzipiell *offen* sein für gesellschaftliche Kräfte, Themen und Standpunkte. Wie sich diese Offenheit aber gestaltet, welche Möglichkeiten und Grenzen darin eingebaut sind, beschäftigt uns auf den folgenden Seiten.

4.2 Wie entstehen Nachrichten?

Öffentliche Kommunikation vollzieht sich in modernen Gesellschaften am folgenreichsten als massenmedial vermittelte. Themen und Meinungen, die etwa in privaten Interaktionen, öffentlichen Veranstaltungen, Demonstrationen oder Podiumsdiskussionen artikuliert werden, erreichen dann erst allgemeine Wahrnehmung, wenn sie von den Massenmedien aufgegriffen, berichtet und verstärkt werden. Selbst Parlamentsdebatten hätten ohne massenmediale Berichterstattung den Charakter einer *Kleinveranstaltung*.

4.2.1 Mediale Produktionsprozesse und politische Medieninhalte: Medialisierung

Es gibt spezielle Selektions-, Bearbeitungs- und Präsentationsregeln der Massenmedien, die einerseits helfen, aus der Fülle von realen Ereignissen solche auszuwählen, die in eine mediale Realität Eingang finden (siehe Kapitel 4.2.2, Seite 117). Andererseits bestimmen diese Regeln auch die Verarbeitungsprozesse im medialen System selbst, helfen bei der Interpretation und der Präsentation dieser Informationen in der anschließenden massenmedialen Vermittlung.

Gesellschaftliche Gruppen versuchen immer stärker, sich mediale Regeln anzueignen und den medialen Code quasi *parasitär* zu verwenden. Dieses Phänomen nennen wir *Medialisierung*:[2] Verschiedene Funktionssysteme der Gesellschaft wie die Ökonomie aber auch die Politik fügen zu ihrer eigenen Funktionslogik ein weiteres Orientierungssystem hinzu, das als Medienlogik bezeichnet werden kann.

[2] Vgl. dazu den Begriff der Mediatisierung: „Mediatisierung ist ein Begriff, der wörtlich übersetzt Mittelbarmachung bedeutet und mit dem ursprünglich die Unterwerfung unter eine Landeshoheit bzw. eine Gebietseinverleibung bezeichnet wurde. Im Zuge der Ausweitung der Medienangebote hat sich dieser Terminus – im Gegensatz etwa zu dem eigentlich zutreffenden Begriff Medialisierung – im allgemeinen Sprachgebrauch wie auch in der Fachsprache eingebürgert“ (Sarcinelli 1998d: 678).

Diese medialen Logiken durchdringen alle gesellschaftlichen Realitätsbereiche. Diese wiederum passen sich immer weiter den Logiken und Bedingungen des medialen Systems an. Medialisierung beschreibt Saxer (2007: 97) als „zentralen gesellschaftsdynamisierenden Agens", mithin als das zentrale Handlungskonzept von modernen **Mediengesellschaften**. Als solche werden moderne Gesellschaften bezeichnet, „in denen Medienkommunikation, also über technische Hilfsmittel realisierte Bedeutungsvermittlung, eine allgegenwärtige und alle Sphären des gesellschaftlichen Seins durchwirkende Prägekraft entfaltet, ein so genanntes soziales Totalphänomen (Marcel Mauss) geworden ist" (1998a: 53).

Imhof (2006a: 199) beschreibt diesen Gesellschaftswandel hin zur Mediengesellschaft in Anlehnung an Habermas als *neuen Strukturwandel der Öffentlichkeit*: „Dieser lässt sich als Auflösung des ‚Vermachtungszusammenhangs' von Staat, Parteien und organisierten Interessen im neuen *neoliberalen Wirtschafts- und Gesellschaftsmodell beschreiben*". Es handle sich dabei um einen Vorgang der seit den 1980er Jahren zu beobachten ist, „um die Deregulation der keynesianisch orientierten, neokorporativen Integration von Politik und Wirtschaft hin zu einem ökonomisch argumentierenden Antietatismus im Steuer- und Standortwettbewerb und in diesem Kontext um die Deregulation der Medien von ihren sozialen und politischen Bindungen" (199). Dies bedeutete unter anderem die Auflösung der bis dahin in besonderer Weise ideologisch orientierten Parteien- und Mitgliedermilieus und eine programmatische Annäherung der großen Volksparteien.

Für unseren Kontext ist entscheidend, dass sich die Medienorganisationen von ihren bis dahin angestammten sozialen, räumlichen, ideologischen und sozialmoralischen Milieus und ihren darin verwurzelten Trägern (Parteien, Verbände, Kirchen) lösten und in – noch stärkerer Weise – auf privatwirtschaftlich agierende Medienunternehmen umgestellt wurden (siehe Kapitel 2.1.2, Seite 56f). Die Konsequenz daraus war die Koppelung der Medien an eine weitere Logik, nämlich an jene des Marktes. Mazzoleni und Schulz (1999: 251) nennen dies die „commerical logic of the media industry". Die Umstellung auf die Marktlogik brachte in besonderer Weise eine Neudeutung der Selektions-, Interpretations- und Inszenierungslogik der Medien mit sich. Diese orientierten sich nun zunehmend an den Aufmerksamkeitsbedürfnissen (werbe)-relevanter Zielgruppen.

Dieser Wandel hatte zur Folge, dass sich wiederum Politik, organisierte Interessen und die Wirtschaft selbst an diese neuen Inputbedürfnisse des Mediensystems anpassen mussten. Sie wurden offen(er) wurden für Effekte der Medialisierung. Was bedeutet dies nun konkret für die Politik?

Medialisierung und das politische System

Man könnte auf diese Fragen nun antworten, dass Politik, zumal in demokratischen Systemen, immer schon bestimmten Mechanismen der Kommunikation verpflichtet war, Demokratie schon seit eh und je als besonders qualifiziertes Kommunikationssystem charakterisiert wurde.

Kommunikation zwischen Regierenden und Regierten war und ist also eine zentrale Dimension der Legitimation demokratischer Systeme. Was aber geschieht, wenn sich mediale Logiken immer weiter mit den Logiken des politischen Systems vermischen, wenn also politische Entscheidungen nicht mehr nach politischen Kriterien wie Dringlichkeit oder Sinnhaftigkeit getroffen werden, sondern mediale Kriterien den Ausschlag geben? Saxer beschreibt, dass das politische System sich immer weiter an den medialen Regeln orientiert, aber:

Zitat

„Das Mediensystem prägt ganz selbstverständlich auch politischen Sachverhalten seine eigenen Reproduktionsstrukturen auf, verwandelt Politik zum Beispiel in Infotainment und standardisiert sie auf jeden Fall. Umgekehrt instrumentalisieren die politischen Akteure die Medien immer virtuoser für ihre Zwecke, mit dem Gesamtresultat, dass Politik die Bürger überwiegend in Form einer Medienrealität erreicht, die als tagesaktuelle Massenkommunikation die Komplexität von Politik nicht wiederzugeben vermag“ (Saxer 1998b: 56).

Meyer (2001) beobachtet eine Verschiebung der Logik der Politik von der Herstellungs- auf die Darstellungsseite oder *exakter*, dass Politik bei der Herstellung von Entscheidungen immer auch die Darstellungsseite mitdenkt. Politische Akteure formulieren ihre *Policies* regelmäßig im Hinblick auf ihre Medientauglichkeit. Bei der Kür von politischen Kandidaten wird die eigentliche Zuständigkeit der Parteien von den Medien eingeengt. Zweifel über die Medientauglichkeit bestimmter Kandidaten verhallen nicht ungehört. Politische Karriere macht nur, wer außer Sach- auch über Medienkompetenz verfügt und das Geschäft der Politikherstellung und -darstellung ebenso gut auf der Vorder- wie auf der Hinterbühne des politischen Geschehens beherrscht.

Demnach spielen die Medien also eine aktive Rolle bei der Herstellung von Öffentlichkeit. Sie bestimmen Struktur und Dynamik nach medialen Aufmerksamkeitsregeln. Medien werden immer mehr zur Voraussetzung für die Informations- und Kommunikationspraxis von politischen Akteuren: „Ohne Medien gibt es keine anhaltende, stabile Kommunikation zwischen den Akteuren wie auch zwischen Akteuren und Bürgern“ (Jarren 2001). Überschreiten die Medien aber nicht ihre ihnen zugedachte öffentliche Rolle, wenn sie politische Prozesse mitprägen? „Verändern sie damit nicht das System demokratischer Kontrolle und institutioneller Machtbalance in einer Weise zu ihren Gunsten, wie es dem Modell einer demokratischen Gesellschaft widerspricht“ (Schulz 1997: 237)? Kritiker dieser mächtigen Position der Medien werfen diesen vor allem Verantwortungslosigkeit jenseits ihrer traditionellen Kritik- und Kontrollfunktion vor. Während politische Parteien und andere Funktionsträger für ihr Handeln vor dem Wähler verantwortlich sind, Politik sich also durch Wahlen legitimiert (siehe Kapitel 6.3.1, Seite 196ff), bleibt die Frage offen, wie die Medien ihr Handeln legitimieren.

Zitat

„Media accountability is all the voluntary or involuntary processes by which the media answer directly or indirectly to their society for the quality and/or consequences of publication" (McQuail 2005a: 207).

Das Fehlen von Verantwortlichkeit kann für Demokratien schwerwiegende Konsequenzen nach sich ziehen. Es verletzt die klassischen Regeln von Machtbalance in demokratischen Systemen, indem es die Medien als eigentlich „Vierte Gewalt" zu einer einflussreichen aber unkontrollierbaren Kraft macht, die von Sanktionen, die sich auf den Willen des Volkes stützen, geschützt ist.

Medialisierung von Interessen

Durch die Einbeziehung medialer Logiken in politische Entscheidungen und die damit einhergehende verstärkte Personalisierung von Politik ändert sich auch der politische Entscheidungsprozess. Dieser wird aus dem Parlament auf eine Bühne der medialen Debatte und Vermittlung verlagert. Schatz und Kollegen nennen dies das „Vordringen der Talkshows als politisches Diskursmodell" (Schatz et al. 2002: 12-13). Ebenso ändern sich durch diesen Schauplatzwechsel die Regeln der Teilnahme: Nicht mehr (nur) vom Volk gewählte Repräsentanten nehmen an dieser Debatte teil. Vertreter bestimmter Interessen, die durch Aktionen und Kampagnen ihr mediales Aufmerksamkeitskonto gefüllt haben und von den auswählenden Medien als hinreichend bekannt wahrgenommen werden, nehmen als Gleichberechtigte (als mit der gleichen Sendezeit Ausgestattete) an der Diskussion um politische Probleme teil.

These

Dies impliziert folgendes:

(1) Der Souverän, der über die Teilnahme entscheidet, ist nicht mehr der Wähler sondern eine etwas undurchsichtige Melange aus verantwortlichen Redakteuren und dem Bekanntheitsgrad der Auszuwählenden in der programmrelevanten Zielgruppe.

These

(2) Teilnehmer sind nicht mehr nur gewählte Akteure, sondern ebenso Vertreter bestimmter Interessen. Das können Wirtschaftsverbände, Arbeitnehmervertreter aber auch NGOs sein, die es geschafft haben, hinreichend mediale Aufmerksamkeit zu generieren, um eine Teilnahme in dieser medialen Arena zu rechtfertigen.
(3) Dieses *Ersatz-Parlament* wird von den Medien und deren Regeln produziert.
(4) Die Zugangshürden zu dieser Arena sind keine politisch-demokratischen im Sinne des Partizipationsgedankens sondern von den Medien definierte.

4.2.2 Wie bringen Interessengruppen ihre Themen in die Öffentlichkeit?

Rucht (2007: 25) spricht von einer zunehmenden „Mediatisierung der Interessenvertretung“ und meint damit, dass die Perzeption und die Vertretung ursprünglich stärker auf den direkten Interaktionen zwischen Repräsentanten und Repräsentierten basierten. In direkten Kommunikationsketten wanderten Interessen so von der Mikroebene der Interessenorganisation bis hin zur nationalen bzw. internationalen Vertretung: „Relativ zu den noch immer bedeutsamen Formen des Lobbying hat die Interessenvermittlung via Medien an Gewicht gewonnen. Massenmedien sind das Forum schlechthin, in dem – wie verzerrt und authentisch auch immer – Stimmungen und Meinungen, Wünsche und Forderungen, Appelle und Drohungen, Argumente und Gegenargumente wiedergegeben werden, in dem sich politische Akteure wechselseitig beobachten und kommentieren, hinsichtlich ihrer Allianzfähigkeit und Konfliktbereitschaft taxieren sowie die Resonanzen auf ihr Tun abzuschätzen suchen“ (25).

Gruppen, die ihre Anliegen über die öffentliche Meinung in den politischen Entscheidungsprozess transportieren wollen, müssen daran interessiert sein, ihre Themen als wichtig in den Massenmedien zu etikettieren. Wir wollen aber nochmals festhalten, dass Interessengruppen natürlich nicht immer den Weg über die Massenmedien suchen, um ihre Interessen zu transportieren. Ein mächtiger Industrieverband, der gute Beziehungen zu einer Regierungspartei unterhält, wird nicht versuchen, seine Interessen über die öffentliche Diskussion in den Massenmedien durchzusetzen. Für diesen stehen die Türen der Politik oftmals anderweitig offen. Eichhorn (1996: 139) führt drei Dinge an, die eine Interessenvertretung bei ihrem Weg über die Öffentlichkeit beachten muss:

(1) Themen, die sich auf die eigenen Interessen beziehen, müssen in die öffentliche Diskussion gelangen,
(2) die eigenen Interessen müssen in der Öffentlichkeit möglichst positiv dargestellt werden und
(3) Themen, die den eigenen Interessen schaden, müssen aus der öffentlichen Diskussion herausgehalten werden.

An dieser Stelle wollen wir eine Unterscheidung zwischen den Begriffen *Thema* und *Issue* einführen. **Issue** wird ins Deutsche am besten als *öffentliche Streitfrage* übersetzt. Ein Issue rahmt einen Problembereich und grenzt ihn so von anderen Objekten in seiner sozialen Umwelt ab. Ein Issue fasst den größeren Hintergrund von Ereignissen, dazu zählen unter anderem Interpretationen, zusätzliche Informationen, Handlungsmuster oder verschiedene Perspektiven auf ein Problem. Issues können definiert werden als „current topics and civic concerns“ oder als „a social problem, often conflictual, that has received media coverage“ (Dearing/Rogers 1996: 63). Ein Issue bezieht sich also immer auf öffentliche Geschehnisse. Themen beziehen sich auf Issues, sie sind Teil eines Issues.

Issues-Management

Auf dem Weg eines Themas zum Issue muss ein Thema zuerst definiert und als Problem etikettiert werden, dessen sich das politische System annehmen sollte. Zum Issue wird ein Thema erst, wenn es in der politischen Öffentlichkeit als Problem wahrgenommen wird. Ein Thema benötigt dazu einen Namen. „Oft mangelt es an einem Begriff, wie z. B. ‚Ozonloch‘, ‚Waldsterben‘ oder ‚Rinderwahn‘, der es dann einem Thema ermöglicht, seine Karriere zu beginnen“ (Peters 1998: 22). Ebenso muss das Thema glaubwürdig sein und einen realen Bezug haben.

Folgende Strategien können dabei angewendet werden: Durch die Konkretisierung eines Themas, durch die Herstellung von Betroffenheit (siehe dazu *episodic framing*) oder durch die Abstraktion und Einbindung in einen größeren (Werte-) Zusammenhang (siehe dazu *thematic framing*; Kapitel 4.2.3, Seite 126). Die Dringlichkeit eines Themas kann zusätzlich noch erhöht werden, wenn es gelingt, eine Verschärfung des Problems in der Zukunft zu unterstellen. Weitere Möglichkeiten der Zuspitzung sind die Markierung konkreter Ursachen und Verursacher sowie die Adressierung von für die Lösung des Problems Verantwortlichen. Dazu muss sich der Akteur, der das Issue vertritt, selbst als vertrauenswürdig legitimieren. Dies kann mit folgenden Strategien geschehen: über Begriffe oder Namen, über die Rekrutierung von prominenten und vertrauenswürdigen Personen oder über empirische Belege für das Problem.

Die öffentliche Aufmerksamkeit für einzelne Issues fokussiert nicht sehr lange Zeit, sogar wenn diese Issues signifikante Wichtigkeit für die Gesellschaft besitzen. Die Frage, wie lange sich ein Issue im Zentrum der öffentlichen Aufmerksamkeit halten kann, um politischen Druck zur Lösung des Problems zu erzeugen, wird auf der Basis verschiedenster theoretischer Zugänge diskutiert. Zur Veranschaulichung greifen wir eine Rational-Choice-Perspektive und einen systemtheoretischen Ansatz heraus.

Issue-Attention-Cycle nach Anthony Downs. In seinem in der Tradition des Rational-Choice-Ansatzes stehenden Modell identifiziert Anthony Downs einen systematischen Issue-Attention-Cylce (1971). Issues erhalten dabei für kurze Zeit Prominenz, verbleiben für diesen Zeitraum in der öffentlichen Aufmerksamkeit und verschwinden dann – obwohl meist noch weitgehend ungelöst – schrittweise aus dem Zentrum.

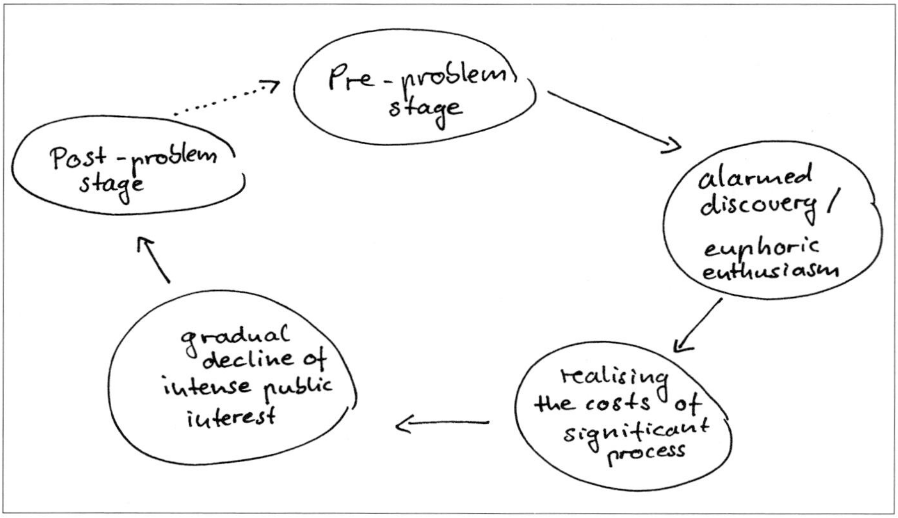

Skizze 10: Issue-Attention-Cylce nach Anthony Downs.

Konkret unterscheidet Downs zwischen fünf Phasen: *pre-problem-stage, alarmed discovery and euphoric enthusiasm, realizing the costs of significant process, gradual decline of intense public interest* und *post-problem stage.* In der ersten Phase finden wir noch kein bzw. nur sehr begrenztes öffentliches Interesse an einem Problem, lediglich Experten arbeiten zu diesem Thema. Durch eine Serie dramatischer Ereignisse (in einer aktualisierten Version würde Downs wahrscheinlich auf Begriffe wie Public Relations oder medial inszenierte Ereignisse hinweisen) wird die Öffentlichkeit auf dieses Issue aufmerksam. Dies löst Druck auf die politischen Akteure aus, Lösungsmöglichkeiten zu finden.

In der dritten Phase erhält die Öffentlichkeit also erstmals Feedback von politischen Akteuren. Die angebotenen Lösungsmöglichkeiten können etwa hohe Kosten für die Durchführung bestimmter Maßnahmen beinhalten, wenn nicht gar Einschnitte sozialer, infrastruktureller oder finanzieller Art für die gesamte oder Teile der Bevölkerung. In der vierten Phase erkennen immer mehr Menschen diese Einwände an. Drei Reaktionen setzen ein: „Some people just get discouraged by thinking about the problem; others feel positively threatened by thinking about the problem; so they suppress such thoughts; still others become bored by the issue" (Downs 1991: 29). Die öffentliche Aufmerksamkeit für dieses

Issue nimmt ab, sie lenkt sich auf ein neues Issues, das gerade die zweite Phase betritt. In der fünften Phase gerät das Issue in ein Übergangsstadium, in *Schwebe*. Wir erkennen nun weniger Aufmerksamkeit, aber das Issue stand ja bereits einmal in der öffentlichen Diskussion und ist dadurch bekannt: „For one thing, during the time that interest was sharply focused in this problem, new institutions, programs, and policies may have been created to help solve it. These entities almost always persist and often have some impact even after public attention has shifted elsewhere“ (29).

Themenkarrieren bei Niklas Luhmann. In der Perspektive von Niklas Luhmann (2000) durchlaufen politische Themen eine Themenkarriere – beginnend bei einer latenten Phase, dem Durchbruch eines Themas, dem Kulminationspunkt und der Verdrängung durch neue Themen.

In der ersten Phase ist ein Thema, ähnlich wie bei Downs, nur einer Expertenöffentlichkeit bekannt. Es ist noch nicht abzusehen, ob das Thema jemals behandelt wird. „In diesem Zustand der Latenz kann ein Thema lange einen ‚Dornröschenschlaf' fristen, bevor der richtige Zeitpunkt für die Karriere eines politischen Themas gekommen ist“ (Peters 1998: 29). Nur wenige Themen kommen über diese Aufmerksamkeitsschranke hinweg. In der zweiten Phase, der *Kreation*, widmen einige Wenige dem Thema Zeit, Ressourcen und Kontakte, um es bei den Mächtigen im politischen System bekannt zu machen. Das Thema wird von etablierten Medien aufgegriffen und – dank der Thematisierungsfunktion – Teil der öffentlichen Diskussion. In einer kurzen *Modephase* bzw. auf dem *Kulminationspunkt* besteht nun die Chance, auf die Agenda der politischen Entscheidungsträger aufgenommen zu werden und in eine Entscheidung transformiert zu werden. Geschieht dies nicht, folgt die *Ermüdungsphase*, in der erste Bedenken und negative Erfahrungen von Gegnern kommuniziert werden können. Das Thema verliert rasch an Popularität und wandert wieder an die Peripherie. Nur wenige Themen finden ihren Höhepunkt in der politischen Umsetzung, viele scheitern bereits an der Peripherie (vgl. Beyme 1997: 81).

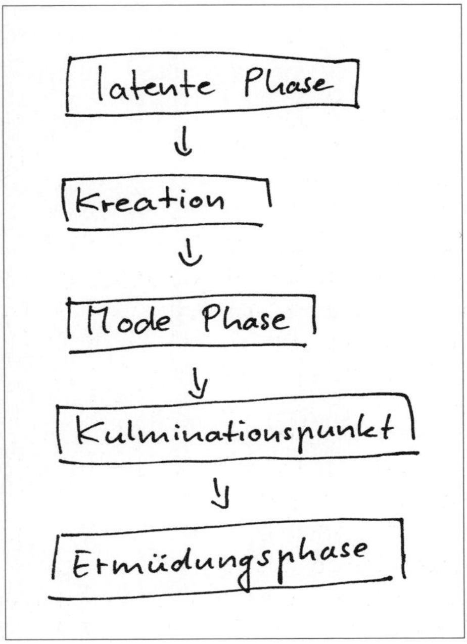

Skizze 11: Themenkarrieren bei Niklas Luhmann.

Thematisierung von Issues: Public Relations

Eine tragende Rolle in der Thematisierung von Issues nimmt der Bereich der Public Relations ein. „Public Relations bezeichnet Kommunikationsmaßnahmen im Interesse von Organisationen wie z. B. Unternehmen, Verbänden, staatlichen Einrichtungen“ (Schulz 2004b: 514). Public Relations richten sich zum großen Teil an die Massenmedien mit der Intention, diese für die Kommunikationsabsichten der Organisationen zu nutzen. Von besonderer Relevanz in unserem Zusammenhang ist die Frage nach dem Einfluss von Public Relations auf die Agenda der Medien. PR sind in erheblichem Maße auf die Publikation ihrer Botschaften in den Massenmedien angewiesen. Ein Großteil ihrer Aktivitäten richtet sich auf diese Medienarbeit. Die Beziehung zwischen PR und Journalismus ist aber nicht einseitig. Denn die Medien selbst sind in hohem Maße auf Parteien, Verbände und staatliche Stellen als Informationsquellen angewiesen. Pressemitteilungen, -konferenzen und andere Kanäle liefern teils unverzichtbares Ausgangsmaterial für Veröffentlichungen.

Eine Vielzahl empirischer Studien beschäftigte sich mit dem Einfluss von PR auf die Inhalte der Massenmedien. Angeregt wurde diese Forschung Ende der 1970er Jahre durch eine Studie von Nissen und Menningen (1977): Die Autoren kommen darin zum Schluss, dass politische Akteure weit größeren Einfluss auf die öffentliche Agenda haben als die Massenmedien, indem sie die Medienagenda *determinieren*.

Aufbauend auf diese Studien kommt Barbara Baerns (1985) zu ähnlichen Erkenntnissen, Öffentlichkeitsarbeit halte die Themen und das Timing der Medienberichterstattung unter Kontrolle. Häufig wird PR-Material nur geringfügig bearbeitet. Der Befund von Grossenbacher (1986: 730) wirkt sogar noch stärker: „Das Mediensystem übernimmt das von der PR vorgegebene Themenangebot – auch in seiner Gewichtung – praktisch unverändert“.

Beispiel

Als grundlegende Ergebnisse dieses Forschungszweiges kristallisieren sich folgende Erkenntnisse heraus:

(1) Laut Selbsteinschätzung der Journalisten ist der PR-Einfluss am größten bei Anzeigenblättern und Nachrichtenagenturen, im Sport-, Lokal- und Wirtschaftsressort. Deutlich kritischer urteilen demgegenüber die Redakteure im Ressort Politik (vgl. Weischenberg 1995: 212-214).

(2) Die Medienresonanz von PR ist relativ groß, wenn sie mediale Selektionsmechanismen imitieren, also wenn die zur Verfügung gestellte Information zum Beispiel einen hohen Nachrichtenwert besitzt, mediengerecht aufbereitet ist und vor allem wenn sie die Selektionshürden von Nachrichtenagenturen nimmt (vgl. Gazlig 1999).

(3) Demgegenüber hat es eine Organisation in Krisen- und Konfliktsituationen vergleichsweise schwer, ihre Sicht durch Pressearbeit zur Geltung zu bringen, besonders wenn sich unter Journalisten schon eine ausgeprägt kritische Einstellung gegenüber der Organisation gebildet hat (vgl. Barth/Donsbach 1992, Schulz 2004b: 532).
(4) Das Objektivitätsideal, dem sich die Journalisten in westlichen Mediensystemen im Allgemeinen verpflichtet fühlen, verhindert eine zu starke Dominanz durch mächtige politische Gruppen (vgl. Pauli-Baleiss 1987).

Der These der Determination als Grundtenor der Studie von Nissen und Menningen sowie von Baerns von PR als wirkungsmächtigem Instrument, wurden auch „andere Erklärungen entgegengesetzt, etwa die Annahme eines symbiotischen Verhältnisses oder wechselseitiger Anpassung und Abhängigkeit, mitunter auch als ‚Interpenetration' oder ‚Intereffikation' bezeichnet" (Schulz 2004b: 532).[3] Interessenvertreter und politische Akteure sowie Journalisten selbst verfolgen, so die Vorstellung, komplementäre Interessen: Die Politiker wollen für sie günstige Publizität, die Journalisten möglichst ergiebige Informationsquellen. Dies sind ideale Voraussetzungen für Symbiosen, zumal unter den Bedingungen sich verschärfender Konkurrenz sowohl im Mediensystem als auch im politischen System.

Inputbedürfnisse der Medien und gesellschaftliche Konsequenzen

Wie aber wirkt sich die Orientierung an den Inputbedürfnissen der Medien auf gesellschaftlicher Ebene aus? Welche Veränderungen und Anpassungen an die neuen Bedürfnisse mediengesellschaftlicher Bedingungen sind hier zu erkennen?

Institutionalisierung resonanzorientierter NGOs. Seit den 1970er Jahren erobern soziale Bewegungen viele politische Themenbereiche (Umwelt- und Technikfolgenprobleme, Sicherheitspolitik, Geschlechterdifferenz, Migrations- und Asylpolitik) und entwickelten sich von einem kurzfristigen Phänomen hin zu einer Konstante im öffentlichen Diskurs. Neue soziale Bewegungen sind in besonderer Weise auf massenmedialen Zuspruch angewiesen; über diesen Umweg suchen sie Resonanz in der Öffentlichkeit zu generieren und so in das politische System einzuwirken. Auf der anderen Seite sind sie aber auch in ihrer Existenz von öffentlichkeitswirksamen Aktionen und Aufmerksamkeit abhängig, denn sie finanzieren sich fast ausschließlich über Spenden. Mittlerweile ist aber festzustellen, dass die länger etablierten Akteure wie Parteien und Interessengruppen versuchen, diesen medialen Vorsprung wieder aufzuholen.

[3] Siehe zusammenfassend auch die Studie von Schantel (2000).

Massive Zunahme medialer Skandalisierungskommunikation. Besonders auffällig ist, so Imhof, die Veränderung in der medialen Berichterstattung über Katastrophen und die Risikokommunikation. „Tradierte Deutungsmuster wie Schicksal, Zufall oder Unglück werden durch personalisierte Verantwortungszuordnungen abgelöst" (Imhof 2006b: 16-17). Ebenso nimmt die Skandalisierung von Unternehmen und ihrem Führungspersonal zu, Skandalisierungen von Politikern überwiegen aber immer noch. Die Vorwürfe, die an diese Verantwortlichen gerichtet sind, klingen ähnlich: Machtmissbrauch und Vorspiegelung falscher Tatsachen. Zudem weiten sich Skandalisierungen auf die Privatsphäre aus, „beobachtbar ist entsprechend eine ausgeprägte moralische Aufladung der öffentlichen Kommunikation" (17).

Die Berichterstattung über private Skandale ist Teil einer allgemeinen Tendenz hin zur Privatisierung des Öffentlichen und zur Personalisierung der politischen Kommunikation mit Human-Interest-Stories, Betroffenheits- und Moraljournalismus und der Etablierung neuer Boulevard-Formate im Nachrichtenwesen (vgl. Burkhardt 2006).

Der langfristige Einfluss von Skandalen auf das berufliche Selbstverständnis von Journalisten besitzt Folgewirkungen, die weit über den Journalismus hinausreichen. Die Berichterstattung der Medien ändert sich, weil sich das berichtete Geschehen ändert: „Das berichtete Geschehen ist jedoch vielfach selbst eine Folge der Berichterstattung: Die Medien skandalieren Personen, die skandalierten Personen reagieren darauf und die Medien berichten über die Reaktionen" (Kepplinger 2005: 159).

Wie weit trägt das Konzept der Medialisierung von Politik? Saxer (2007: 84) verweist darauf, dass der Medialisierung demokratischer Politiksysteme auf jeden Fall institutionelle, prozessuale und strukturelle Grenzen gesetzt sind. Deshalb sei es nicht angebracht, von einer Kolonialisierung der Politik durch die Medien wie dies etwa Oberreuter tut („Mediatisierung der Politik bedeutet, dass die Medien, das Fernsehen voran, die Politik weithin ihren Eigengesetzlichkeiten unterworfen haben"; 1998: 36) zu sprechen. Ebenso verneint er die Mediokratie-These von Meyer (2002; 2001).

Definition

„Der Begriff **Mediokratie** reicht weiter als der der Mediendemokratie, denn er schließt die politisch-kulturelle Diagnose ein, dass auf den Bühnen und für die Bühnen der Massenmedien zunehmend nur noch das in Betracht kommt, was sich mit dem politischen und kulturellen Geschmack der nach unten offenen breitest möglichen Schnittmenge der Gesellschaft verträgt, der wiederum durch seine triumphierende mediale Spiegelung bestätigt, bestärkt und durch die nötige Erhöhung der Dosis enthemmt

> wird. Wo Massenmedien als Mittler und Katalysatoren dafür sorgen, dass Neigungen und Vorlieben, Aufmerksamkeitsbereitschaft und Informationsneigung des breitest möglichen Massenfeldes der Gesellschaft zu einer Art Grundgesetz der gegebenen Kommunikationsweise werden, sind die Merkmale der Mediokratie erfüllt“ (Meyer 2001: 11).

Auch von Beyme (1994: 221) beobachtet, dass der Einfluss der Medien in der wissenschaftlichen Literatur vielfach übertrieben wird, weil er vorwiegend im Bereich der symbolischen Politik und bei der Entlarvung von Skandalen untersucht wird. Im riesigen Feld der Routinepolitik spielen die Massenmedien lediglich eine marginale Rolle, weil diesem Feld oftmals die Nachrichtenwerte fehlen (vgl. Kaase 1998: 36). Auch in der Mediengesellschaft sind politische Entscheidungsprozesse auf bestimmte institutionelle Kontexte angewiesen, die genau so wenig medialisierbar sind wie bestimmte Institutionen wie Parlamente, Gerichte und Verwaltungen (vgl. Scharpf 2000: 17).

Marcinkowski spricht in diesem Zusammenhang davon, dass die medialen Logiken nicht politische Logiken ersetzen, sondern dass dem komplexen Regelgefüge der Politik weitere (mediale) Regeln wie Produktionsroutinen, Formatzwänge und Nachrichtenwerte hinzugefügt werden. Diese Erweiterung bleibt für viele Bereiche der Politik folgenlos, „an vielen anderen Stellen des politischen Institutionengefüges hat sie Auswirkungen, die sich allerdings erneut nicht einheitlich und unterschiedslos als Unterwerfung oder Kolonialisierung politischer Logiken beschreiben lassen. (...) Ein politisches System wird daher nie zur Gänze medialisiert sein (...), sondern sich vielmehr durch Inseln erhöhter und geringer Medialisierung auszeichnen“ (Marcinkowski 2005: 363-364). Zu diesem Befund gelangen auch Mazzoleni und Schulz (1999), die von einer „Mediatization of Politics“ sprechen. Ihnen zufolge ist das immer stärkere Eindringen der Medien in den politischen Prozess nicht mit einer Übernahme („takeover“) der politischen Institutionen durch die Medien gleichzusetzen.

Mediale Produktionsprozesse: Selektion

Liberale Demokratien zeichnen sich durch freie Meinungs- und Willensbildung aus. Zu den Voraussetzungen dafür gehören eine möglichst große Nachrichtenvielfalt und ein ungehinderter Nachrichtenfluss. „Die gesellschaftlichen Bedingungen der Nachrichtenübertragung haben daher kommunikationspolitisch eine zentrale Bedeutung“ (Schulz 2004a: 352).

Welche Prozesse machen nun aber den Unterschied zwischen der Realität und einer medial geformten Realität aus? Warum berichten Medien über bestimmte Ereignisse und über andere nicht? Wie lassen sich die Präsentation und die Thematisierung bestimmter Ereignisse in den Medien erklären? Die Nachrichtenforschung untersucht, welche Faktoren den Nachrichtenfluss beeinflussen, nach welchen Kriterien Nachrichten ausgewählt werden und welches Bild der Welt diese Nachrichtenauswahl vermittelt. Wir bearbeiten in diesem Teil also die Selektionsroutinen, die im massenmedialen System zur Anwendung kommen.

Beispiel

Alleine der dpa-Basisdienst bedient die Redaktionen deutscher Medien zurzeit täglich mit rund 750 Meldungen und Berichten. Hinzu kommen unzählige weitere Meldungen anderer Medien, Agenturen und eigener Korrespondenten aus der ganzen Welt (vgl. Maier 2003: 27).

Bereits 1922 stellte Walter Lippmann (1922) die Frage, welche Kriterien bestimmte Ereignisse erfüllen müssen, um Eingang in die journalistische Berichterstattung zu finden. Demnach würden mehrere Aspekte den Nachrichtenwert („news value") von Ereignissen bestimmen: Ungewöhnlichkeit, Bezug zu bereits eingeführten Themen, zeitliche Begrenzung, Einfachheit, Konsequenzen, Beteiligung einflussreicher oder bekannter Personen und Entfernung des Ereignisorts zum Verbreitungsgebiet des Mediums.

Gatekeeper-Ansatz. Im Mittelpunkt der Gatekeeper-Forschung, die sich ab den 1950er Jahren in den USA entwickelte, stehen Journalisten als Individuen mit ihren persönlichen Vorlieben und Abneigungen, Interessen und Einstellungen. Die Gatekeeper-Perspektive beschäftigt sich seit der ersten Studie von David Manning White (1950) mit den individuellen Kriterien, die zur journalistischen Auswahl von Nachrichten führen. In den Ergebnissen seiner Studie findet White ein Verhältnis erhaltenener vs. gedruckter Meldungen von 11:1. Die Gründe für die Nichtbeachtung bestimmter Nachrichten waren zu einem Drittel die Ablehnung des Ereignisses durch den Journalisten und zu zwei Drittel die Ablehnung der Meldung über das Ereignis, den Text der Quelle. White fand einen aktiv auswählenden Journalisten, der Meldungen nach den Faktoren Zeit, Platz/Länge und Angebot selektierte. Subjektive Faktoren für diese Entscheidung waren individuelle Einstellungen und Erwartungen.

In der Weiterentwicklung der Gatekeeper-Forschung stehen exemplarisch die Studien von Breed (1955), sowie Gieber und Johnson (1961), die ihren Fokus aber nicht mehr so sehr auf die Subjektsphäre des auswählenden Redakteurs legten, sondern sich auf externe Faktoren stützten. Journalistische Produkte unterliegen etwa Sozialisationseffekten in der Redaktion (vgl. Staab 1990: 12-26), der journalistischen Qualität der Quell-Meldungen (vgl. Grossenbacher 1986; White 1950), den Zuliefersystemen der Nachrichten (Nachrichtenagenturen) und dem vorhandenen Platz für die Berichterstattung.

Ebenso untersucht die Forschung die Rolle von Journalisten in Redaktionen, die vielfältigen sozialen und organisationalen Restriktionen ausgesetzt sind. Solche sind die redaktionelle Linie bzw. die Linie des Verlages, die Orientierung an größeren und prestigeträchtigeren Medien (Inter-Media-Agenda-Setting), lokale Machtstrukturen (vgl. Staab 1990). Ebenso steht auch der Druck durch Interessengruppen und der Einfluss von Werbung auf die Berichterstattung im Zentrum dieser Betrachtungen (vgl. Bennett 2001; Herman/Chomsky 1988; Lee/Solomon 1990).

Dabei lassen sich zusammenfassend folgende Faktoren festmachen, die Einfluss auf die journalistische Selektionsentscheidung haben: Wertvorstellungen und Sozialisation des einzelnen Journalisten, Quellen, organisatorische Restriktionen und Routinen (Deadlines etc.), berufsbezogene Ideologien, Eigentümerverhältnisse (Redaktions- bzw. Verlagsrichtlinien) sowie gesetzliche Restriktionen.

Der Wert einer Nachricht – Nachrichtenfaktoren und Nachrichtenwert. In dieser Tradition der Analyse von journalistischen Rollen rückten immer mehr die Gemeinsamkeiten und strukturellen Ähnlichkeiten im Selektionsprozess in den Fokus der Forschung.

Zentral für die Entwicklung der Nachrichtenwerttheorie gilt die Arbeit der Friedensforscher **Johann Galtung** und **Mari Holmboe Ruge** *The Structure of Foreign News* (1965). Ihre Studie basiert auf den Forschungen von **Einar Östgaard** (1965). Dieser identifiziert folgende Faktoren, die bei der Nachrichtenselektion und -darstellung wirken: Neben politischen (Zensur, Propaganda), wirtschaftlichen (Fernmeldekosten) und organisatorischen Bedingungen (Redaktion) entscheiden besonders spezifische Merkmale des Ereignisses an sich über deren Publikation.

Zitat

„Usually such factors are explained by the necessity of making the news ‚newsworthy', ‚interesting', or ‚palatable' to the public. Thus, it has been said, that the news channels carry only what they think the public is interested in" (Östgaard 1965: 45).

Östgaard benennt drei Nachrichtenfaktoren: (1) Vereinfachung, (2) Identifikation und (3) Sensationalismus. An diese Vorarbeiten knüpfte die Nachrichtenwertforschung von Galtung und Ruge an.

Welche Charakteristika muss nun ein Ereignis haben, damit es zur Nachricht wird? Galtung und Ruge entfalten in ihrem Aufsatz *The Structure of Foreign News* einen theoretischen Ansatz der Nachrichtenselektion. Ereignisse auf der Welt werden von Medien wahrgenommen, anhand bestimmter Selektionsfilter wählen die Medien dann Ereignisse aus und entwerfen so ein Medien-Bild von den Ereignissen auf der Welt. Dieses Bild wird von den Rezipienten durch die massenmediale Berichterstattung wahrgenommen. Dadurch entsteht beim Rezipienten eine Vorstellung von diesen Ereignissen, verzerrt durch die Selektionsentscheidungen der Massenmedien.

Anhand dieser Überlegungen und mit dem Verweis auf wahrnehmungspsychologische Mechanismen formulierten die Autoren 12 Selektionsfilter, die sie als Nachrichtenfaktoren bezeichneten.

Definition

Nachrichtenfaktoren nach Galtung und Ruge (1965)

- **Frequenz**: Je mehr der zeitliche Ablauf eines Ereignisses der Erscheinungsperiodik der Medien entspricht, desto wahrscheinlicher wird das Ereignis zur Nachricht.
- **Schwelle** (absolute Intensität, Intensitätszunahme): Es gibt einen bestimmten Schwellenwert der Auffälligkeit, den ein Ereignis überschreiten muss, damit es registriert wird.
- **Eindeutigkeit**: Je eindeutiger und überschaubarer ein Ereignis ist, desto eher wird es zur Nachricht.
- **Bedeutsamkeit** (kulturelle Nähe/Betroffenheit, Relevanz): Je größer die Tragweite eines Ereignisses, je mehr es persönliche Betroffenheit auslöst, desto eher wird es zur Nachricht.
- **Konsonanz** (Erwartung, Wünschbarkeit): Je mehr ein Ereignis mit vorhandenen Vorstellungen und Erwartungen übereinstimmt, desto eher wird es zur Nachricht.
- **Überraschung** (Unvorhersehbarkeit, Seltenheit): Je überraschender ein Ereignis ist, desto größer ist die Chance, zur Nachricht zu werden, allerdings nur dann, wenn es im Rahmen der Erwartungen überraschend ist.
- **Kontinuität**: Ein Ereignis, das bereits als Nachricht definiert ist, hat eine hohe Chance, von den Medien weiterhin beachtet zu werden.
- **Variation**: Der Schwellenwert für die Beachtung eines Ereignisses ist niedriger, wenn es zur Ausbalancierung und Variation des gesamten Nachrichtenbildes beiträgt.
- **Bezug auf Elite-Nation**: Ereignisse, die Elite-Nationen betreffen (wirtschaftlich oder militärisch mächtige Nationen) haben einen überproportional hohen Nachrichtenwert.
- **Bezug auf Elite-Personen**: Entsprechendes gilt für Elite-Personen, das heißt prominente oder mächtige, einflussreiche Personen.

- **Personalisierung**: Je stärker ein Ereignis personalisiert ist, sich im Handeln oder Schicksal von Personen darstellt, desto eher wird es zur Nachricht.
- **Negativismus**: Je negativer ein Ereignis, je mehr es auf Konflikt, Kontroverse, Aggression, Zerstörung oder Tod bezogen ist, desto stärker wird es von den Medien beachtet.

Je höher ein Ereignis mit solchen Nachrichtenfaktoren aufgeladen ist, desto berichtenswerter erscheint das Ereignis. Auf der Basis dieser Kriterien formulierten sie drei Thesen über das Zusammenwirken dieser Nachrichtenfaktoren:

(1) **Additivität**: Je mehr Nachrichtenfaktoren auf ein Ereignis zutreffen, desto größer ist die Wahrscheinlichkeit, dass es zur Nachricht wird und sogar Schlagzeilen macht.
(2) **Komplementarität**: Wenn ein Ereignis eines oder einige der Kriterien überhaupt nicht oder nur in geringem Maße erfüllt, kann dies durch einen hohen Wert eines anderen Faktors ausgeglichen werden und das Ereignis immer noch berichtenswert sein.
(3) **Exklusion**: Wenn auf das Ereignis zu wenige oder gar keine Nachrichtenfaktoren zutreffen, wird nicht darüber berichtet.

Die Nachrichtenwerttheorie von Galtung und Ruge ist inzwischen in einer Reihe von Untersuchungen empirisch bestätigt und konzeptionell weiterentwickelt worden, unter anderem von Schulz (1990 [1976]), Staab (1990) und Eilders (1997).

In seiner Studie *Die Konstruktion von Realität in den Nachrichtenmedien* unterschied **Winfried Schulz** (1990 [1976]) 18 verschiedene Nachrichtenfaktoren: Dauer, Thematisierung, räumliche Nähe, politische Nähe, kulturelle Nähe, Relevanz, regionale Zentralität, nationale Zentralität, persönlicher Einfluss, Prominenz, Überraschung, Struktur, Konflikt, Kriminalität, Schaden, Erfolg, Personalisierung und Ethnozentrismus.

Seine Ergebnisse: Der Nachrichtenwert wird nur von wenigen Faktoren bestimmt. Den größten Einfluss räumt Schulz den Faktoren Thematisierung („Je enger ein Ereignis in einem Zusammenhang mit den großen, langfristig eingeführten Themen gebracht werden kann“) und Relevanz („Je größer die Zahl der Betroffenen und der Grad der existentiellen Bedeutung eines Ereignisses“) ein.

Joachim Staab (1990) definierte 22 Nachrichtenfaktoren, nur wenige beeinflussen aber, so seine Ergebnisse, die Präsentationsentscheidung: institutioneller und persönlicher Einfluss, Prominenz, Kontroverse, Reichweite, möglicher Nutzen, tatsächlicher und möglicher Schaden oder Misserfolg.

Staab und auch Kepplinger (2001; Kepplinger et al. 1989) verweisen zusätzlich auf die Möglichkeit der Instrumentalisierung von Nachrichtenfaktoren. Bei der Selektionsentscheidung durch Journalisten spielen ebenso die individuellen politischen Einstellungen der Journalisten eine Rolle (**instrumentelle Aktualisierung**, siehe Kapitel 4.2.3, Seite 125f).

Christiane Eilders (1997) stellte sich zusätzlich zur journalistischen Nachrichtenauswahl die Frage, **nach welchen Kriterien Rezipienten Nachrichten selektieren**. Ihre Ergebnisse: Die Nachrichtenfaktoren spielen nicht nur bei der Nachrichtenauswahl der Medien, sondern auch bei Selektion und kognitiver Verarbeitung der Rezipienten eine Rolle. „Die journalistische Nachrichtenauswahl lässt sich [...] als Variante allgemein menschlicher Informationsverarbeitung betrachten. Die Relevanzzuweisung durch Rezipienten und Journalisten verläuft demnach weitgehend identisch“ (Eilders 2004: 34). Die Faktoren Etablierung und Kontroverse fördern die Auswahl bei Journalisten und Rezipienten, der Ortsstatus zusätzlich die Selektion des Publikums, während hingegen die Faktoren Reichweite und Prominenz die journalistische Selektion leiten. Negative Auswirkungen haben die Faktoren Faktizität und Überraschung bei Journalisten und Nutzen bei Rezipienten.

Exkurs

Kritik an der Nachrichtenwertforschung

Kritisiert wurde besonders die Vernachlässigung der journalistischen Quellen (vgl. Baerns 1985; 1997; Grossenbacher 1986). „Sowohl Gatekeeper-Forschung als auch Nachrichtenwertforschung [...] sind journalismuszentriert, das heißt sie unterstellen, dass Journalisten [...] Urheber von Medieninhalten sind. Eine solche Perspektiven der Entstehung von Medieninhalten missachtet, dass Ereignisse, Themen, Sachverhalte nicht erst durch die Wahrnehmung von Journalisten zu Nachrichten werden, sondern in der Regeln eine ‚Vorgeschichte‘ haben“ (Grossenbacher 1986: 725).

Konsonanz in der Berichterstattung: Abhängigkeiten und Orientierungen. Warum kommen verschiedene Medien zu relativ ähnlichen Selektionsentscheidungen? Welche Gründe gibt es, dass voneinander unabhängige Medien in großer Übereinstimmung dieselben Themen für wichtig halten und diese präsentieren? Wie kann es geschehen, dass die eher konservative *Frankfurter Allgemeine Zeitung* mit der gleichen Titelgeschichte aufmacht wie die linke *tageszeitung* oder das Boulevardmedium *Bild*?

Wir haben uns im vorigen Abschnitt mit der wechselseitigen Orientierung von Journalisten und Medien untereinander beschäftigt und ebenso die Angleichung journalistischer Auswahl im Rahmen des Gatekeeper-Ansatzes thematisiert. Dies sind zwei Antwortversuche auf die oben aufgeworfenen Fragen.

Der Linguist und Medienkritiker **Noam Chomsky** wirft in einem gemeinsam mit **Edward Herman** (1988) publizierten Buch *Manufacturing Consent: The Politcal Economy of the Mass Media* dem US-amerikanischen Mediensystem vor, eine künstliche Übereinstimmung der öffentlichen Meinung herbeizuführen, die vor allem im Interesse der politischen und ökonomischen Eliten sei. In ihrem **Propagandamodell** beschreiben sie, dass Nachrichten in kapitalistischen Systemen durch verschiedene Filter verzerrt würden. Besonders die Integration des Mediensystems als privatwirtschaftliche Organisation in kapitalistische Strukturen, die Abhängigkeit von Werbung, dominante Ideologien und das Angewiesensein (bzw. das Vertrauen) auf offizielle Quellen der Information würden diese Eliten-Interessen widerspiegeln. Den Titel des Buch haben Chomsky und Herman von Lippmann (1922: 158) übernommen, der in seinem Werk *Public Opinion* folgendes beschrieb: „That the manufacture of consent is capable of great refinements no one, I think, denies (...) and the opportunities for manipulation open to anyone who understands the process are plain enough". Am Propagandamodell wird insbesondere kritisiert, dass Chomsky und Herman nicht auf aktuelle Bezüge und empirische Studien eingegangen sind (vgl. Klaehn 2005; Reese/Shoemaker 1996).

Nicht unbekannt ist diese Thematik auch im deutschsprachigen Raum. Während des Zweiten Weltkriegs beschäftigten sich **Max Horkheimer** und **Theodor W. Adorno** in der amerikanischen Emigration im fünften Kapitel der *Dialektik der Aufklärung, Aufklärung als Massenbetrug* (1969) mit den Inhaltsmustern und Wirkmechanismen der amerikanischen Massenkultur. Die Instrumente zur Beherrschung der Massengesellschaft und zur Verbreitung der Massenkultur liegen, so Horkheimer und Adorno, in den damals neuen Möglichkeiten der Medien Fernsehen, Rundfunk, Film. Diese Massenmedien dienten in erster Linien als *Kultur- und Bewußtseinsindustrie* den Interessen der Herrschenden. Daran schloss die Theorie der politischen Kommunikation von Jürgen Habermas an (siehe Kapitel 2.2.1, Seite 61ff).

Die Ausweitung der Möglichkeiten der gesellschaftlichen Kommunikation vollziehe sich unter den Gesetzen der kapitalistisch organisierten Warenproduktion, gesellschaftliche Machtgruppen nutzten die Massenmedien als Bühne zur Repräsentation: „Das Prinzip der Publizität (...) wird zu demonstrativen und manipulativen Zwecken umfunktioniert. Das immer dichter gespannte Kommunikationsnetz der elektronischen Massenmedien ist heute, obgleich es technisch ein Potential zur Befreiung darstellt, so organisiert, dass es eher die Loyalität einer entpolitisierten Bevölkerung kontrolliert" (Habermas 1982: 11).[4]

Ebenfalls zu einer konsonanten Berichterstattung der Medien trägt die wechselseitige Orientierung untereinander in Form einer Beobachtung so genannter

4 Ebenfalls auf die wirtschaftlichen und politischen Abhängigkeiten der Medien und eine daraus folgende Konsonanz (*Mainstreaming*) in der Berichterstattung konzentrieren sich Golding (1981), Molotch (1979) sowie Gerbner und Kollegen (1982).

Leitmedien bei. Schließlich sind Journalisten ebenso Rezipienten von Medien. Medien mit hohem Prestige nutzen sie sogar häufiger als das Durchschnittspublikum. Für die Bundesrepublik Deutschland kann Kepplinger (1985) zeigen, dass Journalisten vor allem die *Frankfurter Allgemeine Zeitung* (71 Prozent) und die *Süddeutsche Zeitung* (69) als „sehr wichtig für die eigene Berichterstattung" einstufen. Die Wirkung von überregionalen Tageszeitungen liegt auch in ihrer Orientierungsfunktion für andere Medien.

Eine eigentümliche Rolle in diesem Prozess spielen die Nachrichtenagenturen. Ein großer Teil der politischen Berichterstattung stammt genuin aus Agenturmeldungen. Einige wenige Agenturen – in Deutschland die *Deutsche Presse Agentur, Associated Press, Reuters* – liefern einen Großteil der Meldungen und tragen so wesentlich zur Konsonanz der Berichterstattung bei. Für die USA können Whitney und Becker (1991) belegen, dass sich besonders lokale und regionale Medien nach den Selektionsentscheidungen der Nachrichtenagenturen richten. Für den deutschsprachigen Raum bemängelt jedoch Eichhorn (1996: 160), dass es „kaum empirisch gesicherte Erkenntnisse über intermediäre Agenda-Setting-Prozesse gibt".

4.2.3 Wahrnehmung der Medien: News-Bias-Forschung

Zitat

Die Massenmedien repräsentieren in der Regel nicht die Wirklichkeit. Sie zeigen die Welt gefiltert nach den medialen Regeln der Selektion, Präsentation und Interpretation. Diese Berichterstattung „lässt nur bedingt Rückschlüsse auf die physikalischen Eigenschaften der Welt, die Strukturen der Gesellschaft, den Ablauf von Ereignissen, die Verteilung der öffentlichen Meinung" zu. „Nachrichten spiegeln nicht die Realität, sondern sind das Ergebnis von Selektionsentscheidungen" (Schulz 1989: 139).

Wir haben uns bereits zuvor damit befasst, dass die mediale Realität der primären Wirklichkeit nicht entspricht (siehe Kapitel 2.2.2, Seite 74ff). Die **Nachrichten-Bias-Forschung (News-Bias)** fragt nun danach, welches die Ursachen für Unausgewogenheiten in der journalistischen Berichterstattung sind. Welche Faktoren werden ein- bzw. ausgeblendet? Welche Eigenschaften von Themen und Personen fallen in der Regel der Präsentation zum Opfer?, Ganz grundsätzlich gefragt: Gibt es Muster der Unausgewogenheit bzw. der Verzerrung der medialen Realität? „Unausgewogenheit oder Verzerrung (‚bias') als Gegensatz zum Konzept ‚Objektivität' wird dabei meist eingeengt auf die Behauptung, dass der Berichterstattung der Journalisten oder Medien zu einem Ereignis eine implizite oder explizite Bewertung unterliege. Erklärt werden solche Bewertungen einerseits durch Rückgriff auf die Werthaltungen der Journalisten oder die (politische) Linie eines Mediums“ (Bonfadelli 2003: 88). Medien stellen also nicht nur Sachverhalte und Personen dar, sie bewerten diese auch. Dies finden wir nicht nur in den als solche ausgewiesenen Kommentaren und Meinungsäußerungen. Nachrichten enthalten oft Informationen, die eine bestimmte Wertung nahe legen.

Staab (1990: 203) konnte etwa zeigen, dass politische Faktoren die Nachrichtenauswahl und Nachrichtengestaltung beeinflussen. Schönbach (1977) und Weiß (1985) verweisen darauf, dass Nachrichten und Kommentare in ihrer politischen Tendenz gelegentlich synchronisiert werden.

Beispiel

Östgaard (1965: 54-55) erkennt folgende Verzerrungen für das Weltbild:

(1) Der Status quo der herrschenden Weltordnung wird bestärkt. Individuellen Handlungen von Führungskräften von Großmächten wird übertriebene Bedeutung zugewiesen.
(2) Die Welt wird konfliktreicher dargestellt. Bei Konflikten wird eher der Einsatz von Gewalt als friedliche Lösungsversuche betont.
(3) Die Teilung der Welt in Staaten mit hohem und niedrigem Status wird betont.

Folgende Theorien versuchen dieses Verhalten zu erklären: die Theorie der instrumentellen Aktualisierung und die Frame- bzw. Schema-Theorie.

Die Theorie der **instrumentellen Aktualisierung** bezieht sich auf die Auswahl von Themenbereichen für die mediale Berichterstattung in Konfliktsituationen (vgl. Kepplinger et al. 1989). In Konflikten, die über die Medien ausgetragen werden, versuchen die Kontrahenten die Öffentlichkeit via Massenmedien zu erreichen und in der gewünschten Richtung zu beeinflussen. Dies geschieht entweder durch die Stärkung der eigenen Position oder die Schwächung der gegnerischen Position. An diesem Prozess sind, so Kepplinger und Kollegen, sowohl die Konfliktparteien als auch Redaktionen und Journalisten beteiligt. Medien mit unterschiedlichen redaktionellen Linien können, so die Vermutung, „ihre Argumente aufgreifen oder verschweigen und positiv oder negativ darstellen, so dass unter Umständen die Leser, Zuhörer und Zuschauer verschiedener Medien einen unterschiedlichen Eindruck von der gleichen Sache erhielten“ (202). In einer Befragung von 213 Redakteuren deutscher Medien und einer Inhaltsanalyse im Jahr 1984 zu den Themen „Konflikte um die 35-Stunden-Woche“, „Ausländerpolitik der Bundesregierung“ und „Nicaragua-USA-Konflikt“ kristallisierten sich folgende Ergebnisse heraus: Redakteure billigen zum großen Teil das instrumentelle Hochspielen von Ereignissen, die sich positiv auf die Seite des Konfliktteilnehmers auswirken, den sie unterstützen. Ereignissen innerhalb eines Konfliktes, die die Redakteursperspektive unterstützen, wird ein höherer Nachrichtenwert zugesprochen. Die Konfliktberichterstattung wird von negativen Darstellungen dominiert. Folglich bedeutet instrumentelle Aktualisierung vor allem, Aspekte in den Vordergrund zu spielen, die ein negatives Licht auf den Konfliktgegner werfen.

Dies schließt an die Framing-Perspektive an. Zentraler Ausgangspunkt der **Frame-** und auch der **Schema-Perspektive** ist die Prämisse, dass Journalisten immer aus einer bestimmten Perspektive über Ereignisse berichten. Wir haben uns im vorangegangenen Kapitel mit der Informationsverarbeitung von Rezipienten beschäftigt und dabei festgestellt, dass diese in besonderer Weise über Schemata abläuft (siehe Kapitel 3.2.3, Seite 98f). Solche Schemata bilden sich nicht nur in kognitiven Verarbeitungsprozessen beim Rezipienten, sondern auch beim Individuum Redakteur. Ebenso bietet der Redakteur dem Rezipienten bestimmte Schemata für die Einordnung von Nachrichten an. Deshalb kann die Berichterstattung über ein Ereignis niemals neutral und objektiv sein. Je nach verwendetem bzw. zugrunde liegenden Frame oder Schema werden gewisse Aspekte einer Nachricht in den Vordergrund gerückt und zugespitzt bzw. weggelassen.

Gamson (1989) diskutiert dies am Beispiel der Kernenergie und findet „Packages“ als durchgehende Argumentationslinien in kontroversen thematischen Diskursen. „As part of the ‚package‘ containing the core frame, there are various framing devices (metaphors, exemplars, catchphrases, depictions, and visual images) and reasoning devices (causal attributions, consequences, and appeals to principles)“ (McLeod et al. 2002: 223).

Framing wiederum beschreibt die Selektion, Exklusion und Betonung spezifischer Themeneigenschaften, durch die der sachliche Gehalt eines Themas kontextualisiert oder gerahmt wird. Das bedeutet, dass durch die gewählte Perspektive der Mediendarstellung die Bewertung durch den Rezipienten bewusst oder unbewusst in eine bestimmte Richtung gelenkt wird. Die Rezipienten sind dabei jedoch nicht vollkommen passiv: Die individuellen Erfahrungen und das soziale Wissen des Einzelnen setzen diese Interpretationen letztendlich in Gang (siehe Kapitel 1.5.3, Seite 37ff).

In diesem Zusammenhang unterscheidet Iyengar (1991) zwischen *episodic framing* und *thematic framing*. Beim *episodic framing* benutzen Journalisten Fallbeispiele oder konkrete Ereignisberichte um ein Issue zu schildern. Beim *thematic framing* wird ein Issue auf einer abstrakten Ebene medial präsentiert. Iyengar konnte zeigen, dass 80 Prozent der Nachrichtenbeiträge des amerikanischen TV-Senders CBS überwiegend nach episodischen Gesichtspunkten gestaltet waren. In weiterer Folge stellte er fest, dass während thematisch gerahmte Berichte die Zuordnung von Verantwortlichkeiten zu Regierung und Gesellschaft erhöhten, die episodische Aufbereitung die Wahrnehmung von Verantwortung allgemein verringerte. Dies hat substantielle Konsequenzen für individuelle politische Einstellungen: Individuen, die systemische Kräfte als Ursache für ein Problem ansehen, verwenden dieses Problem eher, um politische Entscheidungen zu treffen. Demgegenüber kann man die Präsentationsmechanismen in Tageszeitungen noch immer eher dem *thematic framing* zuordnen. Regelmäßige Leser von Tageszeitungen sind eher in der Lage, systemische Gründe und Verantwortlichkeiten für Issues zuzuordnen (vgl. McLeod et al. 2002: 234).

Lektüretipp

- Baerns, Barbara, *Öffentlichkeitsarbeit oder Journalismus? Zum Einfluss im Mediensystem*, Köln, 1985.
- Downs, Anthony, „Up and Down With Ecology. The ‚Issue-Attention-Cycle'", in: *Agenda Setting. Readings on Media, Public Opinion, and Policymaking*, hg. v. David Protess und Maxwell McCombs, Hillsdale: Lawrence Erlbaum, 1991, S. 27-33.
- Galtung, Johan/Ruge, Mari Holmboe, „The Structure of Foreign News", in: *Journal of International Peace Research*, Jg. 2, 1965, S. 64-90.
- Herman, Edward/Chomsky, Noam, *Manufacturing Consent: The Politcal Economy of the Mass Media*, New York: Pantheon Books, 1988.
- Iyengar, Shanto, *Is Anyone Responsible? How Television Frames Political Issues*, Chicago, 1991.
- Kepplinger, Hans Mathias/Brosius, Hans-Bernd/Staab, Joachim Friedrich/Linke, Günter, „Instrumentelle Aktualisierung. Grundlagen einer Theorie publizistischer Konflikte", in: *Massenkommunikation. Theorien, Methoden, Befunde*, hg. v. Max Kaase und Winfried Schulz, Opladen: Westdeutscher Verlag, 1989, S. 199-220.
- Saxer, Ulrich, *Politik als Unterhaltung. Zum Wandel politischer Öffentlichkeit in der Mediengesellschaft*, Konstanz: UVK, 2007.
- Schulz, Winfried, *Die Konstruktion von Realität in den Nachrichtenmedien. Analyse der aktuellen Berichterstattung*, Freiburg/München: Verlag Karl Alber, 1990 [1976].
- Staab, Joachim Friedrich, *Nachrichtenwerttheorie: Formale Struktur und empirischer Gehalt*, Freiburg/München: Verlag Karl Alber, 1990.
- White, David Manning, „The ‚Gate Keeper': A Case Study in the Selection of News", in: *Journalism Quarterly*, Jg. 27/4, 1950, S. 383-390.

4.3 Realität der Massenmedien: Welche Realität bilden die Medien ab?

Die Frage nach dem Verhältnis von Realität und medial vermittelter Realität ist eine der Grundfragen der Massenkommunikationsforschung. Bereits im Jahr 1922 beschäftigte sich Walter Lippmann in seinem Buch „Public Opinion" mit diesem Verhältnis.

Zitat

„The world that we have to deal with politically is out of reach, out of sight, out of mind. It has to be explored, reported, and imagined. Man is no Aristotelian god contemplating all existence at one glance" (Lippmann 1922: 18).

Noch 30 Jahre zuvor stellte J. Gilmar Speed in einer der ersten empirischen Untersuchungen von Massenmedien die Frage: „Do newspapers now give the news?" und verneinte diese: „Our newspapers do not record the really serious happenings, but only the sensations, the catastrophes of history" (zit. nach Schulz 1989; Speed 1893: 710).

Dieser Einschätzung begegnen wir mehr als 100 Jahre später in der Alltagsdiskussion immer noch: Klagen von Politikern, Interessengruppen, Wirtschaftsunternehmen und anderen Organisationen über *verzerrte* und *einseitige* mediale Berichterstattungen sind allgegenwärtig.

Wir werfen zunächst einen Blick auf die wichtigsten Ergebnisse der Forschung, bevor wir uns die Frage stellen, wie die Ergebnisse dieser Studien in Theorien verarbeitet wurden. Daran anschließend wollen wir in einem weiteren Schritt die gesellschaftliche Perspektive eröffnen: Welche gesellschaftstheoretischen Ansätze gibt es zur Beschreibung des Verhältnisses von Realität und Medienrealität? Ebenfalls in diesem Kontext stellen wir dann zum Abschluss die Frage nach der *Objektivität*.

Die Beziehungen zwischen Medien und Realität sind in einer „eindrucksvollen Vielfalt" (Schulz 1997: 51) an Fragestellungen und Studien seit den Anfängen der Massenkommunikationsforschung bis zu aktuellen Diskussionen untersucht worden. Häufig befasste sich die Forschung dabei mit der Frage, wie verschiedene Bevölkerungsgruppen in den Medien repräsentiert werden, ob also die von uns oben angesprochene normative Forderung nach Vielfalt und Ausgewogenheit in der medialen Berichterstattung auch wirklich seinen Niederschlag findet. Beispielhaft dafür sind US-amerikanische Studien über die Darstellung von Minderheiten und Ausländern in den Medien. Dabei finden sich eine Vielzahl von Belegen, dass Bevölkerungsminoritäten in den Medien nicht nur unterrepräsentiert sondern auch stereotypisiert werden (vgl. Greenberg et al. 2002). Die Darstellung von Gewalt und Verbrechen stand am Ausgangspunkt der Kultivations-Forschungen von George Gerbner (siehe Kapitel 1.5.3, Seite 44f). Vergleiche mit Meinungsumfragen zeigten, so Gerbner und Kollegen (2002), dass diese stärker mit dem medial vermittelten Bild von Kriminalität als mit Statistiken zu Kriminalitätsraten übereinstimmen. Medien, so das Gros der relevanten Studien zu diesem Thema, vermitteln ihrem Publikum ein verzerrtes Bild von Kriminalität (vgl. Perloff 1997).

„Dass Massenmedien ihre eigene Realität kreieren können, die wenig oder gar nichts mit der objektiven Wirklichkeit zu tun hat, kann vielleicht am besten daran illustriert werden, wie Prominente [...] aufgebaut und abgebaut werden" (Schulz 1989: 136). Bereits 1961 zeigte Boorstin (1961) das Phänomen der „human pseudo events" auf. Er bezeichnet damit medial konstituierte Ereignisse, die nicht als mediale Repräsentation von wirklichen Ereignissen fassbar sind sondern ausschließlich in ihrem medienvermittelten, diskursiven Konstitutionsprozess, an dem eine Vielzahl von Medientexten beteiligt ist. Eine klare Unterscheidung zwischen wahrem oder wirklichem Ereignis und seiner medialen Repräsentation ist nicht mehr möglich: Medienereignisse sind in ihrer Translokalität nicht von ihrer medialen Artikulation zu trennen; sie werden nur durch mediale Vermittlung zugänglich (siehe dazu auch Fiske 1994).

In diesem Ereigniszusammenhang ebenfalls interessant sind Untersuchungen zur medialen Berichterstattung von genuinen, sprich realen Ereignissen. Wie realitätstreu werden solche Ereignisse in den Massenmedien dargestellt?

Beispiel

Bereits im Jahr 1953 untersuchten Gladys Lang und Kurt Lang (1953: 11) die unterschiedlichen Perzeptionen einer Militär-Parade zu Ehren von General MacArthur in Chicago: Die Perspektive der Fernsehzuseher unterschied sich dabei erheblich von den Wahrnehmung der an der Parade teilnehmenden Zuschauer. Lang und Lang hatten diese Gruppen mit der jeweils unterschiedlichen Realitätswahrnehmung der anderen Gruppe konfrontiert: „The most important single media effect coming within the scope of the material [...] was the dissemination of an image of overwhelming public sentiment in favor of the General. This effect gathered force as it was incorporated into political strategy, picked up by other media, entered into gossip, and thus came to overshadow immediate reality as it might have been recorded by an observer of the scene".

Ein weiterer Aspekt in diesem Forschungszweig ist die Problematik des internationalen Nachrichtenflusses und des Images fremder Nationen in den Massenmedien. Beispielhaft dafür untersuchten Gerbner und Marvanyi (1977) wie verschiedene Länder und geographische Regionen von der Berichterstattung erfasst werden. Die Ergebnisse: Das Weltbild, das die Massenmedien präsentieren, weicht sehr stark von den geographischen Proportionen ab. Dieser Befund zeigte sich auch in einer aktuelleren Studie von Giffard und Rivenburgh (2000), die untersuchten, wie globale Medienereignisse das Image der jeweiligen Veranstalternationen prägten, zum Beispiel bei UN-Konferenzen.

4.3.1 Charakteristika einer medial konstruierten Realität

„Verzerrt und unausgewogen – das sind ganz allgemein die Charakteristika der aktuellen Berichterstattung" (Schulz 1990 [1976]: 115). Dies belegen auch unsere

Erkenntnisse, die wir zu den Selektions- und Produktionsmechanismen medialer Inhalte besitzen. Doch wie erklärt sich dieses Bild? Mit welchen Merkmalen ist die von den Medien konstruierte Welt zu beschreiben?

In einer 1976 erschienen umfassenden Studie findet Schulz folgende Charakteristika der Realität, „so wie sie uns von den Nachrichtenmedien in der Bundesrepublik Deutschland präsentiert wird“ (115). Ereignisse über die berichtet wird, sind überwiegend von relativ kurzer Dauer. Die Realität erscheint meist als einfach, eindeutig und klar konturiert, doch „einzelne, besonders herausgestellte Ereignisse mit hohem Nachrichtenwert sind komplex, mehrdimensional, vielschichtig“ (117). Als Determinanten für hohen Nachrichtenwert beschreibt Schulz besonders die Faktoren Thematisierung, persönlicher Einfluss (Elite-Status), Ethnozentrismus, Negativismus aber auch Erfolg.

Im politischen Kontext sticht in der Analyse der Faktor Elite-Personen heraus. Politisches Geschehen wird durchwegs nur im Handeln einflussreicher Personen sichtbar. Hauptgegenstand der Nachrichten ist die „große Politik“. Dabei stehen häufig verbale Äußerungen, Interpretationen und Spekulationen im Vordergrund und „nicht, wie man es im allgemeinen von ‚Ereignissen‘ annimmt, beobachtbares, faktisches Geschehen“ (117). Schulz kommt zu dem Schluss, dass diese Grundmuster stabil und im gesamten Mediensystem durchgängig vorhanden sind: „Die Definition von Realität, wie sie uns von den Nachrichtenmedien dargeboten wird, orientiert sich an einem weitgehend allgemeinverbindlichen Kanon von Selektions- und Interpretationsregeln“ (117). Über diesen Kanon besteht unter den Journalisten ein ausgeprägter Konsens.

4.3.2 Gesellschaftliche Konsequenzen medialer Realitätskonstruktion

Wenn das so ist, müssen wir uns aber fragen, was sich daraus für die von uns bereits diskutierten Themen für den Einzelnen ergibt. Welche Folgen hat dies für gesellschaftliche Zusammenhänge?

In Kapitel 3.1, Seite 81ff haben wir uns bereits mit dem Einfluss der Massenmedien auf die Urteile und Wertungen der Rezipienten über Politik und Politiker beschäftigt. Wir haben dabei unterschieden zwischen einer traditionellen Form der Politikverdrossenheit, die sich besonders auf sozioökonomische Faktoren zurückführen ließ, und einer gegenwärtigen Form der Politikverdrossenheit, die in besonderer Weise mit der Darstellung von Politik in den Medien zu verbinden ist. Massenmedien, so der Vorwurf, stellen Politik zunehmend vereinfacht dar, sie betonen zunehmend die Verantwortung des Staates als Problemlöser und stellen Politik negativ dar.

Diese Einschätzung lässt sich auch in Zusammenhang mit den oben beschriebenen Nachrichtenfaktoren bringen. Ereignisse mit großen Chancen auf mediale Präsentation sind eindeutig und verfügen nur über geringe Komplexität, sie sind dramatisch und stellen Personen in den Mittelpunkt. Berichtet werde vor allem über Negatives und Sensationelles. Diese Mischung führe dazu, dass das Publikum diese Ereignisse für bedeutsamer und schwerwiegender hält, als diese vermutlich sind.

Beispiel

> Was geschieht aber, wenn nicht mehr klar ist, von welcher Realität eigentlich die Rede ist? Wenn beispielsweise mediale Realität und Wirklichkeit verschwimmen? Dazu ein Beispiel: Im Wahlkampf 1992 attackierte der damalige amerikanische Vizepräsident Dan Quayle das emanzipierte Lebensmodell der fiktiven Heldin einer Fernsehserie namens traditioneller Familienwerte und konstruierte einen direkten Zusammenhang zu den real stattgefundenen Rassenunruhen in Los Angeles. Hier „wird die Bedeutung parasozialer Interaktion mit Figuren der Unterhaltungskultur selbst für politische Eliten, die politische Realität der Medienrealität, das Ausmaß an politischer Medialisierung der Köpfe augenfällig" (Saxer 2007: 85).

Schulz (2003: 464) nennt das die „Prägung der Wirklichkeit aufgrund einer Wechselwirkung oder Reziprozität zwischen Medien und Ereignissen".

Mediale Realität und Gesellschaft: Realistische und konstruktivistische Perspektiven

Auf der Ebene der Gesellschaftstheorie begegnen uns zwei grundsätzliche Perspektiven für die Folgen, die die Orientierung an einer offensichtlich verzerrten Medienrealität haben kann: eine realistische und eine konstruktivistische. Diese Positionen unterscheiden sich in ihren Antworten auf Fragen nach der generellen Erkennbarkeit der Welt, dem Verhältnis von Realität und Medien und ihren Einstellungen zu zentralen journalistischen Normen, wie der wahrheitsgemäßen und objektiven Berichterstattung.

Die **realistische Perspektive** unterstellt die Existenz einer objektiv wahrnehmbaren Realität. Demnach ist es die grundsätzliche Aufgabe der Medien, diese Realität einzufangen und widerzuspiegeln, somit ein möglichst getreues und genaues Abbild der Welt dem Publikum zu vermitteln: Die Medien als Abbild der Wirklichkeit.

Mit diesem Bild einher geht die Vorstellung, dass Gesellschaft und Medien zwei gegensätzliche Konstrukte sind. Massenmedien sind Fremdkörper, die potentiell in der Lage sind, Individuen und soziale Gruppen zu kontrollieren und zu manipulieren (vgl. Schulz 1989: 140).

These

In dieser Auffassung operieren besonders folgende Thesen der Medienwirkungsforschung: Gerbners *Kultivationshypothese*, dessen Weiterentwicklung im *Mainstreaming* (siehe Kapitel 1.5.3, Seite 44f) und das Modell der *Schweigespirale* von Noelle-Neumann (siehe Kapitel 1.5.3, Seite 41ff). In diesen Ansätzen finden wir ein vergleichsweise starkes Bild der Medien. Durch ihre Möglichkeit, Realität zu verzerren und die Orientierung der Bürger auf eine Themenstrukturierung zu lenken, üben die Medien, so die Vorstellung, starken Einfluss auf das Individuum und die Gesellschaft aus. Die Grundannahme der Schweigespirale ist, dass Individuen aus Furcht vor sozialer Isolation versuchen, sich dem von den Medien vermittelten Meinungsklima anzupassen. Finden sich Einzelne mit ihrer Meinung nicht in dieser medienvermittelten *Mehrheitsmeinung* wieder, *schweigen* sie (vgl. Noelle-Neumann 1966; vgl. Noelle-Neumann 2001; siehe Kapitel 1.5.3, Seite 41ff).

Konstruktivistische Perspektiven erkennen im Gegensatz zu den realistischen Perspektiven keinen Gegensatz zwischen Massenmedien und Gesellschaft an. Mehr noch: Medien werden als integraler Bestandteil der Gesellschaft angesehen. Sie agieren nicht als passive Vermittler einer Wirklichkeit, sondern sind aktives Element im Definitionsprozess sozialer Wirklichkeit (vgl. Berger/Luckmann 1996; McLeod/Chaffee 1972). „Ihre Aufgabe besteht darin, die Stimuli und Ereignisse in der sozialen Umwelt zu selektieren, zu verarbeiten, zu interpretieren" (Schulz 1989: 142). Konstruktivistische Ansätze betonen den konstruktiven Charakter der menschlichen Wahrnehmung generell und der Medien im speziellen: Medien bilden die Wirklichkeit nicht ab, sondern schaffen Vorstellungen von Realität. Medien müssen, so Schulz, als aktives Element im sozialen Prozess begriffen werden, aus dem eine Vorstellung von Wirklichkeit erst hervorgeht. Sie sind Teil des Bemühens, eine Realität zu konstruieren und diese durch Veröffentlichung allgemein zugänglich zu machen, so dass eine Basis für soziales Handeln entsteht.

„Was wir über unsere Gesellschaft, ja über die Welt, in der wir leben, wissen, wissen wir durch die Massenmedien" (Luhmann 1996: 9). Andererseits, so Luhmann weiter „wissen wir so viel über die Massenmedien, dass wir diesen Quellen nicht trauen können". Wir *müssen* uns aber trotzdem dem in den Massenmedien präsentierten Gefüge anschließen und darauf aufbauen. Warum? Weil wir durch die massenmedialen Publikationen davon ausgehen, dass auch andere Individuen diese präsentierte Realität annehmen. Medien konstruieren eine für uns alle wahrnehmbare Realität. Eine Realität, von der wir ausgehen können. „Ihre gesellschaftliche Primärfunktion liegt an der Beteiligung aller an einer gemeinsamen Realität oder, genauer gesagt, in der Erzeugung einer solchen Unterstellung, die dann als operative Fiktion sich aufzwingt und zur Realität wird" (2005: 367).

Für Luhmann ist es unerheblich, ob das, was in den Massenmedien berichtet wird, wahr ist oder nicht. Wahrheit ist nicht die entscheidende Kategorie. Massenmedien gestalten durch Selektion und Präsentation einen Rahmen für Kommunikation. Medial vermittelte Themen können als allgemein bekannt vorausgesetzt werden. „Themenselektion hat eine positive und eine negative Seite, heißt also immer auch: Nichtselektion von Themen. Dies betrifft zunächst die gänzlich unbestimmte ‚Welt im Übrigen', kann ab er in Einzelfällen, wenn sich ein Thematisierungsdruck aufstaut, politisch fatale Konsequenzen haben. Das ist besonders an der Nichtthematisierung (des Ernstes) von Rassenproblemen in den USA gezeigt worden" (2000: 300).

In realistischen Ansätzen wird es für möglich gehalten, dass der Journalismus annäherungsweise die *Welt* abbildet. Journalistische Wahrheits- und Objektivitätsnormen werden für notwendig erachtet. Die konstruktivistische Perspektive verweist wiederum darauf, dass die Erkennbarkeit der Welt nicht gewährleistet ist und die Medien selbst nicht Abbilder sondern zentrales Instrument der Wirklichkeitskonstruktion sind. Wahrheitsgemäße und objektive Berichterstattung werden für unrealistisch gehalten.

Wenn also das, was wir für Realität halten, ein soziales Konstrukt ist, das stark von den Massenmedien geprägt wird, „müssen wir dann nicht die Vorstellung einer objektiven, unabhängig vom Beobachter existierenden Realität aufgeben – und damit auch wichtige Regeln der journalistischen Profession wie Sachlichkeit, Wahrhaftigkeit, Unparteilichkeit" (Schulz 1989: 145)? Schulz verweist darauf, dass das Konzept der Objektivität sehr wohl seinen Platz in der konstruktivistischen Perspektive haben kann, nämlich als abstraktes Ziel und als handlungsleitende Norm.

Wie aber reagieren die gesellschaftlichen Funktionssysteme auf die hier angeführten Befunde? Wir haben die Abhängigkeiten der medialen Thematisierung durch Interessengruppen beschrieben, haben auf die wirtschaftlichen Abhängigkeiten des Mediensystems verwiesen und uns intensiv mit den dem Mediensystem eigenen Selektions- und Präsentationsregeln beschäftigt. Alle diese Befunde führen zu einer verzerrten und unausgewogenen Berichterstattung.

Lektüretipp

- Luhmann, Niklas, *Die Realität der Massenmedien*, Opladen: Westdeutscher Verlag, 1996.
- Schulz, Winfried, „Massenmedien und Realität. Die „ptomeläische" und die „kopernikanische" Auffassung", in: *Massenkommunikation. Theorien, Methoden, Befunde*, hg. v. Max Kaase und Winfried Schulz, Opladen: Westdeutscher Verlag, 1989, S. 135-159.
- Schulz, Winfried, *Die Konstruktion von Realität in den Nachrichtenmedien. Analyse der aktuellen Berichterstattung*, Freiburg/München: Verlag Karl Alber, 1990 [1976].

4.4 Pluralismus im Mediensystem

Die Vielfalt der Kommunikationen soll sich, so die normative Forderung, in den Massenmedien widerspiegeln. Verankert ist dieses Gebot des *kommunikativen Pluralismus* im deutschen Grundgesetz, Artikel 51 GG. Die hier verbürgte Kommunikationsfreiheit ist ein Jedermann-Recht, dessen faktische Gewährleistung vom Staat verlangt, dass die Chance zur Realisierung der Kommunikation möglichst breit gestreut ist und nicht nur einige wenige diese besitzen. Es ist folglich zu gewährleisten, dass im Kommunikationssystem insgesamt alle relevanten Kräfte und Meinungen angemessenen Einfluss haben und zu Wort kommen können. „Der tatsächlich existierende Pluralismus muss in den Massenmedien abgebildet werden“ (Detjen 1998: 276). Soweit die normative Forderung.

Stellt man sich darunter nun vor, dass möglichst viele Bürger selbst zu Wort kommen, erkennen wir vielmehr, dass es sich bei den Massenmedien um ein „relativ geschlossenes und damit unsensibles System“ (Gerhards/Neidhardt 1993: 66) handelt. Geht man aber davon aus, dass für ein pluralistisches System weniger die faktische Präsenz des einzelnen Bürgers, sondern die Repräsentation der eigenen Meinung wichtig ist, erkennen wir hier die oben angeführten Ausführungen zur Repräsentation als zentralem Strukturprinzip des Pluralismus wieder. Denn dann hängt es von der Pluralität der Massenmedien sowie vom Spektrum der von ihnen vermittelten Themen und Positionen ab, ob man das Mediensystem als pluralistisch und offen in Bezug auf seine Informations(sammlungs)-Funktion bezeichnen kann.

Saxer führt hier noch eine weitere Argumentation ein: Klar ist zwar, dass in modernen Demokratien unter mediengesellschaftlichen Bedingungen die Bürger zunehmend in die Rolle des Publikums gedrängt werden und nur in den seltensten Fällen die Rolle von Sprechern übernehmen, aber in der Mediengesellschaft wäre es, beschreibt Saxer (2007: 98), so, dass „die bloße virtuelle Präsenz des Medienpublikums durch verstärkte Ausrichtung der Politiker auf dieses zumindest argumentativ von diesen der Sprecherrolle angenähert wird“. Schlussendlich müssen Politiker in der Mediengesellschaft überhaupt erst um Aufmerksamkeit für ihre Programme in Konkurrenz zu einer Vielfalt von anderen Offerten ringen.

Parteien, Interessengruppen, soziale Bewegungen, Bürgerinitiativen aber auch andere Gruppen und Einzelpersonen versuchen in der massenmedialen Öffentlichkeit zu den von ihnen als wichtig bewerteten Themen die von ihnen als richtig erachteten Standpunkte durchzusetzen und auf diese Weise wirksam zu machen. Abhängig ist der Erfolg dieser Akteure jedoch von bestimmten Ressourcen wie Geld, Prestige, Macht oder Wissen. Dazu bemerken Gerhards und Neidhardt (1993: 68): „Kollektive Akteure, die eine eigene Organisation aufgebaut und innerhalb dieser eine Öffentlichkeitsabteilung ausdifferenziert und professionalisiert haben, werden Öffentlichkeit in stärkerem Maße beeinflussen können als Gruppen, Initiativen oder einzelne Personen, die über diese Ressource nicht verfügen“.

Doch wie bildet sich dieser Pluralismus im Mediensystem selbst ab? Das Ziel einer demokratischen Verfassung ist ein von verschiedenen Interessen unabhängiges Mediensystem, das Vielfalt, Ausgewogenheit und die Balance von Meinungen bei der Selektion, Bearbeitung und Präsentation von Themen zeigt. Folglich ist ein autonomes Mediensystem die Voraussetzung für das Funktionieren pluralistischer Demokratien.

Um diese Forderungen nach Vielfalt, Ausgewogenheit und Balance der medialen Berichterstattung selbst zu erfüllen, haben sich unterschiedliche Formen der pluralistischen Ausgestaltung des Mediensystems gefunden. Diese sind oftmals mit den historischen und technischen Entwicklungen einzelner Medientypen gewachsen, und somit in ihren Herangehensweisen zur Sicherung von Vielfalt höchst unterschiedlich.

Jedoch kristallisieren sich zwei Haltungen heraus: Einerseits eine Position des **Laisser-Faire**, des Vertrauens in die Kraft der Selbstregulierung. Diese Position gilt für den Pressesektor. Andererseits finden wir eine Form **politischer Regulierung**, die eben nicht auf Selbstregulierung baut und sich zum Ziel gesetzt hat, unter anderem die Unterrepräsentation von Minderheiten zu verhindern.

So ist etwa die **Presse** bereits von Beginn an überwiegend privatwirtschaftlich organisiert. Damit stand und steht sie dem Staat *gegenüber* und erhielt vermutlich in ihrer historischen Entwicklung auch durch diese (Gegen-)Positionierung das notwendige Vertrauen ihrer Leser (siehe Kapitel 2.1, Seite 50). Vielfalt soll bei Zeitungen und Zeitschriften nach dem Marktmodell gesichert werden, mithin durch freien Zugang und Konkurrenz. Die Voraussetzungen für eine funktionierende Vielfalt, nämlich das bewusste Auswahlverhalten der Rezipienten und ein heterogenes Angebot an Printmedien und Inhalten, können und dürfen dabei nicht beeinflusst werden (vgl. Schneider 1998: 423).

Der Mechanismus des freien Marktes, so die Logik, bringe es mit sich, dass über den gesamten Zeitungsmarkt ein **Prinzip der außerpluralen Regulierung** wirke. Zeitungen stehen in ihrer Berichterstattung und in ihren Kommentaren auf bestimmten (ideologischen) Positionen. Die Gesamtheit der einzelnen Zeitungen in einem Mediensystem bringt aber die Vielfalt der vorhandenen Meinungen gesamthaft zum Ausdruck. Kritisiert wird jedoch an dieser Vorstellung, dass Vielfalt lediglich auf der Systemebene, also der gesamtgesellschaftlichen Ebene realisiert werde, nicht aber auf der Ebene des einzelnen Rezipienten. Ein starker Außenpluralismus erschwert die gesellschaftliche Kommunikation, der Widerstreit der verschiedenen ideologischen Ansätze und Interessen fördert gesellschaftliche Fragmentierungstendenzen (vgl. Donsbach 2004: 123).

Im Gegensatz zur privatwirtschaftlich orientierten Presse war der **Rundfunk** in vielen Ländern dieser Erde von Beginn an staatlich kontrolliert. Dabei haben sich in Europa verschiedene Spielarten des Öffentlichen Rundfunks ausgebildet, die sich besonders im Verhältnis zwischen Massenmedien und der Politik unterscheiden:

(1) Die eindeutigste Form der Abhängigkeit findet sich dabei im **Regierungs-Modell**, in welchem der staatliche Rundfunk direkt von der Regierung oder der Parlamentsmehrheit kontrolliert wird. In mehr oder weniger modifizierten Versionen findet sich dieses Modell in Griechenland, Portugal und Spanien.
(2) Das **professionelle Modell** steht für eine starke Tradition der Abschirmung des Öffentlichen Rundfunks von der Politik. Diese Tradition findet sich in besonderer Weise in Großbritannien mit der immer wieder gerne als Vorbild verwendeten Organisationsstruktur der *BBC* (*British Broadcasting Corporation*), Kanada, Irland und den skandinavischen Ländern.
(3) Das **parlamentarische** oder **Proporz-Modell** schreibt die Kontrolle über den Rundfunk den politischen Parteien im Verhältnis ihrer Stärke zu.
(4) Das **korporatistische Modell** ist dem parlamentarischen Modell im Sinne der Verteilung der Kontrolle ähnlich, verteilt diese Macht aber nicht nur auf die politischen Parteien, sondern auch auf Repräsentanten verschiedenster Interessen (vgl. Hallin/Mancini 2004: 30-33).

Das korporatistische Modell gilt auch für den **öffentlich-rechtlichen Rundfunk in Deutschland und in Österreich**. Der Einfluss gesellschaftlicher Kräfte wird intern durch Vertreter verschiedener Interessen in den Aufsichtsgremien sichergestellt, die „gleichwohl nicht als Interessenvertreter der jeweiligen Gruppen, sondern als Sachwalter der Allgemeinheit fungieren" (Schneider 1998: 281).

Beispiel

In den Fernsehrat des **ZDF** (77 Mitglieder) entsenden unter anderem die Bundesländer, die politischen Parteien, die evangelische und die katholische Kirche, die Gewerkschaften, Presseorganisationen, Wohlfahrts- und kommunale Spitzenverbände sowie Umweltschützer ihre Vertreter. Ebenso sind Repräsentanten aus den Bereichen Erziehung und Bildung, Wissenschaft und Kunst in diesem Gremium vertreten. Die Rundfunkräte der **ARD-Anstalten** sind zwar wesentlich kleiner, bestehen aber ebenfalls aus Politikern und Mitgliedern von Verbänden sowie Repräsentanten gesellschaftlicher Gruppen. Aufgaben dieser Gremien sind etwa die Intendanten-Wahl, die Beratung bei der Programmgestaltung sowie die Genehmigung des Haushaltsplans und des Jahresabschlusses (vgl. Meyn 2004: 146-148).

Die externe Form der pluralistischen Ausgestaltung findet sich im **strukturierten Binnenpluralismus** wieder: Das Bundesverfassungsgericht fordert für das Gesamtprogramm des öffentlich-rechtlichen Rundfunks „ein Mindestmaß an inhaltlicher Ausgewogenheit, Sachlichkeit und gegenseitiger Achtung" (BVerfGE 12, 263). Dieses Gebot der Ausgewogenheit bezieht sich jedoch auf das Gesamtprogramm und nicht auf einzelne Sendungen.

Ursprünglich war das deutsche Rundfunksystem rein öffentlich-rechtlich strukturiert, die Entwicklung neuer technischer Übertragungsmöglichkeiten (Kabel und Satelliten) beförderten aber das Aufkommen von **privatwirtschaftlich betriebenen Rundfunkanstalten** und erforderte „die Schaffung von Rechtsgrundlagen für ein duales Rundfunksystem, in welchem öffentlich-rechtlicher und privatrechtlicher Rundfunk nebeneinander bestehen können" (Ricker 2004: 258). Grundlegend für die Rundfunkordnung ist der 1991 geschlossene Staatsvertrag über den Rundfunk im vereinten Deutschland. Darüber hinaus regeln die Bundesländer in ihren seit 1984 erlassenen Landesrundfunk- oder Landesmediengesetzen die organisatorischen Fragen des Privatrundfunks. Die Bestimmungen zur Meinungsvielfalt und Ausgewogenheit der Privaten sind unterschiedlich gefasst: Während einige Bundesländer (Bremen, Hamburg, Nordrhein-Westfalen) ein binnenpluralistisches Modell verfolgen, bei dem jedes der Programme selbst den Pluralitätsanforderungen des Gesetzes zu genügen hat, bevorzugen andere Bundesländer (Bayern, Berlin, Rheinland-Pfalz) ein außenpluralistisches Modell, bei dem nicht das einzelne, sondern die Gesamtheit aller empfangbaren Programme dem Pluralitätskriterium entsprechen müssen. In den anderen Bundesländern gilt ein Übergangsmodell: Jeder einzelne Veranstalter ist hier zur Binnenpluralität verpflichtet, solange die Gesamtheit aller Programme keine Pluralität gewährleistet (vgl. Mathes/Donsbach 2004: 574-575).

Die grundsätzliche Kritik an außerpluralen Modellen bezieht sich wie bereits oben erwähnt darauf, dass nicht die individuelle sondern die gesellschaftliche Perspektive als Maßstab genommen wird. Journalisten treffen Wertentscheidungen bei der Auswahl bestimmter Themen und Ereignisse und der Auswahl und Gewichtung bestimmter Standpunkte zu diesen Themen. Im außerpluralen Modell wird angenommen, dass die Vielfalt der Meinungen in ihrer Gesamtheit im Mediensystem widergespiegelt wird. Nur ein binnenpluralistisches Modell würde demnach ein objektives und ausgewogenes Bild der Realität an den einzelnen Rezipienten vermitteln (vgl. Donsbach 2004: 123).

Lektüretipp

- Hallin, Daniel C./Mancini, Paolo, *Comparing Media Systems. Three Models of Media and Politics*, Cambridge: Cambridge University Press, 2004.

4.5. Fazit

4.5.1 Zusammenfassung | Das Bild der Welt in den Massenmedien

Moderne Demokratien sind gekennzeichnet durch vor allem massenmedial vermittelte Repräsentation. Nur so können in angemessener Weise die verschiedensten Interessen in demokratischen Gesellschaften artikuliert werden und Bürgern somit die Möglichkeit gegeben werden, sich ein umfassendes Bild von gesellschaftlichen und politischen Vorgängen zu machen.

Die Massenmedien präsentieren aber ein hochgradig fragmentiertes und verzerrtes Bild der Welt. Dies liegt einerseits an den medialen Organisationsformen und Selektionsmechanismen, andererseits an den Quellen, aus denen der Journalismus seine Themen und Informationen schöpft. Medien bilden also eine eigene Realität ab, die nur wenig mit der individuell erlebten Realität zu tun hat. Ebenso versuchen Interessengruppen Einfluss auf die mediale Darstellung von Sachverhalten zu gewinnen. Der Gesetzgeber versucht deshalb über Maßnahmen den Charakter eines pluralistischen Mediensystems zu erhalten.

4.5.2 Diskussionsfragen

- Wie lässt sich Medienpluralismus gegenüber wirtschaftlichen Konzentrationsprozessen der Medien verteidigen? Sind gesetzliche Regelungen wünschenswert?
- Auf welche Weise können Parteien von neuen sozialen Bewegungen bei der Thematisierung von Issues lernen?
- Warum lesen Journalisten fremde Zeitungen gründlicher als andere?

4.5.3 Schlüsselbegriffe

Accountability 109
Darstellung von Politik 130
Determinataions-Hypothese 115
Framing-Theorie 111, 126f
Gatekeeper-Ansatz 118f
Herstellung von Politik 108
Intereffikation 115
Interessenverbände 104ff
Inter-Media-Agenda-Setting 119
Instrumentelle Aktualisierung 122, 126
Issue 111ff
Issue-Attention-Cycle 111f
Issues Management 111f
Konsonanz in der Berichterstattung 122ff
Leitmedien 124
Marktlogik: Umstellung der Medienlogik auf Marktlogik 107
Medialisierung 106: Medialisierung von Politik 107
Mediengesellschaften 107f, 117
Mediensystem 134ff
Nachrichten: Nachrichtenwerttheorie 119ff; Nachrichten-Bias-Forschung (News Bias) 124ff
Neue soziale Bewegungen 105, 115ff
Neuer Strukturwandel der Öffentlichkeit 107
Parteien, politische 104f
Pluralismus im Mediensystem: Außenpluralismus 135f, Binnenpluralismus 136f
Propagandamodell 123
Public Relations 114ff
Realität: Realitätskonstruktion 130ff, realistische Perspektive 131f, konstruktivistische Perspektive 132f
Rundfunk: öffentlich-rechtlicher Rundfunk 135ff, privater Rundfunk 137ff
Selektionsmechanismen, mediale 117ff
Skandalisierung bzw. Skandalierung 116
Themenkarrieren 113

5 Partizipation und Partizipationsbereitschaft: Meinungen, Wissen, Einstellungen, Verhalten

Zu den Strukturprinzipien demokratischer Gesellschaften gehört die Beteiligung der Bevölkerung an der Ausübung der Staatsgewalt. In seiner reinsten Form kommt dies bereits bei Jean-Jacques Rousseau (1977 [1762]) und seinen Überlegungen zur Volkssouveränität zum Ausdruck. Seine Idee eines *volonté générale*, also eines von allen geteilten Gemeinwillens, verlangt nach einer Selbstgesetzgebung aller partizipierenden Bürger, da die Macht des Staates direkt vom Volk ausgehen muss. Kritisch daran wird gesehen, dass dies eine Dauerpolitisierung der Bürger zur Folge hätte.

Erkenntnisziele von Kapitel 5:

- Inklusion der Bürger in das politische System begreifen
- Rezeption und Aufmerksamkeit: Verständnis für die politischen Angebote von Medien gewinnen
- Orientierung und Nutzen: Die politischen Dimensionen der Mediennutzung erkennen
- Demokratietheoretische Auswirkungen der Mediennutzung kennen lernen: Information, Wissen, Lernen
- Bürgerschaftliches und zivilgesellschaftliches Engagement als auch massenmedial vermitteltes analysieren
- Bürger als aktive Interpreten massenmedialer Angebote verstehen

5.1 Was versteht man unter Partizipation?

Partizipation wird in gesellschaftstheoretischen Überlegungen als notwendige Voraussetzung für die Inklusion und Integration des Individuums in die Gesamtgesellschaft gesehen. Vor allem finden wir darin die Gegenseite der Inklusion behandelt, nämlich die Exklusion. Diese Nicht-Beteiligung von Personen am gesellschaftlichen Leben wird als ein zu überwindender Zustand gesehen. Man beruft sich dabei häufig auf soziologische Klassiker wie **Emile Durkheim** (1988 [1893]) und **Talcott Parsons** (1972).

In den Überlegungen von Parsons übernimmt die gesellschaftliche Gemeinschaft die Funktion der **Integration**. Inklusion und Werteverallgemeinerungen sind für ihn mit den normativen Strukturen des Gesellschaftssystems verbundene integrative Mechanismen. „Inklusion steht dabei für die Einbeziehung neuer Einheiten, Strukturen und Mechanismen in den normativen Rahmen gesellschaftlicher Gemeinschaft" (Bora 2005: 17). Er denkt dabei vor allem an die bürgerliche Teilhabe (*citizenship*), als Voraussetzung für die Herausbildung eines Systems staatsbürgerlicher Rechte. Historisch verweist er auf die bürgerlichen Revolutionen in England und Amerika sowie auf die Inklusion ins politische bzw. Rechtssystem.

Ebenfalls den Integrationsgedanken im Blick hat Bernhard Peters (1993: 340) in seinem **Schleusenmodell**. Er versteht dies aber aus einer anderen Richtung als Parsons, und zwar aus einem normativen, deliberativen Verständnis, welches er auf eine politische Perspektive verengt. In seinem Modell werden die peripheren Strukturen politischer Meinungs- und Willensbildung (öffentliche Diskurse) in Beziehung gesetzt zu den politischen Entscheidungsträgern im Zentrum des politischen Systems. Diesen Beziehungen sind verschiedene Schleusen zwischengeschaltet, denn nicht jedes Thema der politischen Öffentlichkeit kann und muss politisch entschieden werden. Zum einen können diese Schleusen, so Peters, sowohl klassische Formen von repräsentativer Partizipation wie die Stellungnahme in Gesetzgebungsverfahren, Wahlen, Einflusskanäle politischer Parteien oder korporatistische Verhandlungen annehmen. Zum anderen sind aber auch weniger oder nicht formalisierte Einflussmöglichkeiten wie Interessengruppen, soziale Bewegungen oder Massenmedien denkbar.

Auf die konventionellen und unkonventionellen Formen politischer Partizipation kommen wir noch ausführlich zurück. Zunächst wollen wir aber noch den Schleusengedanken von Peters weiterverfolgen. Diesen finden wir zuvor bereits bei Jürgen Habermas (1981a; 1981b; 1992b). Er entwickelt daraus sein Modell deliberativer Öffentlichkeit. Soziale Integration, beschreibt er, ist an die Ausbildung vielfältiger autonomer Öffentlichkeiten und institutionalisierter Verfahren der Meinungs- und Willensbildung gebunden. Darüber hinaus plädiert er für die Institutionalisierung von Verfahren zur aktiven und direkten Einbindung dieser Öffentlichkeiten in die Entscheidungsfindung. Habermas setzt dabei auf die Partizipation zivilgesellschaftlicher Akteure als einem Mechanismus der gesellschaftlichen Integration (siehe Kapitel 2.2.1, Seite 63ff).

Dabei hängt im Endeffekt die Integration der Gesellschaft von der Ausbildung partizipatorischer Verfahren ab. Diese Pointe lässt sich vielleicht am treffendsten zusammenfassen als die These einer gesellschaftlichen Integration durch die Legitimität gesellschaftlicher Entscheidungen, die ihrerseits durch Partizipation einer deliberativen Öffentlichkeit zustande kommen.

Lektüretipp

- Peters, Bernhard, *Die Integration moderner Gesellschaften*, Frankfurt am Main: Suhrkamp, 1993.

5.1.1 Systemtheoretisches Verständnis von Partizipation und Inklusion

In einem systemtheoretischen Verständnis stellt der Begriff der Inklusion eine der beiden Seiten einer Unterscheidung dar (Inklusion/Exklusion), und zwar die Seite, welche die Zugehörigkeit bzw. die Teilnahme von Menschen mit ihren Kommunikationen in bestimmten Funktionssystemen bezeichnet.

Exkurs

Inklusion und Exklusion durch Organisationen

Die Anwendung dieser Unterscheidung von **Inklusion** und **Exklusion** ist nicht allein auf gesellschaftliche Funktionssysteme anwendbar, sondern vollzieht sich auch in Interaktionen und Organisationen. Häufig benutzen Funktionssysteme den Typ Organisation zur Inklusion von Personen. Das politische System etwa inkludiert Bürger über Einrichtungen und Verfahren wie Parteien, staatliche Institutionen und Wahlen. Folglich setzt das Funktionssystem der Politik die spezifische Kommunikationsfähigkeit dieser Organisationen zur Inklusion ein. Partizipation ist in systemtheoretischer Weise als besonderer Modus von Inklusion zu interpretieren: als Inklusion in Organisationen, die politisch begründet ist (vgl. Bora 2005).

„Inklusion in die Funktionssysteme (insbesondere Politik, Recht und Ökonomie) betrifft unter den Bedingungen der Moderne in aller Regel die Einhaltung des Versprechens der Vollinklusion, also etwa im Falle des Rechtssystems die Zuschreibung von Menschen- und Bürgerrechten und ihrer tatsächlichen Beachtung auf alle Personen“ (Bora 2005: 23). Das politische System setzt bei seinem Inklusionsmodus aber etwas anders an. Wir erinnern uns an das Peters'sche Schleusenmodell und treffen damit die Unterscheidung zwischen Peripherie und Zentrum, zwischen professionellen Akteuren, die Leistungsrollen erfüllen, und Klienten in der Rolle des Publikums.

Die Inklusion in das politische System bezieht sich wie bereits oben angesprochen, auf den Modus der Inklusion durch Organisationen und Verfahren, wie etwa Wahlen und Mitgliedschaften. „Häufig handelt es sich um die Verallgemeinerung, der im politischen System entstandenen, demokratietheoretisch legitimierten Inklusion mit Hilfe von Konzepten wie etwa ‚Öffentlichkeits-', ‚Bürger-' oder ‚Betroffenheitsbeteiligung'. Aus der öffentlichen Diskussion ist dieser Typ von Partizipationsforderung nach mehr oder weniger angemessener Bürgerbeteiligung seit Jahrzehnten nicht mehr wegzudenken“ (23). Verfahren der Basisdemokratie sind nicht mehr nur Teil des Repertoires der Grünen sondern auch der Altparteien. Mit Hilfe dieser Überlegungen und auch neuer massenmedialer

Möglichkeiten entwickelten sich neue soziale Bewegungen (siehe Kapitel 4.2.2, Seite 115). Als Katalysatoren für das Aufkommen von Partizipationsforderungen dienen sie zusammen mit den Massenmedien. Beide besitzen zur Partizipation thematisch affine Orientierungen, im Fall der Medien über den Begriff der Öffentlichkeit, im Fall der Bewegungen über denjenigen der Betroffenheit.

Was bedeuten diese theoretischen Überlegungen zur Partizipation aber für die Form heutiger demokratischer Systeme als repräsentative Demokratien?

Kritiker von Repräsentativsystemen äußern sich vor allem negativ über die geringen Möglichkeiten der Bürger zur Partizipation. Diese dürften sich nur in großen Abständen politisch engagieren. Fast ausschließlich können sie Personen wählen, nicht aber über Issues abstimmen. Gleichwohl darf eine demokratische Ordnung die Bereitschaft zur Partizipation nicht einfach ignorieren (vgl. Glaessner 1999: 391).

Interessanterweise kommt diese Forderung nach Partizipation oftmals nicht von Personen, die exkludiert sind, sondern „vielmehr beobachtet man verstärkt die Aufforderung von Leistungsrollenträgern (Angehörigen der politischen Eliten, Abgeordneten, Regierungsmitgliedern) an die Wählerschaft, ihre Rechte auch tatsächlich wahrzunehmen, in diesem Sinne also am politischen Geschehen zu partizipieren" (Bora 2005: 27). Solche Forderungen gehen immer wieder einher mit den bereits aufgegriffenen Schlagworten der Politikverdrossenheit und schwindendem politischen Interesse. Die Aufforderung, wählen zu gehen, besitzt in diesem Fall eine paradoxe Funktion: Sie ist die Aufforderung, „sich in den Kreis der politisch Aktiven zu inkludieren, um dem *Auffordernden* (dem politischen Rollenträger) eine Legitimation zu verschaffen, die sich doch per definitionem allein nur auf den autonomen, auf freier Entscheidung beruhenden Wahlakt der Bürger stützen und insofern gerade nicht durch eine Aufforderung zur Selbstinklusion herbeigeführt werden kann" (28). Diese paradoxe Gestalt findet ihre empirische Realitätsentsprechung in der oftmals belegten Wirkungslosigkeit solcher Aufforderungen (siehe Kapitel 3.1, Seite 80ff).

Bevor wir die empirischen Befunde zur Partizipation thematisieren, werden wir uns noch genauer mit den gesetzlichen Gegebenheiten und Richtlinien beschäftigen, die die Verfassungen moderner demokratischer Systeme zu den Möglichkeiten politischer Partizipation beinhalten.

Lektüretipp

- Bora, Alfons, „„Partizipation" als politische Inklusionsformel", in: *Inklusion und Partizipation. Politische Kommunikation im historischen Wandel,* hg. v. Christoph Gusy und Heinz-Gerhard Haupt, Frankfurt/New York: Campus, 2005, S. 15-34.

5.1.2 Politische Partizipation: Definition und Grundgesetzliche Grundlagen

Unter politischer Partizipation werden alle Tätigkeiten verstanden, „die Bürger freiwillig mit dem Ziel unternehmen, Entscheidungen auf verschiedenen Ebenen des politischen Systems zu beeinflussen“ (Nohlen/Schultze 1985: 682).

Diese Tätigkeiten werden in konventionelle und unkonventionelle Formen unterschieden. Die **konventionellen Formen der Partizipation** sind traditionell und verfassungsrechtlich garantiert wie zum Beispiel die Beteiligung an Wahlen sowie die Mitgliedschaft in Parteien, Verbänden und Vereinen. Die Political-Action-Group um Kaase und Barnes (1979), die sich seit den 1970er Jahren mit den verschiedenen Formen von Partizipation beschäftigte, definiert solche konventionelle Formen als „legale, auf öffentliche Wahlen bezogene verfasste oder nicht verfasste Handlungen mit unstrittig positivem Legitimitätsstatus“ (Kaase 1992: 340). Zu den oben genannten konventionellen Formen addiert er das Sich-Informieren über Politik und verweist damit direkt auf die Mediennutzung als Teil der politischen Partizipation (siehe Kapitel 3.2.1, Seite 88f).

Unkonventionelle Formen der Partizipation berufen sich auf verschiedene Grundrechte, etwa das Recht auf freie Entfaltung der Persönlichkeit, Meinungs-, Informations- und Pressefreiheit und besonders die Versammlungs- und Vereinigungsfreiheit. Diese sind „unverfasste Handlungen, unabhängig von ihrem Legalitäts- und Legitimitätsstatus“ (340), wie das Sammeln von Unterschriften, sowie die Teilnahme an Demonstrationen, Boykotten und Hausbesetzungen. Eine weitere Ausdifferenzierung dieser unkonventionellen Formen findet sich bei Fuchs (1984), der zwischen legalem Protest, zivilem Ungehorsam und der Anwendung politischer Gewalt unterscheidet. Diese neueren nicht-konventionellen Formen ersetzen die konventionellen aber nicht, sie ergänzen sie vielmehr. Schließlich zielen beide in eine andere Richtung: „Während konventionelle Formen der politischen Beteiligung sozusagen das partizipative ‚Unterfutter‘ der repräsentativen Demokratie darstellen, tendieren viele Formen unkonventioneller Beteiligung auf eine Ergänzung, manche auch auf eine Ersetzung des Repräsentativsystems“ (Glaessner 1999: 389).

Unkonventionelle Formen der Partizipation zielen in besonderer Weise auf eine Verbreiterung der Möglichkeiten bürgerlicher Mitbestimmung. Lijphart (1984: 198) identifiziert in einer Analyse von 21 demokratischen Staaten vier Methoden zur Stärkung dieses Einflusses: (1) Volkswahl der Exekutive, (2) Referenden, (3) die Möglichkeit der Abwahl von Kandidaten während der Legislaturperiode und (4) direkte Vorwahlen von Kandidaten (z.B. in den USA), um so den Auswahlprozess von Parteikandidaten dem Einfluss von Parteispitzen zu entziehen. Die meisten dieser Instrumente sind selten anzutreffen, die Ergebnisse durchaus zwiespältig. Nur das Referendum ist in einer Vielzahl von Demokratien als Mittel vorhanden, abgesehen von der Schweiz wird es jedoch nicht häufig eingesetzt (vgl. 390). Allerdings besitzen viele moderne Verfassungen verschiedene direktdemokratische Elemente, wie einzelne Verfahren zur Volksgesetzgebung (Volksinitiativen, -begehren, -entscheide) und Plebiszite.

Beispiel

Regelungen im deutschen Grundgesetz

Die rechtlichen und politischen Voraussetzungen für die Beteiligung der Bürger am politischen Leben sind in Deutschland im Grundgesetz als Bestandteil der Grundrechte verankert:

- Art. 4 GG Glaubens-, Gewissens- und Bekenntnisfreiheit und Prinzip der freien Religionsausübung
- Art. 5 GG Meinungs-, Informations- und Pressefreiheit
- Art. 8 GG Versammlungsfreiheit
- Art. 17 GG Petitionsrecht

Der institutionelle Rahmen für die politische Beteiligung wird festgehalten durch die Stellung der Bürger bei der Bildung des Staatswillens (Art. 20 Abs. 2 GG), in der Hervorhebung der politischen Parteien (Art. 21 Abs. 1 GG) und in der Vereinigungs- und Koalitionsfreiheit (Art. 9 GG).
Hervorzuheben ist Art. 20 Abs. 2 GG: „Alle Staatsgewalt geht vom Volk aus. Sie wird vom Volke in Wahlen und Abstimmungen und durch besondere Organe der Gesetzgebung, der vollziehenden Gewalt und der Rechtssprechung ausgeübt." Demnach geht die Staatsgewalt vom Volk aus und wird von diesem unmittelbar durch die Teilnahme an Wahlen und Abstimmungen bzw. mittelbar durch besondere Organe der Gesetzgebung ausgeübt. Soweit die politischen Entscheidungskompetenzen aber bei den gewählten Organen liegen, wie dem Parlament und der daraus hervorgehenden Regierung, hat die Bevölkerung konstitutionell garantierte Rechte zur Einflussnahme auf das Handeln dieser Organe.

Doch wie gestalten sich der Einfluss, die Wahrnehmung dieses Einflusses und die daraus resultierende aktive politische Beteiligung in seiner realen Umsetzung?

Einen überaus interessanten Zugang zu dieser Fragestellung eröffnete Sidney Verba bereits zu Beginn der 1960er Jahre. Denn zunächst stellte er die Frage nach einer individuellen Einschätzung des Einflusses auf politische Entscheidungen und Entscheidungsträger, „the perception of the ordinary man as to how much influence he has over the decisions of his government" (Verba 1962: 23). In einer groß angelegten Studie untersuchte er die Vereinigten Staaten, Großbritannien, Deutschland, Italien und Mexiko. Sein Ausgangspunkt war die bereits weiter oben beschriebene Verbindung zwischen Regierten und Regierenden in demokratischen Systemen: „Democracy refers in some rough way to the degree to which power and influence over significant decisions for a society is diffused throughout that society" (22). Politische Partizipation, so Verba weiter, beeinflusst den Grad der Demokratisierung eines Landes nur insoweit, als dass die Möglichkeiten der Partizipation auch wirklich Einfluss auf die Entscheidungen der Regierung auszuüben vermögen.

Seine Ergebnisse? Höherer Bildungsstatus, höherer sozialer Status und männliches Geschlecht führen zu höheren Kompetenzüberzeugungen sowie zur Einstellung, Einfluss ausüben zu können.

Zitat

„But whether or not the local competent believes that his friends and neighbors are available to help him in a situation of this sort depends relatively little on his social position within a nation, but depends heavily on what nation he happens to be in. Political competence, thus, grows with the higher education or occupational status, but the style of political competence seems to be rooted more in general political culture" (42).

Welcher Verbreitung erfreuen sich nun die verschiedenen Partizipationsformen? In Deutschland ist dies relativ ausführlich dokumentiert: Fast die Hälfte aller Deutschen hat bereits an einer politischen Versammlung teilgenommen, an einer Aktion zur Regelung gemeindlicher Probleme hat sich ein Drittel der Befragten beteiligt, individuelle Kontakte mit Politikern gab es für jeden Vierten; etwas mehr als 20 Prozent geben an, in Wahlkämpfen Parteien oder Kandidaten unterstützt zu haben. Geringer ist die Teilnahme wiederum an legalen Protestaktivitäten: Ein Drittel hat sich an Unterschriftenaktionen beteiligt, 10 Prozent an einer Demonstration, etwa 15 Prozent haben bereits in einer Bürgerinitiative mitgearbeitet. An Aktionen des zivilen Ungehorsams nahmen lediglich sehr kleine Minderheiten teil: an Boykotten sechs Prozent, bei Verkehrsblockaden zwei Prozent (vgl. Gabriel 1991: 329-331; Gabriel/Brettschneider 1998).

Ein Großteil der Möglichkeiten der politischen Beteiligung vollzieht sich in modernen demokratischen Gesellschaften über die Massenmedien. Diese agieren dabei nicht nur als Vermittler von Informationen, sondern spielen auch eine nicht unerhebliche Rolle, wenn es um Wissenszuwachs, um Meinungen und Aktivierung von politischem Engagement bzw. den Rückzug aus der politischen Sphäre geht.

5.2 Partizipation: Normative Standards und empirische Befunde

Die Diskrepanzen zwischen den hohen normativen Standards, die die Demokratietheorie und die staatlichen Gesetzgebungen anlegen, und der empirischen Realität sind bereits des Öfteren – so bereits von der Columbia-Wahlstudie in den 1950er Jahren (vgl. Berelson et al. 1954; siehe Kapitel 1.5.2, Seite 33f) – erkannt und beschrieben worden. Klaus von Beyme (1986: 210) betont dazu: „Eine Demokratietheorie, die über den berechtigten normativen Partizipationspostulaten den Kontakt zur Realität nicht völlig verliert, wird sich damit abfinden müssen, dass auch der aufgeklärte Bürger in bestimmten Bereichen (...) nur Konsument von angebotenen Dienstleistungen und passiver Zuschauer bleibt".

In den Vereinigten Staaten und in Europa prominent wurde diese kritische Perspektive auf das bürgerliche Engagement besonders durch Robert Putnams 1995 erschienenes Buch „Bowling Alone", in dem dieser empirische Evidenzen für einen Rückgang der politischen Partizipation in den zurückliegenden 30 Jahren vorweist. Er weist zunächst nach, dass das Vertrauen von Bürgern in andere Bürger von 55 Prozent im Jahr 1960 auf 35 Prozent im Jahr 1990 zurückgegangen ist. Für ihn ist dieses Vertrauen entscheidend für politische Partizipationsprozesse auf gesellschaftlicher Ebene, denn diese sind abhängig vom sozialen Kapital des Einzelnen. Er definiert sie als „features of social life – networks, norms, and trust – that enable participants to act together more effectively to pursue shared objectivities" (1995b: 664-665). Individuen, so seine These, die regelmäßig mit anderen in face-to-face-Situationen interagieren, erlangen durch diese Interaktionen Vertrauen in andere Personen. Dieses interpersonal aufgebaute Vertrauen überträgt sich dann weiter in Vertrauen in die Institutionen des öffentlichen Lebens und der Politik. Demnach zeigen Personen, die in einem solchen face-to-face-Umfeld sozialisiert sind und kommunikativ agieren, eher bürgerschaftliches und politisches Engagement.

Doch auf welche Gründe führt Putnam dieses Schwinden von Vertrauen und Beteiligungsbereitschaft zurück? In *Bowling Alone* konstatiert er, dass die Abnahme des *Social Capital* in den vergangenen drei Jahrzehnten begleitet worden ist von einer rapiden Steigerung der Fernsehnutzung. Das Fernsehen *bemächtige* sich des Zeitbudgets, das früher in face-to-face-Interaktionen investiert worden war. Das Fernsehen verdränge folglich das politische Engagement, welches „wider and shallower" würde (1995a: 75). Daneben würden zwei weitere Mechanismen das politische Engagement unterdrücken: Fernsehen würde Misstrauen stärken und Passivität fördern. Zu diesem Befund kommt gleichfalls Patterson (2002), der feststellt, dass die Nachrichtenmedien zu einem sinkenden Interesse an Politik in den USA beigetragen haben.

Moy und Pfau (2000) fanden Belege, dass die Nachrichtenberichterstattung in ihrem Zynismus über die Jahre und politische Institutionen variiere. Die Nutzung von Nachrichten privater Rundfunkanstalten, Unterhaltungs-Talk-Shows und – das in den USA weit verbreitete – politische Talk-Radio führten zu einem Vertrauensverlust in politische Institutionen, währenddessen das Lesen von Tageszeitungen mit positiven Effekten verbunden wäre. Jack McLeod und Kollegen (2002: 235) verweisen darauf, dass Horse-Race-Berichterstattung, also die mediale Darstellung von Umfragen, Koalitionsspekulationen etc., statt der Berichterstattung über substantielle politische Themen zu einer Spirale des Zynismus beitragen würden, die das sinkende politischen Interesse erklären lasse. Die These des Misstrauens, der Negativität und der Politikverdrossenheit kennen wir bereits aus Kapitel 3.1, Seite 80ff.

Wir finden gleichwohl ebenso Studien, die diese Passivität nicht unterstützen. Darauf verweist De Vreese (2005: 284): „Recent studies based on surcey evidence and media content data suggest that the media promote political and civic engagement rather than political apathy and alienation".

Genau dieser Frage wollen wir nachgehen: Wie ernst sind diese Befunde zu nehmen? Vorgeworfen wurde Putnam besonders die Konstruktion eines *rationalistic information based citizen*, der sich aktiv um Informationen bemühe, um so seinen Platz in der Gesellschaft zu festigen. Dieses Modell wird als unrealistisch zurückgewiesen, da es einen kaum vorhandenen *Idealbürger* verlangt, Michael Schudson (1998a; 1999) schlägt demgegenüber das Modell eines *rights-based monitorial citizen* vor, das besser in unsere heutigen Gesellschaften passen würde. Wir finden hier einige Aspekte der früheren Diskussionen wieder, etwa das Konzept der Alltagsrationalität (siehe Kapitel 3.2.3, Seite 98f) und das Engagement in diversen sozialen Bewegungen statt in politischen Parteien zur Durchsetzung einzelner Issues (siehe Kapitel 4.1, Seite 105f). Integration in die Gesellschaft ist, so Schudson (1999: 21), nicht so sehr auf aktive Partizipation begründet, sondern basiert auf einer „plural equality", der Akzeptanz bestimmter Rechte aller Bürger und einer „fundamental civility and social connectedness".

Für unsere mediale Perspektive sind an Putnams Thesen am erstaunlichsten die Schlüsse bzw. die Indikatoren, die er im Hinblick auf die Rolle der Mediennutzung beim politischen Engagement aufstellt. Putnams Anliegen war es ja zu zeigen, dass Medienkonsum bürgerschaftliches Engagement verdrängt. Seine Belege für diese These sind aber sehr schwach, zu weit und allgemein gefasst und berücksichtigen nicht eine Vielzahl von Studien aus den vergangenen Jahrzehnten, die einen **positiven Zusammenhang zwischen bestimmten Formen der Mediennutzung auf politisches Wissen und Partizipation** zeigen konnten.

Beispiel

Für den deutschen Sprachraum beschäftigten sich Klingemann und Voltmer (1989a: 222) Ende der 1980er Jahre mit diesen Fragestellungen. Ihre These war, dass die durch das Fernsehen vermittelten politischen Informationen, insbesondere wenn sie kumulativ und konsonant sind, Einstellungen verstärken oder verändern bzw. Handlungsantriebe auslösen können. Sie gehen davon aus, dass Massenmedien ein fester Bestandteil des politischen Prozesses und die wichtigste Informationsquelle sowohl für die Bürger als auch für die Politik selbst, sind: „Sie erlauben den Brückenschlag von der Welt der Politik zur Welt des Privaten und sind damit eine grundlegende Voraussetzung für eine informierte politische Beteiligung". Ihre Ergebnisse? Je höher der Nachrichtenanteil des individuellen Medienkonsums, desto höher die Beteiligungsbereitschaft.[1]

[1] Mit dieser Studie konnte aber keine Kausalbeziehung hergestellt werden. Man kann davon ausgehen, dass je höher die bisherige Information bzw. das bisherige Wissen über Politik, desto größer auch das folgende Bedürfnis nach politischer Information ist. So konnte Eveland zeigen, dass die Beziehung zwischen Kommunikation (Mediennutzung und interpersonaler Kommunikation) und Wissen über Politik kausal ist, Kommunikation folglich zu Wissen führt (vgl. Eveland et al. 2005).

Explizit mit Putnams Aussagen beschäftigten sich Jack McLeod und seine Forschergruppe (2002). McLeod verweist darauf, dass Putnam als Kennzahl für die Mediennutzung einfach die gesamte Fernsehnutzung verwendet und damit vernachlässigt, dass verschiedene Typen von Medienformaten und -inhalten verschiedene individuelle Effekte hervorrufen können. McLeod selbst konnte dokumentieren, dass gerade diese Variablen – Medieninhalt und Medientyp – höher zu bewerten sind als die allgemeine Nutzungsdauer.

So zeigt er, dass die Rezeption von politischen Inhalten in **Zeitungen** positive Effekte auf Lernen und Partizipation hat. Diese sind sogar stärker als die negativen Effekte aus der **Fernsehnutzung**. Ebenso – und dies rekurriert direkt auf Putnam – ist die Nutzung politischer Inhalte im Fernsehen dem Engagement förderlicher als die Nutzung von Unterhaltungsangeboten. Zu ähnlichen Ergebnissen kommen Newton (1999) und Norris (2000).

Die Ergebnisse von McLeod werden durch eine Reihe weiterer empirischer Studien gestützt auf der Ebene der (1) Medienformate und (2) Medieninhalte.

Ad (1). Die Befunde zeigen, dass Medienkonsum nicht notwendigerweise das bürgerschaftliche und politische Engagement des Einzelnen schwächt. Der Einfluss der Medien lässt sich letztlich auf die Form bzw. den Typ des Mediums zurückführen. Verschiedene Medientypen erfüllen nun mal verschiedene Funktionen. Über die stärkste Beziehung zur politischen Partizipation verfügt die Tageszeitung.

Ad (2). Einflüsse auf die politische Beteiligungsbereitschaft übt aber nicht nur der Medientyp sondern auch der Medieninhalt aus. Aus dieser Perspektive lässt sich jedoch nicht der generelle Schluss ziehen, dass Fernsehnutzung per se das Engagement schwinden lässt. Natürlich heben Science-Fiction oder Reality-Shows – im Allgemeinen Formate, die Ablenkung vom realen Leben bieten sollen – nicht die Beteiligungsbereitschaft. Sie erfüllen im McQuail'schen Sinne andere Funktionen (siehe Kapitel 1.3.2, Seite 24f). Die umfassende Nutzung politischer Inhalte und öffentlicher Angelegenheiten im Fernsehen hat aber ebenso positive Effekte auf das politische Engagement wie Formate, die reale Kontroversen in Form von Sozialdramen schildern (vgl. Norris 1996; Shah 1998; Sotirovic/McLeod 2001).

Insbesondere das **Internet** sieht sich oftmals der Pauschalkritik ausgesetzt, per se negative Auswirkungen auf das gesellschaftliche Engagement auszuüben, Inaktivität und Passivität zu befördern und face-to-face-Kommunikationen zu erschweren. Doch auch hier muss man die Formen und Inhalte der Internetkommunikationen ins Auge fassen, um diese Pauschalkritik etwas differenzierter zu betrachten. Neuere Arbeiten zur Internetnutzung sehen sehr wohl positive Effekte dieser Kommunikationsform, wenn es um soziale und bürgerschaftliche Issues geht. Das Internet dient solchen Formationen und Foren als Katalysator für die Bildung von Communities und als Mittel der Netzwerkbildung (vgl. Davis et al. 2004; Shah et al. 2002; Wellman et al. 2001). So sind bei der Nutzung des Internet positive Effekte auf die Beteiligungsbereitschaft abzulesen, wenn sich die Nutzung informationsorientiert gestaltet. Ebenso haben neuere Forschungen die

Wichtigkeit des Internets zur Erringung politischen Wissens aufgezeigt, vor allem das Erlangen zusätzlicher, über die Berichterstattung des Fernsehens und Tageszeitungen hinausgehender, Informationen (vgl. Davis 1999; Davis et al. 2004; Shah/McLeod et al. 2001).

Dennoch können Schönbach und Kollegen in ihren aktuellen Studien zu den Unterschieden zwischen Print- und Online-Zeitungen zeigen, dass wer sich hauptsächlich aus dem Internet informiert, im Allgemeinen signifikant weniger Themen der aktuellen öffentlichen Diskussion nennen kann, als jemand der Tageszeitungen liest (vgl. Schönbach et al. 2005; Waal/Schönbach 2008).

5.3 Warum nutzen Menschen Medien? Politische Partizipation und die Rolle der Medien

Wir konnten bereits in Ansätzen zeigen, welche Auswirkungen die Nutzung von Medien auf die Rolle des Individuums in der Gesellschaft hat bzw. wie die Bereitschaft zur Partizipation dazu in Beziehung steht. In Kapitel 3.2.1, Seite 88f, haben wir angeschnitten, dass wir die mediale Nutzung politischer Informationen zur ersten Stufe politischer Partizipation zählen. Die Befunde von McLeod, Klingemann und anderen, die wir im vorigen Abschnitt angeführt haben, bilden eine erste Begründung zu der These, dass mit steigender Nutzung politischer Medieninhalte die Bereitschaft eines Individuums zur politischen Partizipation wächst. Mediennutzung kann somit Individuen zur Partizipation mobilisieren.

In diesem Zusammenhang gilt es aber eine weitere Begebenheit zu untersuchen, denn zwischen Mediennutzung und Beteiligungsbereitschaft liegt zumindest eine weitere Stufe, die sich in verschiedene Formen ausdifferenzieren lässt. Auf welche Weise werden Mediennutzung und Beteiligungsbereitschaft überhaupt miteinander verbunden? Politische Informiertheit, das Wissen über politische Vorgänge, Prozesse und Themen sind schließlich wichtige Verbindungen zwischen Ursache und Wirkung.

In welchen Ausprägungen sie Wirkungen auf den Einzelnen ausüben können haben wir bereits in Kapitel 1.4.1, Seite 29ff, beschrieben.

Doch wie hilft dies, den Einzelnen in das politische System zu inkludieren? Denn Rezipienten haben eine aktive Rolle bei der Verarbeitung von Medienbotschaften. Sie formen die Inhalte von Medien um und sie rekonstruieren sie auf der Basis ihrer Voreinstellungen bzw. ihres Hintergrundwissens.

5.3.1 Das aktive Publikum

Wir haben uns bisher mit einer medienzentrierten Perspektive in der Massenkommunikationsforschung beschäftigt, haben uns gefragt „Was machen die Medien mit den Menschen". Diese Frage wollen wir nun umkehren, und uns fragen: **„Was machen die Menschen mit den Medien?"**

Die Renaissance der Handlungstheorie zu Beginn der 1970er Jahre rückte diese rezipientenorientierte Betrachtungsweise auch im deutschsprachigen Raum in den Vordergrund der Massenkommunikationsforschung. In dieser Perspektive rückt das Publikum als aktiv handelndes in das Zentrum. Es wird unterstellt, dass Individuen als Teil des massenmedialen Publikums absichtsvoll (intentional) handeln und nicht bloß passiv reagieren. Der Einzelne macht folglich von den Medien und ihren Informations- und Unterhaltungsangeboten zielgerichtet Gebrauch. Massenkommunikation wird damit als aktives, soziales Handeln begriffen, „als sinn- und absichtsvolles Nutzen und Benutzen medial angebotener Informationen" (Renckstorf 1989: 314).

In den USA beschäftigte sich Joseph Klapper bereits 1960 mit der Frage, ob Botschaften – wie bis dahin weitgehend angenommen – einen direkten Effekt auf den Rezipienten haben oder ob es doch bestimmte Variablen gibt, die zwischen Medium, Botschaft und Effekt intervenieren. „Several elements intercede between a message and one's response so that, in most instances, media messages that are intended to persuade actually reinforce existing attitudes. These mediating factors include: individual predispositions and selective perception processes, group norms, message dissemination via interpersonal channels, opinion leadership, and the free-enterprise nature of the media in some societies. Accordingly, we could argue that (a) by themselves, mass media typically are not necessary or sufficient causes of audience effects, and (b) a medium or message is only a single source of influence in the social and psychological environment, although it is an important and crucial one" (Rubin 2002: 525).

Mediennutzung gilt als aktive, in den Kontext des Individuums eingepasste, Tätigkeit, die in besonderer Weise als Mittel zur Befriedigung bestimmter Bedürfnisse angesehen wird. Das Publikum handelt bzw. wählt nach bestimmten Orientierungen aktiv aus. Diese sind **Selektivität, Involvement und Nutzen:** Selektivität beschreibt die nicht-zufällige Auswahl medienbezogener Angebote. Involvement meint das Ausmaß, in dem Individuen Verbindungen zwischen sich und Medieninhalten herstellen, Nützlichkeit, den Nutzen, den Individuen aus der Rezeption der Massenmedien im Hinblick auf verschiedene Bedürfnisse beziehen (vgl. Schenk 2002: 607).

Unter dem Begriff der **Selektivität** lassen sich Selektionsprozesse bei der Zuwendung, der Wahrnehmung und der Erinnerung bestimmter Informationen und Botschaften subsumieren. Individuen wenden sich selektiv den Medien und ihren Inhalten zu, sie interpretieren diese selektiv und erinnern sich selektiv an Rezipiertes. Der Politikvermittlung durch die Medien steht selektives Wahrnehmen, Interpretieren und Bewerten auf der Rezipientenseite gegenüber.

Das Konzept des (politischen) **Involvement** setzt voraus, dass ein Mindestmaß an individuellem (Politik-)Interesse gegeben sein muss, um eine Informationssuche beim Rezipienten auszulösen; Involvement beeinflusst das Informationsverhalten und die Verarbeitung von Informationen: „It signifies attention, participation, cognitive processing, affect, and emotion" (Rubin 2002: 540).

Ausführlich wollen wir uns mit der dritten Komponente des individuellen Auswahlprozesses beschäftigen: dem Nutzen.

Der Nutzenansatz in der Massenkommunikationsforschung

Die individuellen Bedürfnisse des Rezipienten sind die zentralen Elemente des Nutzenansatzes. Diese werden als auslösende Motive für die Wahl der Kommunikationsquelle, des -inhalts und der daraus resultierenden Wirkung gesehen.

Der Nutzenansatz knüpft an den **symbolischen Interaktionismus** und den **Uses-and-Gratifications-Approach** an. Von ersterem übernimmt er die Perspektive des sozialen Handelns und die damit verbundene Auffassung, dass das Subjekt selbst seine Wirklichkeit interpretiert. Der Uses-and-Gratifications-Approach versteht die Massenmedien als Quelle zur Befriedigung bestimmter Interessen, Wünsche und Bedürfnisse. Massenmediale Inhalte werden beson-

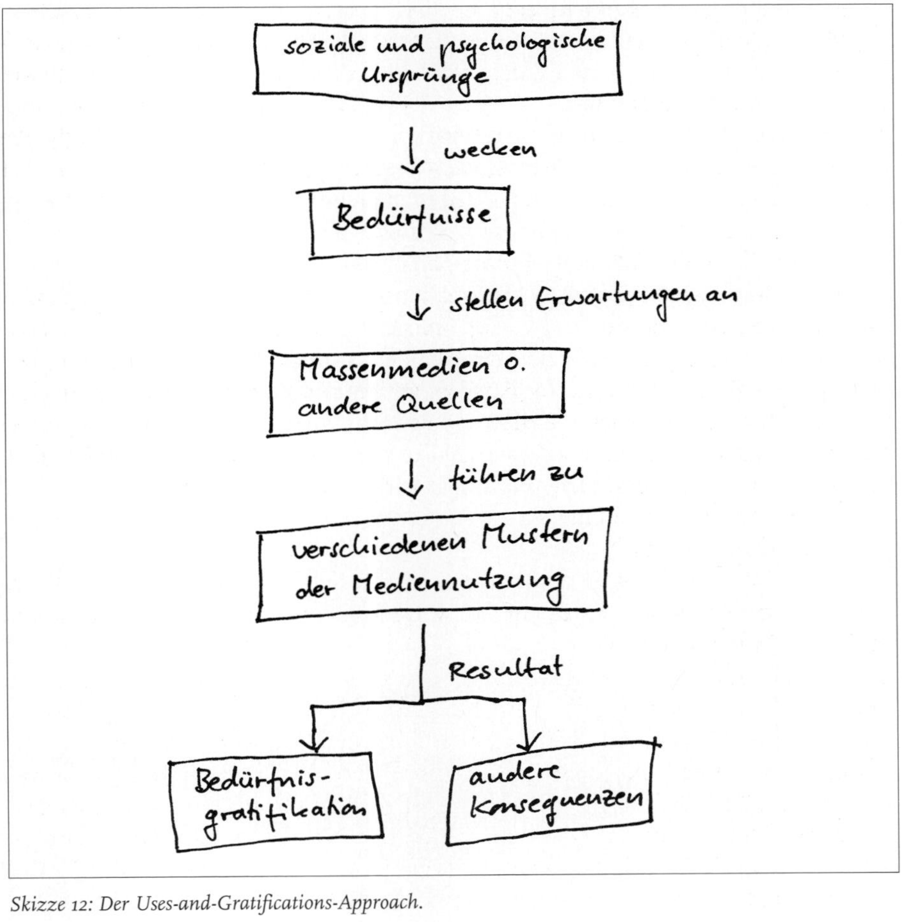

Skizze 12: Der Uses-and-Gratifications-Approach.

ders dann rezipiert, wenn der Einzelne bestimmte Gratifikationen erwartet. Diese Belohnungen können individuell verschieden sein. Menschen können aus ganz unterschiedlichen Gründen bzw. Bedürfnissen die gleichen Medieninhalte konsumieren und sich ebenso ganz unterschiedliche Belohnungen erwarten.

Folgende Typologien von Bedürfnissen sind dabei zu erkennen:

(1) **Kognitive Bedürfnisse**: Orientierung in der Umwelt, Hilfe bzw. Rat bei Entscheidungen. Bereits 1948 konnte Lasswell belegen, dass Medieninhalte durch die Darstellung von Umweltbeobachtungen und die Überlieferung gesellschaftlicher Traditionen integrative gesellschaftliche Effekte ausüben (vgl. Lasswell 1948).
(2) **Affektive Bedürfnisse**: Entspannung, Ablenkung, Entlastung und Rekreation durch Unterhaltung.
(3) **Sozial-interaktive Bedürfnisse**: Medien liefern Themen für Anschlusskommunikationen und Gespräche; sie ermöglichen aber auch die Identifikation mit Medienpersonen, in der „parasozialen Interaktion" werden solche wie reale Menschen behandelt.
(4) **Integrativ-habituelle Bedürfnisse**: Medien erfüllen den Wunsch nach Stabilität, Sicherheit, Werteverstärkung etc. über habituelle Nutzungsmuster und ritualisierte Inhaltsstrukturen (vgl. Bonfadelli 2004: 171-172).

Bei Themen der Politik können wir davon ausgehen, dass „die Entscheidung Nachrichten zu sehen stärker auf dem Informationsbedürfnis beruht als auf der Suche nach Zerstreuung" (Rössler 1997: 180). Ausgehend vom Uses-and-Gratifications-Approach sind die Belohnungen, die ein Rezipient aus dem Konsum von politischen Informationen erhalten kann, Realitätsexploration und Kontrolle der Umwelt. Die Annahme dabei ist, dass jede Person das Bedürfnis hat, sich in ihrer Umgebung zurechtzufinden, sprich ihre *kognitive Landkarte* mit einer ausreichenden Zahl an Details auszufüllen, die die **Orientierung in der Umwelt** erleichtern.

These

Kommen wir nochmals zurück auf das aktive Publikum. Folgende Erwartungen zeichnen dieses aus:

- Das Publikum der Massenmedien ist aktiv, es besitzt Eigeninitiative und Zielstrebigkeit. Der Rezipient stellt Erwartungen an die Massenmedien; diese entstammen seinen eigenen psychischen Dispositionen und sozialen Rollen. „Communication behavior, including the selection and use of the media, is goal-directed, purposive, and motivated. People choose media or media content. That behavior is functional and has consequences for individuals and society" (Rubin 2002: 527).

- Rezipienten bestimmen die Auswahl und den Gebrauch von Medien und befriedigen so ihre Interessen, Bedürfnisse und Wünsche. „Media use may respond to needs, but also satifies wants or interest such as information seeking" (528).
- Der Rezipient bestimmt, ob Kommunikation stattfindet oder nicht.
- Die Massenmedien konkurrieren deshalb mit anderen Quellen der Bedürfnisbefriedigung. „How well the media satisfy our needs, motives, or desires varies among individuals based on their social and psychological circumstances" (528).
- Die Rezipienten sind fähig, ihre Ziele und Bedürfnisse anzugeben, die sie veranlassen, die Massenmedien zu nutzen (vgl. Schenk 2002: 630-631).
- Rezipienten bestimmen diesen Prozess typischerweise stärker als die Medien; aber nicht immer. „Our own initiative mediate the patterns and consequences of media use. Through this process, media may affect indiviual characteristics or social, political, cultural, or economic structures of society and how people may come to rely on certain communication media" (Rubin 2002: 528).

Die Kritik an diesem Ansatz liegt auf der Hand: Kernstück des Uses-and-Gratifications-Ansatzes ist die Publikumsaktivität. Diese sei, so die Kritik, jedoch vielfach nicht zielorientiert, instrumentell und selbstbestimmt, vielmehr dominiere insbesondere beim Fernsehen der habitualisiert-ritualistische Konsum. Ebenso kritisiert Schönbach (1984: 63), dass hier „Medienwirkungsforschung in höchst „traditioneller Webart" betrieben werde. Das übliche Stimulus-Response-Modell eines direkten Medieneffekts werde „stillschweigend vorausgesetzt, (...) im Gegensatz zu einer Reihe früherer Untersuchungen werden jetzt allerdings Motive und/oder Bedürfnisse [...] des Publikums zusätzlich zu Schulbildung, Alter und Geschlecht als Stör- oder Verstärkungsfaktoren berücksichtigt".

Er fordert daher „ein integratives Modell der Mediennutzung und ihrer Konsequenzen" (63). Ein solches Modell hätte zu berücksichtigen, „dass die Suche nach Bedürfnisbefriedigung und ihre Folgen nicht allein ein – leicht lösbares – Nachfrageproblem sind, sondern auch von den Kommunikatoren und den Medien selbst abhängen – ja oft viel stärker als vom Rezipienten und den Bedürfnissen, die er ursprünglich befriedigen wollte" (63). Aus diesen Forderungen entwickeln er und Werner Früh ein **dynamisch-transaktionales Modell**, das sowohl die Rezipienten- als auch die Medienseite und deren Wirkungen aufeinander einbezieht.

In ihrem Ansatz versuchen sie, die medienzentrierten Modelle der traditionellen Medienwirkungsforschung mit den Vorstellungen eines aktiv rezipierenden Publikums zu kombinieren und integrieren. Im Zentrum steht dabei das Modell eines doppelten Austausches im Prozess der Massenkommunikation: (1) zwischen den Kommunikatoren/Medien und den Rezipienten massenmedial verbreiteter Botschaften einerseits und (2) innerhalb der Rezipienten selbst, indem „die Aufnahme von Information […] mit einer gleichzeitigen Erhöhung des Aktivationsniveaus verbunden (ist)“ (Früh/Schönbach 1982: 78). Auf diese Weise „entsteht aus der Vorgabe der *Medienbotschaft* (Wirkungsperspektive) und der gleichzeitigen *Bedeutungszuweisung durch den Rezipienten* (Nutzenperspektive) das eigentliche *Wirkungspotenzial der Massenmedien*“ (78).

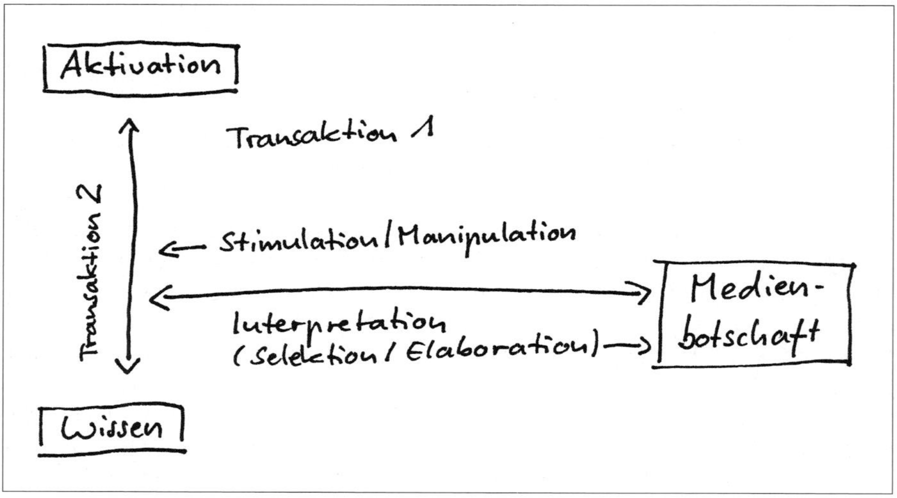

Skizze 13: Grundmuster des dynamisch-transaktionalen Modells.[1]

Das dynamisch-transaktionale Modell ist eine Mischung aus Wirkungs- und Nutzenansatz. Es besteht aus zwei Transaktionen, einer Transaktion zwischen Medienbotschaft und Rezipient und einer Transaktion, die Vorgänge im kognitiv-affektiven Bereich beschreibt. Medienbotschaften sorgen dafür, dass sich das Individuum mit einem Thema beschäftigt (Wirkung). Erst die aktive Bedeutungszuweisung durch den Rezipienten selbst lässt hingegen das eigentliche Wirkpotenzial der Medien erkennen (Nutzen). Die Sammlung von Medieninformationen durch den Rezipienten ist verbunden mit höherer Aktivität des Rezipienten. Dies zeigt sich zum Beispiel in einem höheren Interesse an einem Thema. Gesteigertes Interesse fördert dann die weitere Aufnahme von Informationen.

1 Nach Früh (1991: 29).

Lektüretipp

- Früh, Werner, *Medienwirkungen: Das dynamisch-transaktionale Modell. Theorie und empirische Forschung*, Opladen: Westdeutscher Verlag, 1991.
- Früh, Werner/Schönbach, Klaus, „Der dynamisch-transaktionale Ansatz. Ein neues Paradigma der Medienwirkungen“, in: *Publizistik. Vierteljahreshefte für Kommunikationsforschung*, Jg. 27, 1982, S. 74-88.
- Früh, Werner/Schönbach, Klaus, „Der dynamisch-transaktionale Ansatz III: Eine Zwischenbilanz“, in: *Publizistik*, Jg. 50, 2005, S. 4-20.

5.3.2 Warum nutzen Menschen Medien? Empirische Befunde zur politischen Dimension in Information, Wissen und Partizipation

Für den Schwerpunkt dieses Kapitels sind in besonderer Weise die empirischen Resultate aus zahlreichen Studien in den vergangenen 40 Jahren von Bedeutung. Dabei interessiert uns vor allem die Frage, inwieweit die aktive Mediennutzung des Publikums zur politischen Information beiträgt, Wissen über politische Prozesse und Themen stärkt (oder schwächt) und so zur politischen Beteiligung beiträgt. Ebenso interessant sind Ergebnisse, die uns Hinweise geben können, wie es denn um die normativ beschriebene Funktion der Integration durch Medien bestellt ist. Ausführlich behandeln werden wir die Frage der Integration in einem eigenen Kapitel (siehe Kapitel 8, Seite 229ff). An dieser Stelle wollen wir zunächst erste Hinweise sammeln.

Wir wollen dieses Kapitel ordnen nach einer Typologie der Publikumsaktivität, die sowohl die oben beschriebenen Orientierungen des Publikums (Selektivität, Involvement und Nutzen), als auch eine Unterscheidung der Kommunikationsphasen in präkommunikative, kommunikative und postkommunikative heranzieht.

Tabelle 3: Typologie der Publikumsaktivität.[2]

	Kommunikationsphasen		
Publikumsorientierung	**Präkommunikative Phase**	**Kommunikative Phase**	**Postkommunikative Phase**
Selektion	· Selektive Zuwendung: Orientierung, Nutzen · Partisanship · Weltsicht	· Selektive Wahrnehmung	· Selektive Erinnerung · Erinnerungsvermögen (Recall) · Causal Attribution
Involvement	· Erwartung an die Zuwendung · Anschlussfähigkeit · Orientierung an Nachrichtenmedien	· Aufmerksamkeit: Assurance-Modus, Alltagsrationalität	· Need-for-Orientation · Interesse · Verbindung zwischen massenmedialer und interpersonaler Kommunikation (soziale Netzwerke) · Qualität von Nachrichten · Public Journalism
Nützlichkeit / Nutzen	· aktive Informationssuche	· Nutzung der erhaltenen Gratifikationen: Stillen des Informationsbedürfnisses, Ablenkung, Flucht aus dem Alltag	· Erfüllung des Orientierungsbedürfnisses · Wissen („potential for action") · Politische Bildung · Inklusion in das politische System (Engagement, Partizipation)

2 Nach einem Muster von Schenk (2002: 608).

Präkommunikative Phase

Selektive Zuwendung. In dieser ersten Phase steht besonders die Frage im Mittelpunkt, nach welchen Kriterien potentielle Rezipienten auswählen, welchen Medienangeboten sie sich zuwenden und welchen nicht. Nach welchen Kriterien geschieht dieser Selektionsprozess?

Die individuelle Informationssuche bzw. der Aufwand der dabei betrieben wird, lasse sich, so McDonald (1990), vor allem anhand zweier Variablen beschreiben: anhand des Bedürfnisses nach Orientierung in der Umwelt („surveillance") und anhand der kommunikativen Nützlichkeit von Informationen. Letztere beinhaltet unter anderem die Frage nach der Verwendbarkeit von bestimmten Informationen in interpersonalen Anschlusskommunikationen. Levy und Windahl (1984) konnten zeigen, dass die steigende Absicht, Fernsehen zu nutzen, in starker Verbindung zur Orientierung in der Umwelt steht. Die Steigerung des Bedürfnisses nach Orientierung führt dann zu einer stärkeren Nutzung aller Nachrichten-Medien-Typen (vgl. Vincent/Basil 1997). Für Wahlkampfzeiten ist dieses steigende Bedürfnis nach Information sowohl für Kandidaten als auch für bestimmte Issues nachgewiesen worden. Pettey (1988) zeigte ähnlich wie Jack McLeod und Kollegen, dass politische Mediennutzung und Interesse zu steigendem politischen Wissen führen (siehe Kapitel 5.2, Seite 147ff).

Dieser Befund entspricht der These, dass sich individuelle Mediennutzung in erster Linie durch zwei verschiedene Herangehensweisen charakterisieren lasse: (1) eine ritualisierte Form der Mediennutzung und (2) Mediennutzung als aktive Suche nach nützlichen Informationen.

Ad (1). Der **ritualisierte Ansatz** geht davon aus, dass Mediennutzung in erster Linie habitualisiert stattfindet, etwa um sich die Zeit zu vertreiben und Entspannung und Abwechslung zu erhalten. Dies gilt vor allem für eher immobile, unzufriedene und besorgte Mediennutzer (vgl. Papacharissi/Rubin 2000).

Ad (2). **Aktive Informationssuche**: Die Suche nach bestimmten Informationen steht im Mittelpunkt der zweiten Herangehensweise: „It entails greater exposure to news and informational content and perceiving that content to be realistic. Instrumental use is active and purposive. It suggests utility, intention, selectivity and involvement" (Rubin 2002: 535). Der wichtigste Motivationsfaktor für den Einzelnen dabei ist die instrumentelle Nützlichkeit der Informationsquelle. Charles Atkin (1973) identifiziert vier verschiedene Gründe, die zur aktiven Informationssuche führen bzw. animieren:

(1) Orientierungsunsicherheit
(2) Bildung von Einstellungen
(3) Abwägen von Handlungsalternativen
(4) Bestätigung und soziale Unterstützung bzw. das Testen der „sozialen Brauchbarkeit" (Renckstorf 1989: 325) von Informationen.

Die aktive Informationssuche ist stärker beeinflusst durch das grundsätzliche Interesse an Politik als am Bedürfnis, Informationen zu sammeln, um eine (Wahl-)Entscheidung zu treffen (vgl. Kitchens et al. 2003: 78).

Windahl (1981) beschreibt, dass diese beiden Nutzungsarten zu verschiedenen Medieneffekten beitragen: Die Informationssuche führt stärkere Einstellungs- und Verhaltenseffekte herbei als die ritualisierten Varianten. Denn die Informationssuche geht von einem Rezipienten aus, der stärker an der Nutzung von Informationen interessiert sowie stärker involviert ist als der habituelle Nutzer. Involvement deutet die Bereitschaft an, Botschaften zu selektieren, zu interpretieren und darauf zu reagieren.

Daneben gibt es aber noch weitere Auswahlmechanismen. Individuen versuchen politische Inhalte auszuwählen, die ihre eigenen Perspektiven bestärken (**Partisanship**): „Where supportive sources of information are available (...) de facto selectivity is likely“ (McLeod et al. 2002: 239). In Wahlkämpfen nutzen überzeugte Parteianhänger vor allem diejenigen Medieninhalte, die mit ihren Prädispositionen übereinstimmen. Mediennutzung verstärkt auf diese Weise vorhandene Einstellungen (vgl. Brettschneider 2005: 497). „Highly partisan voters often have a high interest in politics, and they are likely to seek more information from the media. But their partisanship may serve as an anchor that guide their vote decision. Political information is sought, not for decisional utility, but for reeinforcement and surveillance purposes“ (Kitchens et al. 2003: 78). Darauf kommen wir ausführlich in Kapitel 6.3.2, Seite 209ff zurück.

Aber auch die **Weltsicht bzw. bestimmte gesellschaftliche Werte** bzw. Wertverständnisse spielen eine Rolle bei der Auswahl von Medieninhalten:

Zitat

> „Worldviews are person's lay theories about the world around them. Those who believe the world is fair and just, as well as those who are fatalistic in outlook, are less active because they imply different values and expectations how the news media should operate. Worldviews can be thought of as personal beliefs or lay theories about the world as it is or appears to be (empirical) to them in contrast to values as normative theories of the world as it ought to be“ (McLeod et al. 2002: 239-240).

Man könnte holzschnittartig folgende Grobunterscheidungen festhalten bei der Frage der Wirkungen gesellschaftlicher Werte und Ziele auf die Mediennutzung und die politische Partizipationsbereitschaft:

(1) Postmaterielle Werte wie Freiheit der Meinungsäußerung sind stark verbunden mit hoher Nachrichtennutzung sowie anschließender Reflexion und Dis-

kussion über bestimmte Themen (vgl. Inglehart 2006; Inglehart/Baker 2000; Inglehart et al. 2002; Klages 1984; Shah/McLeod et al. 2001; Sotirovic/McLeod 2001; Welzel/Inglehart 2005).

(2) Hingegen tendieren materielle Werte eher dazu, einen gedämpften Effekt auf politische Beteiligungsbereitschaft zu haben und eher zur Nutzung von Medien zu Unterhaltungszwecken und weniger Diskussionen zu führen (vgl. Shah/Kwak et al. 2001).

Erwartung an die Zuwendung. Ebenso können wir feststellen, dass Rezipienten, die bereits über politisches Interesse und Wissen verfügen, sich eher politischen Informationen zuwenden als uninteressierte. Dies tun sie vor allem im Sinne der **Anschlussfähigkeit** politischer Kommunikationen bzw. der **Orientierung an Nachrichtenmedien** (News Media Orientation; vgl. Fredin et al. 1996).

Kommunikative Phase

Selektivität während der Zuwendung. Bestimmten Botschaften lassen Individuen höhere Aufmerksamkeit zukommen als anderen. Die Publikumsorientierung wird als aktive verstanden. Auch deshalb ist **selektive Wahrnehmung** als bewusst motiviertes Verhalten zu verstehen. Individuen selektieren und sortieren aktiv, sie ordnen nach individueller Bedeutsamkeit (vgl. Graber 1984).

Trotz selektiver Zuwendung haben Rezipienten immer noch mit einer Flut an Informationen zu kämpfen. Welche Strategien kann ein Rezipient anwenden, um Informationen seinem vorhandenen Wissen hinzuzufügen? Wichtig dabei ist vor allem das Ausmaß, in dem Individuen Verbindungen zwischen sich und den Medieninhalten herstellen können, also die Frage nach dem **Involvement** des Einzelnen gegenüber bestimmten Issues. Involvierte Rezipienten sind aufmerksamer, nehmen Aussagen bewusster wahr, versuchen Botschaften mit Bedeutung zu versehen und zu interpretieren.

Der **Grad an Aufmerksamkeit** ist besonders für die Elektronischen Medien von hoher Bedeutung, da der Konsum dieser Formen unter besonderen Umständen erfolgt: Fernsehnutzung erfordert grundsätzlich weniger Aufmerksamkeit als das Lesen von Tageszeitungen. Allerdings besteht nicht die Möglichkeit einen schwierigen Sachverhalt nochmals genauer zu lesen wie dies bei der Zeitung möglich ist. Echter Wissenszuwachs durch Mediennutzung findet, so Chaffee und Kollegen, hingegen vor allem bei hoher Aufmerksamkeit statt (vgl. Chaffee/Choe 1980; Chaffee/Schleuder 1986). Zaller und Price (1993) testeten dies in einer Analyse der öffentlichen Aufmerksamkeit von zwei verschiedenen Ereignissen, dem Absturz eines Flugzeuges und dem Rücktritt eines US-amerikanischen Politikers. Regelmäßige und mäßige Nachrichten-Nutzer wussten vom Absturz des Flugzeuges (beinahe 100 Prozent bzw. 95 Prozent). Das Rücktritts-Issue war 79 Prozent der regelmäßigen Nachrichten-Nutzer bekannt, im Gegensatz zu bloßen 13 Prozent der mäßigen Nutzer. „Greater attention to media leads to more sophisticated constructions of understanding of the political world based partly on news encountered“ (Fredin et al. 1996), „there may be an exposure-knowledge-spiral, such that attention to political content generates a better informed person“ (Atkin et al. 1976: 237).

Folglich entscheidet die Aufmerksamkeit gegenüber bestimmten Mediendarstellungen über den **Wissenszuwachs**. Dennoch behalten Rezipienten oftmals nur einen Bruchteil dessen, worüber die Medien berichten.

Warum ist dies so? Mit dieser Fragestellung haben wir uns bereits in Kapitel 3.2.3, Seite 98ff beschäftigt und dabei Grabers Version der Nachrichtenrezeption im „Assurance-Modus“ sowie Brosius' Modell der Alltagsrationalität beschrieben. Bei Graber (1997) werden Nachrichten normalerweise in einer Art Standardmodus gescannt, um Unsicherheit zu beseitigen. Brosius (1995; 1998) betrachtet dies noch rezipientenorientierter und stellt fest, dass der Zuschauer Informationen mit einer persönlichen Relevanz belegt und selbst entscheidet, wie rational es ist, eine Information weiter zu verfolgen.

Während der Zuwendung beginnen Rezipienten mit der **Nutzung der erhaltenen Gratifikationen**. Darunter wird etwa das Stillen des Informationsinteresses, aber auch die gewünschte Ablenkung oder Flucht aus dem Alltag verstanden.

Postkommunikative Phase

Aktive, involvierte Rezipienten befassen sich selbst nach der Rezeption mit den wahrgenommenen Inhalten. Dadurch entsteht häufig eine längerfristige Identifikation mit bestimmten Aussagen oder Personen. Zugleich wird erst im Nachhinein die Bedeutung bzw. der soziale Nutzen der konsumierten Inhalte für die eigene Person und Situation wahrgenommen, zum Beispiel für daran anschließende interpersonale Kommunikationen in Netzwerken.

Selektive Erinnerung. Trotz selektiver Zuwendung und selektiver Wahrnehmung haben die Rezipienten immer noch mit einer Fülle an Informationen zu kämpfen, die nach der Rezeption längst nicht alle kognitiv verarbeitet werden. Informationen müssen zunächst behalten werden. Doch die einschlägigen Studien weisen darauf hin, dass die Behalteraten politischer Informationen teilweise weniger als zehn Prozent betragen (vgl. Brosius 1998: 291). Wenn wir die massenmediale Politikvermittlung als Voraussetzung für eine unabhängige Meinungsbildung und diese als Voraussetzung für politisches Engagement betrachten, sind diese Ergebnisse auf den ersten Blick ernüchternd.

Dennoch haben individuelle Muster der Mediennutzung, wie verschiedenste Forscher belegen, Einflüsse auf die Wahrnehmung der Wichtigkeit bestimmter sozialer Issues (vgl. Iyengar/Kinder 1987). Darüber hinaus beeinflussen sie die Wahrnehmung bestimmter Problemverursacher („Causal Attribution“; vgl. Iyengar 1991), das individuelle Entscheidungsverhalten bei Issues (vgl. Sotirovic 2001) sowie das Wissen über Politik und die Bereitschaft, sich am politischen Geschehen zu beteiligen.

Orientierung: Erfüllung des Orientierungsbedürfnisses

Die Orientierung in der Umwelt gilt als eines der grundlegenden menschlichen Motive für die Medienzuwendung, denn für das *In-Kontakt-Bleiben* mit der Welt gibt es für das Individuum wenige Alternativen zur Nutzung medialer Berichterstattung. Aus der Perspektive des Agenda-Setting können wir nach Weaver (1991) einen indirekten Effekt des Orientierungsbedürfnisses auf die Agenda-Setting-Wirkungen der Massenmedien unterstellen und zwar über den Indikator der Mediennutzung. Drei Faktoren bestimmen demnach die Medienzuwendung der Rezipienten: Das Interesse an der Aussage, die Unsicherheit über ein Thema und der erforderliche Aufwand, den der Rezipient erbringen muss, um eine Aussage zu empfangen. Der erforderliche Aufwand ist in unseren modernen Gesellschaften vernachlässigbar, so Weaver. Der Grad des Orientierungsbedürfnisses bestimmt sich durch die Bedeutsamkeit (*relevance*) der Information und den Grad der Unsicherheit über den Gegenstand. Die Hypothese dabei ist, dass hohes Orientierungsbedürfnis zu verstärkter Mediennutzung und zu einem ausgeprägten medialen Effekt führt, der sich in der Wahrnehmung der Priorität von Themen niederschlage.

Dies ist vor allem von politischem – fast schon manipulatorischem – Interesse, insbesondere wenn man sie auf das Wählerverhalten bezieht. Bei einem starken Orientierungsbedürfnis gehen die Medieneffekte laut Weaver über ein bloßes Verstärken von bereits vorhandenen Präferenzen hinaus. Je größer das Orientierungsbedürfnis, desto stärker ist der Medieneffekt.

Lektüretipp

- Weaver, David, „Political Issues and Voter Need for Orientation", in: *Agenda Setting. Readings on Media, Public Opinion, and Policymaking*, hg. v. David Protess und Maxwell McCombs, Hillsdale: 1991, S. 131-139.

Wissen über Politik

Die Verarbeitung von Information in Wissen ist die Basis-Ressource für soziales Handeln und politische Beteiligungsbereitschaft. Nico Stehr (2001: 62) beschreibt Wissen als „potential for action". Er selbst definiert moderne Gesellschaften als Wissensgesellschaften („societies based on knowledge"). In diesen sind Informationen, Wissen und Lernen zu den zentralen Ressourcen und Prozessen der Menschen erwachsen.

Lernen wird dabei als Produktion von Wissen verstanden. Wissen über Politik wird in der Forschung beschrieben als das Bindeglied zwischen der Verarbeitung von Informationen und politischer Partizipation. Grundsätzliches Wissen erlaubt es Individuen, sich am politischen Geschehen zu orientieren, Issues mit Verantwortlichen sowie Verantwortlichkeiten mit Issues zu verbinden und politische Präferenzen zu formulieren (vgl. Zaller 1992).

Besonders die Medien werden in den verschiedensten Dimensionen immer wieder mitverantwortlich gemacht für das feststellbar sinkende Wissen über Politik und einen Rückgang an politischem und bürgerschaftlichem Engagement. Wir verweisen dabei auf die oben angeführten Kritikpunkte von Putnam (1995a; siehe Kapitel 5.2, Seite 146ff), der durch das Fernsehen ein Verschwinden der „face-to-face"-Interaktionen konstatiert und dem Fernsehen vorwirft, Misstrauen und Passivität zu stärken. Mit dieser Kritik steht Putnam nicht allein: Patterson (1980) vertritt die mittlerweile prominent gewordene These, dass die mediale Berichterstattung nicht viel hergebe, was zu lernen wäre. Die Berichterstattung über Meinungsumfragen oder Koalitionsspekulationen steht im Vordergrund, während über Inhalte und Issues wenig berichtet werde: „Picking news for its entertainment value rather than for its political importance may prevent more-complex issues from reaching the public" (McLeod et al. 2002: 229). Die mediale Berichterstattung selbst limitiert die Möglichkeit des Lernens.

Diese Form des **horse-race-Journalismus** führt nach Patterson zu einem steigenden Zynismus, denn, so die Vermutung, wenn nicht über politische Inhalte berichtet wird, gehen Rezipienten davon aus, dass in der Politik nicht viel inhaltliches geschieht und kaum Entscheidungspolitik betrieben wird.

Um bei der Medienkritik zu bleiben, könnte man fortfahren, dass die medialen Präsentationsmechanismen nicht unbedingt zum Lernerfolg beitragen. Die Tendenz zum *episodic framing* in den Elektronischen Medien begünstigt nicht die systematische Erfassung eines Issues. Dies bestätigt Iyengar (1991): Regelmäßige Leser von Tageszeitungen, die eher im Modus des *thematic framing* arbeiten, sind auch eher in der Lage, systemische Gründe und Verantwortlichkeiten für Issues zuzuordnen (siehe Kapitel 4.2.3, Seite 126ff).

Aktuellere Studien beschäftigen sich hingegen differenzierter mit diesem in groben Pinselstrichen gemalten Werk. Die Frage der „horse-race"-Berichterstattung können wir schließlich auch in einem anderen Licht betrachten und uns die Frage stellen, ob nicht gerade die spannungsgeladene und oftmals dramatisierende Präsentation zu Wahlkampfzeiten zur Partizipation (zum Wählen gehen) motiviert. Ganz nach dem Motto: Es steht viel auf dem Spiel, der Wahlausgang wird sehr knapp werden und nur wenige Stimmen werden den Ausschlag geben, „Ihre Stimme zählt"! Mutz (1998) konnte in diesem Zusammenhang belegen, dass solche Art der Berichterstattung vor allem eigene Unterstützer mobilisiert.

Demgegenüber können wir Belege für den Wissenszuwachs über Politik aus der Mediennutzung seit den Columbia-Wahlstudien (1944) feststellen: „Special forms of political communication, debates, and conventions, along with standard news coverage, convey discernible if modest amounts of information to their audiences. Still, citizens remains remarkably uninformed about public affairs" (McLeod et al. 2002: 228).

Die Nutzung von Nachrichtenmedien trägt grundsätzlich bei Personen mit geringem Vorwissen zu einem Zuwachs an politischem Wissen bei. Aber ebenso kristallisiert sich aus den Befunden heraus, dass der beste Baustein, um Wissen aufzubauen, früheres Wissen und politisches Interesse sind (vgl. Fredin et al. 1996).

Dies konnten bereits Price und Zaller (1993), die sich mit dem Erinnerungsvermögen von Rezipienten beschäftigten, ebenso zeigen wie Atkin (1973: 237), der in einer Panel-Studie belegen konnte, dass Interesse und Wissen wichtige Faktoren zu Mediennutzungsmustern liefern: „A person's basic interest in politics probably leads him to read and watch news about a particular campaign; in turn, this exposure arouses his interest which then produces more exposure behavior". Politisches Interesse führt zu höherer Aufmerksamkeit, stärkerer Rezeption politischer Informationen und ebenso zu höherer Beteiligungsbereitschaft. Aber nicht nur Interesse führt zu besserem Lernen. Bereits verarbeitetes und gespeichertes Vorwissen versieht neue Informationen mit größeren Bedeutungen und steigert wiederum das Interesse und umgekehrt:

Zitat

„By contrast, panelists whose interest was low were unable to focus their attention. Since they did not know what information they wanted, their learning was passive and haphazard rather than active. Consequently they learned little, even when they spent considerable time watching the debates on television, and felt that they needed more information. Many of them conceded that their lack of motivation to learn would prevent them from learning even if more information became available in a format and at a time ideally suited to their tastes" (Graber 1984: 118).

Ein weiterer Faktor für den Wissenszuwachs ist die **Verbindung zwischen massenmedialer und interpersonaler Kommunikation**. Wer in seinen sozialen Netzwerken mit anderen über Politik diskutiert, wird in ganz anderer Weise die massenmediale Berichterstattung verfolgen. „There is substantial evidence that both customary patterns of exposure and attention to newspaper public affairs content and exposure to the media during a campaign stimulate interpersonal discussion" (McLeod et al. 2002: 236).

Wenn der Einzelne in seinem sozialen Netzwerk über politische Themen diskutiert, erhöht dies, so Scheufele (2001; 2002), signifikant dessen Willen, politische Informationen aus den Medien besser zu bearbeiten als lediglich im Standardmodus zu scannen. Denn diese Informationen werden später in den Diskussionen gebraucht.

Informationen werden besonders dann gelernt, wenn kontroverse Diskussionen im eigenen sozialen Netzwerk zu erwarten sind. Zu solchen Ergebnissen kommen McLeod et al. (1999): Die antizipierte Konfrontation mit anderen Standpunkten und Meinungen verstärke, so die Autoren, den Drang, andere Positionen zu überdenken, diese zu reflektieren und schlussendlich, sich noch stärker (über die Medien) über andere Meinungen zu informieren.

Dieses Ergebnis steht im Gegensatz zu einer Studie von Mutz (2002). Kontroverse Standpunkte, so ihr Ansatz, würden eher dazu führen, dass Politik von Individuen nur noch komplizierter wahrgenommen werde. Dies führe wiederum zu weiterer Apathie und weniger Beteiligungsbereitschaft.

Schenk und Rössler (1994) stellen fest, dass die interpersonale Kommunikation in bisherigen Medienwirkungsstudien eher unterschätzt wurde. In einer Studie versuchen sie den Zusammenhang zwischen interpersonaler und massenmedialer Kommunikation zu bestimmen und kommen zu dem Schluss, dass sich persönliche Gespräche über politische Probleme als zentrale Determinanten sowohl für die Bedeutung eines Themas als auch für die Einstellungen zu einem Thema erweisen. Massenmedien dienen der Erst-Information über Themen, die interpersonale Kommunikation führt dann zur weiteren Aufnahme von Informationen aus den Medien. Die interpersonale Kommunikation stellt somit ein *entscheidendes Scharnier* im Medienwirkungsprozess dar, indem sie die Themenwichtigkeit und die fortgesetzte Medienwahrnehmung stützt.

Gespräche und persönliche Netzwerke beeinflussen jedoch nicht nur das Wissen über Politik sondern auch die Bereitschaft zur politischen Beteiligung (vgl. Huckfeldt/Sprague 1995; McLeod et al. 1996). Scheufele und Kollegen (2004) wiesen nach, dass das soziale Netz, in dem Menschen über Politik diskutieren, ein wichtiger Faktor für die politische Partizipation ist. Häufige politische Diskussionen in diesen Netzen sind positiv und direkt verbunden mit politischem Engagement.

Diskussionen in Netzwerken beeinflussen die traditionelle politische Partizipation nicht nur direkt, sondern auch indirekt über die Stimulation der Mediennutzung zu politischen Themen, daran anschließende Diskussionen und die Reflexion über Medieninhalte und Diskussionen: „Research has repeatedly found, that reading newspapers and viewing public affairs programming has a positive effect on participation in civic life, since the informational resources provided by mass media facilitate engagement“ (Scheufele/Shah 2003: 8). Neuere Forschungen haben diese Befunde auf das Internet ausgedehnt (vgl. Shah/Kwak et al. 2001; Shah/McLeod et al. 2001).

Den Wissenszuwachs beeinflussen ebenso die Einschätzungen und Vorstellungen, die Individuen über die **Qualität von Nachrichten** und deren Präsentation haben. Eher skeptische Rezipienten, so McLeod und Kollegen (1986), scheinen durch ihre Skepsis und kritisches Hinterfragen mehr aus Nachrichten zu lernen.

Auch die **Erwartungen an die normativen Funktionen der Medien** spielen eine Rolle beim Wissenszuwachs durch Nachrichten: Rezipienten, die den Medien eine aktive, kritisierende sowie kontrollierende Rolle in der Demokratie und in einem pluralistischen Gemeinwesen zuschreiben, verfolgen Nachrichten eher aktiv und werden dadurch zur Beteiligung ermuntert im Gegensatz zu Rezipienten, die den Medien eher eine Konsensbildungs-Rolle zuschreiben. Diese sind vielmehr passiv und weniger wissbegierig (vgl. Sotirovic/McLeod 2001).

Kommen wir nochmals zurück zum Befund: „Je mehr Vorwissen, desto eher und einfacher lassen sich neue Informationen einbauen". Stellt man diesen Befund ins Gegenteil, führt er nämlich zu einer Theorie wachsender **Wissensklüfte**. „Despite the importance of a high average level of political information and participation, we must distinguish between the absolute quantity of political information held (and participation engaged in) by the public and the relative differences in knowledge holding (and participation) among social groups" (Eveland/Scheufele 2000: 215-216). Menschen mit höherem sozioökonomischen Status und höherem Vorwissen lernen, so die These, leichter politische Inhalte als andere. Die Kluft zwischen privilegierten und nicht privilegierten Gruppen wird dadurch immer größer.

Zitat

„As the infusion of mass media information into a social system increases, segements of the population with higher socioeconomic statuts tend to acquire this information at a faster rate than the lower status segments, so that the gap in knowledge between these segments tends to increase rather than decrease" (Tichenor et al. 1970: 159-160).

Jede neue, massenmedial vermittelte Information erhöht so die Kluft zwischen Individuen mit höherem und niedrigerem sozioökonomischen Status (siehe Kapitel 3.2.1, Seite 90).

In einer aktuellen Studie kommen Eveland und Scheufele (2000: 228) zu dem Ergebnis, dass Wissensklüfte zwischen Gruppen mit höherem und niedrigerem Bildungsstatus größer werden, je geringer der TV-Konsum ist: „Television use could decrease preexisting gaps in knowledge between those with more and less education. [...] The results of this study add to a slowly growing literature that suggests that television news use may help to reduce political knowledge disparities across education groups".

Für diese Ergebnisse können wir zwei mögliche Erklärungsmuster erkennen: Fernsehen verbindet in seiner Präsentationsweise stärker Informationen mit Personen als dies etwa Tageszeitungen tun. Personalisierte Informationen hingegen könnten leichter in bereits existierende Schemata von Rezipienten mit geringer Vorbildung passen. Dies erleichtert die Verbindung bereits kognitiv bestehender mit neuen Informationen und führt zu einer besseren Erinnerung an bestimmte politische Vorgänge.

Ein zweiter Erklärungsversuch beschäftigt sich mit der zentralen Präsentationsform des Fernsehens. Visuelle Hilfsmittel (*visuals*) und Bebilderungen, die zusätzlich zur verbalen Information in TV-Formaten präsentiert werden, erlauben es dem Rezipienten, so die These, neue Informationen zu kontextualisieren, insbesondere bei Nutzern mit geringer formaler Bildung (vgl. 229). Die Nutzung von Zeitungen trägt hingegen eher zu einer Vergrößerung von Wissensklüften bei als dass sie diese Klüfte einengt.

Die neuen Informations- und Kommunikationstechnologien wie das Internet haben diese Klüfte nicht kleiner werden lassen, sondern vielmehr eine weitere Differenzierung eingeführt, nämlich in User und Nicht-User: „Use of the Internet to gather information enhance the potential influence of the opinion leader, particularly those interested in politics" (Scheufele/Shah 2003: 7). Oftmals scheitert die Nutzung bereits an der Verfügbarkeit technischer Einrichtungen (Digital Divide; vgl. Norris 2001). Darauf kommen wir zurück.

Die Verarbeitung von Informationen in Wissen ist jedoch die Basis-Ressource für politische Partizipation. Lernen, verstanden als Produktion von Wissen, wird in diesem Sinne zu einem zentralem Konzept für die Inklusion von Bürgern in das politische System. Da dieses Lernen sich in besonderer Weise über die Massenmedien vollzieht, ist es Aufgabe der Politik und der Medienpolitik, Wege zur Inklusion von Bürgern über die Medien zu schaffen, fordert Böck (2007: 82). Denn wir müssen uns von der normativen Form des „Mediencitoyen", der sich politisch interessiert und mit einer starken Informationsorientierung den Medien zuwendet, verabschieden. Denn die politische Informationsaufnahme ist in hohem Maße bloß ein Nebenprodukt von Alltagshandlungen, die in der Regel anderen Zwecken dienen (vgl. Brosius 1995). Die flächendeckende mediale Versorgung bedingt keineswegs automatisch einen hohen Informationsgrad des Einzelnen. Der Umfang und die Art der informationellen Teilnahme am politischen Geschehen variieren je nach den politischen Prädispositionen und dem sozialstrukturellen Hintergrund. Demnach ist die technische Versorgung mit moderner Medieninfrastruktur noch keine hinreichende Bedingung für politisch-mediale Chancengleichheit. Der Bedarf an Orientierung zur Bewertung von Informationen und Hilfe zu eigener Urteilsbildung wird weiter steigen.

Hier setzt **politische Bildungsarbeit** an, denn es erscheint, so Sarcinelli und Wissel (1998: 410), „eher zweifelhaft, dass dieser durch die Medienexplosion wesentlich verursachte steigende Orientierungsbedarf durch die Medien selbst gedeckt werden kann". Politische Bildung sollte deshalb Aufklärung über die mediale Darstellung von Politik leisten.

Beispiel

Sarcinelli und Wissel (1998) schlagen folgendes Curriculum für die politische Bildungsarbeit vor:

- Die mediale Angebotsvielfalt kennen und mit dieser Vielfalt umgehen kernen
- Die Medienwirklichkeit entschlüsseln
- Mediale Wirklichkeitsangebote und -konstruktionen vergleichen
- Durch intensive Auseinandersetzung mit Druckmedien einen Gegenakzent zur wachsenden Visualisierung setzen
- Über politische Prozesse jenseits medialer Darstellung informieren und mit politischen Realitäten jenseits der Medien konfrontieren
- Politische Erfahrungen aus erster Hand sammeln
- Medien und gegebenenfalls mit Medien selbst Politik machen

Die Fähigkeit zum Umgang mit den Medien ist die Basisqualifikation in der demokratischen Bürgergesellschaft. Häufig ist die Mediennutzung der erste Schritt auf dem Weg zu einem aktiven politischen Engagement. Aktive Mediennutzung und die Information über politische Themen aus den Medien bilden somit die Brücke zwischen Politik und Partizipation.

5.4 Inklusion der Bürger in das politische System?

Zitat

„Regelmäßige Mediennutzer wissen über Themen und Argumente Bescheid, die in den Medien präsentiert werden. Wenig-Nutzer kennen diese Themen und Argumente häufig nicht" (Brosius 2003: 137).

Welche Formen von Wissen und Fähigkeiten benötigen Bürger, um effektiv in moderne Gesellschaften integriert zu werden? Bürger brauchen Wissen um die Inhalte von Medien und um den Umgang mit diesem Wissen. Medieninhalte und der Umgang mit diesen soll helfen, sich in der Gesellschaft zurechtzufinden und gesellschaftliche Vorgänge und Zusammenhänge auch auf individuelle Situationen anwenden zu können. Letztlich sind die Inhalte, die über die Medien kommuniziert werden auch eine der Grundlagen, um zivilgesellschaftliches Engagement zu aktivieren.

5.4.1 Politisches bzw. bürger- und zivilgesellschaftliches Engagement

Aus den oben genannten Gründen liegt es nahe, dass wir uns in besonderer Weise mit der Rolle der Medien in Prozessen des individuellen Engagements beschäftigen. Hier sei auf Kapitel 4.1, Seite 105f verwiesen, wo wir bereits eine – vielleicht die populärste – Version bürgerschaftlichen Engagements herausgegriffen haben, nämlich die neuen sozialen Bewegungen.

An dieser Stelle beschäftigen wir uns mit Phänomenen wie „Public Journalism", den Möglichkeiten der Steigerung politischen Wissens und Partizipation durch (mediale) Deliberationen und Formen direkter Bürgerbeteiligung aus medialer Perspektive.

Hinweis

Drei Trends rücken dabei in den Fokus:

- Der Begriff des Politischen ist in der öffentlichen und der wissenschaftlichen Diskussion in den vergangenen Jahren oftmals durch die Begriffe des „Bürgerschaftlichen" oder „Zivilgesellschaftlichen" (im Englischen „civic") ergänzt und teilweise ersetzt worden.
- Die Analyse bügerschaftlichen oder zivilgesellschaftlichen Engagements hat sich in besonderer Weise auf lokale Ebenen verlagert. Ein Großteil der Literatur und der Analysen beschäftigt sich mit Mikro-Prozessen sowie Formen der Deliberation auf lokaler Ebene.
- Neben den traditionellen Formen politischer Partizipation (unter anderem der Mitgliedschaft in politischen Parteien, Verbänden oder Vereinen, Wahlbeteiligung) hat sich die Analyse immer stärker mit den nicht-traditionellen und unkonventionellen Formen der Partizipation beschäftigt. Mit der Analyse dieser unkonventionellen Formen tritt die Verbindung zwischen dem traditionell Politischen und des alltäglichen Lebens der Bürger in den Fokus.

Deliberative Foren

Deliberation meint die öffentliche Kommunikation über politische Fragen auf Versammlungen, in Gremien sowie in der Medienöffentlichkeit. Resultat dieses gesellschaftlichen Diskurses ist, dass die Beteiligten ihre Fähigkeiten und Kompetenzen als Bürger wahrnehmen und ausbauen. Durch das Engagement der Bürger erhöht sich die Legitimation im demokratischen System (vgl. Daele/Neidhardt 1996: 13). „The deliberative forms of democracy have been emphasized more in the past decades as a result of growing concern about erosion of the ability of average citizens to influence their own futures" (McLeod et al. 2002: 247). Die Möglichkeiten lokaler deliberativer Foren wurden in den vergangenen Jahren in den verschiedensten Studien aufgearbeitet. Der Grundtenor dabei ist, dass Diskussionen und deliberative Foren für die Entwicklung von politischer Informiertheit und Wissen sehr förderlich sind (vgl. Gastil 2000; Gastil/Dillard 1999; Jackman/Sniderman 2006).

Die deliberative Demokratietheorie geht davon aus, dass der Austausch von Argumenten zu bestimmten Issues, die Reflexion über Argumente und der Diskurs darüber das politische Wissen und in Folge dessen die Bereitschaft zur politischen Partizipation erhöhen. „According to the deliberate modell of democracy, the legitimation process must pass through a public sphere that has the capacity to foster considered public opinions" (Habermas 2006: 418). So fanden etwas Gastil und Dillard (1999) heraus, dass Teilnehmer an politischen Diskussionsforen nach der Teilnahme differenziertere und ganzheitlichere Sichtweisen zu den behandelten Themen hatten.

Die Rolle der Medien in den deliberativen Versionen der Demokratietheorie liegt nach Kriesi (1994: 235) auf zwei Ebenen: Massenmedien multiplizieren die Botschaften solcher politischen Versammlungen und Diskussionsforen und stellen sie auf diese Weise einem größeren Publikum zur Verfügung. Mit dieser Multiplikationsfunktion stellen die Medien ebenso Themen für interpersonale (Anschluss-)Kommunikationen zur Verfügung.

„Media are unavoidably bound to the development of citizenship" (Harju 2007: 98). Medien thematisieren nicht nur Issues, die Wichtigkeit für das alltägliche Leben des Einzelnen besitzen, sie formen ebenso das Verständnis ihrer Rezipienten für demokratisches Engagement. Sie informieren über Möglichkeiten des Engagements in politischen Debatten, rüsten Rezipienten mit Wissen über politische Vorgänge aus und agieren als Brücke zwischen den Wünschen, Standpunkten und Positionen der Bürger zu bestimmten Issues und den jeweiligen Haltungen der politischen und administrativen Institutionen. Darüber hinaus dienen Medien als Bühne zur Austragung von (lokalen) Konflikten. Bürger können über die Medien die Bühne der Öffentlichkeit betreten und sich organisieren, auf (lokale) Probleme hinweisen und auf deren Lösung drängen. „In today's mediated society, media can represent citizens actively and show their opinions and interests" (103).

Doch sehen sich die Medien auf nationaler und lokaler Ebene immer öfter dem Vorwurf ausgesetzt, die Verbindungsleistung zwischen Issues und der Lebenswelt ihrer Rezipienten nicht mehr zu erbringen. Aus dieser Kritik entwickelte sich zu Beginn der 1980er Jahre in den USA eine breite Bewegung unter dem Namen „Public Journalism" oder auch „Civic Journalism", die besonders von Lokaljournalisten getragen wurde. In Europa sind Ausformungen vor allem in Skandinavien zu finden.

Public Journalism

Der „Public Journalism" oder „Civic Journalism" fußt auf dem Ideal eines rationalen und engagierten Bürgers. In den späten 1980er Jahren erstmals propagiert, drängte er die professionellen Journalisten dazu, den Bürgern zu helfen, sich in öffentliche Angelegenheiten einzumischen: „Journalisten sollten Anwälte der Gemeinschaft sein, ihr Publikum ermutigen, aber auch befähigen, am öffentlichen Diskurs teilzunehmen" (Schönbach 2008: 503). Diese Form gründet sich auf dem normativen Ideal des interessierten, rational handelnden Bürgers. Dieser muss *nur* umfassend informiert sein, um sich in der Gemeinschaft zu engagieren.

Bürger sollen stärker in medial getragene Foren zu lokalen Issues integriert und damit in Kontakt mit politischen Akteuren gebracht werden. Carpentier (2007: 88) bringt für diese Perspektive neue Formen der Partizipation ins Spiel, nämlich eine Partizipation der Bürger an den Medien: „Participation *in* the media and *through* the media". *In the media* bedeutet die Teilnahme und Mitgestaltung von nicht-professionellen Redakteuren an der Gestaltung der Medieninhalte und in der Entscheidungsfindung. Solche Möglichkeiten erlauben es Bürgern demokratische und zivilgesellschaftliche Haltungen zu erlernen und in ihr Verhalten zu integrieren. Dies stärkt nach Carpentier die Beteiligungsbereitschaft auf politischer Ebene. *Through the media* bedeutet die Möglichkeit, an öffentlichen Debatten und Diskursen über die Medien teilhaben zu können. Diese Form betont die Wichtigkeit des Dialogs im Habermas'schen Sinne.

Zitat

> „Who decides what is news? In public journalism […] the answer is: journalists themselves, not the marketplace, not a party. Public journalism advocates sometimes sound as if they mean to empower ‚the public' relative to journalists" (Schudson 1998b: 137).

Mit diesen Beteiligungsformen an den Medien soll das Wissen über (lokale) Fragen und die Möglichkeiten der Beteiligung gesteigert werden (vgl. Denton/Thorson 1998; Eksterowicz et al. 1998). „Public Journalism" soll Bürger nicht nur informieren, sondern zu Deliberationen und Diskussionen anregen: „Journalists need to move from conceiving their role in terms of mediating between political authorities and the mass public, to thinking of it also as a task of opening up political discussion in civil society" (Hallin 1994: 176).

Die Kritik an diesen Annahmen liegt auf der Hand. Bennett wirft die Frage auf, ob Redakteure in kommerziellen Arbeitsverhältnissen und unter Restriktionen ihrer Organisation (siehe Kapitel 4.2.2, Seite 118f) überhaupt in der Lage wären, solche Themen auf die Agenda zu bringen. Zusätzlich fragt er, ob Journalisten überhaupt das Sprachrohr bürgerschaftlicher Aktionen und Entscheidungen sein sollten, die über die Medien an die Politik vermittelt werden sollten. Gibt es dazu nicht auch andere Kanäle, wie etwa Wahlen (vgl. Bennett 2000: 308)?

Seine Ausweitung findet das Konzept des „Public Journalism" im **Bürgerjournalismus** oder „citizen journalism". Dieses Konzept möchte die anwaltschaftlichen Aufgaben des „Public Journalism" den Bürgern selbst übertragen: „The people formerly known as the audience' now participate" (Jay Rosen, in: Gilmor 2004: 30).

Zitat

Endlich – jeder sein eigener Journalist?

„Wer sich über öffentliche Angelegenheiten auf dem Laufenden halten will, braucht keine Zeitungen, kein Fernsehen, Radio oder Zeitschriften mehr. Inzwischen enthält das Internet alle Informationen, an denen jeder Einzelne zu einer beliebigen Tages- oder Nachtzeit spontan interessiert sein könnte. Sind auch Nachrichten*journalisten* nicht mehr nötig? Denn Artikel schreiben die Bürger bereits selbst und Fotos von spannenden Ereignissen machen sie auch noch. Mit dem ‚Bürgerjournalismus' scheint sich der Traum aus Bertolts Brechts ‚Radiotheorie' endlich zu verwirklichen: Wir sind nicht mehr nur passive Empfänger medialer Botschaften; jeder kann auch Sender sein" (Schönbach 2008: 503).

Radio – eine vorsintflutliche Erfindung?

„*Ein Vorschlag zur Umfunktionierung des Rundfunks: Der Rundfunk ist aus einem Distributionsapparat in einen Kommunikationsapparat zu verwandeln.* Der Rundfunk wäre der denkbar großartigste Kommunikationsapparat des öffentlichen Lebens, ein ungeheures Kanalsystem, *das heißt, er wäre es, wenn er es verstände, nicht nur auszusenden, sondern auch zu empfangen, also den Zuhörer nicht nur hören, sondern auch sprechen zu machen und ihn nicht zu isolieren, sondern ihn in Beziehung zu setzen*".

- Aus: Brecht, Bertolt, „Radiotheorie 1927 – 1932", in: *Gesammelte Werke. Schriften zur Literatur und Kunst I. Band 18*, hg. v. Bertolt Brecht, Frankfurt am Main: Suhrkamp, 1967, S. 119-134.

Bürger wären nun frei in ihren Meinungsäußerungen, nicht mehr der Selektionshoheit der Medien unterworfen. Journalisten würden stärker herausgefordert, Informationen selbst zu recherchieren. Schlussendlich würde so der herrschaftsfreie Diskurs im Habermas'schen Sinne Realität (siehe Kapitel 2.2.1, Seite 62ff).

Doch was geht dabei verloren? Der Journalismus zeichnet sich nicht alleine durch seine Fähigkeit zur Berichterstattung, sondern auch durch seine Fähigkeit zur professionellen Selektion, Aufbereitung und Einordnung aus. Rezipienten müssen gerade nicht selbst das komplette Weltgeschehen überblicken und verfolgen. Stattdessen erhalten sie eine professionelle Auswahl durch die Medien. Dadurch unterscheiden sich die Display-Medien Zeitung, Radio oder Fernsehen von dem Research-Medium Internet, das dem Nutzer einen Rechercheaufwand abnötigt (vgl. Schönbach et al. 2005; Waal/Schönbach 2008). Professionelle Nachrichtenmedien sollen für ihre Nutzer durch Selektion und Präsentation eine Orientierungsleistung in der Gesellschaft bieten.

Weiterhin leidet die zentrale journalistische Eigenschaft durch den Bürgerjournalismus: die Qualität von Informationen. Schließlich leben professionelle Journalisten und Medien von der Glaubwürdigkeit ihres Tuns (siehe Kapitel 3.1.2, Seite 84). Durch den Bürgerjournalismus, so die Befürchtung, könnten Überprüfbarkeit, Vollständigkeit und Fairness leiden (vgl. Lowrey/Anderson 2005; Nip 2006; Range/Schweins 2007).

5.5. Fazit

5.5.1 Zusammenfassung | Bürger als aktive Interpreten massenmedialer Angebote

Man könnte aus der Beobachtung, dass das, was wir über Politik erfahren, wir hauptsächlich aus den Massenmedien erfahren, zunächst einmal darauf schließen, dass die Massenmedien eine große Bedeutung für die Politikvermittlung zwischen politischem System und Bürgern besitzen. Oftmals wird in diesem Zusammenhang von einer gewissen Dominanz der Medien, sogar Abhängigkeiten von den Medien, geschrieben.

Man kann aber bestimmte Konzepte erkennen, wie sich in der Diskussion dieses Kapitels gezeigt hat, die das scheinbar starre Machtgefüge ins Wanken bringen und eine Balance zwischen Bürgern und Medien herstellen. Diese Mechanismen lassen sich als demokratietheoretisch höchst bedeutsam bezeichnen.

(1) **Das Publikum ist bei der selektiven Zuwendung, Wahrnehmung und Erinnerung von massenmedial präsentierten Sachverhalten aktiv**. Es ist gerade nicht den Inputs der Medien ausgeliefert. Vielmehr handeln Rezipienten zielgerichtet und absichtsvoll, interpretieren Inhalte selektiv und setzen sich so eigene kognitiven Strukturen und Schemata zusammen.

(2) Ebenso werden, so Schenk, **massenmediale Informationen in interpersonalen Kommunikationen einer Art „Praxistest" unterzogen**. In Netzwerken wird zwar über Themen der massenmedialen Agenda diskutiert, dabei werden aber verschiedene Perspektiven ausgeweitet und bewertet. Für die eigentliche Bewertung und Einstufung von Themen erweisen sich soziale Prozesse jedoch als maßgeblich: „Politische Themen, die die Aufmerksamkeit des Publikums erreicht haben, werden im Kernbereich der engeren sozialen Bindungen [...]

> ausgiebig diskutiert. […] Interpersonale Kommunikation im interpersonalen Netzwerk sichert die Koorientierung bzw. wechselseitige Verständigung" (Schenk 1998: 406-407).

Dennoch kann dieses Schutzschild in der politischen Berichterstattung durchbrochen werden: „Themen und Ereignisse mit hohem Nachrichtenwert, Spektakuläres, Aufregendes können den Schutzschild der selektiven Zuwendung überwinden" (388).

Medien können besonders dann eine Rolle als starke Akteure im politischen Diskurs spielen, wenn sie folgende Voraussetzungen erfüllen: (1) hohe Übereinstimmung von Themen und Meinungen als einheitliche Medienstimme (Fokussierung und Konsonanz): „Wenn es um politische Medienwirkungen geht, so ist die Homogenität der Medienstimme eine wichtige Größe" (Neidhardt et al. 1998: 13). (2) Zeitliche Stabilität und Hartnäckigkeit der Themen in der Berichterstattung (Persistenz).

5.5.2 Diskussionsfragen

- Kann Wahlpflicht die Partizipation von Bürgern fördern? Welche Maßnahmen könnten Sie sich noch vorstellen?
- Warum sollten Menschen Medien nutzen? Und warum tun sie es tatsächlich?
- Was lernen wir aus Medienangeboten? Unter welchen Umständen tun wir das am besten?

5.5.3 Schlüsselbegriffe

6. Repräsentation: Die Beziehungen zwischen Wählern und Gewählten

Die Demokratie ist eine Regierungsform, die auf den grundsätzlichen Wahlmöglichkeiten ihrer Mitglieder beruht. Jede moderne Form von Demokratie und Demokratietheorie muss die Frage klären, wie der Wille des Volkes zum Ausdruck gebracht werden soll. In modernen Demokratien wählen oder benennen Bürger andere Bürger, die sie repräsentieren. Diese Repräsentanten treffen kollektiv – für die Gemeinschaft – verbindliche Entscheidungen im Interesse der Demokratie und der Repräsentierten. Die Delegation von Macht ist der Grundpfeiler moderner Formen von Demokratie.

Die antike Form der Demokratie kannte das Prinzip der Repräsentation nicht, musste es aber auch nicht kennen. Sie war eine direkte, unmittelbare Regierungsform; eine Versammlungsdemokratie. Bürger versammelten sich in der *Polis* und entschieden dort nach dem Mehrheitsprinzip über die zu regelnden Angelegenheiten. In modernen Flächenstaaten sind diese Überlegungen schon alleine aus technischen Gründen nicht vorstellbar.

Erkenntnisziele dieses Kapitels:

- Die Konzepte von Volkssouveränität und Repräsentation kennen lernen sowie deren Gegensätze verstehen
- Die Funktionen von Parteien in der Mediendemokratie begreifen
- Die Rolle der Massenmedien bei Wahlentscheidungen anhand empirischer Studien analysieren

6.1 Volkssouveränität oder Repräsentation? Von Rousseau in die Moderne

Auch dem französisch-schweizerischen Schriftsteller und Philosophen **Jean-Jacques Rousseau** (1712-1778), dem Urheber des modernen Gedankens der Volkssouveränität, waren sowohl die antiken Formen der unmittelbaren Demokratie als auch die repräsentative Wahl von Parlamentariern gut bekannt. Mit Häme blickte er auf die Engländer zurück, die sich nach der *Glorious Revolution* (1688) ihrer Demokratie und der Wahl ihrer Parlamente rühmten: „Das englische Volk glaubt frei zu sein, es täuscht sich gewaltig, es ist nur frei während der Wahl der Parlamentsmitglieder; sobald diese gewählt sind, ist es Sklave, ist es nichts“ (Rousseau 1977 [1762]: 103).

Rousseau lehnte jede Form repräsentativer Elemente mit der Argumentation ab, dass die Souveränität des Einzelnen ein unveräußerliches Recht ist, dass gerade nicht delegiert werden könne. Die *volonté générale* ist eine *Emanation* des versammelten Volkes und kann darum eben nicht im Prinzip der Repräsentation aufgehen.[1]

Nun ist diese Form für moderne Demokratien aber trotz der zahlreichen Ansätze und Versuche der Implementierung direktdemokratischer Ansätze für den Großteil der Regierungstätigkeit nicht tauglich.[2] Das kann man auch damit begründen, dass sich das Prinzip der Stellvertretung bis heute in den meisten demokratischen Systemen durchgesetzt hat. Das Unbehagen gegenüber solchen Systemen – manifestiert in Wahlen, Wählern und Wahlkämpfen – hat sich jedoch bis heute gehalten, und wurde auch von den frühen Verfechtern modernen Repräsentativdemokratien wahrgenommen (vgl. Dörner 2002: 16-17).

Einer der eifrigsten Befürworter repräsentativer Systeme, **John Stuart Mill** (1806-1873) teilte diese Bedenken. Für moderne Großgesellschaften ist nach seinen Vorstellungen die Form einer repräsentativen Demokratie jedoch unerlässlich, politische Beteiligung und die Kompetenz der Bürger sind seine Schlüsselbegriffe.[3]

In Flächenstaaten kann die Gesamtheit der Bürger nur an einer geringen Zahl von Entscheidungen beteiligt sein: Das Regieren soll deshalb, fordert Mill, Wenigen übertragen werden, es soll allerdings zum Wohle der Vielen geschehen und von diesen kontrolliert werden.[4]

Der kompetente und mündige Bürger spielt in den Diskursen der Verfasser der amerikanischen Unabhängigkeitserklärung (etwa Thomas Jefferson) ebenso eine große Rolle wie bei den englischen Liberalismustheoretikern in der Mitte des 19. Jahrhunderts um Thomas Paine, John Stuart Mill und Robert Mohl. Individuen sind, so die Überzeugung, rationale Geschöpfe, die fähig sind, ihre eigenen Interessen und Meinungen zu identifizieren, und die dabei nicht nur ihre Eigeninteressen verfolgen, sondern auch das Wohl der Gemeinschaft bei ihren Entscheidungen im Blick haben. Sie legen deshalb großen Wert auf ein hohes Maß an Bildung der Wahlbürger. Auch für die Demokratietheoretiker damals war es offensichtlich, dass den Bürgern oftmals Informationen und Bildung fehlten, um Diskussionen und Debatten über politische Themen zu führen, um letztlich so

---

1 Natürlich, so stellt er einschränkend fest, könne das Volk nicht ständig versammelt sein. Deshalb setzt es eine Regierung ein, die die Gesetze exekutieren soll.

2 Dies wusste auch Rousseau, weshalb er sein System für eher kleine Gesellschaften konzipierte. Er dachte dabei unter anderem an die Insel Korsika.

3 „Die beste Regierung ist für Mill diejenige, welche die Tugenden und die Intelligenz ihrer Bürger fördert und zugleich die Gesellschaftsmitglieder dazu befähigt, ihre Rechte und Interessen selbst zu schützen, beispielsweise durch Erziehung und Ausbildung sowie das Recht auf Beteiligung am politischen Willensbildungsprozess" (Schmidt 2000: 149).

4 Bei Montesquieu finden wir dazu bspw. die Forderung, dass in einem freien Staat, das Volk als Gesamtkörper die legislative Macht bilden sollte. Dies sei aber, so erweitert Montesquieu, aufgrund der Größe von Staaten und ihrer Bevölkerungszahlen nicht (mehr) möglich. Das Volk solle darum, so seine Forderung, zur Machtausübung Repräsentanten wählen. „Repräsentanten sind in der Lage, die Angelegenheiten zu erörtern. Das Volk ist dazu durchaus nicht geeignet. Das ist eines der großen Gebrechen der Demokratie" (Montesquieu 1994 [1748]: 216).

etwas wie liberale Demokratien aufzubauen. Converse verweist hier auf die Quoten der Literalität in Nordamerika und England, die im 17. und 18. Jahrhundert so hoch gewesen seien, dass Informationen rezipiert und Diskussionen darüber geführt werden konnten. Deshalb hätten sich in diesen Staaten demokratische Formen besonders früh entwickelt. Der Schlüssel zur Lösung dieses Informationsproblems lag und liegt in einer Ausweitung der Bildungsmöglichkeiten. Diesen Zusammenhang erkannte bereits Thomas Jefferson und stellte dies in den Mittelpunkt seiner Reformbemühungen („faith in freedom and self-government was at bottom a faith in education; zit. nach Converse 1990: 370).[5]

Mill konkretisiert dies, in dem er vorschlägt, das Wahlrecht an bestimmte Voraussetzungen zu knüpfen[6], das Volk müsse willens und fähig sein, sich an Debatten und Abstimmungen über öffentliche Angelegenheiten zu beteiligen.

Ebenso arbeitet Mill in seinen Vorstellungen den Aspekt der Öffentlichkeit und Transparenz von politischen Entscheidungen sehr klar heraus. Die gewählte Repräsentativversammlung soll sich beispielsweise auf das konzentrieren, was diese am Besten kann, nämlich die Aussprache. Debatten finden in einem offenen – für Journalisten zugänglichen – Parlament statt. Journalisten berichten über diese Debatten und schaffen somit die Verbindung zu den Bürgern, zur (politischen) Öffentlichkeit.[7] Mill plädiert ebenso für eine angemessene Minderheitenvertretung und reagiert damit auf die Beobachtungen von Alexis de Tocqueville (1805-1859) über die „Demokratie in Amerika“: Um der „Tyrannei der Mehrheit“[8], dessen Gefahr Tocqueville (2000 [1835/1840]) erkannt hatte, vorzubeugen, bedarf es institutioneller Vorkehrungen. Mill spricht sich für ein striktes Verhältniswahlrecht und die Möglichkeit der öffentlichen Artikulation von Minderheitenpositionen im Parlament aus. Diese sollten nach seinen Vorstellungen über die Medien an die Öffentlichkeit gelangen.

Parlamentsabstimmungen finden in Mills Modell in der Regel öffentlich statt. Damit soll Öffentlichkeit hergestellt und Vertrauen der Regierten in die Delegier-

---

5 Rund 200 Jahre später diskutieren wir in modernen Mediengesellschaften wieder über ein „Informationsproblem“. Damit wird aber nicht mehr das Problem der Knappheit von Informationen beschrieben, sondern im Gegenteil die Überfülle an Informationen, „the voter is bombarded with political information“ (Converse 1990: 371). Aus dieser Problematik entstanden dann auch Bücher wie die bereits weiter vorne angeführtenTitel wie „Processing the News: How People Tame the Information Tide“ (Graber 1984). Der Schlüssel mit dieser Form des Informationsproblems umzugehen, bleibt aber derselbe: Bildung.

6 Mill spricht sich für ein allgemeines Wahlrecht aus, dass aber nach *Würdigkeit* und Bildung gestaffelt sein soll: Mit der Zeit hebe sich diese Barriere aber auf, weil das vorrangige Ziel des Parlaments es ja sein müsse, eine gerechte und gleichberechtigte Gesellschaft zu schaffen, und aus diesem Grund Bildung zu fördern.

7 In einem solchen demokratischen Arbeitsparlament werden Technik und Details der Gesetzgebung an Parlamentsausschüsse delegiert.

8 Alexander Hamilton bringt dies während der Debatten um eine amerikanische Verfassung 1788 auf den Punkt: „Men love power. (...) Give all the power to the many, they will oppress the few. Give all the power to the few, they will oppress the many. Both therefore ought to have power, that they may defend itself against the other“ (Dahl 1976: 73)

ten aufgebaut werden. Ebenso wird damit eine Möglichkeit zur Kontrolle durch den Wähler geschaffen.

Der gewählte Repräsentant trifft seine Entscheidungen frei, er nimmt keine direkten Aufträge und Weisungen der Repräsentierten an. Damit spricht sich Mill gegen ein imperatives Mandat aus. Zwar ist der Delegierte seinem Wahlvolk verantwortlich, repräsentiert er doch eine – auf seinen Wahlkreis begrenzte – Auswahl an Meinungen. Gleichwohl ist er nicht verpflichtet, auf seine eigene Meinung zu verzichten. In Artikel 38 des Deutschen Grundgesetzes werden Abgeordnete beschrieben als „Vertreter des ganzen Volkes, an Aufträge und Weisungen nicht gebunden und nur ihrem Gewissen unterworfen". Dem steht seit der Entstehung von Parlamentsfraktionen und Parteien die Fraktions- bzw. Parteiendisziplin gegenüber.

Erklärung

Die meisten modernen demokratischen Systeme teilen zumindest zwei grundsätzliche Konzepte des Repräsentationsgedankens:

- Das Volk ist der Souverän politischer Entscheidungen, die Regierenden wiederum sind dem Volk verantwortlich.
- Der Wille der Mehrheit ist prinzipiell wichtiger als der Wille der Minderheit.

Bereits an dieser Stelle treffen wir auf heikle Konstellationen, die alle auf grundsätzliche Fragen der Repräsentation zielen: Welche Verbindung besteht zwischen dem Volk und seinen gewählten Repräsentanten? Wie ist diese Beziehung denk- und gestaltbar? Daran orientieren sich die folgenden Fragen.

Die grundsätzliche Gefahr, die in der Delegation von Macht liegt, ist die Unkenntnis und Nicht-Information der für die Wahl der Delegierten verantwortlichen Bürger. Diesen Befund der Unkenntnis finden wir bereits bei Cicero („In the common people there is no wisdom, no penetration, no power of judgement; zit. nach Lupia/McCubbins 1998: 3). Für moderne Demokratien greift Robert A. Dahl (1967: 21) diese Gefahr auf. Er warnt davor, dass die uninformierte Machtdelegation in eine *Tyrannei der Experten* (im Gegensatz zur *Tyrannei der Mehrheit*) führen könnte: „There are decisions that require me to delegate the authority to others (...), but if I delegate, may I not, in practice end up with a kind of aristocracy of experts, or even false experts". Besonders die Wahlforschung argumentiert in diese Richtung. Bürger würden ihre Entscheidungen der Machtdelegation in Abhängigkeiten treffen, und sich besonders von Medien und Kampagnen beeinflussen lassen („become the unwitting puppets of campaign and media puppetmasters"; Lupia/McCubbins 1998: 3). Iyengar und Kinder (1987: 816) fassen die Literatur zur Wahlforschung bis 1987 in diesem Sinne auch folgendermaßen zusammen: „The low level of political knowledge and the absence of political ideological reasoning has leant credence to the charges that popular control of government is illusory". Wahlbürger sind, so ihre Conclusio, in Ermangelung von Informationen nicht in der Lage, Wahlen als Kontrollinstanzen für Regierungs- und Parlamentshandeln zu begreifen. Darauf kommen wir ausführlich zurück.

Grundsätzlich legitimiert sich ein repräsentatives System durch die kommunikative Begründung von Entscheidungen. Nur so können Bürger ihrer Kontrollfunktion gerecht werden. Politische Herrschaft ist in Demokratien zustimmungsabhängig und begründungsbedürftig. Diese Zustimmung und Begründung „finden ihre Realisierung durch und im Rahmen politischer Kommunikation" (Sarcinelli 1998c: 253). Aus demokratietheoretischer Perspektive stellt sich dabei immer die Frage, wie stark die Handlungen des Regierungssystems an öffentlichen Meinungen orientiert sind. Information und die Vermittlung von Politik sind im modernen demokratischen Staat legitimitätskonstitutive Größen, eine informierte Öffentlichkeit eine notwendige Bedingung von Legitimität. „Representation seems to require that policy is responsive to public opinion in the sense that if this opinion shifts in some significant way, policy shifts as well" (Ferejohn 1990: 18).

Wir bleiben also immer noch beim Dilemma der Information, eröffnen aber nochmals eine neue Perspektive, indem wir fragen, ob Informationen zwischen Repräsentanten der verschiedenen Ebenen und Menschen, die sie repräsentieren, gleich verteilt sind. Das Volk delegiert über Wahlen seine Macht an Repräsentanten. Gewählte Repräsentanten delegieren wiederum einen Teil ihrer Autorität an eine Regierung und eine Exekutive. Jede Delegation benötigt eine Person, die delegiert (einen Prinzipal), und eine Person, die diese Macht aufnimmt (einen Agenten). Das zentrale Dilemma dieser Delegationen ist aber, dass Repräsentanten oftmals nicht dieselben Interessen wie die Repräsentierten haben und – was damit zusammenhängen kann – dass die Repräsentierten oftmals über weniger Informationen verfügen als die Repräsentanten. Bei unterschiedlichen Informationsniveaus besteht die Gefahr, dass der Repräsentant sein höheres Informationsniveau zu seinen eigenen Gunsten und zu Lasten des Repräsentierten ausnutzt.

Wenn diese Delegationsbeziehung auch noch über verschiedene Ebenen verteilt ist (von der kommunalen über die Landes-, die Bundes-Ebene bis hin zur Europäischen Union), wird es grundsätzlich für Bürger immer schwieriger, die Arbeit ihrer Repräsentanten zu beurteilen. Ebenso nimmt die Informations- bzw. Wissenskluft zwischen diesen immer weiter zu.

Doch welche Fähigkeiten und Eigenschaften müssen Repräsentanten besitzen? Und wo liegen die Gefahren und Risiken der Übertragung von Macht? Ferejohn (1990: 3-4) erklärt dies so: „They may be men and women of unusual talent and public spirit, but they are not much more virtuos than the rest of us. They have the same passions and vices and are subject to the same petty temptations and are likely to hear what they wish from the public and to employ such information for their own purposes. Can we expect them neutrally to translate public desires into legislation"? Die Frage der Interessengeleitetheit werden wir im nächsten Kapitel, Seite 185, mit der Parteiendiskussion verknüpfen.

Daran anschließend stellen wir uns die Frage, wer eigentlich die einzelnen Bürger repräsentiert? In modernen Gesellschaften funktioniert diese Vertretung nicht mehr über einzelne Kandidaten. Interessen haben vor allem dann Chancen, wenn sie in möglichst großer Unterstützerzahl artikuliert werden.

Zitat

„The opinions or actions of individuals may count for little in the political process unless expressed through some form of organisation. Organisations can bring together the voices of thousands or even millions of people and provide the political power needed to produce action. [...] These organisations are mechanisms of channelling and aggregating demands, and providing an institutional basis for relating the people to their government. They further provide a means of organising within government, and give the public some continuity in politics" (Ball/Peters 2000: 95).

Auf die Erfüllung dieser Aufgaben der Aggregation und Artikulation von bestimmten Interessen haben sich in den Jahren nach 1848 die politischen Parteien gebildet. Diese entstanden historisch im Spannungsfeld des ideologischen Konfliktes der politischen Öffentlichkeit einerseits, also der Ausbildung und Kanalisierung von Ideologien in einer zunehmend massenmedial geprägten Öffentlichkeit, und der Errichtung von Parlamenten und der Installierung von Wahlen andererseits. Parteien waren zunächst Konstrukte, die die politischen Fraktionen, die bereits in den Parlamenten vertreten waren und die sich formierende bürgerliche Öffentlichkeit mit ihren ideologisch motivierten Zielen miteinander verbanden. Dieser Zusammenhang zwischen Fraktionen und Öffentlichkeit entwickelte sich über gleiche Interessen an und gemeinsame Positionen zu bestimmten Themen, etwa Forderungen nach einer Wahlrechtsreform und dadurch mehr Chancen zur Beteiligung. Die Fraktionen begannen erst auf den Druck der politischen Öffentlichkeit hin, sich Programme zu geben und sich so zu politischen Parteien zu entwickeln (vgl. Wimmer 2000: 630-635).

Lektüretipp

- Lupia, Arthur/McCubbins, Matthew D., *The Democratic Dilemma. Can Citizens Learn What they Need to Know?* Cambridge: Cambridge University Press, 1998.

- Mill, John Stuart, *Considerations on Representative Government*, Buffalo/New York: Prometheus Books, 1991 [1861].
- Rousseau, Jean-Jacques, *Vom Gesellschaftsvertrag oder Grundsätze des Staatsrechts*, Stuttgart: Reclam, 1977 [1762].
- Tocqueville, Alexis de, *Democracy in America*, Chicago: University of Chicago Press, 2000 [1835/1840].

6.2 Die Funktionen von Parteien in der Mediendemokratie

In den zeitgenössischen Formen von Demokratien schließen politische Parteien an diese oben angeführten Überlegungen an. Parteien testen jene politischen Themen auf Entscheidungsreife, die sich in der öffentlichen Meinung herauskristallisiert haben. Sie dienen der Aggregation von gesellschaftlich relevanten Themen und beobachten deshalb die politische Öffentlichkeit nach Issues, die in ihr Repertoire passen. Diese Issues werden dann mit der jeweiligen Parteiprogrammatik bearbeitet und den Bürgern als Möglichkeit zur Entscheidung (für diese Partei) präsentiert. In den meisten Fällen greifen verschiedene Parteien die gleichen Issues auf, bearbeiten diese aber nach ihren spezifischen programmatischen Gesichtspunkten und erleichtern es dem Bürger so, eine Entscheidung zu treffen.

Demnach reduzieren Ideologien die Informationskosten im politischen System. Der ideologische Code progressiv/konservativ strukturiert, so Luhmann (2000), die politische Kommunikation seit der Französischen Revolution, Man legt sich auf die eine oder die andere Seite des Codes fest und erspart sich so den Aufwand einer ständigen Positionierung im politischen Tagesgeschäft. Bürger können die Programmangebote der verschiedenen Parteien miteinander vergleichen und davon ausgehen, dass die Parteien entscheidungsbedürftige Issues ohnehin in ihrem jeweiligen ideologischen Lichte sehen und entscheiden.

In diesen Ausführungen finden sich schon die klassischerweise genannten Funktionen von politischen Parteien in Gesellschaften in Ansätzen wieder. Diese Funktionsausführungen gibt es in den verschiedensten Varianten. Wir konzentrieren uns auf die Funktionsbeschreibungen von Klaus von Beyme (1984: 22.23) und ergänzen diese. Er nennt vier Hauptfunktionen, die Parteien in modernen politischen Systemen zu erfüllen haben:

(1) Zielfindung (Ideologie und Programmatik)
(2) Artikulation und Aggregation gesellschaftlicher Interessen (Responsivität)
(3) Mobilisierung und Sozialisierung der Bürger
(4) Elitenrekrutierung und Regierungsbildung

Man könnte diese Funktionen noch weiter konkretisieren bzw. weitere Aspekte ergänzen: Das Ziel von politischen Parteien ist es, mit ihrer Themensetzung,

Programmen und Personalvorschlägen in Wahlkämpfen die Unterstützung der Wähler zu gewinnen, um diese Vorschläge alleine oder in Koalitionen zu realisieren. Spezialisiert auf diese Funktion sind vorwiegend die Parteien in den USA, die sich als wahlbezogenen Organisationen mit losen Kopplungen verstehen.

Ebenso erfüllen politische Parteien generell eine Stabilitätsfunktion in politischen Systemen. Durch Programmatik, Aggregation von Themen, Mobilisierung und Personalausbildung sorgen sie für Kontinuität im System. „One of the most important functions of political parties is that of uniyfying, simplifying, and stabilising the political process" (Ball/Peters 2000: 97). Durch die Verankerung der – großen und mitgliederstarken – Parteien auf lokalen, regionalen und nationalen Ebenen erfüllen diese eine Art Brückenfunktion. Diese Brückenfunktion findet ihren Ausdruck in den Öffentlichkeitskontakten der Parteien. Parteien verbinden Bürger und politische Entscheidungszentren auf vielfältige Weisen: „They seek to educate, instruct and activate the electorate. They use the mass media and local organisations to maintain contacts with relatively politically inactive citizens and lead them to awareness and acceptance of various policies. They also seek to mobilise and involve the population in politics" (99).

Parteien entwickeln Ideen, sie aggregieren und artikulieren Issues und dienen als Transmissionsriemen zwischen staatlichen Entscheidungszentren und den Bürgern. Sie sind zwar keine Staatsorgane, das Prinzip der parlamentarischen Demokratie setzt die Existenz von Parteien aber indirekt voraus.

Zitat

„Parteien stellen die bestimmenden Organisationen der Politik dar, sie legitimieren staatliches Handeln. Die Vorstellung von der zentralen Rolle der Parteien basiert nicht nur auf ihrer universellen Präsenz in repräsentativen Demokratien. Parteien fungieren als *die* Hauptakteure der organisierten Willensbildung und der Rekrutierung von politischem Personal, vor allem in ihrer staatlichen Rolle, wenn sie also ‚parties in government' sind" (Alemann/Marschall 2002: 5).

Besonders in parlamentarischen Systemen nehmen die Parteien diese zentrale Stellung ein. Sie sind die zentralen Organisationen der Willensbildung und Entscheidung. In der Bundesrepublik Deutschland genießen sie sogar Verfassungsrang. Parteien sind jedoch nicht mehr die einzigen Akteure, die Interessen zwischen der Öffentlichkeit und den politischen Entscheidungszentren vermitteln. Interessengruppen, neue soziale Bewegungen und die Medien tun dies auch. Doch nur den Parteien kommt die „eigentümliche Doppelrolle" zu, legitimiert durch Wahlen „Meinungen und Interessen aus dem Volk nicht nur wie die anderen Vermittlungsinstanzen an den Staat heran(zutragen), sondern in ihn hinein, indem sie in den verfassten staatlichen Organen den Gesamtwillen bilden" (Grimm 1987: 132-133).

An diesem Punkt lassen sich Parteien wohl am besten von anderen politischen Gruppen und Organisationen der Interessenvermittlung unterscheiden: Parteien versuchen politische Macht zu erlangen oder diese zu erhalten. Sie tun dies alleine oder in Koalitionen: „The first and foremost aim of each political party is to prevail over the others in order to get into power or to stay in it" (Schumpeter 1961: 279).

Die Rolle der Parteien im politischen Prozess gehört zu den zentralen empirischen Streitthemen der politikwissenschaftlichen Debatte. Der Niedergang der Parteien („Party's Over"; Broder 1972) ist ein „immer wieder beschworenes Szenario" gewesen, „das sich genauso oft überlebt hat" (Alemann/Marschall 2002: 6). Alemann und Marschall stellen fest, dass sich ein „verhaltensmanifestes nachhaltiges Infragestellen der Rolle der Parteien" in den westlichen Demokratien nicht etabliert habe (6). Dennoch wandeln sich in modernen Gesellschaften die Parteien und das Parteiensystem. Dies liegt nicht zuletzt an der Rolle der Medien.

Politische Parteien waren lange Zeit als Repräsentanten grundlegender gesellschaftlicher Konfliktlinien fest verankert in sozialen Kontexten. Lipset und Rokkan (1967) haben zur Erklärung die **Cleavage-Theorie** vorgeschlagen, wonach die Parteiensysteme Europas durch folgende Konfliktstrukturen verursacht sind: Konfessionen, Stadt vs. Land, Kapital vs. Arbeit, (nationale) Mehrheit vs. (ethnische) Minderheiten. Auch heute noch sind die Parteien trotz starker Angleichung der Mitglieder- und Wählerbasis sozialstrukturell identifizierbar und unterscheidbar. Im Zuge gesellschaftlicher Modernisierung – sozialstrukturelle Verflüssigung, Individualisierung, Säkularisierung, kognitive Mobilisierung etc. – finden wir aber eine tendenzielle Entkoppelung von Sozialstruktur und politischem Verhalten (vgl. Sarcinelli 1998a: 278; Schönbach 1996). Mit der zunehmenden Uneinheitlichkeit und wachsenden Mobilität innerhalb der Sozialstruktur werden individuelle Lebensentwürfe flexibler, die oben genannten traditionellen Leitdifferenzen verlieren an Brisanz. Von dieser Pluralisierung der Lebensstile sind die Parteien in besonderem Maße betroffen. „Als Triebfeder der neuen Dynamik und als übergreifende kulturelle Orientierung des modernen Wählers gilt der Vormarsch individuell-rationaler Nutzenabwägungen" (Geisler/Sarcinelli 2002: 53).

Für die politischen Parteien bedeutet dies einen Rückgang der Parteiidentifikation, das Schrumpfen des Stammwählerpotentials und die erhöhte Bereitschaft zur Wechselwahl. Insgesamt kann man also eine zunehmend situations-, nutzen- und zweckbestimmte Orientierung erkennen.

Damit einher geht auch ein Wandel in der politischen Kultur. Nicht mehr nur Parteien *beackern* das Feld der Interessendurchsetzung. Vielmehr haben sie seit den 1980er Jahren mit anderen Mitbewerbern – neue soziale Bewegungen – zu kämpfen, die ein Kind dieser Entwicklungen sind und sich sehr gut in dieses Umfeld des „self-mobilized citizen“ (Dalton 1996) einfügen.

6.2.1 Die Beziehungen zwischen Parteien und Medien

Politische Parteien entstanden nach 1848 im Spannungsfeld der politischen Fraktionen in den Parlamenten und den ideologischen Strömungen in der Gesellschaft, die durch die Massenmedien kanalisiert worden waren. Aus diesen Bindungen entwickelte sich ebenso die Parteienpresse, die bis in die 1980er Jahre einen großen Teil der Medienlandschaft in den europäischen Demokratien abdeckte. „Parties are creations of modern political processes, and their emergence presupposes a necessary degree of urbanisation and development of mass communications“ (Ball/Peters 2000: 108).

Die publizistischen Akteure haben sich aus der Einflusssphäre der politischen Organisationen und der Parteienabhängigkeit längst gelöst. Parteipolitische Massenmedien spielen keine zentrale Rolle mehr, mittlerweile sind Parteizeitungen fast vollständig vom europäischen Zeitungsmarkt verschwunden. Die Ausnahme bildet Skandinavien. Parteien sind nunmehr auf die massenmediale Vermittlung angewiesen, die nicht ihrer direkten Einflusssphäre entstammt. Lediglich mit dem Internet steht ihnen ein Hybridmedium zur Verfügung, das diesen neue Möglichkeiten als Eigenmedium eröffnet. Auch der direkte Einfluss auf den Öffentlich-Rechtlichen Rundfunk bleibt den Parteien verwehrt (siehe Kapitel 4.4, Seite 135ff).

Dennoch öffnen sich immer wieder Hintertüren, die politischen Akteuren bestimmte Einflusschancen auf Medien ermöglichen. Etwa die Frage, ob sich politische Parteien an Medienunternehmen in Deutschland beteiligen dürfen, beschäftigt sogar das Bundesverfassungsgericht. Als einzige deutsche Partei hält nämlich die SPD nennenswerte Beteiligungen an Medien. Über ihre Beteiligungsgesellschaft „ddvg“ ist die SPD an mehreren deutschen Zeitungsverlagen beteiligt, so zum Beispiel am Verlag der *Frankfurter Rundschau*, der *Sächsischen Zeitung* aus Dresden, dem Zeitungsverlag der *Neuen Westfälischen* aus Bielefeld und der Verlagsgesellschaft Madsack (*Hannoversche Allgemeine, Neue Presse*) aus Hannover. Über ihre Verlagsbeteiligungen hält die SPD zudem mittelbar Anteile an mehreren privaten Radiosendern im Bundesgebiet – wenn auch mit sehr geringen Prozentsätzen. Eine direkte Beteiligung in Höhe von rund 9 Prozent besteht an einem Radiosender in Rheinland-Pfalz. Von einer mittelbaren Beteiligung in Höhe von 2,3 Prozent am hessischen Privatradio *FFH* musste sich die SPD 2001 nach der Änderung des Hessischen Privatrundfunkgesetzes trennen (vgl. Reffken 2008).

Beispiel

In einem Urteil zu dieser Beteiligung vom März 2008 entschied das Bundesverfassungsgericht nun, dass sich politische Parteien an Privatsendern beteiligen dürfen, solange dabei ein bestimmender Einfluss auf die Programmgestaltung ausgeschlossen bleibt.

„Dem Gesetzgeber steht es frei, Parteien die unmittelbare oder mittelbare Beteiligung an privaten Rundfunkunternehmen insoweit zu untersagen, als sie dadurch bestimmenden Einfluss auf die Programmgestaltung oder die Programminhalte nehmen können. Dagegen ist das absolute Verbot für politische Parteien, sich an privaten Rundfunkveranstaltungen zu beteiligen, keine zulässige gesetzliche Ausgestaltung der Rundfunkfreiheit."

- Das vollständige Urteil im Wortlaut findet sich hier: http://www.bundesverfassungsgericht.de/entscheidungen/fs20080312_2bvf000403.html.

Wenn wir über den deutschsprachigen Tellerrand blicken, fallen zunächst die Verstrickungen des italienischen Ministerpräsidenten und Medienmoguls Silvio Berlusconi auf. Als bedenklich wurde auch der Aufstieg von Michael Bloomberg eingestuft. Denn auch der derzeitige New Yorker Bürgermeister verbindet als Medientycoon politische und publizistische Macht.

Parteien und Agenda-Setting

Eine der Grundkategorien, um die Machtverhältnisse in politischen Diskursen und Debatten zu verfolgen, ist die Frage nach der Fähigkeit einzelner Akteure und Akteurstypen, politische Themen der Diskussion zu bestimmen, also die Agenda-Setting-Funktion oder Agenda-Building-Funktion von Akteuren. Auch die politischen Parteien und die Medien selbst reklamieren für sich diese Kompetenz beim Setzen von Themen, die in die politische Entscheidungsfindung eingehen sollen. Den Parteien ist diese Agenda-Setting-Funktion, so Von Beyme (1994: 328), verfassungspolitisch zugesprochen: „Das Einfallstor des Artikels 21 GG, das von der ‚Mitwirkung bei der Willensbildung' spricht, ist kräftig erweitert worden. Ihre Priorität gegenüber den Medienkonkurrenten wurde durch die Bestimmung 1.2 Parteiengesetz gesichert, wo die Bildung des politischen Willens auf allen Gebieten des öffentlichen Lebens festgeschrieben wird. Das hieß im Klartext als erstes ‚auf die Gestaltung der öffentlichen Meinung Einfluss' zu nehmen".

Die Medienagenda ist kein unabhängiges Konstrukt, sondern in hohem Maße abhängig von den Quellen des Journalismus. Die Frage ist nur, in welchem Maße sind die Medien abhängig bzw. unabhängig? Von Beyme schränkt ein, dass der Einfluss der Medien auf die Agenda zwar spürbar ist, aber nicht in einer absoluten Form gesehen werden können.

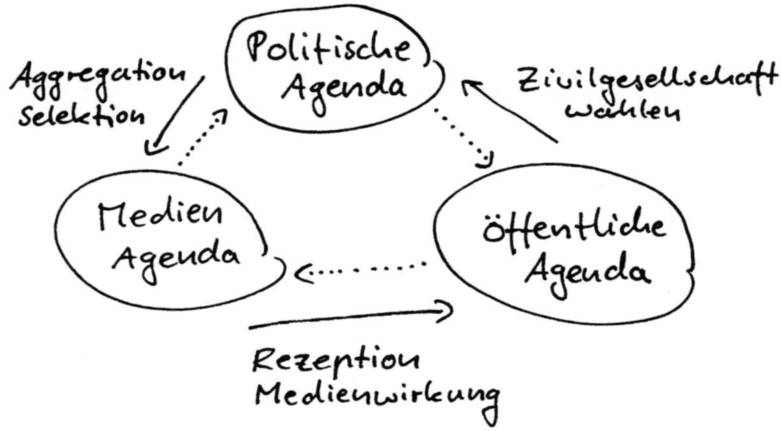

Skizze 14: Agenda-Building.

Zitat

„Viele Medienstudien haben mit ihren Befunden für ihren jeweiligen Ausschnitt aus der Politik recht. Bei Innovationspolitik lässt sich ein beträchtlicher Anteil des Agendasetting auf die Medien und die neuen sozialen Bewegungen zurückführen. Bei Routinepolitik überwiegt die Bestimmung der Agenda durch Parteien und Interessengruppen. Medienwissenschaftler betonen die Höhepunkte der Ereignisgeschichte. Politikwissenschaftler müssen sich auch um das Einerlei der Routinepolitik mit Ansätzen einer Strukturgeschichte ‚de longue durée' kümmern, bei denen die Medien nur in den Vordergrund treten, wenn beträchtliche Konflikte aufkommen. Regelungsdichte und Regelungstiefe der Entscheidungen, die aus der Routinepolitik hervorgehen, sind oft bedeutsamer als die Veränderungen der Ereignisgeschichte, über welche die Medien bevorzugt berichten" (334).

Er verweist ebenso darauf, dass die Medien durch ihren Fokus auf *Neues* (auch Luhmann 1996), die Politik immer wieder dazu *zwingen*, neue Themen auf die Agenda zu setzen, aber, „insofern fällt den Medien eine subsidiäre Funktion zu, die ‚Abtreibung' von Issues durch die politischen Eliten zu verhindern" (von Beyme 1994:334).

Wir haben uns bereits weiter vorne mit der Frage beschäftigt, wie weit das Konzept der Medialisierung trägt (siehe Kapitel 4.2.1, Seite 116f) und dabei Autoren wie Scharpf (2000), Oberreuter (1998) und Kaase (1998) zu Wort kommen lassen. Marcinkowski (2005: 363-364) fasst dies sinnvoll zusammen: „Ein politisches System wird nie zur Gänze medialisiert sein (...), sondern sich vielmehr durch Inseln erhöhter und geringer Medialisierung auszeichnen".

Verflechtungen zwischen Parteien und Massenmedien: Die Kommunikationsbeziehungen von Parteien

Doch wie gestalten sich die Beziehungen zwischen den Parteien und den Massenmedien? Gibt es wechselseitige Abhängigkeiten? Wer ist in welchen Situationen auf den anderen angewiesen?

In erster Linie könnte man zunächst davon ausgehen, dass die Parteien eher auf die Medien angewiesen sind als umgekehrt. Politische Parteien benötigen nicht nur während des Wahlkampfes Publizität, um mit ihren Themen und Kandidaten die Bürger bzw. Wähler zu erreichen. Diese Publizität sichern in erster Linie die Medien, nachdem die Parteien selbst in geringem Maße über eigene Medien verfügen.

Erklärung

Online-Medien (Internet-Auftritte, Blogs, Podcasts) bieten Parteien und Politikern zwar die Möglichkeit, eigene Inhalte ohne mediale Filterung und Selektion zu publizieren und in Echtzeit auf Beiträge der politischen Konkurrenz zu reagieren. Die Wirkungen dieser Möglichkeiten im Tagesgeschäft und in Wahlkämpfen auf die Bürger sind aber noch eine empirisch offene Frage.

Man kann diese Kommunikationsnotwendigkeiten auf zwei Ebenen betrachten, auf der (1) Ebene der **Binnenkommunikation** von Parteien und (2) der Ebene der **Außenkommunikation**. Beide Ebenen sind essentielle Bestandteile der Parteiarbeit. Mit diesen wollen wir uns zunächst beschäftigen, bevor wir unsere oben genannte Vermutung der Abhängigkeit der Parteien von den Medien klassifizieren.

Wenn Parteien Medien nutzen wollen, um mit ihren Mitgliedern, engen Bezugs- oder Zielgruppen in Kontakt zu treten, sehen sie sich zunächst in Konkurrenz zu zahlreichen anderen Sprechern, die ebenso versuchen, über die Massemedien Gehör zu finden.

Um auf diesem Markt zu bestehen haben die politischen Parteien, wie ihre Mitbewerber spezielle Professionalisierungsformen um Sendezeiten und Titelseiten ausgebildet. Auf diese Formen kommen wir nochmals ausführlich zurück, die grundlegende Ausgestaltung betrifft aber ein professionelles Kommunikationsmanagement, dessen Ziel es ist, mediale Logiken zu imitieren. Besonders beliebt ist dabei die Übernahme der Personalisierung: Bestimmte Programme und Images werden dabei nicht mehr zunächst mit einer Partei selbst in Verbindung gebracht sondern mit bestimmten Personen *(Aushängeschildern)* dieser Partei in entsprechenden Policy-Feldern.

Hier steht beispielsweise der innenpolitische Sprecher einer konservativen Partei als harter Verfechter einer strengen Sicherheits- und Justizpolitik dem innenpolitischen Sprecher einer linken Partei gegenüber, der dieses Thema mit den Grundrechten verknüpft und vor einem *gläsernen Bürger* warnt.

Besonders im Wahlkampf erfreut sich diese Form hoher Beliebtheit. Überhaupt verdichten sich in Wahlkampfzeiten die Beziehungen zwischen Parteien und Medien. Die Abhängigkeit der Parteien von einer (möglichst positiven) Berichterstattung der Medien steigt besonders in Zeiten, in denen die Parteibindungen der Wähler immer schwächer werden und die Stammwählerschaft immer weiter abnimmt. Darauf kommen wir ausführlich zurück (siehe Kapitel 6.3.2, Seite 203ff).

Binnenkommunikation von Parteien. In der innerparteilichen Diskussion, Willensbildung und Entscheidungsfindung spiegelt sich ebenso der Wandel der öffentlichen politischen Kommunikation. Diese ist nicht mehr wie früher einer breiten Öffentlichkeit verschlossen und nur Parteimitgliedern zugänglich. Vielmehr wird sie von den Massenmedien von außen durchdrungen und so einer breiten Öffentlichkeit sichtbar gemacht. Nach dem Wegfall der Parteizeitungen sind die Massenmedien, so Sarcinelli (1998a: 284), „zu den Hauptträgern innerparteilicher Kommunikation geworden". Dabei ist zwischen zwei Formen zu unterscheiden: Zusätzlich zur (1) massenmedialen Kommunikation nutzen Parteien aber auch (2) bestimmte (neue) Medienformate, um parteiinterne Kommunikationsprozesse intern zu gestalten.

Ad (1). **Massenmedien als „allgemeine politische Informationsagenten"** (Alemann/Marschall 2002: 12) dienen ebenso der Vermittlung von Nachrichten innerhalb von Parteistrukturen. Gegenströmungen und Konflikte in Parteien werden oftmals über die Massenmedien organisiert und inszeniert. Sach- und Personalentscheidungen bzw. die Diskussionen darüber finden demnach nicht nur in den parteiinternen Medien statt sondern auch in medialen und somit öffentlichen Räumen.

Ebenso werden Parteitage, die eigentlich als Institution innerparteilicher Willensbildung gelten, oftmals von den Parteien selbst nicht als interne Diskussionsforen vorbereitet, sondern als mediale Bühnen für symbolträchtige Beschlüsse oder die Nominierung von Kandidaten inszeniert (vgl. Dörner 2002; Fischer-Lichte 2001; Rhomberg 2004; Schicha 1999). Die Brisanz solcher Inszenierungen liegt auf der Hand: Zum einen ist dies zwar eine kostengünstige und oftmals wirkmächtige Form der Vermittlung. Zum anderen können die Parteien diese Berichterstattung und deren Dynamik aber nur bedingt steuern. Innerparteiliche Konflikte wiederum werden dadurch öffentlich vermittelt, und von der politischen Konkurrenz als Streit beim Gegner *ausgeschlachtet.*

Ad (2). Parteien nutzen ebenso **bestimmte Medienformate, um interne Kommunikationsprozesse zu steuern**. Die Medienformen reichen dabei von gedruckten Mitgliederzeitungen bis hin zu webbasierten Mailing-Listen und Newsgroups. Die flächendeckende Vernetzung der Parteigeschäftsstellen auf den verschiedensten Ebenen (lokal – regional – national) hat einerseits die Möglichkeiten der Information und Kommunikation verbessert, führte andererseits aber dazu, Aktionen und Reaktionen in der politischen Debatte zu vereinheitlichen und von der Führung besser steuerbar zu machen. Gerade das Internet bietet die Möglichkeit, geschützte kommunikative Räume aufzubauen und präzise Mitglieder-Zielgruppen zu erreichen wie etwa parteiinterne Mitgliedernetze, virtuelle Parteitage oder parteiinterne SMS-Dienste.

Beispiel

Zur Diskussion, Aus der *Frankfurter Allgemeinen Sonntagszeitung*

Immer jünger, immer virtueller
Ohne ihre Mitglieder könnte keine Partei leben, sie sind ihr Herz und Hirn, vor allem Ansprechpartner für die Wähler. „Die Parteien müssen sich den Leuten öffnen, sie haben eine Bringschuld", sagt Hans-Jürgen Beerfeltz, der Bundesgeschäftsführer der Liberalen. Welche Blüten das treiben kann, zeigt ein Blick ins Internet: „Als FDP-Mitglied können Sie sich auch auf günstige Konditionen für Handy, Versicherungen, Hotels und Ferienwohnungen freuen" ist in my.FDP zu lesen. Ganz altbacken kommt man sich vor, wenn man Beerfeltz über das Internet reden hört und die Chancen, die es für seine Partei mit sich bringe. Jedes dritte Neumitglied werde inzwischen im Netz gewonnen. Allein in my.FDP gebe es 40 000 registrierte Profile – das sind 40 000 Leute, die sich intensiv für die FDP interessieren und sich dort über die verschiedensten Themen austauschen. [...] Bloß nicht gleich verhaften, sondern zum Beispiel erst mal eine Schnuppermitgliedschaft anbieten, für eine bestimmte Kampagne etwa.
Auch die Grünen machen das so. Auch dort gibt es Mitgliedschaften auf Probe. [...] Bei den Liberalen jedenfalls ist jedes dritte Mitglied erst seit dem Jahr 2000 dabei, und man darf hoffen, dass das nicht nur an den günstigen Handy-Tarifen liegt. Die Partei hat sich kräftig verjüngt. [...] Das durchschnittliche FDP-Mitglied ist inzwischen 49 Jahre alt, nur der klassische Grüne ist mit 46,2 Jahren noch jünger. Und sicher weiblicher: Frauen stellen nur bescheidene 22,86 Prozent der FDP-Mitglieder.

Aus der *Frankfurter Allgemeinen Sonntagszeitung*, 6. Januar 2008, Seite 4.

Jedoch birgt diese Konstellation für die interne Kommunikation und die traditionelle Parteiorganisation Brisanz: Besonders die medial höchst beliebte Form der Personalisierung, die in die Augen des parteiinternen Kommunikationsmanagements vor allem dazu dient, dem Wähler bestimmte Programme und Images über die Person eines Kandidaten zu vermitteln, kann auf den zweiten Blick zu einer Abkoppelung zwischen Parteieliten, anderen parteilichen Funktionsträgern und einfachen Parteimitgliedern führen.

Der Einsatz von Massenmedien, beobachten Alemann und Marschall, führe zu einer Stärkung der politischen Führung gegenüber den einfachen Mitgliedern. Kommunikationsmanager, die in der Regel in der Führung angesiedelt sind, gewinnen mehr und mehr Einfluss auf die Politikgestaltung. „Zudem findet innerparteiliche Kommunikation, wenn sie über die Massenmedien stattfindet, top-down statt und privilegiert dabei deutlich die ‚prominente' Führungsspitze der Parteien" (Alemann/Marschall 2002: 14). Dieser öffentliche Austausch kann zu Konflikten innerhalb der Parteispitze führen. Verschiedene Flügel und Personen können die Medien zur Durchsetzung ihrer Positionen und Postenvorschläge benutzen. Damit ändern sich die Anforderungen an Mitglieder der Parteielite: Medienkompetenz und -prominenz kann neben Sachkompetenz den Einstieg in politische Führungsämter ermöglichen. Für Quereinsteiger, die nicht den in traditionellen Parteien *üblichen* Karriereweg durch die verschiedenen Organisationshierarchien gegangen sind, entstehen dadurch Chancen. Diese Chancen bergen wiederum Konfliktpotential im Verhältnis zwischen Parteielite und einfachen Mitgliedern.

Der mediengesellschaftliche Wandel in der Parteiorganisation könnte in umgekehrter Weise als Stärkung der Parteibasis beschrieben werden. Webbasierte Möglichkeiten lassen die partizipativen Hoffnungen von Parteimitgliedern blühen. Moderne Publikationstechniken, so deren Vorstellung, ermöglichen die Vernetzung von Ortsvereinen und -verbänden, die sich dadurch besser organisieren und der Parteiführung entgegentreten könnten. Die interaktiven Strukturen der Online-Medien lassen auch hier die Wünsche nach Mitbestimmung aufkommen und von einer Wiederbelebung der Mitgliederparteien träumen.

Oftmals wird bei diesem Gedanken aber übersehen, dass sich besonders die Organisationsstrukturen der traditionellen Volksparteien, deren Parteikulturen, die Formen des Umgangs und der Kommunikation als tief verwurzelt und änderungsresistent erweisen (vgl. Römmele 2002).

Außenkommunikation von Parteien. „Unübersehbar ist der Zwang zum ‚Going public', zur ‚Medifizierung' der Außendarstellung der Parteien" (Sarcinelli 1998a: 284). Dabei steht vor allem das Fernsehen aufgrund seiner Reichweite, seiner noch relativ hohen Glaubwürdigkeit und der Möglichkeit der Visualisierung im Mittelpunkt; es ist – nicht nur für die Parteien – zum *politischen Leitmedium* geworden. Darauf haben die Parteien mit der Professionalisierung des Kommunikationsmanagements reagiert, indem sie ihre Pressestellen und Öffentlichkeitsreferate erweiterten. Politische Kommunikation wird zum Leistungsbereich. Darüber hinaus arbeiten die Parteien an ihren Kompetenzen zur Beobachtung der Öffentlichkeit. Der Meinungsmarkt wird kontinuierlich durch Presseanalyse, Auftragsforschung und Demoskopie untersucht. Mediengesellschaftliche Bedingungen nötigen den Parteien eine Intensivierung der Darstellungspolitik und eine Orientierung an der Medienlogik in Ergänzung zur politischen Entscheidungslogik ab. In der Öffentlichkeitsarbeit sind die Orientierung an und die Beeinflussung von Timing, Themen und Stilen der Berichterstattung erkennbar. Gesteigert werden diese Professionalisierungsbemühungen in der Wahlkampfkommunikation.

Diese Konzentration lässt oftmals aus dem Blick geraten, dass besonders auf lokaler und regionaler Ebene Parteiaußen-Kommunikation sich im Rahmen vielfältiger – nicht unbedingt medienspektakulärer – Basiskontakte gestaltet. In diesem Sinne wird oftmals beklagt, dass besonders die großen Volksparteien nicht mehr als Mitgliederorganisation mit Freiwilligen und Ehrenamtlichen gesehen werden.

6.2.2 Mediendemokratie oder Parteiendemokratie in der Mediengesellschaft?

Die Parteien in der Bundesrepublik, aber auch in Österreich, verstehen sich nach wie vor als Mitgliederparteien. Zugleich orientieren sie sich verstärkt an den Logiken und Gesetzmäßigkeiten der Mediengesellschaft. Sie buhlen in Konkurrenz zu anderen Parteien und Akteuren im Dunstkreis des politischen Spektrums auf dem Medienmarkt um öffentliche Aufmerksamkeit.

In der wissenschaftlichen Diskussion werden die Konzepte der Parteiendemokratie und der Mediendemokratie immer wieder gegenüber gestellt. In den verschiedensten Studien wird getestet, wie weit sich denn die Parteiendemokratie bereits an die Mediendemokratie angenähert hat bzw. die Parteiendemokratie abgelöst worden ist (vgl. dazu unter anderem Sarcinelli/Schatz 2002a; 2002c; diese sprechen im Anschluss an ihre Untersuchung von der „mediatisierten Parteiendemokratie“).

Doch diese beiden Konzepte stehen nach unserer Auffassung nur scheinbar in einer sich ausschließenden Konkurrenz. Parteien und Medien sind in ihrer Funktion der Information und Vermittlung von Themen komplex miteinander verwoben, Alemann und Marschall (2002: 2) sprechen von einem „symbiotischen“ Verhältnis. Zu erkennen ist aber gleichwohl ein langfristiger Veränderungsprozess in der Struktur und der Kultur der Parteiendemokratie. Dieser Prozess hängt entscheidend mit dem Wandel in der medialen Umwelt zusammen.

Tabelle 4: Konsequenzen der Medialisierung für die Parteien.[9]

Institutionelle Arrangements	Bedeutung für die Politkvermittlung von Parteien
Öffnung der Parteien und Veränderung der Organisations- und Veranstaltungskultur	**Tendenz: Überwindung parteiexklusiver Kommunikation durch Einbeziehung von Externen; Dabeisein ohne dazuzugehören; Erprobung einer offenen Veranstaltungskultur**
· Schnuppermitgliedschaften	· Öffnung der Partei für Nichtmitglieder ohne Verpflichtung zum formellen Parteibeitritt, Senkung der Beitrittsschwelle durch Mitgliedschaft auf Probe
· Offene Foren	· Kontroverse Diskussionen auch mit politisch Andersdenkenden
· Themen-, Aktions- und Erlebnisorientierung: „Talkshowisierung"	· Kritik an referenzzentrierten Vortragsstilen; stärkere Orientierung an aktuellen Interessen sowie an Freizeit- und Unterhaltungswünschen; Anpassung an medienzentrierte Vermittlungsgewohnheiten durch dialogische und unterhaltende Veranstaltungselemente
Beteiligung bei Sach- und Personalentscheidungen	**Vermutete Tendenz: Belebung der Mitgliederkommunikation; Schwächung des Parteiapparates**
· Mitgliederbefragung/ -entscheid in Sachfragen	· Ambivalente Beurteilung dieses bisher wenig genutzten Instruments
· Urwahl von Wahlkreiskandidaten	· Stärkung der/des Gewählten durch unmittelbare Legitimation, Stärkung der Parteibasis gegenüber übergeordneten Ebenen
· Urwahl von Parteivorsitz/ - Kanzlerkandidat	· Stärkung des Kandidaten durch die Parteibasis, Schwächung der Parteigremien
Personalisierung	**Tendenz: Direkte Legitimation über die Öffentlichkeit unter Umgehung von Delegierten, Gremien und Parteiapparat**
· Medienkompetenz als Machtprämie	· Stärkung medienprominenter Parteispitzen; Unterstützung durch professionelle Politikvermittler
· „Präsidialisierung" und „Neo-Bonapartismus"	· Stärkung der Durchsetzungsmacht „von oben", aber Konfliktpotential in heterogenen Großparteien mit selbstbewussten Untergliederungen
Professionalisierung der Politikdarstellung	**Tendenz: Orientierung an der Medienlogik. Zunehmende Diskrepanz zwischen Organisationslogik der Parteien und Medienlogik**
· Öffentlichkeitsarbeit	· Professionalisierung und organisatorische Ausdifferenzierung der Kompetenz zur Beeinflussung von *Timing*, Themen und Bildern der Politikdarstellung in den Medien
· Wahlkampf	· Professionalisierung und Anpassung an marktübliche Vermittlungsmethoden; Kommerzialisierung durch Kauf von Medienzugängen
Gesamttrends	**Tendenz: Verlust des Primats der Organisation durch medienvermittelte Legitimation über das Wahlvolk**
· Von der Mitglieder- zur Medien- und Präsidialpartei?	· „Plebiszitärer Schulterschluss" an der Mitgliederbasis und an Parteidelegierten vorbei; zunehmende Orientierung am politischen Meinungsklima und am Medienbild; Schwächung der Parteigremien
· Von der Programmpartei zur Dienstleistungs- und Fraktionspartei?	· Partei als professioneller Diensleistungsbetrieb im (un)politischen Wettbewerb um Stimmenmaximierung

9 Nach Sarcinelli 1998b: 289.

Beispiel

Sarcinelli (1998a: 287) verweist auf folgende Fakten:

- Erhöhte Partizipationsorientierung, die zugleich verbunden ist mit einer De-Institutionalisierung politischer Beteiligung
- Jüngere Altersgruppen stellen ihre Beteiligung zunehmend in Frage
- Stammwähleranteil sinkt
- Bereitschaft zur dauerhaften Organisationsbindung nimmt ab
- Verankerung der Parteien in Traditionsmilieus und gesellschaftlichen Vorfeldorganisationen schwindet
- Politisches Verhalten wird mehr und mehr von rationalem Kalkül bestimmt
- Parteieintritte und Parteiengagement werden demnach zunehmend von Nutzenmotiven bestimmt

Medien werden Parteien ebenso wenig ersetzen wie umgekehrt. Beide üben verschiedene – teils aber sehr ähnliche – Funktionen aus. So haben die Medien bestimmte Funktionen der Parteien übernommen, wie etwa das Agenda-Setting und die Aggregation und Artikulation von gesellschaftlichen Strömungen und Positionen. Ebenso haben die Medien wesentliche Teile der politischen Bildung und Sozialisation von den Parteien übernommen (siehe Kapitel 5.3.2, Seite 166f).

Beide, Parteien und Medien, vermitteln zwischen den politischen Entscheidungsträgern und den Betroffenen von Politikentscheidungen: „Sie verkoppeln Sphären der Willensbildung mit den Prozessen der verbindlichen Politikherstellung. In dieser Vermittlungseigenschaft sind beide komplementär, nicht substituierend" (Alemann/Marschall 2002: 19).

Die Medien aber können wesentliche Aufgaben der Parteien nicht übernehmen: Sie können nicht Personal für politische und staatliche Positionen rekrutieren. Ebenso gilt die Parteiorientierung immer noch als wichtigste erklärende Variable für die Wahlentscheidung. In besonderer Weise sind es die Parteien, die in Kooperation mit anderen Akteuren kollektiv verbindliche Entscheidungen treffen. Dies geschieht vorwiegend in nicht-öffentlichen Räumen. Bestimmte Phasen des Politikprozesses sind nicht medientauglich (siehe Kapitel 4.2.2, Seite 116f). Im Bereich der Entscheidungspolitik ist die Funktion des Agenda-Setting vielfach eher bei den neuen sozialen Bewegungen, den Parteien und der Regierung zu verorten (vgl. Beyme 1994: 320). „Die Entscheidungspolitik ist wenig medienwirksam. Bei großen Innovationen spielen die Medien eine gewisse Rolle. In der Routinepolitik des Alltags zeigen sie sich desinteressiert" (332).

Die Medien wiederum üben „unverzichtbare Funktionen für die politische Willensbildung" (Alemann/Marschall 2002: 19) aus: Sie schaffen Öffentlichkeit und produzieren damit die notwendige Legitimität und Unterstützung für politische Entscheidungen. Daher benötigen die Parteien Medien, um für ihre Programme und Kandidaten zu werben, und um politische Willensbildungsprozesse mitzugestalten und Entscheidungen zu begründen. Die Medien besitzen eine „gewichtige Verstärkerfunktion“ (Beyme 1994: 320).

„Die ‚Medialisierung‘ der Gesellschaft, ihre Prägung durch die Medien, führt zu einer ‚Medialisierung‘ der Politik, zu einer ‚Medialisierung‘ der Parteiendemokratie, aber nicht zu einer völligen Auflösung der alten Strukturen“ (Alemann/Marschall 2002: 20). Die Parteien, so formuliert es Sarcinelli (1998a: 295), bleiben auch in mediengesellschaftlichen Dimensionen in der näheren Zukunft dominante politische Akteure, „aber sie verlieren an Autorität. Sie operieren in einem außerordentlich dynamischen Markt mit härter werdender Konkurrenz um öffentliche Aufmerksamkeit“.

Parteien, denen es besonders gut gelingt, sich auf diese beschriebenen medialen Strukturen einzurichten, werden sich besser positionieren können. Die Personen- bzw. Kandidatenzentrierung der einzelnen Parteien und die kurzfristige Konzentration auf Wahlkämpfe und -entscheidungen können jedoch auch dazu führen, dass die Parteien langfristig ihre programmatische Leitlinie verlieren. Die Konturen zwischen den einzelnen Parteien verschwimmen, so die These. Der Kampf um die Mitte ist ein längst propagiertes Schlagwort (vgl. Heise 2004).

Zugleich haben neue Parteien gute Chancen, sich über die Medien ins Spiel zu bringen, wenn sie es schaffen, über mediales Kommunikationsmanagement und geschickte Öffentlichkeitsarbeit auf sich aufmerksam zu machen. Im Sinne der in Kapitel 4.4.2, Seite 115f beschriebenen mediengesellschaftlichen Phänomene der zunehmenden Skandalisierungskommunikation und des Erstarkens neuer sozialer Bewegungen sind dabei provokative, massenmedial gut vermittelbare und eingängige Positionen hilfreich. „Dies gelingt am besten mit thematischen oder stilistischen Tabu-Brüchen, als Facette eines ‚populistischen‘ Instrumentariums“ (Alemann/Marschall 2002: 17). Die kurzfristigen Erfolge der Schill-Partei bei den Wahlen in Hamburg 2001, das Potential der Linkspartei und – wenn wir weiter zurückblicken – die Positionierung der Grünen als Alternative und Umweltschutzpartei, sind kennzeichnend.

Dieser Wandel in der politischen Kultur – unter anderem das deutliche Schrumpfen von Parteibindungen und -neigungen, die Zunahme der Wechselwählerbereitschaft – haben einen Bedeutungsgewinn des Wahlkampfes mit sich gebracht. Denn wo langfristige Parteibindungen fehlen, im Downs'schen Sinne Wahlentscheidungen nutzenmaximierend sein sollen und die Beteiligung an Wahlen nicht mehr selbstverständlich ist, können Wahlkampagnen besonders viel bewirken. **Konversion**, die direkte Änderung der Wahlabsicht, ist dabei das ambitionierteste Ziel. Die Aktivierung und Bestärkung latent vorhandener Prädispositionen sowie die Mobilisierung von Stammwählern haben aber ebenso an Relevanz gewonnen (vgl. Holtz-Bacha 1999: 11).

Lektüretipp

- Beyme, Klaus von, *Parteien in westlichen Demokratien*, München/Zürich: Piper, 1984.
- Beyme, Klaus von, „Die Massenmedien und die politische Agenda des parlamentarischen Systems", in: *Öffentlichkeit, öffentliche Meinung und soziale Bewegungen*, hg. v. Friedhelm Neidhardt, Opladen: 1994, S. 320-336.
- Lipset, Seymour M./Rokkan, Stein, *Party Systems and Voter Alignments: Cross-National Perspectives*, New York/London: The Free Press, 1967.
- Sarcinelli, Ulrich, „Parteien- und Politikvermittlung: Von der Parteien- zur Mediendemokratie?" in: *Politikvermittlung und Demokratie in der Mediengesellschaft. Beiträge zur politischen Kommunikationskultur*, hg. v. Ulrich Sarcinelli, Bonn: Bundeszentrale für politische Bildung, 1998a, S. 273-296.

6.3 Massenmedien und Wahlentscheidungen

In modernen Wahlkämpfen wird vor allem versucht, mit zeitgemäßem Kommunikationsmanagement und einem breiten Arsenal an Kanälen das immer größer werdende Kontingent an unentschlossenen und Wechselwählern für die eigene Partei zu überzeugen und zudem die eigene Klientel zur Stimmabgabe zu mobilisieren. In modernen Gesellschaften führt der Weg in die Öffentlichkeit dabei vor allem über die Massenmedien. Moderne Wahlkämpfe sind durch eine „wachsende Komplexität der Interaktions- und Kommunikationsprozesse zwischen den beteiligten Akteuren gekennzeichnet" (Sarcinelli/Schatz 2002: 21).

Hinweis

In einer Vielzahl von Studien hat sich die Forschung deshalb mit den Kommunikationsprozessen zwischen Parteien/Kandidaten, Medien und Wählern beschäftigt. Dabei geht es zunächst um die Beziehungsspiele zwischen den politischen Akteuren und den Medien und dabei um die Frage, wer kann unter welchen Umständen wem seine eigene Handlungslogik aufzwingen? Erringen etwa die Parteien/Kandidaten durch die Anwendung bestimmter Kommunikationsstrategien Dominanz? Inwieweit können die politischen Akteure durch die Imitierung der Medienlogik die mediale Berichterstattung bestimmen?

Wir wollen uns zur Beantwortung dieser Fragen zunächst mit den Funktionen der Wahlkampfkommunikation beschäftigen, bevor wir moderne Strategien der (medialen) Wahlkampfführung betrachten.

Neben der Analyse des Verhältnisses zwischen politischen Akteuren und Medien gilt es eine zweite Dimension zu betrachten, die sich mit den medialen

Einflüssen auf den Wähler beschäftigt. Dabei ist immer die Rolle der politischen Akteure im Blickfeld zu behalten, denn Medien schöpfen aus diesen Quellen. Außerdem vollzieht sich zwar der Großteil der Wahlkampfkommunikation über die Massenmedien, diese sind aber in keiner Weise der alleinige Faktor für Wahlentscheidungen. Zunächst geht es deshalb darum, die Funktion von Wahlen in modernen Demokratien festzulegen.

6.3.1 Die demokratische Funktion von Wahlen: Legitimation

Das demokratische Ideal lebt von der Vorstellung einer gleichberechtigten Teilhabe freier Bürger an der politischen Willensbildung und am Prozess der Machtzuteilung: „Nur demokratische Wahlen können die allgemeine, gleichwertige und zudem auch mit vergleichsweise geringen sozialen Kosten verbundene Teilnahme aller am politischen Geschehen gewährleisten" (Geisler/Sarcinelli 2002: 43). Wahlen sind in ihrer grundsätzlichen Form der Weg, um Repräsentanten zu bestimmen. Wahlen erlauben es dem Volk, sich am politischen Prozess zu beteiligen und seine Repräsentanten zu bestimmen.

Wahlen ermöglichen einen bestimmten Grad der institutionalisierten Kommunikation zwischen den Repräsentanten und den Repräsentierten. Die Repräsentanten erklären in einem Wahlkampf, was in der vergangenen Legislaturperiode gut bzw. nicht so gut lief, welche Vorhaben für die nächste Periode geplant sind, und schildern dem potentiellen Wähler, warum dieser ihn wählen soll.

Wahlen üben drei zentrale Funktionen für demokratische Systeme aus: (1) Sie rekrutieren Personal für die Ämter der Staatsleitung, (2) sie verteilen Macht auf Regierung und Opposition und (3) sie sichern demokratischen Systemen Legitimation in dem Maße, in dem Bürger an ihnen teilnehmen und somit ihre Zustimmung zur Regierungsform *Demokratie* signalisieren.

Ad (1). Politische Ämter der Staatsleitung werden in Demokratien zeitlich befristet vergeben. Moderne Demokratien beruhen, so Sartori (1997: 119), auf repräsentativer Herrschaft: „Wahlen entscheiden keine Sachprobleme, sondern sie entscheiden, wer sie entscheidet". Wahlen sind nach seinen Vorstellungen also nicht in erster Linie Programm- oder Themenentscheidungen, sondern grundsätzlich Personalentscheidungen: Die **Wähler treffen Personalentscheidungen**, die Politik daran anschließend Programmentscheidungen.

Ad (2). **Wahlen verteilen in regelmäßigen Abständen politische Macht** auf Regierung und Opposition. Wahlen bieten den Wählern die Möglichkeit, die Arbeit der Regierung und der Opposition zu bewerten und zu beurteilen und bei gegebenem Anlass die Machtverhältnisse umzudrehen.

Ad (3). Die entscheidende Funktion von Wahlen ist die **Legitimationsfunktion**: Wahlen legitimieren die Machtausübung von Regierenden über die Regierten. „This legitimising process both mobilises the people for support of the regime and helps to engender positive attitudes among the governed, and in the process of legitimising the status quo, produces a degree of political stability" (Ball/Peters 2000: 155).

Doch welche Einschränkungen gibt es dabei, bzw. was entscheiden Wahlen nur in geringer Weise?

Die Auswahl von Kandidaten: Wie wählen Parteien Kandidaten aus? Welche Möglichkeiten haben Wähler, bereits bei der Auswahl von Kandidaten mitzubestimmen? In den meisten demokratischen Staaten entscheiden die Parteien selbst, welche Kandidaten sie aufstellen. Dies geschieht entweder über Mitglieder- bzw. Delegiertenwahlen oder über Beschlüsse bestimmter Parteigremien. Im Gegensatz dazu werden in den USA Vorwahlen („Primaries") abgehalten, in denen die Wähler bereits die Kandidaten für die darauf folgenden Wahlen bestimmen können. Dieses Mittel dient explizit dazu, die Parteien-Kontrolle bei der Nominierung von Kandidaten aufzuweichen.

Freies Mandat? In modernen Parteiendemokratien bedeutet die Auswahl eines Repräsentanten nicht etwa, dass dieser in seinen Entscheidungen an seine Wähler gebunden ist bzw. von diesen kontrolliert werden kann. Die Fraktionsdisziplin, die auf diesen ausgeübt wird (etwa durch die Androhung bei der nächsten Wahl von der Wahlliste gestrichen zu werden), macht den einzelnen Abgeordneten jedoch abhängig von seiner Partei.

Entscheiden Wahlen darüber, welche Regierung politische Macht erhält? In Ländern mit Proportionalwahlrecht wird die Entscheidung zwischen Regierungssitz und Oppositionsbank zu großen Teilen nach den Wahlen in Koalitionsverhandlungen von den Parteien selbst ausgehandelt. „Even in the liberal democratic states of Western Europe, the relative strengths of the political parties in coalition government decides the nature of the government, and the bargaining of the parties is as important as the election that produced the varying party strength" (155). Über die Machtverteilung zwischen Regierung und Opposition wird durch den Wählern fast nur in Ländern mit Mehrheitswahlrecht, zum Beispiel in Großbritannien entschieden.

Funktionen von Wahlkampfkommunikation

Wahlen und Wahlkämpfe sollen die Bürger bzw. das Publikum in erster Linie zum Wählen motivieren, denn Partizipation legitimiert das System der *Demokratie*. Wahlkämpfe und Wahlen erfüllen zwei Aspekte dieser Motivationsfunktion: die Ungewissheit des Wahlergebnisses und die Dramatisierung der Wahlentscheidung durch die Parteien/Kandidaten selbst (unter anderem *Es steht viel auf dem Spiel*, eine *historische Wahl, es ist noch nichts entschieden*). Wir kennen bei Wahlen nie deren Ergebnis bereits zuvor, Meinungsumfragen werden von den Parteien strategisch benutzt, um Spannung zu signalisieren: Für die Partei in Führung geht es darum, den Vorsprung zum Verfolger nicht zu groß werden zu lassen, um die eigenen Wähler zu mobilisieren und kein Gefühl des „Wir haben bereits gewonnen" aufkommen zu lassen. Die Partei im Rückstand muss potentielle Wähler davon überzeugen, dass ein Sieg noch möglich ist und eine Stimme keine vergeudete Stimme ist. Diese Aspekte haben eines im Sinne, nämlich die

Erzeugung von Spannung als Bedingung für hohe Aufmerksamkeit und erhöhte Partizipationsbereitschaft in der Wählerschaft. Wahlkämpfe sollen die Bürger politisch engagieren und zum Urnengang motivieren.

Diese Dramatisierung von Wahlkämpfen wird sowohl von der Politik als auch von den Medien betrieben, denn sie hilft beiden: Massenmedien tun dies primär aus Eigeninteressen (Einschaltquoten, Erzeugung von Aufmerksamkeit, Demonstration von Kompetenz), das politische System zieht daraus den Vorteil eventuell höherer Mobilisierung.

Schon immer bieten Wahlkämpfe den politischen Akteuren die Möglichkeit, sich selbst und ihre Positionen und Programme darzustellen und in der Öffentlichkeit sichtbar zu werden. Präsenz ist die Grundvoraussetzung dafür, dass man als (Wahl-)Option von den Wählern und den Medien überhaupt wahrgenommen wird.

Zitat

„Die Akteure müssen dann auf der Grundlage vorliegender Erkenntnisse jeweils entscheiden, was bei dieser öffentlichen Präsentation beteiligt sein soll, was im Vordergrund steht und was im Hintergrund verbleibt. Dabei geht es um Themen und Personen, um Programme und Visionen, aber auch um das ästhetische Erscheinungsbild der Partei, um Farben und Töne, um Lifestyle-Komponenten und Aufmerksamkeitsgeneratoren" (Dörner 2002: 24).

Die Wahlkampfkommunikation richtet sich ebenso an die jeweils eigenen Mitglieder (Binnenkommunikation von Parteien). Diese sollen motiviert und mobilisiert werden. Mitglieder dienen als Multiplikatoren, die in interpersonalen Kommunikationen andere Wähler überzeugen können. Die Relevanz interpersonaler Kommunikationen wollen wir nicht außer Acht lassen, und zwar auf zwei Ebenen: Demnach sind besonders in Kommunalwahlkämpfen die direkten Kontakte zwischen Kandidaten und Wählern in face-to-face-Interaktionen von hoher Bedeutung. Ebenso spielen die Diskussionen in interpersonalen Netzwerken bei der Wahlentscheidung eine große Rolle, bspw. als Ratgeber (vgl. Schenk/Rössler 1994; Schmitt-Beck 1998).

Bei der Mobilisierung der eigenen Mitglieder geht es in besonderer Weise darum, eine optimistische Grundstimmung zu vermitteln: Nur Akteure, die von den Erfolgschancen der eigenen Partei überzeugt sind, setzen sich mit ganzer Kraft ein.

Klassischerweise mobilisieren Wahlkämpfe ebenso die eigene Wählerklientel. Trotz der Auflösung klassischer Wählermilieus bilden diese immer noch einen wichtigen Grundstock für die Parteien, ohne den Wahlen nicht zu gewinnen sind.

Der Anteil der Stammwähler wird in Deutschland schließlich immer noch auf rund 40 Prozent geschätzt (vgl. Hüning/Otto 2002: 156-157).

Neben der Mobilisierung dieser Stammwähler geht es der Wahlkampfkommunikation in besonderer Weise darum, Unentschlossene und Wechselwähler auf ihre Seite zu ziehen. „Volatilität" so Beyme (1997: 373) „wird mit abnehmender Parteiidentifikation in westlichen Demokratien größer". In der Forschung sind diese Entwicklungen inzwischen „mehrfach belegt". Wurde „Anfang der 80er Jahre das Wechselwählerpotential auf 15 Prozent geschätzt, so sind es inzwischen 40 bis 50 Prozent" (Hüning/Otto 2002: 156-157). Die Tendenz ist steigend, denn demographisch betrachtet sterben die typischen Stammwähler bald aus (vgl. Alemann/Marschall 2002: 184).

Wahlkämpfe sind „Trendsetter" (Sarcinelli/Schatz 2002b: 429) für neue Formen der politischen Kommunikation. In Wahlkämpfen kommen neue Strategien zur Generierung von Aufmerksamkeit zur Anwendung, politisches Handeln wird dabei speziell auf Medienwirkung geplant.

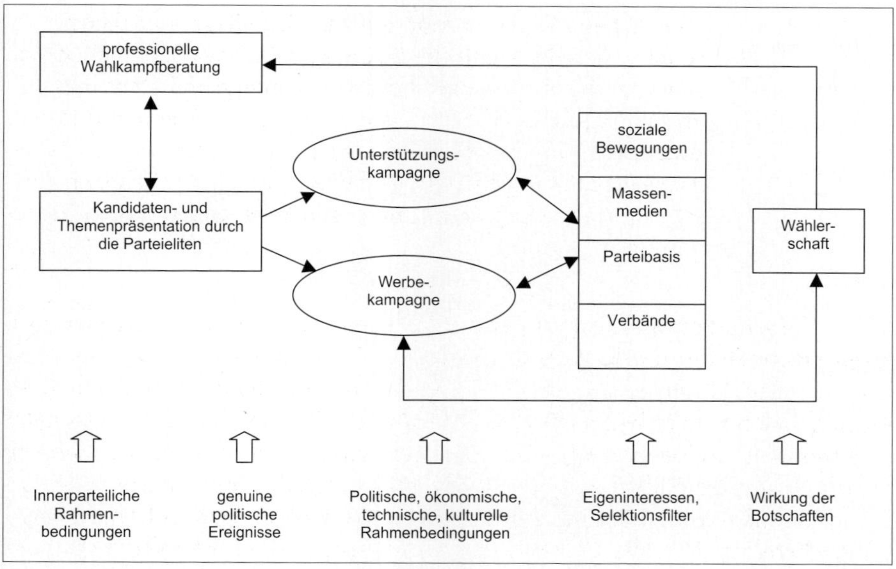

Abbildung 5: Politische Kommunikation im Wahlkampf.[10]

Einen Wandel in der Wahlkampfkommunikation erkennen wir sowohl auf der Ebene der kommunizierten Inhalte, als auch bei den beteiligten Akteuren: Kennzeichen der Modernisierung von Wahlkämpfen sind die zunehmende Mediaisierung, Personalisierung und Entideologisierung der Politikvermittlung von den Parteieliten an die Wähler.

---

10 Nach Niedermayer (2000: 2).

Wahlkampfkommunikation im Wandel: Amerikanisierung bzw. Modernisierung

Vor allem in Wahlkämpfen gilt es mit einem „erweiterten Kommunikationsarsenal und mit erhöhter Kommunikationsintensität dem gestiegenen Aktivierungsbedarf Rechnung zu tragen und auch das gewachsene Kontingent tendenziell partei-abstinenter Wähler zur Stimmabgabe zu bewegen“ (Geisler/Sarcinelli 2002: 54). In modernen Gesellschaften läuft diese Aktivierung und Mobilisierung in besonderer Weise über die Massenmedien, die die Realitätswahrnehmungen der Wähler weitgehend strukturieren.

Pippa Norris hat einen historisch-vergleichenden Blick auf den Einsatz von Wahlkampfstrategien und -instrumenten geworfen und dabei typologisch zwischen vormodernen, modernen und postmodernen Wahlkämpfen unterschieden, siehe dazu Tabelle 5.

Tabelle 5: Stufen der Modernisierung von Wahlkämpfen.[11]

	vormodern	**modern**	**postmodern**
Wahlkampf-Organisation	lokal und dezentral	national koordiniert	nationale Koordination, dezentrale Ausführung
Vorbereitungsphase	kurzfristige bzw. Ad-hoc-Wahlkämpfe	langer Wahlkampf	permanenter Wahlkampf
zentrale Koordination	Parteiführung	Wahlkampfzentralen, Rückgriff auf spezielle Berater und Parteifunktionäre	Auslagerung von Umfrageforschung, Beratern und spezialisierten Wahlkampf-Abteilungen
Rückkopplungen	örtliche Hausbesuche (‚Klinkenputzen')	Bevölkerungsumfragen	Bevölkerungsumfragen, Beobachtung sog. Fokusgruppen, Internet
Medien	regionale und überregionale Presse. Lokal: Handzettel, Poster und Wahlkampfschriften, Radioansprachen	Fernsehpräsenz in breitenwirksamen Kanälen	Zielgruppenspezifische Medienarbeit durch fragmentierte Medienkanäle, gezielte Werbung, gezielte Ansprache des Publikums (Direct Mailing)
Wahlkampf-Events	öffentliche Versammlungen, eingeschränkte Wahlkampf-Tourneen	Medienmanagement, tägliche Pressekonferenzen, TV-Werbung, Fototermine	Ausweitung des Medienmanagements auf ‚Routine'-Politik, Reden und politische Initiativen
Kosten	niedriges Wahlkampfbudget	höhere Produktionskosten für Fernsehspots	Kostensteigerung für Beratung, Forschung und Fernsehspots

[11] Nach Norris (1997: 3; nach Geisler/Tenscher 2002: 60).

Moderne Wahlkampfkommunikation trifft auf spezielle Strukturen besonders in der politischen Öffentlichkeit und den Massenmedien: Als Schlagworte seien die fortschreitende Expansion und Kommerzialisierung des Mediensystems, das Aufkommen interaktiver Medien sowie die Dominanz von Fernsehen und Unterhaltungsformaten genannt.

Tabelle 6: Medienwandel und Folgen für die Wahl.[12]

Medien-Wandel	Folgen für den Wahlkampf der Parteien und Kandidaten	Folgen für das Wählerverhalten
Expansion	mehr Kanäle und Darstellungsmöglichkeiten für die Kampagnenkommunikation; mehr mediale als personale Kommunikation; genauere Zielgruppenansprache; höhere Kosten für den Medieneinsatz; höhere Anforderungen an das Kampagnen- und Kommunikationsmanagement; Outsourcing von Teilen des Kampagnenmanagements *Professionalisierung*	Kontakt mit vielen verschiedenen Formen der Wahlkommunikation; mehr Kontakt mit medialer als mit personaler Kommunikation; die Kampagne spricht auch früher nur schwer erreichbare Wählergruppen an; höhere Selektivität und Spezialisierung der Mediennutzung verschiedener Zielgruppen *Fragmentierung*
Dominanz des Fernsehens; **Dominanz der Unterhaltungsformate**	Politikdarstellung orientiert sich am Fernsehen; Inszenierung/-Medialisierung von Ereignissen; Fernsehkampagne im Zentrum des Wahlkampfs *Personalisierung*	Wahlkampf wird vor allem durch das Fernsehen vermittelt (‚television dependency'); starke Mobilisierung auch der Unpolitischen durch die Fernsehkampagne; Wahlkampf erscheint als Kandidatenwettstreit (‚game schema'); Wahlkampfstil ist wichtiger für die Wahlentscheidung als Parteiorientierung bzw. Parteiprogramme; Fernsehen prägt das Kandidaten-Image
Stilwandel des politischen Journalismus; **negatives Meinungsbild der Politik**	Instrumentalisierung der Medien Angriffswahlkampf (‚negative campaigning'); Diskreditierung des politischen Gegners	Verdüsterung des Politikbildes; Vertrauensverlust politischer Institutionen; Abnehmende Wahlbeteiligung *Politikverdrossenheit*

In modernen und postmodernen Wahlkämpfen beobachten wir eine wachsende Bedeutung der Massenmedien und der Demoskopie bei der Interessenvermitt-

[12] Nach Schulz (2003: 436).

lung von Wählern an Parteieliten sowie eine zunehmende **Professionalisierung** des gesamten Kommunikationsmanagements. Denn politische Kommunikation im Rahmen von Wahlkämpfen ist nicht einseitig mit der Vermittlung politischer Botschaften an die Bürger gleichzusetzen. Sie enthält auch das Element der Vermittlung von Bürgerinteressen an die politischen Akteure. Die in demokratischen Gesellschaften normativ gebotene Rückbindung politischer Entscheidungen an die Interessen der Bürger gerät gerade in Wahlkampfzeiten unter die Maxime der politischen Konkurrenz: Interessenvermittlung aus Sicht des Wahlkampfmanagements bedeutet nämlich primär die möglichst vollständige Sammlung von Informationen über Orientierungs- und Verhaltensänderungen als Grundlage der laufenden Kampagnenevaluation.

Dies erfordert jedoch in zunehmenden Maße Fähigkeiten, die nicht mehr ausschließlich in den Parteien selbst rückgefragt werden können. Aufgaben wie die demoskopische Beobachtung, der strategische Einsatz und die Planung des Medieneinsatzes und die Abdeckung neuer Medien werden deshalb mehr und mehr an externe Experten übertragen.

Ebenfalls ein zentraler Faktor der Professionalisierung ist die Ansprache klar definierter Zielgruppen. Finanzstarke Parteien setzen dabei verstärkt auf *Direct Mailings* oder *Direct Callings*, finanzschwächere Parteien versuchen ihre Medienarbeit und die Auswahl bestimmter Medienformate auf ihre Zielgruppendefinitionen hin anzupassen. Dabei gewinnen die neuen Medien immer stärker an Bedeutung. Diese sollen zudem die Modernität der eigenen Wahlkampf-Führung symbolisieren oder zumindest inszenieren. „Aus Sicht der Parteien scheint das Motto zu lauten: ‚Wer nicht online ist, ist auch nicht en vogue'" (Geisler/Tenscher 2002: 109).

Ein weiteres Kennzeichen moderner Wahlkämpfe und deren Professionalisierung ist der dauerhafte Versuch, medien- und besonders fernsehgerechte Ereignisse für die Berichterstattung zu inszenieren, von täglichen Pressekonferenzen, der Einweihung von modernen Wahlkampfzentralen bis hin zu Parteitags-Shows und weiteren Großveranstaltungen. Bei der Schaffung von medialen *Pseudoereignissen* (Boorstin 1961) handelt es sich um strategisch inszenierte Kommunikationsanlässe, die gezielt auf die Bedürfnisse einer Medienöffentlichkeit zugeschnitten werden, um Aufmerksamkeit durch publikums- und medienadäquate Dramatisierung zu generieren.

Dabei steht vor allem die medien- und wählerattraktive Präsentation der Kandidaten und wichtiger Programmthemen im Vordergrund. Das Ziel der Wahlkampfstäbe ist es, Kandidaten- und Parteiimages in den Vordergrund zu stellen und diese mit der medialen Themenagenda zu synchronisieren. Hierbei wird vor allem von den Kampagnenplanern darauf geachtet, die mediale Berichterstattung durch die Thematisierung bestimmter politischer Inhalte gezielt zu beeinflussen. Politische Kommunikationsberater, sog. *Spin Doctors,* sollen für den richtigen *Dreh* in der Berichterstattung sorgen. Deren Aufgabe ist es, den „Journalisten eine einheitliche und für ihren Kandidaten positive Interpretation der Wahlkampfdebatte bzw. -inszenierung zu vermitteln" (Esser 2000: 17).

Im Gegenzug ist es ebenso **Ziel der Wahlkampfstäbe**, die gegnerischen Kandidaten zu *beschädigen*, also **Negative Campaigning** zu betreiben: „Grundziel des Negative Campaigning ist eine Politisierung, mit deren Hilfe der politische Gegner diffamiert und gleichzeitig die eigene Position als Gegenpol charakterisiert wird" (Jakubowski 1998: 404). Die Medien sind dabei eher Mitspieler denn treibende Kraft. In Mitteleuropa spielen diese Tendenzen zwar noch eine untergeordnete Rolle, in den USA ist dies jedoch gängige Praxis: „Nicht zuletzt wegen der schrillen Töne und der ausgesprochen ‚feindseligen' *attack ads* [...] ist die amerikanische Öffentlichkeit ideologisch so polarisiert wie kaum jemals zuvor" (Wimmer 2000: 598).

6.3.2 Die Rolle der Massenmedien bei Wahlentscheidungen

Zitat

„Unfortunately for the students of politics, there is little agreement among political scientists on the reasons why voters prefer one individual or party to the alternatives. Therefore we are faced with numerous, though not always conflicting, theories and models that purport to explain electoral behavior" (Ball/Peters 2000: 156).

Warum ist es so schwierig, das Verhalten von Wählern und deren Präferenzen zu beschreiben? Gesellschaftliche Veränderungen und Modernisierungprozesse machen Wahlentscheidungen zu einem immer komplexeren Akt. Frühere Sicherheiten der Prognose wurden in den vergangenen Jahren zu Unwägbarkeiten: Die steigende Säkularisierung schwächt die Bedeutung der Religion für die Wahlentscheidung, Klassen- und Schichtstrukturen haben sich über die Jahre geändert oder sogar aufgelöst. Ebenso haben die veränderten Geschlechterrollen zu weiteren Unsicherheiten bei der Erklärung des Wahlverhaltens geführt.

In der traditionellen Wahlforschung fristeten die Massenmedien bzw. die Medienberichterstattung als Erklärungsfaktor lange Zeit ein Schattendasein (vgl. Kaase 1986; Schönbach 1987). Allerdings stehen die Massenmedien auf der anderen Seite immer wieder im Mittelpunkt politischer Erklärungsversuche, wenn es darum geht, Wahlausgänge zu interpretieren. Mal wird die Berichterstattung des Fernsehens für (knappe) Niederlagen verantwortlich gemacht, mal werden Wahlsiege auf die Unterstützung von Medien zurückgeführt. Noelle-Neumann (1999) machte die Berichterstattung der Medien für die Niederlagen der Unions-Parteien bei den Bundestagswahlen 1976 und 1998 (mit-)verantwortlich. Journalisten hätten die Wirtschaftslage 1998 schlechter dargestellt als sie war, was zur Abwahl der Kohl-Regierung aus CDU/CSU und FDP geführt habe. In Großbritannien wurde etwa Tony Blairs Wahlsieg 1997 auf die Unterstützung selbst konservativer Zeitungen zurückgeführt und in den USA gelten die Massenmedien spätestens seit der Fernsehdebatte zwischen John F. Kennedy und Richard Nixon 1960 in der Öffentlichkeit als wahlentscheidend.

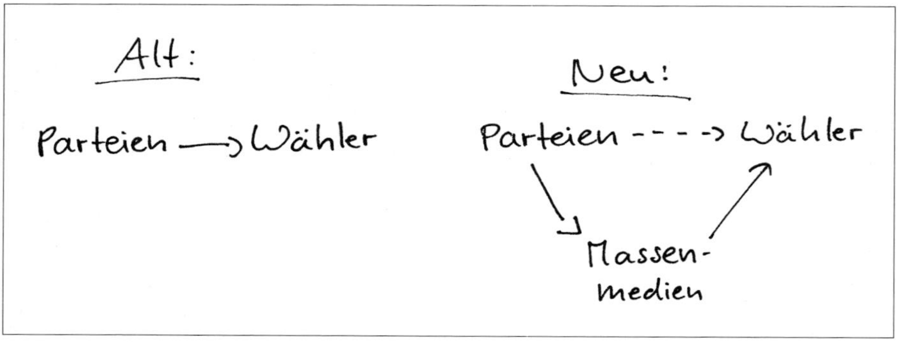

Skizze 15: Die Rolle der Massemedien bei Wahlentscheidungen.

Während also die Politik insbesondere dem Fernsehen immer wieder einen großen Einfluss auf das Stimmverhalten der Bürger zuschreibt und die Politik selbst während Wahlkämpfen größtes Augenmerk auf die mediale Berichterstattung legt, spielen Journalisten und Medienmacher ihren Einfluss naturgemäß ebenso herunter wie die Wahlforscher. Dabei wurde immer wieder auf die langfristigen Überzeugungen der Menschen verwiesen, die zu stark wären, um durch Medienberichterstattung verändert werden zu können (vgl. Merten 1983; Schönbach 1983).

Erklärung

Hier sind wir nun aber an einem Punkt angelangt, in dem wir uns wieder die verschiedenen **Wirkdimensionen der Medien** in Erinnerung rufen sollten. Medienwirkungen sind nicht nur dann angezeigt, wenn individuelle Überzeugungen geändert werden. Wir sprechen von Medienwirkungen in den verschiedensten Nuancen, bei unterschiedlichen Medien und in unterschiedlichen Wählersegmenten: „Pauschale Urteile sind ein Charakteristikum der politischen, gelegentlich auch der wissenschaftlichen Diskussion über DIE Wirkung DER Medien auf DAS Wählerverhalten. Dabei ist eigentlich selbstverständlich, dass zwischen unterschiedlichen Wirkungen unterschiedlicher Medien in unterschiedlichen Wählersegmenten unterschieden werden muss“ (Brettschneider 2005: 474).

Wir wollen dabei die empirisch kommunikationswissenschaftlich orientierten, soziologischen und sozialpsychologischen Ansätze ebenso beschreiben wie die politikwissenschaftlichen Perspektiven.

Soziologische Modelle der Kommunikationswissenschaft: Lazarsfeld, Berelson und Klapper

Wie bereits in Kapitel 1.5.1, Seite 32ff beschrieben war die empirische Medienwirkungsforschung in ihren Anfängen Ende der 1930er Jahre reine Propagandaforschung. Anhand des Stimulus-Response-Modells ging man davon aus, dass Botschaften direkte Wirkungen bei allen Rezipienten hervorrufen würden (vgl. Hovland et al. 1953). Diese Propaganda-Ansätze erwiesen sich als recht erfolgreich und deshalb hatten Paul Lazarsfeld und seine Kollegen Bernard Berelson und Hazel Gaudet die Idee, diese starken Medienwirkungen auch für den US-amerikanischen Präsidentschaftswahlkampf 1940 nachzuweisen: „Schließlich gebe es auch in Wahlkämpfen einen Stimulus – nämlich die Berichterstattung der Massenmedien und die von ihnen transportierten Botschaften der Parteien. Die dazu gehörige Wirkung wurde im Einstellungswandel der Rezipienten vermutet" (Brettschneider 2005: 475). Diese Studie ging als „The People's Choice" in die Geschichte der Wahlforschung und der Medienwirkungsforschung als der erste Versuch ein, Medienwirkungen systematisch empirisch zu erfassen.

Einen Propagandaeffekt konnten Lazarsfeld und Kollegen in ihrer Studie aber nicht feststellen. Massenmedien, so zeigten ihre Ergebnisse, hatten vor allem einen verstärkenden Effekt, Änderungen des Wahlverhaltens riefen sie nur kaum hervor. Lazarsfeld und Kollegen (1944: 27) gingen davon aus, dass soziale Charakteristika wie sozioökonomischer Status, Religion und Wohnort bestimmte politische Vorlieben bereits früh im Wahlkampf voraussagen ließen: „A person thinks, politically, as he is, socially. Social characteristics determine political preference". Die Forscher teilten Wähler in vier Gruppen ein: *Partisans, Crystallizers, Waverers* und *Party Changers. Partisans,* die mehr als die Hälfte aller Wähler ausmachten, wurden als eindeutige Parteigänger charakterisiert. Auch die *Crystallizers* waren aufgrund klarer Parteipräferenzen – die sich bei beiden Gruppen aus ihrem soziokulturellen Milieu erklären ließen – durch massenmediale Berichterstattung nicht zu einer Einstellungsänderung zu bewegen. Beide diese Gruppen zeichneten sich durch hohes Interesse am Wahlkampf und durch hohe Mediennutzung aus. Medien wurden aber vor allem dazu genutzt, um die eigene Meinung und Präferenz zu bestärken. Diese selektive Zuwendung und selektive Wahrnehmung von Botschaften verstärkten die vorhandenen Prädispositionen: „The more strongly partisan the person, the more likely he is to insulate himself from contrary points of view" (89). Bei den *Crystallizern* diente die Medienberichterstattung vor allem zur Aktivierung latent vorhandener Einstellungen, Einstellungsänderungen hingegen waren nur sehr selten und zeigten sich höchstens in einer Stimmenthaltung.

Waverers und *Party Changers,* die über keine fest gefügten Prädispositionen verfügten und ein geringes politisches Interesse an den Tag legten, zeigten ebenfalls keine Beeinflussung durch die Medienberichterstattung. Zwar nutzten sie die Medien nicht so selektiv wie die anderen beiden Gruppen dies taten, aber deutlich seltener: „The people who were most open to conversion [...] read and listened least" (477). Diese Gruppen ließen sich besonders durch interpersonale Kommunikationsnetzwerke und weniger durch die Medien beraten. In seiner Interpretation verknüpfte Lazarsfeld auf der Basis dieser Ergebnisse die informelle mit der Massenkommunikation.

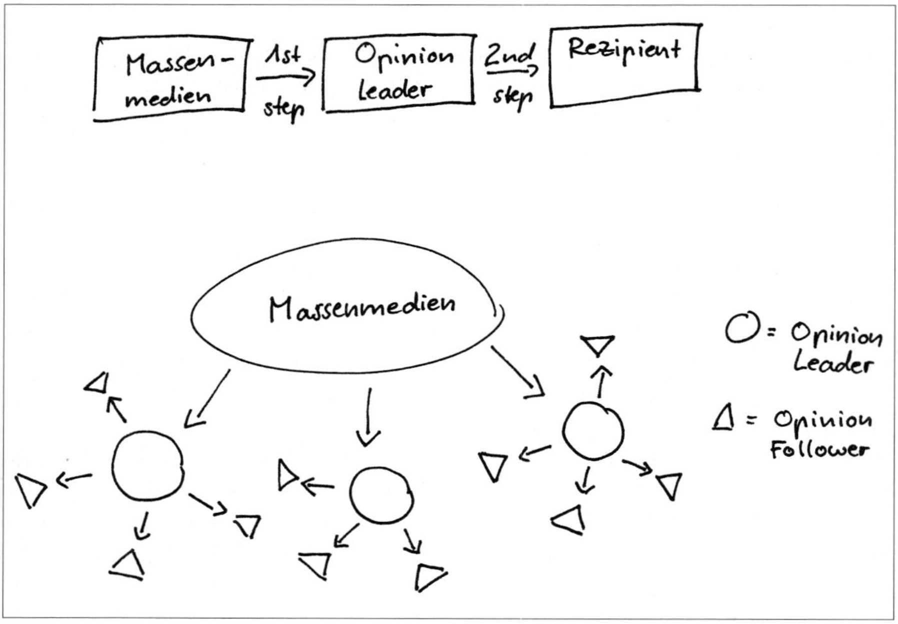

Skizze 16: Two-Step-Flow of Communication.

Nach dem Zweistufenfluss der Kommunikation (*Two-Step-Flow of Communication*) wirken die Massenmedien zweistufig: „(1) Opinion-Leader werden von den Medien erreicht und beeinflusst und (2) Opinion-Leader geben diesen Einfluss weiter an die Opinion-Follower, die sich davon beeinflussen lassen" (Merten 1999: 362).

Diese Ergebnisse zeigten also wirkungsschwache Medien und souveräne Rezipienten. In der Forschung wird dieses Paradigma bis in die 1970er Jahre als Modell der *minimal effects* (Klapper 1960) bezeichnet. Die Kernidee war, dass die Menschen aktiv in den massenmedialen Kommunikationsprozess eingreifen, Botschaften selektiv auswählen und Wirkungen der Medien eher durch die Merkmale des Publikums selbst als durch die Botschaft bestimmt werden. Massenmedien würden somit primär bestehende Einstellungen verstärken und nur selten Einstellungsänderungen hervorrufen. Das Wirkpotential der Medien bliebe aber, so die These, bei noch nicht eingeführten Themen hoch, bei denen die Rezipienten noch kaum fest gefügte Einstellungsstrukturen besitzen. So wurden die Massenmedien in den folgenden Wahlstudien zu den US-amerikanischen Präsidentschaftswahlen der 1950er und 1960er als Einflussfaktoren weitgehend ignoriert und ausgeblendet. Berelson und Kollegen (1954: 248) notierten in der 1954 veröffentlichten Studie „Voting“ dazu: „The people who do more reading and listening are less likely to change parties and more likely to vote. Media exposure gets out the vote at the same time that it solidfies preferences. It crystallizes and reinforces more than it converts“.

Diese Ergebnisse von einer schwachen Rolle der Massenmedien für Wahlentscheidungen prägten die Vorstellungen bis in die 1970er Jahre.

Politikwissenschaftliche Ansätze zur Erklärung des Wahlverhaltens

Die Politikwissenschaft argumentierte zur selben Zeit mit der (1) Parteiidentifikation, die grundsätzlich für Wahlverhalten verantwortlich war und in späterer Folge mit einem (2) soziologischen Ansatz, auf dem Lazarsfeld und Kollegen ihre Studie aufgebaut hatten, während die politische Ökonomie mit dem (3) Rational-Choice-Ansatz von Anthony Downs arbeitete. Diese Ansätze lassen sich mit den in Kapitel 2.1.3, Seite 56f beschriebenen jeweiligen Dominanzkonstruktionen im politischen Prozess erklären. In den 1950er und 1960er Jahren hatten wir beispielsweise das *Golden Age of Parties* beschrieben.

Ad (1). In den 1950er und 1960er Jahren war das **Parteien-Identifikations-Modell** das populärste Modell, um Wahlverhalten zu erklären. „In most liberal democracies stability, not change, characterised the behaviour of the electorate and surveys revealed a high level of allegiance to specific political parties“ (Ball/Peters 2000: 157). Diese Zeit war noch charakterisiert durch starke Bindungen der Bürger an bestimmte Parteien (*Partisan Voters*). Diese Bindungen waren durch Schichtzugehörigkeit determiniert. Zwar gab es schon damals das Phänomen der Wechselwähler, diese Gruppe war aber zu klein, um destabilisierend auf das Wahlergebnis zu wirken.

Spätestens seit den 1980er Jahren ist es aber offensichtlich, dass auf Parteienidentifikation basierendes Wahlverhalten nicht mehr länger der alleinige Erklärungsfaktor für Wahlen sein kann. Politikwissenschaftler sprechen von einer Entfremdung der Wähler von Parteien (*Partisan Dealignment*). Das Wahlvolk ist beweglich, wenn nicht gar flüchtig: Wähler wechseln oftmals ihr Wahlverhalten.

Dies bedeutet aber nicht, dass Parteien keine Bedeutung mehr für den Wahlkampf und die Erklärung von Wahlverhalten haben. Parteien erarbeiten Wahlprogramme, platzieren zentrale Issues in diese Programme, nominieren Kandidaten, präsentieren ihre Angebote in strategischen Kommunikationen den Wählern und mobilisieren ihre Stammwählerschaft.

Ad (2). Der **soziologische Ansatz** setzt die Gruppenzugehörigkeit eines Wählers in den Mittelpunkt: die soziale Klasse, religiöse, regionale und ethnische Zugehörigkeiten, Alter und Geschlecht des Wählers. Diese Herangehensweise identifiziert lediglich Korrelationen zwischen sozialen Gruppen und deren Wahlverhalten, macht aber keine Kausalaussagen darüber (sagt also nicht, Wähler A wählt Partei A, weil er in Gruppe A verortet ist). In den ersten Studien zur Wahlforschung waren soziale Gruppen ein starker Indikator für bestimmte Wahlabsichten.

Genauso wie das Modell der Parteiidentifikationen ist es ebenso sozialem und gesellschaftlichem Wandel unterworfen, der die Eindeutigkeit dieser Gruppenzugehörigkeiten verwischt hat und in den vergangenen 20 Jahren das Verhältnis von Gruppe und Wahlverhalten geschwächt hat. „This has produced an argument among political scientists as to whether this weakening correlation is the result of voters simly ceasing to vote along class lines (class dealignment) or whether the class structure itself in these societies is in a process of change“ (161).

Beispiel

Der soziologische Ansatz liefert unter anderem folgende Einzelergebnisse:

Der Faktor **Religion** ist immer noch ein wichtiger Indikator für Wahlmuster, obwohl der Einfluss schwächer wurde. In vorwiegend katholischen Ländern wie Italien oder Österreich ist eine große Unterstützung religiöser Personen für die Christlich Demokratischen Parteien festzustellen. Und auch in Deutschland und den Niederlanden, in denen der Protestantismus gleichberechtigt dem Katholizismus gegenübersteht, gibt es immer noch starke Korrelationen zwischen religiöser Loyalität und der Stimmabgabe für konfessionelle Parteien.
Ähnlich lässt sich das Wahlverhalten mit dem Faktor **Alter** in bestimmten Bereichen erklären. Grundsätzlich lässt sich dabei ablesen, dass ältere Menschen eher konservative Parteien wählen. Weiterhin kann man beobachten, dass es bemerkenswerte Unterschiede zwischen Altersgruppen bei Parteipräferenzen gibt. Dies zeigt sich besonders bei grünen und alternativen Parteien, die ein jüngeres Wählerspektrum ansprechen.

Ad (3). **Rational-Choice**: Wähler sind Nutzenmaximierer. Wähler entscheiden sich wie Konsumenten auf dem Markt. In Marktsituationen vergleicht der Kunde das ihm zur Verfügung stehende Angebot anhand bestimmter Merkmale (Kosten, Qualität) und entscheidet sich für das Produkt, das ihm ökonomisch am sinnvollsten erscheint. Ebenso funktioniert, so Anthony Downs (1957a; 1957b), auch der politische Markt, die Wahl. Der Wähler sammelt die Informationen, die für seine Entscheidung wichtig sind; er tut dies vor allem aus den Medien, sowie durch Gespräche, Diskussionen oder Vorerfahrungen. Soziale Positionen oder die Loyalität zu Parteien sind in Downs Modell weniger wichtig, die Befriedigung der individuellen Interessen des Wählers steht im Vordergrund.

Im Mittelpunkt der Wahlentscheidung stehen dabei Issues. Wähler gewichten für sich selbst die Wichtigkeit bestimmter Issues und evaluieren dann, welche

Partei bzw. Kandidat am besten in das individuelle Spektrum passt. „For many electors [...] certain issue will be very important, regardless of what macro-issues dominate the campaign. Such electors as a result of their permanent preoccupations will vote for the same party all the time – often as part of a cohesive social group concerned with the same issue" (Budge/Farlie 1983: 41).

In diesen politikwissenschaftlichen Perspektiven finden wir teilweise die Einbindung von Medien und massenmedialer Vermittlung zur Erklärung von Wahlentscheidungen wieder. In seiner gesamten Dimension erfasst ist der mediale Einfluss in diesen Ansätzen aber nicht. Diese Perspektiven befassen sich zwar weitläufig damit, dass Parteien Angebote an den Wähler machen. Wie die Vermittlung dieser Angebote aber vonstatten geht, ist nicht von vorrangiger Bedeutung. Rufen wir uns in Erinnerung: Das Ziel jedes Wahlkampfes ist es, Stimmen zu maximieren. Diese Stimmenmaximierung wird in aller Regel durch kommunikative Strategien versucht zu erreichen. Wahlkämpfe sind also primär kommunikative Veranstaltungen, in denen Parteien und Kandidaten ihre potentiellen Wähler davon zu überzeugen suchen, dass sie die beste Alternative bieten. Wenn Wahlkämpfe also in erster Linie Kommunikationsprozesse sind, dann ist es plausibel, dass diese in modernen Gesellschaften zu großen Teilen über die Massenmedien geführt werden. „Die ‚großen Wahlen' sind von den Parteien schon im 19. Jahrhundert maßgeblich in der jeweiligen Lagerpresse vorbereitet worden, und heute ist es nicht übertrieben, wenn man Wahlkämpfe primär als Medienereignisse betrachtet" (Dörner 2002: 21).

Sozialpsychologische Modelle der Wahlentscheidung: Persuasion, Realitätskonstruktion, Agenda-Setting und Priming

Ende der 1960er Jahre reagierte die kommunikationswissenschaftliche Wahlforschung wieder auf diese Argumente und befasste sich in einem veränderten Umfeld mit der Rolle der Medien für Wahlentscheidungen. Das bekannteste Beispiel ist die Chapel-Hill-Studie von Maxwell McCombs und Donald Shaw im Jahre 1968. Diese war grundlegend für die Agenda-Setting-Forschung (siehe Kapitel 1.5.3, Seite 37ff).

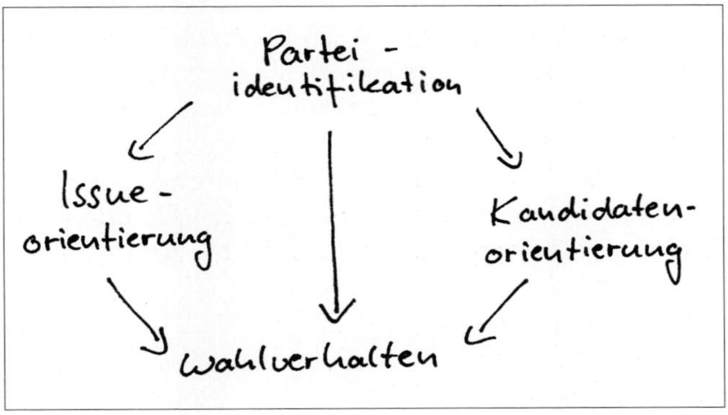

Skizze 17: Sozialpsychologisches Modell der Wahlentscheidung.

Parteiidentifikationen, verstanden als langfristig relativ stabile psychologische Bindung an eine Partei, bilden trotz nachlassender Gruppenbindungen das Grundgerüst dieser Überlegungen. Daneben existieren aber auch kurzfristigere Einflüsse auf das Wählerverhalten, nämlich Themen- und Kandidatenorientierungen. Die Stimmabgabe einiger Wähler hängt davon ab, welche Politikfelder für sie wichtig sind und welcher Partei und welchem Kandidaten sie die größere Problemlösungskompetenz in diesen Politikfeldern zutrauen, welchem Kandidaten sie die größeren Führungsqualitäten attestieren und welchen Spitzenpolitiker sie für glaubwürdiger halten (vgl. Brettschneider 2005: 480).

Am wenigsten anfällig für Medieneinflüsse zeigt sich die Parteiidentifikation. Wer sich einer Partei sehr nahe fühlt oder sogar deren Mitglied ist, nutzt Medien wahrscheinlich sehr selektiv, Effekte zeigen sich vor allem bei der Aktivierung oder der Verstärkung von Präferenzen. Anders verhält es sich bei Kandidaten- und Themenorientierungen. Relevante Informationen zur Beurteilung von Themen und Kandidaten können aus verschiedenen Quellen kommen, zum Beispiel aus langfristigen Parteibindungen, direkten Umweltbeobachtungen (wie im Umfeld wahrgenommener oder eigener Arbeitslosigkeit) oder eigenem Erleben von Kandidaten. „Als sich Wähler noch in sozial und politisch homogenen Gruppen bewegten, war die interpersonale Kommunikation für ihre Meinungsbildung von größerer Bedeutung als heute. Auch stellten Gespräche mit anderen die Hauptquelle für wahlrelevante Informationen dar. Heute hingegen werden die wahlrelevanten Eindrücke überwiegend durch die Medienberichterstattung vermittelt" (Brettschneider 2005: 483).[13] Parteien versuchen die für sie relevanten Themen und Deutungsrahmen vor allem in den Medien zu platzieren (vgl. Schmitt-Beck/Pfetsch 1994: 1994).

Medieneinflüsse auf Themenorientierungen. Insgesamt betrachtet sind direkte und **persuasive Medienwirkungen** auf Themenorientierungen eher unwahrscheinlich. Sie sind lediglich in solchen Situationen möglich, wenn ein Thema neu auf der politischen Agenda angekommen und noch nicht mit grundlegenden politischen Einstellungen verknüpft ist. Die selektive Wahrnehmung der Rezipienten ist in diesen Situationen seltener, das Orientierungsbedürfnis und dadurch die Mediennutzung aber ungleich höher, weil das Thema noch unbekannt ist und für den Einzelnen noch nicht nach den programmatischen Codes seiner Partei bearbeitet ist (vgl. Brettschneider 2005: 484; Noelle-Neumann/Kepplinger 2004).

Einen indirekten Effekt auf die Wahlentscheidung der Bürger nehmen die von ihm wahrgenommenen Eindrücke über die den Bürger umgebende **Realität**. Di-

---

13 „Candidate images and campaign issues conveyed by the news media become important determinants of voting decisions. [...] The media have emerged to fill the power vacuum created by the declining influence of political parties and have become a pivotal corner of the candidate-media-voter triangle, the so called ‚golden-electoral-triangle" (King 1997: 27).

ese wird vornehmlich durch die Medienberichterstattung geprägt (vgl. Schulz 1989, 1990 [1976]). Es geht dabei nicht darum, dass Medien eine Partei für ein Sachthema als kompetent oder inkompetent bewerten. Vielmehr werden durch die mediale Berichterstattung Eindrücke von dieser Realität geprägt, die dann für die Bewertung der Partei oder des Kandidaten von Vorteil oder Nachteil sein könnten. Dies geschieht besonders bei Themen, die weit oben auf der politischen Agenda angesetzt sind, wie etwa Arbeit oder Wirtschaft. Die positive Wahrnehmung bzw. mediale Darstellung der Wirtschaftslage hilft dabei oftmals der amtierenden Regierung (vgl. Brettschneider 2005: 484). Das gegenteilige Beispiel haben wir weiter vorne geschildert: Die Niederlage der Kohl-Regierung 1998 führte Noelle-Neumann auf die negative mediale Berichterstattung über die Wirtschaftslage zurück (vgl. Noelle-Neumann et al. 1999). Oftmals reagieren Regierungen auf diese Darstellung mit kurzfristigen politischen Maßnahmen (etwa Arbeitsbeschaffungs-Programmen) oder sie verweisen auf externe Einflüsse (Weltwirtschaft, Globalisierung). Die Opposition versucht diese Versäumnisse als hausgemacht darzustellen: Der Kampf um die mediale Interpretationshoheit im Wahlkampf beginnt.

Die Medienberichterstattung kann sich also auch dann auf die Wahlchancen der Parteien auswirken, wenn sie die Parteien und ihre Kandidaten selbst gar nicht bewertet. Medieneffekte kommen hier zustande, weil die Berichterstattung in wichtigen politischen Sachfragen die Wahrnehmungen der Bevölkerung prägt. Und es sind unter anderem diese Wahrnehmungen, auf denen die Wahlabsicht der Bürger basiert.

Mediale Realitätskonstruktionen stellen im Hinblick auf das Wählerverhalten aber noch nicht die wichtigste Medienwirkung dar. Eine Stufe höher verorten wir indirekte Medieneffekte durch Agenda-Setting und Priming. Auch diese beruhen nicht auf wertenden Aussagen der Medien über Parteien und Kandidaten. Beide Konzepte haben wir bereits in Kapitel 1.5.3, Seite 37ff beschrieben.

Grundlegend für das Verständnis der **Agenda-Setting-Funktion der Medien** ist, dass diese durch Häufigkeit und Platzierung die Wichtigkeit eines Themas für die Bevölkerung bestimmen können. Im politischen Zusammenhang ist ebenso grundlegend, dass Agenda-Setting häufiger bei solchen Themen auftritt, die die Menschen weitgehend nicht direkt beobachten. Dabei ist die Thematisierungsfunktion der Medien dann am häufigsten, wenn die Berichterstattung konsonant ist. Welche Themen die mediale Berichterstattung vor Wahlen dominieren (Agenda-Setting), ist für den Wahlausgang von erheblicher Bedeutung.

Priming wiederum bedeutet, dass die Medien durch die Häufigkeit der Berichterstattung über einzelne Themen oder Aspekte das Gewicht festlegen, das diese Themen oder Aspekte bei der Bewertung von Parteien oder Kandidaten durch die Wähler besitzen. Menschen überlegen sich bei ihrer Beurteilung einer Partei oder eines Kandidaten also meist nicht, wie kompetent die Parteien jeweils in den verschiedenen Politikfeldern sind, um darauf aufbauend ein Gesamturteil zu treffen, sondern sie beurteilen die jeweiligen Kompetenzen der Parteien in dem

Themenfeld, das zum Zeitpunkt der Bewertung auf der politischen Agenda und der öffentlichen Debatte für am wichtigsten erachtet wird. Welches Thema dies ist, entscheiden die Medien über ihre Agenda-Setting-Funktion mit. Brettschneider (2005: 489) verweist dabei auf den deutschen Bundestagswahlkampf 2002:

Zitat

„In dem Maße, in dem die Medien das Thema Außenpolitik – insbesondere die Haltung einer deutschen Beteiligung an einem damals hypothetischen Angriff der USA auf den Irak – an Bedeutung gewann, maß auch die Bevölkerung diesem Thema eine wachsende Bedeutung bei. Dies nützte der amtierenden Regierung, da ihr die Bevölkerung im Monat vor der Wahl in diesem Themenfeld die größere Problemlösungsfähigkeit zuschrieb. Drei Monate früher, im Juli 2002, als die Themen Wirtschaftspolitik und Arbeitslosigkeit die Medien-Agenda beherrschten, profitierte davon hingegen die Union. Sie wurde in diesen Themenfeldern als kompetenter angesehen“.

Medieneinflüsse auf Kandidatenorientierungen. Die Effektmöglichkeiten auf der Ebene der Kandidatenorientierungen sind denen der Themen weitgehend ähnlich. Allerdings ist bei der medialen Berichterstattung über Personen und deren Beurteilung bei der Bevölkerung festzustellen, dass **persuasive Medienwirkungen** öfter anzutreffen sind. Die Umbewertungen von Politikern in der Medienberichterstattung von positiv zu negativ und umgekehrt schwanken mehr als bei den Parteien. Die Berichterstattung über Spitzenpolitiker gleicht oftmals einer Berg- und Talfahrt: mal werden Politiker zu *Medienlieblingen*, mal werden sie nicht beachtet oder sogar *fallen gelassen*.

Diese medialen Bewertungen bleiben in der Regel nicht ohne Folgen für die Einstellung der Bürger. Diese misst sich in Zufriedenheit/Unzufriedenheit bei repräsentativen Bevölkerungsumfragen. Warum diese Schwankungen zustande kommen, ist damit zu erklären, dass die Umbewertung eines einzelnen Politikers noch nicht gleich die politische Grundüberzeugung des Einzelnen in Frage stellt. Es zeigt sich auch hier, dass Gesamtbewertungen von Kandidaten von der Tendenz der medialen Berichterstattung abhängen, „also von der Bewertung der Kandidaten durch die Massenmedien“ (494).

Agenda-Setting und Priming. Diese Veränderungen sind in aber in der Regel nicht dadurch zu erklären, dass sich Medien negativer oder positiver äußern, sondern diese Veränderungen beruhen eher auf der Verschiebung von Schwerpunkten in der medialen Berichterstattung über einen Kandidaten. Kandidaten-Images setzen sich aus einer Vielzahl von Einzelaspekten zusammen: Problemlösungskompetenz, Integrität, Leadership (Entschlossenheit, Tatkraft, Entscheidungsfreude). „Die meisten Merkmale haben mehr oder weniger vielschichtige Vorstellungen von den Kandidaten für das Kanzleramt. Diese Vorstellungen basieren nicht zwangsläufig auf den tatsächlichen Eigenschaften der Kandidaten, denn kaum ein Wähler kennt sie persönlich. Stattdessen beruhen solche Images auf den von den Wählern wahrgenommenen Eigenschaften der Spitzenpolitiker fast ausschließlich aus den Medien. Ob und wie ein Politiker wahrgenommen wird, hängt also wesentlich davon ab, wie ihn die Medien darstellen" (495). Es ist also anzunehmen, dass ebenso bei der Gesamtbewertung eines Politikers jene Gesichtspunkte im Mittelpunkt stehen, die die Agenda dominieren. Häufig in den Medien erwähnte Eigenschaften erhalten wie schon der bei der Themensetzung mehr Gewicht als andere.

Steht in der medialen Berichterstattung über Kandidaten zum Beispiel die Glaubwürdigkeit im Mittelpunkt, stellt der Wähler bei der Gesamtbewertung der Kandidaten diesen Faktor in den Vordergrund. Als die Union im Jahr 2001 ihren Kanzlerkandidaten für die Wahl gegen Gerhard Schröder nominierte, galt Angela Merkel im Duell mit Edmund Stoiber zwar als integer, aber nicht als führungsstark. In der allgemeinen medialen Berichterstattung wurde aber der Aspekt der Führungsstärke ins Zentrum gestellt.

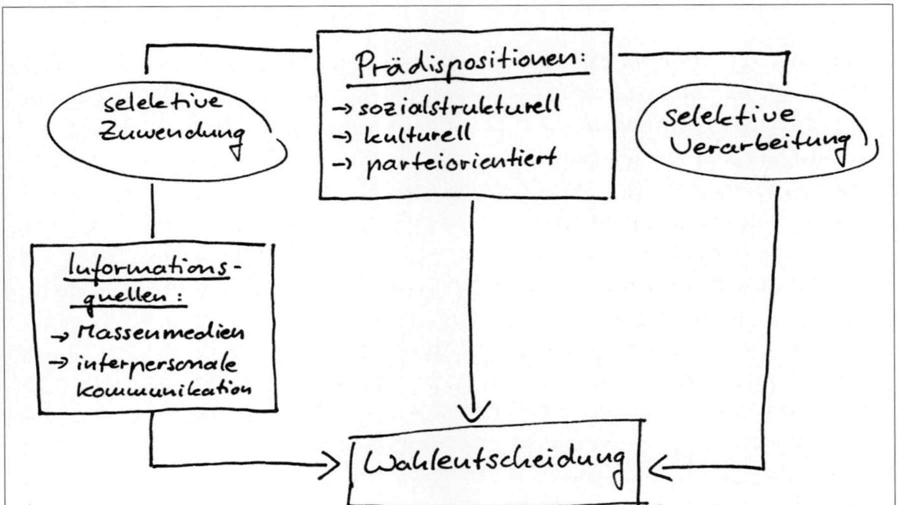

Skizze 18: Modell der Wahlentscheidung.[14]

[14] In Anlehnung an Schmitt-Beck (1999: 299).

Lektüretipp

- Brettschneider, Frank, „Massenmedien und Wählerverhalten“, in: *Handbuch Walhforschung*, hg. v. Jürgen Falter und Harald Schoen, Wiesbaden: VS Verlag, 2005, S. 473-500.

6.4. Fazit

6.4.1 Zusammenfassung | Wahlen und Medienwirkungen

Zusammenfassend wollen wir festhalten, dass sich unterschiedliche Medienwirkungen auf unterschiedliche Wählergruppen beobachten lassen. Folgende Effekte können dabei auftreten:

- **Mobilisierung**: Von der medialen Berichterstattung hängt die Mobilisierung der Stammwähler ab. Mediennutzung verstärkt bei Parteianhängern die vorhandenen Einstellungen und mobilisiert diese zur Wahl zu gehen bzw. zur Aktivierung anderer.
- **Aktivierung**: Die mediale Berichterstattung kann ebenso latent vorhandene Prädispositionen aktivieren.
- **Überzeugung**: Die direkte Änderung der Wahlabsicht durch Medienberichterstattung ist höchst selten. Dies kann nur in Ausnahmefällen bei Wählern ohne Parteibindung, ohne festes Orientierungssystem oder in für die Wähler vollkommen neuen Situationen geschehen.
- **Realtitätswahrnehmung**: Menschen werden durch mediale Realitätskonstruktionen beeinflusst. Wahlrelevant wird dies dann, wen sich Wähler an diesen Wahrnehmungen orientieren.
- **Agenda-Setting und Priming**: Wähler legen sich anhand der Gewichtung und Relevanzsetzung der Medien ihre Bewertungskriterien für Themen und Kandidaten zurecht. Dies gilt in besonderem Maße für die wachsende Gruppe der parteipolitisch ungebundenen Wähler (vgl. Brettschneider 2005: 497).

6.4.2 Diskussionsfragen

- Wie beschreiben Sie einem Fremden das demokratische System Deutschlands? Als Mediendemokratie oder als Parteiendemokratie? Aus welchen Gründen?
- Wie können sich Parteien die Medieneinflüsse auf Kandidatenorientierungen zu Nutze machen? Versetzen Sie sich in die Lage eines Wahlkampfmanagers.

6.4.3 Schlüsselbegriffe

Agenda-Building 185f
Agenda-Setting 185ff
Cleavage-Theorie 183
Delegation 178f
Demokratie: antike Form der Demokratie 175, direkte Demokratie 175f, Mediendemokratie 181ff, 191ff, Parteiendemokratie 191, 194, 197, repräsentative Demokratie 176f
Demoskopie 190, 201
Ideologien, politische 180f
Information: Informationskosten 181, Informationsproblem 177
Legitimation 196f
Liberalismus 176
Macht 176ff
Minderheiten 177
Neue soziale Bewegungen 183
Parteien, politische 183, 199, 207f: Parteiidentifikation 199, 207f
Parteienkommunikation 188ff: Binnenkommunikation 188ff, Außenkommunikation 190ff
Personalisierung 192, 201
Polis 175
Prinzipal-Agent 179
The People's Choice 205
Two-Step-Flow of Communication 206
Volkssouveränität 175ff
Volonté Générale 175f
Wahlen 195ff: Funktionen von Wahlen 196ff, Stammwähler 183, 193f, 199, Wechselwahl 194f, 199, 207
Wahlentscheidung 195ff: Massenmedien und Wahlentscheidungen 195ff, Parteien-Identifikations-Modell 207f, Rational-Choice 208f, Sozialpsychologische Modelle der Wahlentscheidung (Persuasion, Realitätskonstruktion, Agenda-Setting, Priming) 209ff, Soziologischer Ansatz der Wahlentscheidung (Aktivierung, Mobilisierung, Überzeugung) 207
Wahlkampf 195ff: Modernisierung von Wahlkämpfen 200ff, Professionalisierung von Wahlkämpfen 200ff, Wahlkampfkommunikation 197ff,
Wahlrecht 197: Mehrheitswahlrecht 197, Verhältniswahlrecht 177

7. Responsivität der Politik: Politikvermittlung und die Beobachtung der öffentlichen Meinung

Die Verknüpfung zwischen Repräsentanten und Repräsentierten steht ebenso im Mittelpunkt dieses Kapitels. Nach der Frage, wie sich die Repräsentation von Bürgern und Interessen im Wahlakt gestaltet, steht nun die Frage im Vordergrund, wie diese Verbindung außerhalb von Wahlen gestaltet sein kann.

Erkenntnisziele von Kapitel 7:

- Die Verbindung zwischen Repräsentation und Responsivität erkennen
- Parlamente als Ort der öffentlichen Diskussion kennen lernen: Kontrolle politischer Macht?
- Wie reagiert das politische System auf die öffentliche Meinung?
- Massenmediale Öffentlichkeit als Instanz der Meinungsbildung?
- Die Rolle der Demoskopie

Wir fragen uns nach der grundsätzlichen Beziehung zwischen Regierenden und Regierten. Dazu finden wir bei John Stuart Mill folgende Aspekte: Erstens legt er großes Augenmerk auf die Institution der Wahl (siehe Kapitel 6.1, Seite 176f). Diese ist der Hauptfaktor für die Legitimation demokratischer Systeme. Der zweite Aspekt, den Mill einführt, ist der Begriff des „Responsive Government". Damit meint er die Bedingung einer institutionalisierten Kommunikation zwischen dem Parlament und seiner gesellschaftlichen Umwelt mittels der die Legitimationsproblematik des Staates gelöst werden soll. In der Zeit zwischen Wahlen soll nämlich die öffentliche Meinung die Funktion der Responsivität übernehmen: „Responsive Government" ist die Verbindung zwischen öffentlicher Meinung, die sich in der politischen Öffentlichkeit bildet, und dem parlamentarischem (Entscheidungs-)Handeln.

Der moderne Staat soll auch außerhalb des Wahlvorgangs offen für Umwelteinflüsse sein. Der öffentlichen Meinung kommt dabei eine Komplementärfunktion im Verhältnis zu Wahlen zu. Da diese nur in Zeitabständen erfolgen können, regiert die öffentliche Meinung während Legislaturperioden und ermöglicht so eine (laufend korrigierbare) Vorschau auf die Ergebnisse künftiger Wahlen (vgl. Luhmann 2000: 281). Dennoch muss jede Regierung um ihre Wiederwahl zu sichern bestrebt sein, den Meinungen der Bürger zu entsprechen. Das Prinzip der Responsivität steht deshalb im Mittelpunkt der Forschungen um den Einfluss der öffentlichen Meinung auf politisches Handeln. Mit dem Konzept der Responsivität meint die Politikwissenschaft, „die Fähigkeit von Repräsentanten [...] aufgeschlossen zu sein, gegenüber den Wünschen, Erwartungen oder Interessen der Wählerschaft, diese zur Kenntnis zu nehmen und in die politischen Entscheidungen einfließen zu lassen“ (Herzog 1998: 298).

7.1 Parlamente als Ort der öffentlichen Debatte: Kontrolle politischer Macht?

Aufgrund von Wahlentscheidungen konstituieren sich Parlamente. In Parlamenten werden gesellschaftlich kollektive, sprich für alle Bürger verbindliche Entscheidungen von gewählten Repräsentanten getroffen. Damit ist das Parlament idealiter der institutionelle Sitz der Volkssouveränität. Parlamente identifizieren durch ihre Repräsentanten gesellschaftliche Themen und initiieren politische Prozesse zur Lösung dieser Probleme. Durch die Zusammensetzung der Repräsentanten im Parlament soll gewährleistet werden, dass dabei auch Minderheitsmeinungen artikuliert werden. Dadurch wirken Parlamente daran mit, dass gesellschaftliche Macht in politische Macht überführt wird (vgl. Czerwick 1998: 272).

Durch diese Zusammensetzung und die Möglichkeit zur Artikulation von Kritik in öffentlichen Debatten soll gesellschaftliche Akzeptanz und letztlich auch Legitimation für die Entscheidungen des Parlaments geschaffen werden.

Dabei stellt sich grundsätzlich die Frage der Anbindung des Parlaments an eine kritische und diskussionsfreudige Öffentlichkeit auf zwei Ebenen: (1) Wie werden Bürger über anstehende Entscheidungen des Parlaments informiert bzw. wie wird Öffentlichkeit zwischen Parlament und Wählern (Repräsentanten und Repräsentierten) hergestellt? (2) Wie werden Parlamente gegenüber den Erwartungen und Wünschen der Bürger sensibel gemacht?

Die erste Frage wird in der Parlamentarismusliteratur vor allem unter dem Aspekt der **Politikvermittlung** diskutiert. Allgemein werden darunter alle Kommunikationsbeziehungen zwischen dem politischen System und seinen Adressaten verstanden, bei denen das politische System die treibende Kraft ist. In dieser recht allgemeinen Definition reicht Politikvermittlung aber vom „technisch perfektionierten Kommunikationsmanagement, von der ‚politischen Dramatisierung und Inszenierungskunst‘ bis zur sachbezogenen Information und Aufklärung, vom politischen ‚Showgeschäft‘ bis zur informationsgesättigten politischen Bewusstseinsbildung“ (Sarcinelli 1998b: 702).

These

Für die **parlamentarische Politikvermittlung** ist uns dies aber zu weit gefasst, denn in den Parlamenten treffen eine Vielzahl normativer demokratischer Strukturprinzipien aufeinander:

- Parlamente sollen Öffentlichkeit und Transparenz zur **Legitimation** politischen Handelns und Entscheidens herstellen.

- Dies ist eng verbunden mit dem Gedanken der **Repräsentation**: Politisches Handelns soll so kontrollier- und evaluierbar für den Wähler werden.
- Ebenso ist daran die Funktion der **Responsivität** der Parlamente angebunden, also die Fähigkeit, auf die Erwartungen der Bürger zu reagieren.

Unter diesen Aspekten können wir im Sinne von Czerwick (1998: 259) parlamentarische Politikvermittlung vor allem als eine Aufgabe verstehen, die *von oben nach unten* verläuft: „Ihr Ziel ist die Mobilisierung öffentlicher Zustimmung zu konkreten politischen Maßnahmen sowie ganz allgemein die Herstellung von Systemvertrauen und Loyalitätsbereitschaft". Parlamentarische Politikvermittlung ist grundsätzlich auf zwei Dimensionen ausgerichtet: auf die *Basis* und das *System*.

Unter **Basisbezug** werden alle Kommunikationsleistungen verstanden, die an die Öffentlichkeit gerichtet sind und die über parlamentarisches Handeln informieren. In besonderer Weise ist die Basis-Kommunikation medial vermittelt. Sie kann aber auch über die direkte Ansprache der Bürger laufen (Online-Kommunikation, eigene Periodika, Bücher, Broschüren, siehe Kapitel 6.2.1, Seite 187f). Der **Systembezug** konzentriert sich auf die Kommunikationsaktivitäten des Parlaments mit anderen politischen Institutionen und Organisationen. Diese Kommunikationen sind auf die „Beseitigung von Interessengegensätzen und die Vorbereitung und Durchsetzung politischer Entscheidungen gerichtet" (256). Wir konzentrieren uns in diesem Zusammenhang ausschließlich auf den Basisbezug der parlamentarischen Politikvermittlung. Dieser erfüllt zwei Zwecke: Legitimation und Transformation.

7.1.1 Parlamentarische Politikvermittlung zur Legitimation politischen Handelns

Unter Legitimation wollen wir in diesem Zusammenhang all das verstehen, was zur Herstellung von Öffentlichkeit oder genauer zur Verbindung von parlamentarischer Öffentlichkeit und politischer Öffentlichkeit dient. Denn Parlamente sind, so Habermas (1992b: 373), „vorwiegend als Rechtfertigungszusammenhang strukturiert".

Zur Herstellung von Öffentlichkeit dient dem Parlament vor allem die politische Öffentlichkeitsarbeit. Dabei werden Informationen an die Bürger vermittelt, die in parlamentarischen Prozessen erzeugt wurden. Diese sollen in der (medialen) Öffentlichkeit ein Bild von der Arbeit des Parlaments schaffen. Parlamentarische Öffentlichkeitsarbeit kann unterschieden werden in (1) politische Öffentlichkeitsarbeit und (2) amtliche Öffentlichkeitsarbeit.

Ad (1). Die Hauptakteure der **politischen Öffentlichkeitsarbeit** sind die Fraktionen im Parlament, einzelne Parlamentarier, Arbeitskreise, Ausschüsse oder Unterausschüsse. Besonders auf Öffentlichkeitswirksamkeit ausgerichtet sind die politischen Fraktionen sowie spezielle Ausschüsse (vor allem Untersuchungsausschüsse, die Nachrichtenwert erzeugen) oder Enquetekommissionen mit prominenten Teilnehmern. Mediale Aufmerksamkeit erreichen diese Formen zum Beispiel durch die spezielle Dramaturgie von Untersuchungsausschüssen, Pressekonferenzen der Fraktionen oder die Publikation von Pressemitteilungen.

Im Mittelpunkt der politisch-parlamentarischen *Öffentlichkeitsarbeit* steht aber auch heute noch die parlamentarische Debatte. Plenardebatten erreichen zwar nicht mehr den Grad an öffentlicher Aufmerksamkeit wie früher, sie werden aber immer noch als das „Herzstück des demokratischen Prozesses" (Czerwick 1998: 259) bezeichnet. Plenardebatten sollen Legitimation durch Kommunikation herstellen. Dieses beschreibt Oberreuter (1984: 248) als die „Hauptaufgabe des Parlaments".

Häufig herrscht allerdings nur geringes Interesse an Parlamentsdebatten. Zudem ist die Berichterstattung über Plenardebatten spärlich. Es gibt zwar Fernsehsender in Deutschland, die sich auf die Übertragung von Plenardebatten spezialisiert haben, diese sind aber Minderheitenprogramme. Warum? Man könnte vermuten, dass solche Debatten den medialen Selektionsmechanismen nicht genügend entsprechen, denn Parlamentarier diskutieren in vielen Fällen über Vorhaben und Gesetze, die längst vorentschieden sind oder von denen man weiß, dass diese mit der Regierungsmehrheit beschlossen werden. Die Debatten dazu dienen oftmals lediglich der Erfüllung der demokratischen Norm. Die Macht politische Entscheidungen zu treffen, so könnte man sagen, ist für die Medien viel interessanter als die Debatte. Dies ist auch ein Grund, warum die Regierung medial viel stärker im Fokus steht als das Parlament. Im Umkehrschluss bedeutet dies aber auch, dass immer wenn Abstimmungen auf der Kippe stehen, sich die Frage nach *Abweichlern* in den Fraktionen stellt oder die Fraktionsdisziplin insgesamt aufgehoben wird, Nachrichtenwert und mediale Interesse steigen. Nachrichtenwerte steigen auch dann, wenn Abstimmungen nicht so ausgehen, wie man sich das vorgestellt hatte, wie etwa bei der Wahl des schleswig-holsteinischen Ministerpräsidenten im März 2007 als die als eigentlich sicher geltende Wahl von Heide Simonis scheiterte.

Das öffentliche Interesse an der Parlamentsarbeit scheitert ebenso oftmals an der Intransparenz parlamentarischer Prozesse. Medial transparent und vermittelt sind meist nur Parlamentsdebatten, ein tieferer Einblick in das parlamentarische Ausschusswesen und Entscheidungsprozesse ist für Außenstehende nur selten möglich. Parlamente haben besonders im Ausschusswesen mit einer hohen Undurchsichtigkeit zu kämpfen. Dies spitzt sich zu, weil der Schwerpunkt der parlamentarischen Willensbildung und Entscheidungsvorbereitung nicht im Plenum, sondern in den Ausschüssen und den Parteien selbst zu finden ist. Von Beyme (1997: 87; siehe Kapitel 4.2.2, Seite 116f) beschreibt sogar, dass je wichtiger ein parlamentarisches Gremium für die Entscheidung ist, desto weniger steht es der Öffentlichkeit offen.

Ad (2). Nur auf den zweiten Blick mit diesen Problemen zu kämpfen hat die **amtliche Öffentlichkeitsarbeit**. Ihre Verantwortung liegt bei den Parlamentsverwaltungen. Sie informiert meist in allgemeiner Natur über das parlamentarische Geschehen und die Akteure. Die amtliche Öffentlichkeitsarbeit ist strikt überfraktionell gehalten. Sie ist bemüht, Kritik durch und an den Abgeordneten und Fraktionen zu vermeiden. Ihre hauptsächliche Aufgabe ist das Vermelden parlamentarischer Aktivitäten, hauptsächlich Gesetzesentscheidungen.

7.1.2 Die Transformation gesellschaftlicher Interessen

Von der Transformations-Funktion der Parlamente wird immer dann gesprochen, wenn „die Parlamente gesellschaftliche Interessen politisieren, das heißt zum Gegenstand parlamentarischer Aktivitäten machen und zwecks Weiterverarbeitung in das politische System einschleusen“ (Czerwick 1998: 262-263).

An dieser Stelle sind wir wieder bei der Frage um die Rückbindung der Repräsentanten an den Willen der Regierten angelangt. In großflächigen Massengesellschaften mit komplexen Steuerungsbedürfnissen kann die Rousseau'sche Idee der Volkssouveränität nicht buchstäblich als Selbstregierung der Bürger institutionalisiert werden. Demokratische Repräsentativsysteme bieten deshalb ihren Bürgern in periodischen Wahlen die Möglichkeit, Repräsentanten zu berufen und wieder abzuberufen. Schmidt beschreibt, dass der Besitz und die Ausübung der Staatsgewalt „zumindest in nennenswertem Umfang und für maßgebende Herrschaftsformen konkret“ (Schmidt 2000: 23) von den Bürgern hergeleitet und ihnen gegenüber verantwortlich sein müssen.

Doch genügt dazu lediglich der Wahlakt? Benötigen Demokratien nicht ebenso eine ständige, sprich institutionalisierte Kommunikation zwischen Parlament und der gesellschaftlichen Umwelt zur Transformation ihrer Wünsche?

Dabei hängt Responsivität stark von der Transparenz, der Zugänglichkeit und der Offenheit des Informationsflusses der Parlamente selbst ab. Die Repräsentation dient der Steigerung der Offenheit und Umweltsensibilität des Staates, „Funktionsbedingung der informationellen Offenheit des Staates ist jedoch das Prinzip der Publizität politischer Entscheidungsprozesse“ (Wimmer 1996: 496). Nicht zufällig war der politische Journalist – lange vor der Entstehung politischer Parteien – der „erste bezahlte Berufspolitiker“, und der Zeitungsbetrieb der erste kontinuierliche politische Betrieb (Weber 1992 [1919]: 503).

Lektüretipp

- Hasebrink, Uwe, „Politikvermittlung im Zeichen individualisierter Mediennutzung. Zur Informations- und Unterhaltungsorientierung des Publikums“, in: *Politikvermittlung und Demokratie in der Mediengesellschaft. Beiträge zur politischen Kommunikationskultur,* hg. v. Ulrich Sarcinelli, Bonn: Bundeszentrale für politische Bildung, 1998, S. 345-367.

Lektüretipp

- Kleinsteuber, Hans J./Thomass, Barbara, „Politikvermittlung im Zeitalter von Globalisierung und medientechnischer Revolution. Perspektiven und Probleme", in: *Politikvermittlung und Demokratie in der Mediengesellschaft. Beiträge zur politischen Kommunikationskultur*, hg. v. Ulrich Sarcinelli, Bonn: Bundeszentrale für politische Bildung, 1998, S. 209-232.
- Sarcinelli, Ulrich, „Politikvermittlung", in: *Politische Kommunikation in der demokratischen Gesellschaft. Ein Handbuch mit Lexikonteil*, hg. v. Ottfried Jarren, Ulrich Sarcinelli und Ulrich Saxer, Opladen/Wiesbaden: VS Verlag, 1998, S. 702-703.

7.2 Der Begriff der Responsivität

Die Diskussion um den Begriff der Responsivität hat nach Herzog (1998) in den 1960er Jahren in der US-amerikanischen Politikwissenschaft begonnen. Zwei Perspektivenwechsel lagen dem zugrunde.

Der erste bezog sich auf die Erkenntnis, dass die Stabilität demokratischer Systeme nicht alleine von Verfassungsprinzipien wie Partizipation, Gewaltentrennung, Pluralismus oder freien Wahlen abhängt, sondern dass die „Civic Culture" der Bevölkerung, in Form bestimmter Einstellungen, Werte und Verhaltensweisen wie die Akzeptanz demokratischer Prinzipien, ein ebenso starker Faktor für die Stabilität von Demokratien ist. Den Beginn solcher Entwicklungen und den Verweis auf die Bedeutung der öffentlichen Meinung für den Aufbau moderner Demokratien kann man jedoch bereits in den Arbeiten von John Stuart Mill (1991 [1861]) oder Alexis de Tocqueville (2000 [1835/1840]) erkennen (siehe Kapitel 6.1, Seite 175ff).

Der zweite Aspekt, der die Diskussion um das Prinzip der Responsivität beförderte, vollzog sich in der Parlamentarismusforschung, die sich mit der Problematik beschäftigte, wie denn das Prinzip der Partizipation über den Wahlakt hinaus ausgeweitet werden kann: „Wie kann das Prinzip der Volkssouveränität mit dem Prinzip der repräsentativen Herrschaftsform in Einklang gebracht werden" (Herzog 1998: 298). Dies könne nur gelingen, wenn der Wählerwille von den Gewählten ständig berücksichtigt werde.

Das Prinzip der Repräsentation, das auf der zeitlich begrenzten und durch regelmäßige Wahlen legitimierten Übertragung politischer Macht durch die Wähler auf die Gewählten beruht, wurde mittels des Konzepts der Responsivität mit dem Prinzip der Volkssouveränität verknüpft, so dass nun die ständige Rückkopplung zwischen den Interessen der Repräsentierten und den Entscheidungen ihrer Repräsentanten zum Kriterium demokratischer Repräsentativverfassungen gemacht wurde (vgl. Rhomberg 2008: 86-88).

Doch Repräsentation setzt Kommunikation voraus. Im politischen Prozess soll der Wille der Bürger artikuliert werden. „Repräsentationsprozesse sollen Problemfindung, Prioritätensetzung, Kompromissfindung und Mehrheitsbildung demokratischer Institutionen ermöglichen. So werden Parlamente mit der Gesellschaft durch Kommunikation verknüpft" (Kevenhörster 1998: 292). Und diese Responsivität drückt sich eben nicht alleine im Wahlakt aus.

In der Literatur sind drei verschiedene Ansätze zu den Wirkmöglichkeiten der Medien im Responsivitätsprozess erkennbar, „those that perceive the effects of public opinion as exerting significant and enduring effects; those that perceive only small, insignificant, or declining effects; and those emphasizing historical and institutional variation in responsiveness" (Manza/Cook 2002: 17).

Inwieweit die Ausführungen zur Responsivität also auch empirischen Gehalt haben, werden wir im Folgenden bewerten, wenn wir uns die Frage stellen, ob parlamentarische Informationen bei den Bürger ankommen, ob Bürger diese Informationen weiterverwenden, um ihre Bedürfnisse und Erwartungen an das politische System zu artikulieren und ob das politische System darauf reagiert, indem es Responsivität zeigt.

7.3 Wie responsiv ist das politische System?

Auf welche Weise und wie stark orientiert sich das politische System in seinen Handlungen tatsächlich an der öffentlichen Meinung? Wie betrachten dazu einige aktuelle Ergebnisse der Forschung.

Für die USA gehen Jacobs und Shapiro (2002: 56) seit den 1970er Jahren von einem schwindenden Einfluss der öffentlichen Meinung auf das Regierungshandeln aus, „the incidence of changes in policy paralleling changes in public opinion declined from 67% in the 1933 to 1945 period [...] to 54% during the 1960s, and then increased to 75% during the 1970s". Seitdem ist diese in den 1970er Jahre erkannte Orientierung der Politik an der öffentlichen Meinung im Schwinden begriffen (vgl. Ansolabehere et al. 2001; Monroe 1979). Kurzum, die empirischen Befunde aus den USA legen nahe, dass die Responsivität des politischen Systems über die Jahre variiert und in den vergangenen Jahrzehnten eher ab- denn zugenommen hat. Dennoch zeigen diese Befunde, dass Politiker bei ihren Entscheidungen in gewissem Maße auf die öffentliche Meinung eingehen.

Page und Shapiro (1983) sowie Monroe (1979) fassen dies in die „Zwei-Drittel-Regel": Regierungshandeln korrespondiere mit der Mehrheitsmeinung der Bevölkerung ungefähr bei zwei Drittel der behandelten Issues. Diese Regel wird jedoch von Page (2002) präzisiert, indem er belegt, dass das Regierungssystem insbesondere bei Issues von hoher Salienz responsiv agiere, somit bei Issues die ganz oben auf der Agenda stehen.[1] Die Salienz von Issues ist nach Page einer der

1 Salienz ist der an relativer Wichtigkeit, mit dem ein Issue auf der Agenda wahrgenommen wird (vgl. Dearing/Rogers 1996: 8).

bestimmenden Faktoren, der die Responsivität des politischen Handelns gegenüber der öffentlichen Meinung bestimmt.

Die Responsivität des Deutschen Bundestages, des Regierungs-, Parteien- und Fraktionshandelns steht im Mittelpunkt einer Studie von Marcinkowski (1998). Er stellte sich die Frage nach dem Zusammenhang zwischen Themen der massenmedialen Berichterstattung und Politikinhalten auf den Ebenen von Parteiprogrammen (Parteienhandeln), parlamentarischen Handlungen und dem Regierungshandeln. Die Schwerpunkte des Parteienhandelns sieht er in den Partei- und Wahlprogrammen festgelegt. Er belegt, dass diese nicht nur durch ideologische Orientierungen festgelegt sind, sondern dass auch erheblicher Spielraum für aktuelle Umwelteinflüsse besteht, die zur Wiederwahl oder zum Machtgewinn führen sollen: „Die relevanten Orientierungen der politischen Parteien reflektieren daher sowohl die wahrgenommenen Politikpräferenzen der potentiellen Wählerschaft als auch die massenmedial hergestellte öffentliche Meinung“ (Marcinkowski 1998: 20).

Bei der Analyse des parlamentarischen Handelns findet er ebenso eine Korrespondenz der inhaltlichen Struktur parlamentarischen Handelns und der Themenstruktur der Massenmedien (Agenda-Setting, siehe Kapitel 1.5.3, Seite 37f). Die Chance, dass massenmedial präsentierte Themen politische Resonanz auslösen, ist bei den Oppositionsfraktionen hingegen stärker als bei den Regierungsfraktionen. Insgesamt weisen Marcinkowskis Ergebnisse darauf hin, dass die „Korrespondenz der inhaltlichen Schwerpunkte parlamentarischer Handlungen mit der politischen Themenstruktur der Presseberichterstattung stärker ist als die zwischen Parlamentsarbeit und den Wahlaussagen der Parteien“ (23).

Im Regierungshandeln beobachtet er vor allem einen Zusammenhang mit den Massenmedien im Bereich der Politikankündigung, in Form von symbolischer Politik (siehe Kapitel 4.2.2, Seite 117). Bei der wirklichen Staats- und Entscheidungstätigkeit kann er hingegen keinen Zusammenhang feststellen. Und so zieht er wie auch Page (2002) den Schluss, dass die politische Beschäftigung von Parteien, Parlament und Regierung mit bestimmten Issues an den Grad der Medienaufmerksamkeit für dieses Issue, sprich deren Salienz, gekoppelt ist.

Er beobachtet ein System wechselseitiger Einflussbeziehungen zwischen Medienberichterstattung und Politikinhalten. So ändert sich die Rolle der Medien je nach dem Ausgangspunkt von Issues: Themen, die von außen an das politische System herangetragen werden, sind in besonderer Weise auf die Medien angewiesen. Neue soziale Bewegungen, die solche Themen beispielsweise aufgreifen, sind mangels etablierter Zugänge in der Regel auf die Massenmedien zur Thematisierung angewiesen (siehe Kapitel 4.1, Seite 105f).

Bei stark moralisierenden Themen, die zudem große Teile der Bevölkerung unmittelbar betreffen, ist der Verstärker-Effekt der Medien weniger wichtig als bei Themen, die ohne Medienberichterstattung kaum in den Fokus der Öffentlichkeit rücken würden. Themen der Routinepolitik, die aus dem politischen

System selbst kommen, platzieren sich ebenso weitgehend ohne Medien auf der Agenda der politischen Entscheidung.

Bereits vor Marcinkowski beschäftigte sich Frank Brettschneider (1995) mit der Responsivität des Deutschen Bundestages auf die öffentliche Meinung zwischen 1949 und 1980. Dabei beobachtet auch er eine Sensibilität der Abgeordneten für die öffentliche Meinung.

7.4 Beobachtung der öffentlichen Meinung: Massenmedien und Demoskopie

Zur Beobachtung der öffentlichen Meinung haben sich eigene Presseämter und Öffentlichkeitsarbeits-Abteilungen im Regierungsapparat, den Parteien und den Fraktionen ausdifferenziert. Diese Beobachtung erfolgt einerseits über die Massenmedien, wobei die massenmediale Öffentlichkeit als eine „wirksame Instanz der Meinungsbildung" dient (Daele/Neidhardt 1996: 10).

Manza und Cook (2002: 22) verweisen aber ebenso auf den steigenden Einfluss der Demoskopie als Instrument zur Evaluierung der öffentlichen Meinung: „The vast increase in the information available to political actors about public opinion, largely to the rapid growth of polling".

In einer Studie zur Beobachtung der öffentlichen Meinung durch das Regierungssystem haben Fuchs und Pfetsch (1996) sowohl die Medienbeobachtung als auch die Demoskopie im Auge. Indikatoren für die öffentliche Meinung sind demnach die Massenmedien und demoskopische Daten. Fuchs und Pfetsch befragten ranghohe Positionsinhaber der Öffentlichkeitsarbeits-Abteilungen im deutschen Regierungsapparat und den Parlamentsfraktionen. Beide Kanäle, Massenmedien und Demoskopie, hatten für die Befragten die gleiche Priorität. Somit wird die öffentliche Meinung durch die Beobachtung von Bürgermeinungen und Medienmeinungen ermittelt. Bei den Medienmeinungen werden in gleichem Maße Printmedien wie elektronische Medien analysiert.

Das politische Entscheidungshandeln verhält sich für 82 Prozent der Befragten responsiv gegenüber der öffentlichen Meinung, 74 Prozent erklärten, dass die öffentliche Meinung aber auch durch das Regierungssystem beeinflusst werden könne. „Medienberichterstattung ist also stets ein Gemenge aus dem, was ihrer Beobachtung und Vermittlung durch die politische ‚Realität' vorgegeben wird und ihrer spezifischen Eigenleistung in Form von Selektion, Investigation und Kommentierung" (Marcinkowski 1998: 28).

Wir beobachten in diesen Beschreibungen also die Unterscheidung zwischen einer aktiven Responsivität und einer passiven Form der Responsivität: Die aktive Responsivität legt nahe, dass die Medien in ihrer Themensetzung und Meinung auf die Vorgaben und vorherrschenden Meinungen im politischen System reagieren. Dies scheint nachvollziehbar, wenn die finanziellen und personellen Ressourcen, die das politische System für Öffentlichkeitsarbeit verwendet, in Betracht gezogen werden.

Fuchs und Pfetsch (1996) ermittelten ebenso, dass diese aktive Form der Responsivität in erster Linie der Machterhaltung dient und erst in zweiter Linie der Einhaltung der demokratischen Norm, zur Information der Bürger über politische Belange.

Zitat

„Auf einer ersten Ebene könnte man argumentieren, dass ein strategisches Handeln der Akteure des Regierungssystems, das sich an den eigenen Machterhaltungsinteressen orientiert, nicht viel mit der demokratischen Norm zu tun hat, der zufolge die Entscheidungsprozesse des Regierungssystems von den Interessen des Publikums bzw. der Wähler gesteuert sein müssen. Bei dieser Argumentation wird aber der institutionelle Aspekt der kompetitiven Wahlen nicht berücksichtigt. Dieser institutionelle Mechanismus zwingt die Akteure des Regierungssystems, bei der Verfolgung ihrer eigenen Interessen auf das Interesse des Publikums zu achten. Durch diese zentrale Institution der liberalen Demokratien werden also die unterschiedlichen Handlungsrationalitäten des Regierungssystems und des Publikums miteinander verschränkt, so dass die instrumentelle Handlungsrationalität des Regierungssystems mit der zentralen demokratischen Norm kein Gegenverhältnis sondern ein Entsprechungsverhältnis bildet. Darin liegt die ‚List' des institutionellen Arrangements liberaler Demokratien" (133).

Der Verwertungszweck der ermittelten Beobachtungsergebnisse liegt bei allen Befragten im Bereich der Politikgestaltung: Politiker stehen, so Page und Shapiro (vgl. Page 2002; Page/Shapiro 1983) vor zwei Aufgaben, um wiedergewählt zu werden. Erstens wollen sie so viele potentielle Wähler wie möglich ansprechen, um ihre Wahl zu sichern. Auf der anderen Seite müssen sie aber auch ihre eigene Anhängerschaft (Parteiflügel etc.) befriedigen. Dies geschieht meist über die Initiierung bestimmter Policies. Politiker haben also Wahlziele und Policy-Ziele zu erfüllen und dabei die verschiedenen Zielgruppen der politischen Öffentlichkeit und ihrer Partei anzusprechen.

Damit haben wir sowohl die massenmediale Berichterstattung als auch die Demoskopie als Beobachtungsziele der Politik für die öffentliche Meinung beschrieben. Jacobs und Shapiro beobachten in diesem Zusammenhang zusätzlich die Möglichkeit der Instrumentalisierung von Meinungsumfragen, zur Durchsetzung von Eigeninteressen. Responsivität existiere nur noch zum Schein, Demoskopie werde zur Manipulation instrumentalisiert, um bestimmte Positionen zu unterstützen, „to simulate responsiveness", „to change the public's perceptions, understandings, and evaluations of specific policy proposals and create the appearance of responsiveness“ (Jacobs/Shapiro 2002: 54-55), „some [mr: analyst] dimiss the possibility of coherent public views or argue that public opinion is so easily led or manipulated by elites that it cannot constitute an independent causal factor“ (Jacobs/Shapiro 2002: 23).

7.5. Fazit

7.5.1 Zusammenfassung | Parlament, öffentliche Meinung und politisches Handeln

Wir wollen festhalten, dass Parlamente in einem Netz von Widersprüchen gefangen sind. Auf der einen Seite können sie ihr Ansehen in der Öffentlichkeit nur dann verbessern, wenn sie ihre politische Mitwirkung steigern und für mehr Transparenz sorgen können. Auf der anderen Seite ist die Rückbindung der Parlamente an gesellschaftliche Interessen in der Regel sehr selektiv. Sie thematisieren vor allem die Interessen solcher Gruppen, die gut organisiert sind, die über „Tauschmittel“ wie die Mobilisierung von Wählerstimmen und finanzielle oder informationelle Ressourcen verfügen und die mit Vetomacht ausgestattet sind (vgl. Czerwick 1998: 264).

Die Berichterstattung der Medien und die Demoskopie sind Ersatzindikatoren des politischen Systems für die öffentliche Meinung. Massenmedien und Meinungsumfragen dienen als Rückkopplungs-Instrument, welcher Probleme und Lösungsalternativen sich das politische System annehmen soll und welcher nicht, welche Ansätze in der Bevölkerung durchsetzbar sind. Medien sind ein sensibles und schnell reaktionsfähiges und, so Neidhardt et al. (2004), im Vergleich zu demoskopischen Umfragen ein informationshaltigeres Instrument der Stimmungs- und Erfolgskontrolle. Nicht ganz auf dieser Linie sind Fuchs und Pfetsch, die demoskopische Daten als besser erhebbar identifizieren. Dennoch verweisen auch sie auf die Entscheidungshilfe durch die Massenmedien: „Neben der kontinuierlichen Beobachtung der Massenmedien durch die politischen Entscheidungsträger deuten auch Umfragen zum Informations- und Entscheidungsverhalten unter Abgeordneten darauf hin, dass Politiker die Medienberichterstattung als Orientierung und Entscheidungshilfe in ihrer politischen Arbeit verwenden“ (Fuchs/Pfetsch 1996: 10). Jacobs, Shapiro, Page verweisen gleichfalls auf die Manipulierbarkeit solcher demoskopischer Instrumente.

Das Prinzip der Responsivität verknüpft die Rückbindung der Regierenden an die Regierten über den Wahlakt hinaus. Das Prinzip der Repräsentation wird so von seinem eigentlichen Grundgedanken, einer zeitlich begrenzten und durch regelmäßige Wahlen legitimierten Übertragung politischer Macht durch die Wähler auf die Gewählten, auf die ständige Rückkopplung zwischen den Interessen der Repräsentierten und den Entscheidungen der Repräsentanten ausgeweitet.

Lektüretipp

- Fuchs, Dieter/Pfetsch, Barbara, „Die Beobachtung der öffentlichen Meinung durch das Regierungssystem“, in: *Kommunikation und Entscheidung. Politische Funktionen öffentlicher Meinungsbildung und diskursiver Verfahren,* hg. v. Wolfgang van den Daele und Friedhelm Neidhardt, Berlin: 1996, S. S. 103-135.
- Manza, Jeff/Cook, Fay Lomax, *Policy Responsiveness to Public Opinion: The State of the Debate,* Chicago: Northwestern University, 2001.
- Marcinkowski, Frank, *Massenmedien und Politikinhalte. Empirische Fallstudie auf einem unterbelichteten Forschungsfeld,* Duisburg: Gerhard-Mercator-Universität Duisburg, 1998.

7.5.2 Diskussionsfragen

- Welche theoretischen Konzepte der Medienwirkungsforschung erkennen Sie in den Ausführungen zur Responsivität?
- Stellen die Medien durch die öffentliche Meinung den Bürgern einen ganzjährigen Wahlzettel aus?
- Wie können Journalisten und Massenmedien auf die zunehmende Interpretationshoheit von Parteien und Politikern bei Meinungsumfragen reagieren?

7.5.3 Schlüsselbegriffe

8. Legitimation und Integration: Demokratie in der Mediengesellschaft

„Communication is central to democracy". Diese Feststellung haben wir bereits auf den ersten Seiten dieses Buches aufgegriffen. Sie erscheint eigentlich relativ simpel, enthält aber einige Konsequenzen, die in der Diskussion über die Rolle der Medien in demokratischen Gesellschaften oft ausgeblendet bleiben. Maxwell McCombs, Donald Shaw und David Weaver (1997: xiii) rekurrieren in diesem Zitat auf der einen Seite auf interpersonale Kommunikationen, die bereits in der antiken Versammlungsdemokratie eine zentrale Rolle gespielt haben. Auf der anderen Seite verweisen sie auf massenmediale Kommunikationen als Grundpfeiler moderner Demokratien. In jeder Gesellschaft, auch bereits vor der Entwicklung der Massenmedien, gab es spezielle Methoden um festzustellen, welche Probleme und Themen angesprochen und diskutiert werden sollen. In modernen Demokratien haben die Massenmedien diese Rolle übernommen, „the mass media produce products that somehow influence the public's notion about which issues are more important than others" (Lasorsa 1997: 156). Medien, so erklärt das Konzept des Agenda-Setting, konstruieren eine gesellschaftsweit anerkannte Agenda.

Erkenntnisziele von Kapitel 8:

- Die Integrationsfunktion der Massenmedien und ihre Relevanz für demokratische Systeme kennen lernen
- Verortung und Zusammenfassung der in diesem Buch behandelten demokratischen Strukturprinzipien anhand der medialen Integrationsfunktion
- Verständnis für die für das Funktionieren von modernen pluralistischen Gesellschaften notwendigen Gemeinsamkeiten erlangen

Den Massenmedien kommt in modernen Demokratien somit eine entscheidende Bedeutung für die Ermittlung und Vermittlung von gesellschaftlich relevanten Themen zu. Das politische System sichert auf diese Weise auch Legitimation für sein Handeln. Denn politische Entscheidungen sind letztlich immer zustimmungsabhängig und begründungsbedürftig. Der Geltungsanspruch von Politik und die Legitimität eines politischen Systems knüpfen sich an die kommunikative Begründung von Entscheidungen. Öffentlichkeit soll zur Legitimation und zur demokratischen Qualität der politischen Ordnung beitragen.

Öffentliche Sphären werden durch verdichtete Netze von Kommunikation konstituiert. Moderne Öffentlichkeiten sind zu einem großen Teil medial geprägte Sphären, die Eigengesetzlichkeiten der Medien prägen die Strukturen und

Inhalte öffentlicher Meinungsbildung (vgl. Rhomberg 2007b: 45). Das Zusammenspiel von Politik, Medien und Bürgern vollzieht sich vor allem in der öffentlichen Kommunikation. Massenmedien sollen Informationsmöglichkeiten für die Bürger schaffen, diese zur Partizipation motivieren, in das politische System integrieren und somit das demokratische System legitimieren.

Die Meinungsbildung in der Öffentlichkeit soll, so die normative Vorstellung, in die Entscheidungsfindung des politischen Systems einmünden. Moderne Demokratien sollen also responsiv handeln. Unter anderem über die Massenmedien sind sie mit den Bürgern rückgekoppelt. Das Konzept der Öffentlichkeit ist eine Antwort auf das „legitimatorische Kernproblem und Kernparadox“ (Gerhards 1997: 26) der geregelten Ausübung von Herrschaft in Demokratien. Die zentrale Bedeutung der Öffentlichkeit liegt in den demokratiepolitischen und sozialen Funktionen der **Legitimation** und **Integration** (vgl. Latzer/Saurwein 2006: 10). „Öffentliche Kommunikation ist somit das Medium der Integration wie der Selbststeuerung der Gesellschaft“ (Imhof 2006a: 198) Das gilt sowohl im nationalstaatlichen Kontext als auch auf suprastaatlicher Ebene wie in der Europäischen Union. „The public sphere is a medium of social integration, a form of social solidarity, as well as an arena for debating other“ (Calhoun 2003: 244).

Die **Integrationsfunktion der Massenmedien** ist spätestens seit dem 2. Rundfunkurteil des Bundesverfassungsgerichts fester Bestandteil sowohl der wissenschaftlichen als auch der öffentlichen Debatte. Im Jahr 1971 stellten die Karlsruher Richter fest, dass den Medien eine „integrierende Funktion für das Staatsganze“ zukommt.

Diese Überlegungen sind geleitet von der Vorstellung, dass zum Beispiel die Nutzung von Medienangeboten gemeinschaftsförderlich und verbindend wirkt. Ebenso wird vermutet, dass die Massenmedien bestimmte gesellschaftliche Wertvorstellungen an die Mitglieder einer Gemeinschaft bzw. einer Gesellschaft vermitteln, einen „common sense“ erzeugen und somit zur Stärkung des gesellschaftlichen Zusammenhalts beitragen.

Bereits in den 1960er Jahren beschäftigte sich Franz Ronneberger (1964: 180-181) mit der Integration als politischer Funktion der Massenmedien: „Angesichts des hohen und sich ständig steigernden Differenzierungsgrades moderner Gesellschaften, der zu Unübersichtlichkeit, Entstehung von Subkulturen, sozialen Regressionen, politischen Absentismen, insgesamt zu Desintegrationstendenzen führt, gewinnen die Massenkommunikationsmittel eine zunehmende Bedeutung als Integrationsfaktoren“.

Wir erinnern uns daran, dass zu dieser Zeit, das Fernsehen seinen Siegeszug in die bundesdeutschen Wohnzimmer hielt (siehe Kapitel 2.1.3, Seite 57f). Das Fernsehen war das erste Medium, das ein durch Printöffentlichkeiten segmentiertes zu *einem* Publikum integrierte.

Die Vorstellung, dass Massenmedien den Zusammenhalt der Gesellschaft fördern oder sogar für diesen verantwortlich seien, findet sich seit dieser Zeit in der Forschung in expliziter und implizierter Form (vgl. Vlasic/Brosius 2002: 93).

Dazu zählt auch die Definition von Gerhard Maletzke (1980: 200-201), der die Massenmedien als einen in hohem Maße integrierenden Faktor beschreibt, ohne den der Zusammenhalt in industriellen Großgesellschaften nicht denkbar ist: „In unserem komplexen, für den einzelnen nicht mehr durchschaubaren Gemeinwesen sorgen sie dafür, dass der Mensch über seinen eigenen Erfahrungshorizont und über den Horizont seiner noch unvermittelt erkennbaren Bezugsgruppe hinaus die Gesellschaft als Ganzes sieht und sich ihr zugehörig fühlt, sich mit ihr identifiziert".

Integrative Funktionen der Massenmedien werden, so Maletzke, auch sichtbar, wenn wir Medien als *Sozialisationsagenten* verstehen. Neben den traditionellen Agenten wie Familie, Schule, Kirche, Peer-Groups bieten auch die Medien in hohem Maße Denk- und Verhaltensmuster, Status- und Rollenbilder, Images und Typenvorstellungen an denen sich junge Menschen orientieren können, an. Wesentlich bei Medien als Sozialisationsagenten ist ebenso, dass sie einer großen Zahl von Menschen ähnliche Muster vermitteln (vgl. Saxer 1988).

Lektüretipp

- Maletzke, Gerhard, „Integration – eine gesellschaftliche Funktion der Massenkommunikation", in: *Publizistik. Vierteljahreshefte für Kommunikationsforschung*, Jg. 25, 1980, S. 199-206.
- Vlasic, Andreas, *Die Integrationsfunktion der Massenmedien. Begriffsgeschichte, Modelle, Operationalisierung*, Wiesbaden: VS Verlag, 2004.

8.1 Fragmentierungstendenzen in modernen Gesellschaften

Mit dem Fortschreiten der technischen Möglichkeiten der Informations- und Kommunikationstechnologien sowie gesellschaftlichen Modernisierungsprozessen wie Individualisierung oder Pluralisierung von Lebensstilen und Wertvorstellungen (vgl. Inglehart 2006; Klages 1984; Welzel/Inglehart 2005) hat in den vergangenen Jahren im Zuge der Ausdifferenzierung des Mediensystems das Schlagwort von der Fragmentierung der Öffentlichkeit oder des Zerfalls des Publikums Karriere gemacht.

Diese Vorstellung vom Zerfall leitet sich ab aus der rasanten Vermehrung des Medienangebots und der damit einhergehenden Möglichkeit für jeden Einzelnen, sich sein Medienmenu selbst zusammenzustellen.

Alleine im TV-Sektor hat sich die Zahl der Sender in den vergangenen Jahren mehr als verdoppelt: Die durchschnittliche Anzahl der empfangbaren Sender ist im Zeitraum von 1994 bis zum Jahr 2005 von 23 auf 48 Sender gestiegen (vgl. SevenOneMedia 2006). Augenscheinlich wird die Vervielfachung des Programmangebots auch an den Möglichkeiten, die das Internet jedem Einzelnen bietet, sich sein Medienmenü nach persönlichen Vorlieben zusammenzustellen (siehe Kapitel 2.1.3, Seite 58f).

Diese Kommunikationsmöglichkeiten unter „Viel-Kanal-Bedingungen“ (Jarren/Krotz 1997) haben zu unterschiedlichen und individuellen Mustern der Mediennutzung geführt (vgl. Hasebrink 1998; 2003). Der gemeinsame Erfahrungsschatz und die Verständigung über eine Agenda der wichtigen Probleme, der sich eine Gesellschaft zu stellen hat, werden geringer. Dies gilt vor allem im Bereich politischer Themen.

Die Folgen dieser Fragmentierung liegen, so die These, in der Subgruppenbildung und in der Entstehung von immer kleineren Teilöffentlichkeiten, die aufgrund von unterschiedlichen Medienerfahrungen ihre eigenen Themenprioritäten entwickeln (vgl. Holtz-Bacha 1997; 1998; Holtz-Bacha/Peiser 1999). Ebenso geht das Wissen um die Themen verloren, um die sich eine Gemeinschaft kümmern sollte.

Beispiel

Schönbach und Kollegen konnten in ihren Studien zu den Unterschieden zwischen Print- und Online-Zeitungen zeigen, dass wer sich hauptsächlich aus dem Internet informiert, im Allgemeinen signifikant weniger Themen der aktuellen öffentlichen Diskussion nennen kann, als jemand der Tageszeitungen liest. Die Struktur von gedruckten Tageszeitungen ist, so Schönbach und Kollegen, förderlicher um einen Überblick über die Wichtigkeit und Vielfalt der Themen der öffentlichen Debatte zu erhalten. Zeitungen zählen deshalb wie Zeitschriften, Fernsehen und Radio zu den Display-Medien. Bei Online-Zeitungen ist hingegen mehr Aktivität und Recherche-Interesse der Nutzer gefordert. Sie werden deshalb als Research-Angebote bezeichnet. Über einzelne Themen halten Online-Medien tiefer gehende Informationen bereit als Printmedien, das Themenspektrum, das die Rezipienten nutzen ist aber nicht so breit.
Was allem Anschein nach bei der Nutzung von Online-Zeitungen verloren geht, ist die Konfrontation mit Informationen, nach denen nicht gesucht wurde, die aber in einem Display-Medium wie der Tageszeitung unweigerlich mitgeliefert und offenbar auch mitgenutzt werden (vgl. Schönbach et al. 2005; Waal/Schönbach 2008).

Die Konsequenz aus diesen Befunden ist, dass Massenmedien nicht mehr per se integrierende Funktionen ausüben, sondern auch als zentrifugale Kräfte wirken können: „Newer communication technologies – faxes, e-mail, mobile telephones – now allow individuals to communicate directly with each other, or even to collect together into special interest groups. [...] These communication technologies are centrifugal in direction, pulling away from the core“ (Shaw/Hamm 1997: 210). Die Konsequenz daraus ist der Verlust des sozialen Zusammenhalts (vgl. Southwell/Lee 2004; Sunstein 2003, 2007; Tewksbury 2003).

Die Zahlen sprechen aber derzeit noch nicht in diesem Maße für die These der Fragmentierung. Im TV-Bereich lässt sich beispielsweise zeigen, dass sich die rasante Fragmentierung des Angebots nicht in der Individualisierung der Mediennutzung widerspiegelt. Zwar hat sich zum Beispiel die durchschnittliche Anzahl der empfangbaren Sender in Deutschland in den vergangenen zehn Jahren verdoppelt. Doch immer noch dominieren fünf Sender rund 80 Prozent der Marktanteile (vgl. SevenOneMedia 2006).

Das Bild von Integration bzw. Desintegration fällt im Lichte dieser Befunde zwiespältig aus: Die Medien dienen trotz starker Ausdifferenzierung anscheinend immer noch als eine Quelle für gemeinsamen Gesprächsstoff. Es gibt aber auch eine Reihe von Studien, die in den Medien einen der Gründe für Phänomene der Fragmentierung und Desintegration sehen. Doch trotz dieser Einschränkungen wird den Medien angesichts der Probleme des Gesellschaftswandels, der Auflösung traditioneller Bindungen (siehe Kapitel 2.1.3, Seite 56ff), einer Pluralisierung der Lebensstile, immer noch eine integrationsstiftende Funktion zugesprochen. Nicht zuletzt gilt dies auch für den Prozess der politischen Integration Europas.

Lektüretipp

- Vreese, Claes H. de, *Framing Europe: Television News and European Integration*, Amsterdam: Het Spinhuis, 2005 [2003].

8.2 Demokratie und Integration in der Mediengesellschaft

Wie aber gestaltet sich dies nun – politisch gewendet – in der Mediengesellschaft? In der Mediengesellschaft wird Kommunikation als „gesellschaftliches Totalphänomen" (Saxer 1998a) bezeichnet, (massen-)mediale Kommunikation als Prozess und Ort der gesellschaftlichen Selbstbeobachtung. Die Allgegenwärtigkeit von medialer Kommunikation wird als Gesellschaft stiftend verstanden, Gesellschaft als Kommunikationsgesellschaft.[2]

Diese Entwicklungen bedeuten ebenso, dass die „politische Gesellschaft als kommunikativ konstituierte zu begreifen ist" (Saxer 1998b: 26). Macht in der Mediengesellschaft ist in erster Linie kommunikative Macht, Kommunikation wird zum zentralen Strukturmechanismus der Politik (vgl. Habermas 2006).

2 Die Publizistik- und Kommunikationswissenschaft ruft sich selbst als „Wissenschaft der Mediengesellschaft" aus und damit eben diese Formation als aktuelles Gesellschaftsmodell (DGPuK 2001).

Zitat

„Jede Gesellschaft regelt denn auch ihre politische Kommunikation durch bestimmte Strukturen, die zumindest eine gewisse Stabilisierung dieses funktionalen Erfordernisses bei der Generierung allgemein verbindlicher Entscheidungen versprechen oder gar sichern. Allgemein handelt es sich dabei um die Ausbildung von Kommunikationssituationen, die im Sinne der Leitideen des jeweiligen politischen Systems durch die Beförderung korrespondierender Erwartungen und Verhaltensweisen die dauernde Befriedigung der Bedürfnisse nach politischer Kommunikation ermöglichen" (Saxer 1998b: 32).

Die Formation der Mediengesellschaft betont die allumfassenden Möglichkeiten der Kommunikation für die Integration des Einzelnen in die Gesellschaft. Die oben angesprochenen Befunde von der Fragmentierung der Öffentlichkeit scheinen aber mithin Befunde zu sein, die aus der Ausdifferenzierung des Mediensystem und der Erweiterung des Medienangebots für den Einzelnen entstanden sind. Auch hier ist der Befund uneinig.

Lektüretipp

- Imhof, Kurt, „Mediengesellschaft und Medialisierung", in: *Medien- und Kommunikationswissenschaft*, Jg. 54, 2006, S. 191-215.
- Saxer, Ulrich, „Mediengesellschaft: Verständnisse und Missverständnisse", in: *Politikvermittlung und Demokratie in der Mediengesellschaft*, hg. v. Ulrich Sarcinelli, Bonn: Bundeszentrale für politische Bildung, 1998, S. 52-73.
- Saxer, Ulrich, *Politik als Unterhaltung. Zum Wandel politischer Öffentlichkeit in der Mediengesellschaft*, Konstanz: UVK, 2007.

Um also die Integrationsfunktion der Medien in Demokratien näher zu fassen, betrachten wir diese im Lichte der in diesem Buch vorgestellten demokratischen Strukturprinzipien näher. Ebenso dient dies der Reflexion der Ergebnisse dieses Buches. Der Begriff der Integration lässt sich in diesem Sinne nach Vlasic (2004: 67) in fünf Dimensionen strukturieren. In diesen finden wir zentrale Aspekte, die wir bisher breit diskutiert haben. Einen gemeinsamen Bezugspunkt finden diese Kategorien in der (normativen) Integrationsfunktion der Massenmedien:

(1) Bereitstellung gemeinsamer Themen / Bildung einer Basis von Wissen
(2) Ermöglichen von Repräsentation
(3) Konstituieren von (politischer) Öffentlichkeit
(4) Vermittlung gemeinsamer Normen und Werte
(5) Konstruktion von Realität

Ad (1). Diese Dimension erinnert an die Luhmann'sche Funktionszuschreibung der Massenmedien. Medien garantieren, so Luhmann (1996: 29), **„die Unterstellbarkeit der Bekanntheit von Themen"**. Damit stellen die Medien Themen für interpersonale Anschlusskommunikationen zur Verfügung. Medial vermittelte Themen können vom Einzelnen als bekannt vorausgesetzt werden und ermöglichen so gesellschaftliches und soziales Handeln. In ähnlicher Weise versteht Stehr (2000: 62) **Wissen** als zentrale Handlungsressource für das Individuum, als „potential for action". In modernen Gesellschaften sind Information, Wissen und Lernen die zentralen menschlichen Ressourcen, die zur Partizipation und damit zur Integration in eine Gemeinschaft befähigen. Im Gegenteil kann man Nicht-Wissen als einen Faktor der Desintegration beschreiben. Die Wissenskluft-Hypothese besagt, dass gebildetere, neugierigere und finanziell besser gestellte Personen mehr und schneller aus den Medien lernen als andere (siehe Kapitel 5.3.2, Seite 161ff).

Shaw und Hamm (1997: 212 und 227) befürchten, dass die neuen Informations- und Kommunikationstechnologien die Tendenz, die Agenda des gesellschaftlichen Systems nicht zu kennen, befördern: „With the decline of mass media, that community-wide agenda-setting power is in decline, with implications for holding society together by consensus".

Ad (2). Das Prinzip der **Repräsentation** ermöglicht die Koppelung zwischen Regierenden und Regierten in demokratischen Gesellschaften. Die Regierten sind somit über die Delegation von Macht in die Entscheidungsprozesse der Politik integriert und über verschiedene Formen mit den Regierenden rückgekoppelt. Das Prinzip der Responsivität beschreibt beispielsweise die Orientierung der Regierenden an der öffentlichen Meinung (siehe Kapitel 7.2, Seite 222ff). Demokratische Systeme zeichnen sich zudem durch regelmäßig stattfindende Wahlen aus. In diesen können die Repräsentierten die Arbeit ihrer Repräsentanten beurteilen. All diese Möglichkeiten der Integration von Bürgern in politische Entscheidungsprozesse bedürfen aber der Partizipation der Bürger am politischen Geschehen (siehe Kapitel 5, Seite 139ff).

Ad (3). Als zentrale Schnittstelle für die Kommunikation zwischen Bürgern, Vertretern von Interessen, Medien und den politischen Entscheidungszentren dient das Forum der **Öffentlichkeit** (siehe Kapitel 2, Seite 49ff). Hier beobachten Politiker, Parteien und die Entscheidungszentren die öffentliche Meinung. Positionen und Standpunkte, die sich in dieser großteils massenmedial strukturierten Öffentlichkeit als wichtige Themen kristallisieren, werden von diesen aggregiert, bearbeitet und in den politischen Entscheidungsprozess getragen.

Das Forum der massenmedial vermittelten Öffentlichkeit sichert somit auch Akzeptanz für politische Entscheidungen und sorgt letztlich auch für die Legitimation des Systems.

Ad (4). In der Vermittlung gemeinsamer **Wert- und Normvorstellungen** haben die Medien eine Rolle als Sozialisationsagent übernommen. Diese Integrations- und Sozialisationsfunktion ermöglicht die Vermittlung gemeinsamer Verhaltensnormen und Ziele (vgl. Saxer 1988). Auch über die Massenmedien wird der Wert der Demokratie vermittelt und so ein „common sense" geschaffen. Shaw und Hamm (1997: 225) befürchten aber, dass ein ausdifferenziertes Mediensystem diese Rolle nicht mehr übernehmen könnte:

Zitat

„As people abandon or at least deemphasize the agendas of the larger communities, they weaken the core values of sharing and compromise. They also are leaving the mass media, which come closest to reflecting these core values for the larger community. The decline of the mass media audience means there has been a drop in common focus, as audience members scurry to their own information sources. We share less, and there has been a disruption of social union".

Ad (5). Die Massenmedien leisten, so Luhmann, einen Beitrag zur **Realitätskonstruktion der Gesellschaft**. Durch die ständige Aktualisierung der Selbstbeschreibung der Gesellschaft und ihrer kognitiven Welthorizonte garantieren sie eine gesellschaftsweit akzeptierte Gegenwart. Diese ist zwar nach medialen Mechanismen konstruiert, deshalb verzerrt (vgl. Schulz 1990 [1976]) und kein Abbild der Wirklichkeit. Sie bietet aber eine gemeinsame Grundlage zur Diskussion, eine Realität von der wir ausgehen können.

Die Stabilität der Gesellschaft beruht, so Luhmann (1996: 177-178), „in erster Linie auf der Erzeugung von Objekten, die in der weiteren Kommunikation vorausgesetzt werden können. [...] Dass es solche Objekte ‚gibt', verdankt die moderne Gesellschaft dem System der Massenmedien, und es wäre kaum vorstellbar, wie eine weit über individuelle Erfahrungshorizonte hinausgreifende Gesellschaft kommunikativer Operationen funktionieren könnte, wäre diese unerlässliche Bedingung nicht durch den Kommunikationsprozess selbst gesichert".

Die Medien besitzen die Funktion der gesellschaftlichen Integration in Form der Inklusion von Bürgern in ein demokratisches Gemeinwesen. Dies geschieht vor allem über die Bekanntheit von Themen und Positionen, die in der öffentlichen Diskussion gerade eine Rolle spielen. Massenmedien gestalten durch Selektion und Präsentation einen strukturellen Rahmen für die politische Kommunikation. Sie informieren über das aktuelle (politische) Geschehen und bieten Möglichkeiten der Anschlusskommunikation.

Man könnte also vermuten, dass in modernen Gesellschaften die Diskussions- und Trennlinien gerade nicht mehr zwischen verschiedenen soziodemographischen Schichten verlaufen sondern zwischen Gruppen, die die massenmediale – und damit die gesellschaftliche – Agenda kennen und Bürgern, die diese Agenda nicht kennen. Auf die Politik übertragen wäre dies eine Teilung zwischen den politischen Mediennutzern, den nicht-politischen Mediennutzern und den Nicht-Mediennutzern (vgl. Rhomberg 2007a; Shaw/Shannon 1992).

Lektüretipp

- Shaw, Donald L./Hamm, Bradley J., „Agendas for Public Union or for Private Communities? How Individuals Are Using Media to Reshape American Society", in: *Communication and Democracy. Exploring the Intellectual Frontiers in Agenda-Setting Theory*, hg. v. Maxwell McCombs, Donald L. Shaw und David Weaver, Mahwah: Lawrence Erlbaum, 1997, S. 209-230.

8.3. Fazit

8.3.1 Diskussionsfragen

- In welcher Weise wirken Massenmedien in modernen Gesellschaften integrierend, in welcher Weise desintegrierend?
- Welche Möglichkeiten hat die Gesellschaft bzw. die Politik auf desintegrierende Prozesse zu reagieren?
- Welche Gefahren und Chancen bergen die Möglichkeiten der Online-Kommunikation für die Integration von Bürgern in die Gesellschaft?

8.3.2Schlüsselbegriffe

Integration: Europäische Integration 230, Integrationsfunktion der Medien 229ff
Legitimation 230
Mediengesellschaft 233ff
Normen 236
Öffentlichkeit 229ff: Fragmentierung von Öffentlichkeit 231ff
Repräsentation 235
Responsivität 235
Sozialisation 236: Sozialisationsfunktion der Medien 236, Medien als Sozialisationsagent 236
Versammlungsdemokratie 229
Viel-Kanal-Bedingungen 232
Werte 236
Wissen 235

Literatur

Alemann, Ulrich von, Probleme der Demokratie und der demokratischen Legitimation. Gibt es Alternativen zum demokratischen Parteienstaat? Konferenz: Krise der politischen Parteien, Golegio de Mexico: Mexico City, 1995.

Alemann, Ulrich von/Marschall, Stefan, „Parteien in der Mediendemokratie – Medien in der Parteiendemokratie", in: Parteien in der Mediendemokratie – Medien in der Parteiendemokratie, hg. v. Ulrich von Alemann und Stefan Marschall, Wiesbaden: Westdeutscher Verlag, 2002, S. 1-24.

Ansolabehere, Stephen D./Snyder, James M./Stewart, Charles III., „Candidate Positioning in U.S. House Elections", in: American Journal of Political Science, Jg. 45, 2001, S. 136-159.

Atkin, Charles K., „Instrumental Utilities and Information Seeking", in: New Models in Mass Communication Research, hg. v. Peter Clarke, Beverly Hills/London: 1973, S. 205-242.

Atkin, Charles K./Galloway, John/Nayman, Oguz B., „News Media Exposure, Political Knowledge and Campaign Interest", in: Journalism Quarterly, Jg. 53, 1976, S. 231.

Baerns, Barbara, Öffentlichkeitsarbeit oder Journalismus? Zum Einfluss im Mediensystem, Köln: Verlag Wissenschaft und Politik, 1985.

Baerns, Barbara, PR-Erfolgskontrolle. Messen und Bewerten in der Öffentlichkeitsarbeit. Verfahren, Strategien, Beispiele, Frankfurt am Main: F.A.Z.-Institut, 1997.

Ball, Alan/Peters, Guy B., Modern Politics and Government, New York, London: Chatham House, 2000.

Barth, Henrike/Donsbach, Wolfgang, „Aktivität und Passivität von Journalisten gegenüber Public Relations. Fallstudie am Beispiel von Pressekonferenzen zu Umweltthemen", in: Publizistik, Jg. 37, 1992, S. 151-165.

Beck, Klaus/Bentele, Günter, „Information, Kommunikation, Massenkommunikation. Grundbegriffe und Modelle der Publizistik- und Kommunikationswissenschaft", in: Medien und Journalismus: Fachwissen für Journalisten. Band 1, hg. v. Ottfried Jarren, Berlin: Westdeutscher Verlag, 1994, S. 16-50.

Bennett, Lance W., „Introduction: Communication and Civic Engagement in Comparative Perspective", in: Political Communication, Jg. 17, 2000, S. 307-312.

Bennett, Lance W., News: The Politics of Illusion, New York: Longman, 2001.

Benz, Matthias/Stutzer, Alois, „Are Voters Better Informed When They Have a Larger Say in Politics? Evidence for the European Union and Switzerland", in: Public Choice, Jg. 119, 2004, S. 31-59.

Berelson, Bernard/Lazarsfeld, Paul F./McPhee, William N., Voting: A Study of Opinion Formation in a Presidential Campaign, Chicago: University of Chicago Press, 1954.

Berger, Peter L./Luckmann, Thomas, The Social Construction of Reality, Garden City: Anchor Books, 1996 [1966].

Berghaus, Margot, „Wie Massenmedien wirken. Ein Modell zur Systematisierung", in: Rundfunk und Fernsehen, Jg. 2, 1999, S. 181-199.

Beyme, Klaus von, Parteien in westlichen Demokratien, München/Zürich: Piper, 1984.

Beyme, Klaus von, Die politischen Theorien der Gegenwart, München/Zürich: Piper, 1986.

Beyme, Klaus von, „Die Massenmedien und die politische Agenda des parlamentarischen Systems", in: Öffentlichkeit, öffentliche Meinung und soziale Bewegungen, hg. v. Friedhelm Neidhardt, Opladen: Westdeutscher Verlag 1994, S. 320-336.

Beyme, Klaus von, Der Gesetzgeber: Der Bundestag als Entscheidungszentrum, Opladen: Westdeutscher Verlag, 1997.

Blumler, Jay G./Kavanagh, Dennis, „The Third Age of Political Communication: Influences and Features“, in: Political Communication, Jg. 16, 1999, S. 209-230.

Böck, Margit, „Reducing Communicative Inequalites Towards a Pedagogy for Inclusion“, in: Reclaiming the Media: Communication Rights And Expanding Democratic Media Roles, hg. v. Bart Cammaerts und Nico Carpentier, Bristol: Intellect Books, 2007, S. 66-85.

Bonfadelli, Heinz, „Was ist (Massen-)Kommunikation? Grundbegriffe und Modelle“, in: Einführung in die Publizistikwissenschaft, hg. v. Ottfried Jarren und Heinz Bonfadelli, Bern/Stuttgart/Wien: Verlag Paul Haupt, 2001, S. 17-46.

Bonfadelli, Heinz, „Medieninhalte“, in: Öffentliche Kommunikation. Handbuch Kommunikations- und Medienwissenschaft, hg. v. Günter Bentele, Hans-Bernd Brosius und Ottfried Jarren, Wiesbaden: VS Verlag, 2003, S. 79-100.

Bonfadelli, Heinz, Medienwirkungsforschung I. Grundlagen, Konstanz: UVK, 2004.

Boorstin, Daniel J., The image or what happened to the American Dream, New York: Atheneum, 1961.

Bora, Alfons, „„Partizipation“ als politische Inklusionsformel“, in: Inklusion und Partizipation. Politische Kommunikation im historischen Wandel, hg. v. Christoph Gusy und Heinz-Gerhard Haupt, Frankfurt/New York: Campus, 2005, S. 15-34.

Brants, Kees, „Who's Afraid of Infotainment?“ in: Communication Theory & Research. An EJC Anthology, hg. v. Denis McQuail, Peter Golding und Els de Bens, London: SAGE, 2005 [1998], S. 103-117.

Breed, Warren, „Social Control in the Newsroom: A Functional Analysis“, in: Social Forces, Jg. 33, 1955, S. 326-335.

Brettschneider, Frank, Öffentliche Meinung und Politik. Eine empirische Studie zur Responsivität des Deutschen Bundestags zwischen 1949 und 1990, Opladen: Westdeutscher Verlag, 1995.

Brettschneider, Frank, „Partizipation (Lexikonteil)“, in: Politische Kommunikation in der demokratischen Gesellschaft, hg. v. Ottfried Jarren, Ulrich Sarcinelli und Ulrich Saxer, Opladen/Wiesbaden: Westdeutscher Verlag, 1998, S. 698.

Brettschneider, Frank, „Massenmedien und Wählerverhalten“, in: Handbuch Wahlforschung, hg. v. Jürgen Falter und Harald Schoen, Wiesbaden: VS Verlag, 2005, S. 473-500.

Broder, David S., The Party's Over: The Failure of Politics in America, New York: Harper & Row, 1972.

Brosius, Hans-Bernd, Alltagsrationalität in der Nachrichtenrezeption: Ein Modell zur Wahrnehmung und Verarbeitung von Nachrichteninhalten, Opladen: Westdeutscher Verlag, 1995.

Brosius, Hans-Bernd, „Politikvermittlung durch Fernsehen. Inhalte und Rezeption von Fernsehnachrichten“, in: Fernsehforschung in Deutschland. Themen – Akteure – Methoden. Teilband 1., hg. v. Walter Klingler, Gunnar Roters und Oliver Zöllner, Baden-Baden: Nomos, 1998, S. 283-301.

Brosius, Hans-Bernd, „Medienwirkung“, in: Öffentliche Kommunikation. Handbuch Kommunikations- und Medienwissenschaft, hg. v. Günter Bentele, Hans-Bernd Brosius und Ottfried Jarren, Wiesbaden: VS Verlag, 2003, S. 128-148.

Brünne, Michael/Esche, Franz-Rudolf/Ruge, Hans-Dieter, Berechnung der Informationsüberlastung in der Bundesrepublik Deutschland. Bericht des Instituts für Konsum- und Verhaltensforschung der Universität des Saarlandes, Saarbrücken, 1987.

Budge, Ian/Farlie, Dennis J., Explaining and Predicting Elections, London: Allen & Unwin, 1983.
Burkart, Roland, Kommunikationswissenschaft, Wien: Böhlau, 2002.
Burkart, Roland, „Medienwirkungsforschung – ein Einblick“, in: Medien – Impulse, Jg. 3, 2003, S. 5-8.
Burkhardt, Steffen, Medienskandale: Zur moralischen Sprengkraft öffentlicher Diskurse, Köln: Von Halem, 2006.
Calhoun, Craig, „The Democratic Integration of Europe: Interests, Identity, and the Public Sphere“, in: Europe Without Borders: Re-Mapping Territory, Citizenship and Identity in a Transnational Age, hg. v. Marbel Berezin und Martin Schain, Baltimore: Johns Hopkins University Press, 2003, S. 243-275.
Cammaerts, Bart, „Media and Communication Strategies of Glocalized Activists: Beyond Media-Centric Thinking“, in: Reclaiming the Media: Communication Rights And Expanding Democratic Media Roles, hg. v. Bart Cammaerts und Nico Carpentier, Bristol: Intellect Books, 2007, S. 265-288.
Campbell, Angus/Converse, Philipp E./Miller, Warren E./Stokes, Donald E., The American Voter, New York: John Wiley, 1960.
Carpentier, Nico, „Participation and Media. Introduction“, in: Reclaiming the Media. Communication Rights and Democratic Media Roles, hg. v. Bart Cammaerts und Nico Carpentier, Bristol: Intellect Books, 2007, S. 87-91.
Chaffee, Steven H./Choe, Sun Y., „Time of Decision and Media Use During the Ford-Carter Campaign“, in: Public Opinion Quarterly, Jg. 44, 1980, S. 53-59.
Chaffee, Steven H./Schleuder, Joan, „Measurement of Effects of Attention to Media News“, in: Human Communication Research, Jg. 13, 1986, S. 76-107.
Chen, Kevin, Political Alienation and Voting Turnout in the United States 1960-1988, San Francisco: Mellen Research University Press, 1992.
Converse, Philipp E., „Popular Representation and the Distribution of Information“, in: Information and Democratic Processes, hg. v. John A. Ferejohn und James H. Kuklinski, Urbana/Chicago: University of Illinois Press, 1990, S. 369-388.
Cooley, Charles H., Social Organization. A Study of the Larger Mind, New York, 1909.
Czerwick, Edwin, „Parlamentarische Politikvermittlung – zwischen ‚Basisbezug‘ und ‚Systembezug‘“, in: Politikvermittlung und Demokratie in der Mediengesellschaft. Beiträge zur politischen Kommunikationskultur, hg. v. Ulrich Sarcinelli, Bonn: Bundeszentrale für politische Bildung, 1998, S. 253-272.
Daele, Wolfgang van den/Neidhardt, Friedhelm, „Regierung durch Diskussion – Über Versuche mit Argumenten Politik zu machen“, in: Kommunikation und Entscheidung: Politische Funktionen öffentlicher Meinungsbildung und diskursiver Verfahren, hg. v. Wolfgang van den Daele und Weidhardt, Friedhelm, Berlin: Sigma, 1996, S. S. 9-52.
Dahl, Robert A., Who Governs? Democracy and Power in an American City, New Haven: Yale University Press, 1961.
Dahl, Robert A., Pluralist Democracy in the United States. Conflict and Consent, Chicago: Rand McNally, 1967.
Dahl, Robert A., Democracy in the United States, Chicago: Rand McNally, 1976.
Dalton, Russell J., Citizen Politics: Public Opinon and Political Parties in Advanced Industrialised Democracies, Chatham: Chatham House, 1996.
Davis, Steve, The Web of Politics: The Internet's Impact on the American Political System, New York: Oxford University Press, 1999.

Davis, Steve/Elin, Larry/Reeher, Grant, Click on Democracy: The Internet's Power to Change Political Apathy into Civic Action, Boulder: Westview Press, 2004.

Dearing, James/Rogers, Everett M., Agenda-Setting, Thousand Oaks: SAGE Publications, 1996.

Denton, Frank/Thorson, Esther, „Efects of Public Multimedia Journalism Project on Political Knowledge and Attitudes", in: Assessing Public Journalism, hg. v. Edmund B. Lambeth, Philipp E. Meyer und Esther Thorson, Columbia: University of Missouri Press, 1998.

Detjen, Joachim, „Pluralismus", in: Politische Kommunikation in der demokratischen Gesellschaft, hg. v. Ottfried Jarren, Ulrich Sarcinelli und Ulrich Saxer, Opladen/Wiesbaden: Westdeutscher Verlag, 1998, S. 275-284.

DGPuK, Die Mediengesellschaft und ihre Wissenschaft. Selbstverständnispapier, http://www.dgpuk.de/allgemein/selbstverstaendnis.htm, 2001.

Diderot, Denis, Encyclopédie ou Dictionnaire raisonné des sciences, des arts et des métiers, Paris, 1751.

Donsbach, Wolfgang, „Journalist", in: Publizistik Massenkommunikation. Das Fischer Lexikon, hg. v. Elisabeth Noelle-Neumann, Winfried Schulz und Jürgen Wilke, Frankfurt am Main: Fischer, 2004, S. 78-125.

Dörner, Andreas, „Wahlkämpfe – eine rituelle Inszenierung des ‚demokratischen Mythos'", in: Wahl-Kämpfe. Betrachtungen über ein demokratisches Ritual, hg. v. Andreas Dörner und Ludgera Vogt, Frankfurt am Main: Suhrkamp, 2002, S. 16-42.

Downs, Anthony, An Economic Theory of Democracy, New York: Harper & Row, 1957a.

Downs, Anthony, „An Economic Theory of Political Action in a Democracy", in: The Journal of Political Economy, Jg. 65, 1957b, S. 135.

Downs, Anthony, „Up and Down With Ecology. The ‚Issue-Attention-Cycle'", in: Agenda Setting. Readings on Media, Public Opinion, and Policymaking, hg. v. David Protess und Maxwell McCombs, Hillsdale: Lawrence Erlbaum, 1991, S. 27-33.

Downs, Anthony, „The Origins of an Economic Theory of Democracy", in: Information, Participation & Choice, hg. v. Bernard Grofman, Ann Arbor: University of Michigan Press, 1995, S. 197-200.

Durkheim, Emile, Über die Teilung der sozialen Arbeit. Studie über die Organisation höherer Gesellschaften, Frankfurt am Main: Suhrkamp, 1988 [1893].

Eichhorn, Wolfgang, Agenda-Setting-Prozesse: eine theoretische Analyse individueller und gesellschaftlicher Themenstrukturierung, München: Reinhard Fischer Verlag, 1996.

Eilders, Christiane, Nachrichtenfaktoren und Rezeption. Eine empirische Analyse zur Auswahl und Verarbeitung politischer Information, Opladen: Westdeutscher Verlag, 1997.

Eilders, Christiane, „Nachhaltige Nachrichtenfaktoren. Politische Informationsauswahl unter Bedingungen von Netzkommunikation", in: Medienheft Dossier, Jg. 22, 2004, S. 31-36.

Eksterowicz, Anthony J./Roberts, Robert/Clark, Adrian, „Public Journalism and Public Knowledge", in: Harvard International Journal of Press/Politics, Jg. 3, 1998, S. 74-95.

Entman, Robert M., „Framing: Toward Clarification of a Fractured Paradigm", in: Journal of Communication, Jg. 43, 1993, S. 51-58.

Esser, Frank, „Spin Doctoring. Rüstungsspirale zwischen politischer PR und politischem Journalismus", in: Forschungsjournal Neue Soziale Bewegungen, Jg. 13, 2000, S. 17-24.

Esser, Frank/Pfetsch, Barbara, Comparing Political Communication. Theories, Cases, and Challenges, Cambridge: Cambridge University Press, 2004.

Eveland, William P. Jr./Scheufele, Dietram A., „Connecting News Media Use with Gaps in Knowledge and Participation“, in: Political Communication, Jg. 17, 2000, S. 215-237.

Eveland, William P. Jr./Hayes, Andrew F./Shah, Dhavan V./Kwak, Nojin, „Understanding the Relationship Between Communication and Political Knowledge: A Model Comparison Approach Using Panel Data“, in: Political Communication, Jg. 22, 2005, S. 423.

Ferejohn, John A., „Information and the Electoral Process“, in: Information and Democratic Processes, hg. v. John A. Ferejohn und James H. Kuklinski, Urbana/Chicago: University of Illinois Press, 1990, S. 1-22.

Fischer-Lichte, Erika, Politik als Inszenierung, Hannover: Schriftenreihe des Niedersächsischen Landtages, 2001.

Fiske, John, Media Matters. Everyday Culture and Political Change, Minneapolis/London: University of Minnesota Press, 1994.

Fredin, Eric S./Kosicki, Gerald M./Becker, Lee B., „Cognitive Strategies for Media Use During a Presidential Campaign“, in: Political Communication, Jg. 13, 1996, S. 23.

Frey, Bruno S., „Direkte Demokratie für eine lebendige Verfassung“, in: Spielregeln für eine bessere Politik. Reformblockaden überwinden – Leistungswettbewerb fördern, hg. v. Michael Wohlgemuth, Freiburg: Herder, 2005, S. 36-86.

Früh, Werner, Medienwirkungen: Das dynamisch-transaktionale Modell. Theorie und empirische Forschung, Opladen: Westdeutscher Verlag, 1991.

Früh, Werner/Schönbach, Klaus, „Der dynamisch-transaktionale Ansatz. Ein neues Paradigma der Medienwirkungen“, in: Publizistik. Vierteljahreshefte für Kommunikationsforschung, Jg. 27, 1982, S. 74-88.

Fuchs, Dieter, „Die Aktionsformen der neuen sozialen Bewegungen“, in: Politische Willensbildung und Interessenvermittlung, hg. v. Jürgen Falter, Christian Fenner und Michael Greven, Opladen: Westdeutscher Verlag, 1984, S. 621-634.

Fuchs, Dieter/Pfetsch, Barbara, „Die Beobachtung der öffentlichen Meinung durch das Regierungssystem“, in: Kommunikation und Entscheidung. Politische Funktionen öffentlicher Meinungsbildung und diskursiver Verfahren, hg. v. Wolfgang van den Daele und Friedhelm Neidhardt, Berlin: WZB-Jahrbuch 1996, S. S. 103-135.

Fuhr, Ernst W., ZDF-Staatsvertrag. Staatsvertrag über die Einrichtung der gemeinnützigen Anstalt des öffentlichen Rechts ‚Zweites Deutsches Fernsehen‘ (ZDF-Staatsvertrag), Mainz: Von Haase und Koehler 1985.

Gabriel, Oscar W., „Funktionen politischer Beteiligung“, in: Die Bürger und ihre Stadt, hg. v. Wiener Gemeinderatskommission Forum Stadtverfassung, Wien, 1991, S. 327-350.

Gabriel, Oscar W./Brettschneider, Frank, „Politische Partizipation“, in: Politische Kommunikation in der demokratischen Gesellschaft, hg. v. Ottfried Jarren, Ulrich Sarcinelli und Ulrich Saxer, Opladen/Wiesbaden: Westdeutscher Verlag, 1998, S. 285-291.

Galtung, Johan/Ruge, Mari Holmboe, „The Structure of Foreign News“, in: Journal of International Peace Research, Jg. 2, 1965, S. 64-90.

Gamson, William A., „Media Discourse and Public Opinion on Nuclear Power: A Constructionist Approach“, in: The American Journal of Sociology, Jg. 95, No. 1., 1989, S. 1-37.

Gastil, John, „Is Face-to-Face Citizen Deliberation a Luxury or a Necessity?“ in: Political Communication, Jg. 17, 2000, S. 357.

Gastil, John/Dillard, James P., „Increasing Political Sophistication Through Public Deliberation“, in: Political Communication, Jg. 16, 1999, S. 3.

Gazlig, Thomas, „Erfolgreiche Pressemitteilungen. Über den Einfluss von Nachrichtenfaktoren auf die Publikationschancen“, in: Publizistik, Jg. 44, 1999, S. 185-199.

Geisler, Alexander/Sarcinelli, Ulrich, „Modernisierung von Wahlkämpfen und Modernisierung von Demokratien?“ in: Wahl-Kämpfe. Betrachtungen über ein demokratisches Ritual, hg. v. Andreas Dörner und Ludgera Vogt, Frankfurt am Main: Suhrkamp, 2002, S. 43-68.

Geisler, Alexander/Tenscher, Jens, „‚Amerikanisierung‘ der Wahlkampagne(n)? Zur Modernität von Kommunikationsstrukturen und -strategien im nordrhein-westfälischen Landtagswahlkampf 2000“, in: Mediendemokratie im Medienland, hg. v. Ulrich Sarcinelli und Heribert Schatz, Opladen: Leske und Budrich, 2002, S. 53-118.

Gerbner, George, „Mass Media and Human Communciation Theory“, in: Human Communication Theory, hg. v. Frank E. X. Dance, New York: Holt, Rinehart and Winston, 1967, S. 40-57.

Gerbner, George, „Cultivation Analysis. An Overview“, in: Mass Communication & Society, Jg. 1, 1998, S. 175-194.

Gerbner, George/Marvanyi, George, „The Many Worlds of the World's Press“, in: Journal of Communication, Jg. 27, 1977, S. 52-66.

Gerbner, George/Gross, Larry/Morgan, Michael/Signorelli, Nancy, „Charting the Mainstream: Television's Contribution to Political Orientations“, in: Journal of Communication, Jg. 32, 1982, S. 100-127.

Gerbner, George/Gross, Larry/Morgan, Michael/Signorielli, Nancy/Shanahan, James, „Growing Up with Television: Cultivation Process“, in: Media Effects: Advances in Theory and Research, hg. v. Jennings Bryant und Dolf Zillmann, Mahwah: Lawrence Erlbaum, 2002, S. 43-68.

Gerhards, Jürgen, „Konzeptionen von Öffentlichkeit unter heutigen Bedingungen“, in: Öffentliche Kommunikation unter Viel-Kanal-Bedingungen, hg. v. Ottfried Jarren und Friedrich Krotz, Baden-Baden/Hamburg: Nomos, 1997, S. 25-48.

Gerhards, Jürgen, „Öffentlichkeit“, in: Politische Kommunikation in der demokratischen Gesellschaft, hg. v. Ottfried Jarren, Ulrich Sarcinelli und Ulrich Saxer, Wiesbaden: Westdeutscher Verlag, 1998, S. 268-274.

Gerhards, Jürgen/Neidhardt, Friedhelm, „Strukturen und Funktionen moderner Öffentlichkeit“, in: Politische Kommunikation, hg. v. Wolfgang Langenbucher, Wien: Braumüller, 1993, S. 31-89.

Gerhards, Jürgen/Neidhardt, Friedhelm/Rucht, Dieter, Zwischen Palaver und Diskurs. Strukturen offentlicher Meinungsbildung am Beispiel der deutschen Diskussion zur Abtreibung., Opladen: Westdeutscher Verlag, 1998.

Gieber, Walter/Johnson, Walter, „The City Hall ‚Beat‘: A Study of Reporter and Source Roles“, in: Journalism Quarterly, Jg. 38, 1961, S. 289-297.

Giffard, Anthony C./Rivenburgh, Nancy K., „News Agencies, National Images, and Global Media Events“, in: Journalism & Mass Communication Quarterly, Jg. 77, 2000, S. 8-21.

Gilmor, Dan, We the Media: Grassroots Journalism by the People, Sebastopol, CA: O'Reilly, 2004.

Glaessner, Gert-Joachim, Demokratie und Politik in Deutschland, Opladen: Leske+Budrich, 1999.

Golding, Peter, „The Missing Dimensions – News Media and the Management of Social Change“, in: Mass Media and Social Change, hg. v. Elihu Katz und Tamás Szecskö, Beverly Hills: SAGE, 1981, S. 63-81.

Graber, Doris, Processing the News. How People Tame the Information Tide, New York: Longman, 1984.

Graber, Doris, Mass Media and American Politics, Washington: Congressional Quarterly Inc., 1997.

Greenberg, Bradley S./Mastro, Dana/Brand, Jeffrey E., „Minorities and the Mass Media: Television Into the 21st Century", in: Media Effects: Advances in Theory and Research, hg. v. Jennings Bryant und Dolf Zillmann, Mahwah: Lawrence Erlbaum, 2002, S. 333-352.

Grimm, Dieter, „Die Parteien im Verfassungsrecht: Doppelrolle zwischen Gesellschaft und Staat", in: Parteien in der Krise? hg. v. Peter Haungs und Eckhard Jesse, Köln, 1987, S. 132-138.

Grossenbacher, René, „Hat die ‚Vierte Gewalt' ausgedient? Zur Beziehung zwischen Public Relations und Medien", in: Media Perspektiven, Jg. 11, 1986, S. 725-731.

Habermas, Jürgen, Theorie des kommunikativen Handelns. Band 1: Handlungsrationalität und gesellschaftliche Rationalisierung, Frankfurt am Main: Suhrkamp, 1981a.

Habermas, Jürgen, Theorie des kommunikativen Handelns. Band 2: Zur Kritik der funktionalistischen Vernunft, Frankfurt am Main: Suhrkamp, 1981b.

Habermas, Jürgen, Theorie und Praxis. Sozialphilosophische Studien, Frankfurt am Main: Suhrkamp, 1982.

Habermas, Jürgen, Strukturwandel der Öffentlichkeit, Frankfurt am Main: Suhrkamp, 1990 [1962].

Habermas, Jürgen, „Volkssouveränität als Verfahren. Ein normativer Begriff der Öffentlichkeit", in: Die Moderne – ein unvollendetes Projekt. Philosophisch-politische Aufsätze 1977-1992, hg. v. Jürgen Habermas, Leipzig: Reclam, 1992a, S. 180-212.

Habermas, Jürgen, Faktizität und Geltung. Beiträge zur Diskurstheorie des Rechts und des demokratischen Rechtsstaats, Frankfurt am Main: Suhrkamp, 1992b.

Habermas, Jürgen, „Political Communication in Media Society: Does Democracy Still Enjoy an Epistemic Dimension? The Impact of Normative Theory on Empirical Research", in: Communication Theory, Jg. 16, 2006, S. 411-426.

Hallin, Daniel C., We Keep America on Top of the World, New York: Routledge, 1994.

Hallin, Daniel C./Mancini, Paolo, Comparing Media Systems. Three Models of Media and Politics, Cambridge: Cambridge University Press, 2004.

Harju, Auli, „Citizen Participation and Local Public Spheres: An Agency and Identity Focussed Approach to the Tampere Postal Service Conflict", in: Reclaiming the Media: Communication Rights And Expanding Democratic Media Roles, hg. v. Bart Cammaerts und Nico Carpentier, Bristol: Intellect Books, 2007, S. 92-106.

Hasebrink, Uwe, „Politikvermittlung im Zeichen individualisierter Mediennutzung. Zur Informations- und Unterhaltungsorientierung des Publikums", in: Politikvermittlung und Demokratie in der Mediengesellschaft. Beiträge zur politischen Kommunikationskultur, hg. v. Ulrich Sarcinelli, Bonn: Bundeszentrale für politische Bildung, 1998, S. 345-367.

Hasebrink, Uwe, „Nutzungsforschung", in: Öffentliche Kommunikation. Handbuch Kommunikations- und Medienwissenschaft, hg. v. Günter Bentele, Hans-Bernd Brosius und Ottfried Jarren, Wiesbaden: VS Verlag, 2003, S. 101-127.

Hastie, Reid, „Schematic Principles in Human Memory", in: Social Cognition: The Ontario Symposium on Personality and Social Psychology. Vol. 1, hg. v. Tory E. Higgins, Peter C. Herman und Mark P. Zanna, Hillsdale: Erlbaum, 1981, S. 39-88.

Heise, Arne, „Wirtschaftspolitik der neuen Mitte", in: Berliner Debatte Initial, Jg. 15, 2004, S. 69-87.

Hirsch, Paul M., „The Scary World of the Nonviewer and other Anomalies. A Reanalysis of Gerbner et al.'s Findings on Cultivation Analysis. Part I", in: Communication Research, Jg. 7, 1980, S. 403-456.

Hirsch, Paul M., „On not learning from One's Own Mistakes. A Reanalysis of Gerbner et al.'s Findings on Cultivation Analysis. Part II.", in: Communication Research, Jg. 8, 1981, S. 3-37.

Hellmann, Kai-Uwe, „Demokratie und Evolution", in: Das System der Politik. Niklas Luhmanns politische Theorie, hg. v. Kai-Uwe Hellmann, Karsten Fischer und Harald Bluhm, Wiesbaden: Westdeutscher Verlag, 2003, S. 179-212.

Herman, Edward/Chomsky, Noam, Manufacturing Consent: The Politcal Economy of the Mass Media, New York: Pantheon Books, 1988.

Herzog, Dietrich, „Responsivität", in: Politische Kommunikation in der demokratischen Gesellschaft, hg. v. Ottfried Jarren, Ulrich Sarcinelli und Ulrich Saxer, Opladen/Wiesbaden: Westdeutscher Verlag, 1998, S. 298-304.

Holtz-Bacha, Christina, „Das fragmentierte Medien-Publikum. Folgen für das politische System", in: Aus Politik und Zeitgeschichte, Jg. 1997, S. 13-21.

Holtz-Bacha, Christina, „Fragmentierung der Gesellschaft durch das Internet", in: Demokratie und Internet, hg. v. Winand Gellner und Fritz von Korff, Baden-Baden: Nomos, 1998, S. 219-226.

Holtz-Bacha, Christina, „Apathie (Lexikonteil)", in: Politische Kommunikation in der demokratischen Gesellschaft, hg. v. Ottfried Jarren, Ulrich Sarcinelli und Ulrich Saxer, Opladen/Wiesbaden: Westdeutscher Verlag, 1998a, S. 637-638.

Holtz-Bacha, Christina, „Politikverdrossenheit (Lexikonteil)", in: Politische Kommunikation in der demokratischen Gesellschaft, hg. v. Ottfried Jarren, Ulrich Sarcinelli und Ulrich Saxer, Opladen/Wiesbaden: Westdeutscher Verlag, 1998b, S. 701-702.

Holtz-Bacha, Christina, „Bundestagswahlkampf 1998 – Modernisierung und Professionalisierung", in: Wahlkampf in den Medien – Wahlkampf mit den Medien, hg. v. Christina Holtz-Bacha, Opladen/Wiesbaden: Westdeutscher Verlag, 1999, S. 8-29.

Holtz-Bacha, Christina/Peiser, Wolfram, „Verlieren die Massenmedien ihre Integrationsfunktion? Eine empirische Analyse zu den Folgen der Fragmentierung des Medienpublikum", in: Publikumsbindungen. Medienrezeption zwischen Individualisierung und Integration, hg. v. Uwe Hasebrink und Patrick Rössler, München: Fischer, 1999, S. 41-53.

Horkheimer, Max/Adorno, Theodor W., Dialektik der Aufklärung, Frankfurt am Main: Fischer 1969.

Hovland, Carl. I./Irving, Janis L./Kelley, Harold H., Communication and Persuasion. Psychological Studies of Opinion Change, New Haven: Yale University Press, 1953.

Huckfeldt, Robert/Sprague, John, Citizens, Politics, and Social Communication, Cambridge: Cambridge University Press, 1995.

Hüning, Wolfgang/Otto, Kim, „Agenda-Setting im nordrhein-westfälischen Landtagswahlkampf 2000? Massenmediale Themenstruktur und Wählerwahrnehmung", in: Mediendemokratie im Medienland, hg. v. Ulrich Sarcinelli und Heribert Schatz, Opladen: Leske und Budrich, 2002, S. 155-199.

Imhof, Kurt, „Mediengesellschaft und Medialisierung", in: Medien- und Kommunikationswissenschaft, Jg. 54, 2006a, S. 191-215.

Imhof, Kurt, Mediengesellschaft und Medialisierung, Discussion Paper, Zürich: Universität Zürich, 2006b.

Inglehart, Ronald, „Mapping Global Values", in: Comparative Sociology, Jg. 5, 2006, S. 115.

Inglehart, Ronald/Baker, Wayne E., „Modernization, cultural change, and the persistence of traditional values“, in: American Sociological Review, Jg. 65, 2000, S. 19.

Inglehart, Ronald/Norris, Pippa/Welzel, Christian, „Gender Equality and Democracy“, in: Comparative Sociology, Jg. 1, 2002, S. 321.

Iyengar, Shanto, Is Anyone Responsible? How Television Frames Political Issues, Chicago: University of Chicago Press 1991.

Iyengar, Shanto/Kinder, Roland D., News That Matters: Television and American Opinion, Chicago: University of Chicago Press, 1987.

Iyengar, Shanto/Peters, Mark E./Kinder, Roland D., „Demonstrattion of the „Not-So-Minimal“ Consequences of Television News Programs“, in: Agenda Setting. Readings on Media, Public Opinion, and Policymaking, hg. v. David Protess und Maxwell McCombs, Hillsdale: Lawrence Erlbaum, 1991, S. 89-95.

Jackman, Simon/Sniderman, Paul M., „The Limits of Deliberative Discussion: A Model of Everyday Political Arguments“, in: Journal of Politics, Jg. 68, 2006, S. 272.

Jacobs, Lawrence R./Shapiro, Robert, „Politics and Policymaking in the Real World. Crafted Talk and the Loss of Democratic Responsiveness“, in: Navigating Public Opinion. Polls, Policy, and the Future of American Democracy, hg. v. Jeff Manza, Fay Lomax Cook und Benjamin Page, Oxford, New York: Oxford University Press, 2002, S. 54-75.

Jarren, Ottfried, „‚Mediengesellschaft‘ – Risiken für die politische Kommunikation“, in: Aus Politik und Zeitgeschichte, Jg. 41-42, 2001.

Jarren, Ottfried/Krotz, Friedrich, Öffentliche Kommunikation unter Viel-Kanal-Bedingungen, Baden-Baden/Hamburg: Nomos, 1997.

Kaase, Max, „Politische Beteiligung“, in: Lexikon der Politik. Band 3: Die westlichen Länder, hg. v. Manfred G. Schmidt, München: 1992, S. 339-346.

Kaase, Max, „Demokratisches System und die Mediatisierung von Politik“, in: Politikvermittlung und Demokratie in der Mediengesellschaft. Beiträge zur politischen Kommunikationskultur, hg. v. Ulrich Sarcinelli, Bonn: Bundeszentrale für politische Bildung, 1998, S. 24-51.

Kaase, Max/Barnes, Samuel H., „In Conclusion. The Future of Political Protest in Western Democracies“, in: Political Action. Mass Particiaption in Five Western Democracies, hg. v. Samuel H. Barnes und Max Kaase, Beverly Hills/London: 1979, S. 523-536.

Kaltefleiter, Werner/Wildenmann, Rudolf, Funktionen der Massenmedien, Frankfurt am Main, 1965.

Katz, Elihu/Foulkes, David, „On the Use of the Mass Media as „Escape“: Clarification of a Concept“, in: Public Opinion Quarterly, Jg. 26, 1962, S. 377-388.

Kepplinger, Hans Mathias, „Funktionswandel der Massenmedien“, in: Kommunikationspolitik in Forschung und Anwendung, hg. v. Manfred Rühl und Heinz-Werner Stuiber, Düsseldorf: Droste, 1983, S. 47-67.

Kepplinger, Hans Mathias, Die aktuelle Berichterstattung des Hörfunks. Eine Inhaltsanalyse der Abendnachrichten und politischen Magazine, Freiburg/München: Alber, 1985.

Kepplinger, Hans Mathias, Die Demontage der Politik in der Informationsgesellschaft, Freiburg: Alber, 2000.

Kepplinger, Hans Mathias, „Der Ereignisbegriff in der Publizistikwissenschaft“, in: Publizistik, Jg. 46, 2001, S. 117-139.

Kepplinger, Hans Mathias, Die Mechanismen der Skandalierung. Die Macht der Medien und die Möglichkeiten der Betroffenen., München: Olzog, 2005.

Kepplinger, Hans Mathias/Maurer, Marcus, „Der Zwei-Stufen-Fluß der Massenkommunikation. Anmerkungen zu einer nie bewiesenen und längst überholten These der Wahlforschung“, in: 50 Jahre empirische Wahlforschung in Deutschland. Entwicklung, Befunde, Perspekiven. Daten, hg. v. Markus Klein, Wolfgang Jagodzinski, Ekkehard Mochmann und Dieter Ohr, Wiesbaden: VS Verlag, 2000, S. 444-464.

Kepplinger, Hans Mathias/Brosius, Hans-Bernd/Staab, Joachim Friedrich/Linke, Günter, „Instrumentelle Aktualisierung. Grundlagen einer Theorie publizistischer Konflikte“, in: Massenkommunikation. Theorien, Methoden, Befunde, hg. v. Max Kaase und Winfried Schulz, Opladen: Westdeutscher Verlag, 1989, S. 199-220.

Kevenhörster, Paul, „Repräsentation“, in: Politische Kommunikation in der demokratischen Gesellschaft, hg. v. Ottfried Jarren, Ulrich Sarcinelli und Ulrich Saxer, Opladen/Wiesbaden: Westdeutscher Verlag, 1998, S. 292-297.

King, Putsung, „The Press, Candidate Images, and Voter Perceptions“, in: Communication and Democracy: Exploring the Intellectual Frontiers in Agenda-Setting Theory, hg. v. Maxwell McCombs, Donald L. Shaw und David Weaver, Mahwah: Lawrence Erlbaum, 1997, S. 29-40.

Kitchens, James T./Powell, Larry/Williams, Glenda, „Information, Please? Information Seeking, Mass Media, and the Undecided Voter“, in: Communication Research Reports, Jg. 20, 2003, S. 73.

Klaehn, Jeffrey, „A Critical Review of Herman and Chomsky's Propaganda Model“, in: Communication Theory & Research. An EJC Anthology, hg. v. Denis McQuail, Peter Golding und Els de Bens, London: SAGE, 2005, S. 139-153.

Klages, Helmut, Wertorientierungen im Wandel. Rückblick, Gegenwartsanalyse, Prognosen, Frankfurt/New York: Campus Verlag, 1984.

Klapper, Joseph T., The Effects of Mass Communication, Glencoe: The Free Press, 1960.

Klingemann, Hans-Dieter/Voltmer, Katrin, „Massenmedien als Brücke zur Welt der Politik. Nachrichtennutzung und politische Beteiligungsbereitschaft“, in: Massenkommunikation. Theorien, Methoden, Befunde, hg. v. Max Kaase und Winfried Schulz, Opladen: Westdeutscher Verlag, 1989 a, S. 221-238.

Korte, Karl-Rudolf, „Information und Entscheidung. Die Rolle von Machtmaklern im Entscheidungsprozeß von Spitzenakteuren“, in: Aus Politik und Zeitgeschichte, Jg. 8 43/2003, 2003.

Kriesi, Hanspeter, „Akteure – Medien – Publikum. Die Herausforderung direkter Demokratie durch die Transformation der Öffentlichkeit“, in: Öffentlichkeit, öffentliche Meinung, soziale Bewegungen, hg. v. Friedhelm Neidhardt, Opladen: Westdeutscher Verlag, 1994, S. 234-260.

Lang, Kurt/Lang, Gladys E., „The Unique Perspective of Television and its Effects: A Pilot Study“, in: American Sociological Review, Jg. 18, 1953, S. 2-12.

Langenbucher, Wolfgang/Staudacher, Irmgard, „Journalismus als Komplementärinstitution politischer Kontrolle. Studien zu makrosozialen Wirkungen der medienvermittelten Kommunikation in Österreich“, in: Massenkommunikation. Theorien, Methoden, Befunde. Sonderheft 30 der „Kölner Zeitschrift für Soziologie und Sozialpsychologie“, hg. v. Max Kaase und Winfried Schulz, Opladen: Westdeutscher Verlag, 1989, S. 185-198.

Lasorsa, Dominic, „Media Agenda Setting and Press Performance: A Social System Approach for Building Theory“, in: Communication and Democracy. Exploring the Intellectual Frontiers in Agenda-Setting Theory, hg. v. Maxwell McCombs, Donald L. Shaw und David Weaver, Mahwah: Lawrence Erlbaum, 1997, S. 155-168.

Lasswell, Harold D., „The Structure and Function of Communication in Society", in: The Communication of Ideas, hg. v. Lymon Bryson, New York: Harper and Brothers, 1948, S. 37-51.

Latzer, Michael/Saurwein, Florian, „Europäisierung durch Medien: Ansätze und Erkenntnisse der Öffentlichkeitsforschung", in: Europäische Öffentlichkeit und medialer Wandel. Eine transdisziplinäre Perspektive, hg. v. Wolfgang Langenbucher und Michael Latzer, Wiesbaden: VS Verlag, 2006, S. 10-45.

Lazarsfeld, Paul F./Merton, Robert K., „Mass Communication, Popular Taste and Organized Social Action", in: The Communication of Ideas: A Series of Adresses, hg. v. Lyman Bryson, New York: Harper, 1948, S. 95-118.

Lazarsfeld, Paul F./Berelson, Bernard/Gaudet, Herbert, The People's Choice, New York: Columbia University Press, 1944.

Lee, Martin A./Solomon, Norman, Unreliable Sources: A Guide to Bias in News Media, New York: Lyle Stuart, 1990.

Levy, Mark R./Windahl, Sven, „Audience Activity and Gratifications: A Conceptual Clarification and Exploration", in: Communication Research, Jg. 11, 1984, S. 51-78.

Lijphart, Arendt, Democracies: Patters of Majoritarian and Concensus Government, New Haven: Yale University Press, 1984.

Lippmann, Walter, Public Opinion, New York: Free Press Paperbacks, 1922.

Lipset, Seymour M./Rokkan, Stein, Party Systems and Voter Alignments: Cross-National Perspectives, New York/London: The Free Press, 1967.

Lowrey, Wilson/Anderson, William, „The Journalist Behind the Curtain: Participatory Functions of the Internet and their Impact on perceptions of the Work of Journalism", in: Journal of Computer-Mediated Communication, Jg. 10, 2005.

Luhmann, Niklas, „Öffentliche Meinung", in: Politische Vierteljahresschrift, Jg. 11. Jg., 1970, S. 2-28.

Luhmann, Niklas, „Öffentliche Meinung", in: Politische Planung, hg. v. Niklas Luhmann, Opladen: Westdeutscher Verlag, 1971, S. 9-34.

Luhmann, Niklas, „Gesellschaftliche Komplexität und öffentliche Meinung", in: Soziologische Aufklärung. Band 5: Konstruktivistische Perspektiven, hg. v. Niklas Luhmann, Opladen: Westdeutscher Verlag, 1990, S. 170-182.

Luhmann, Niklas, Die Realität der Massenmedien, Opladen: Westdeutscher Verlag, 1996.

Luhmann, Niklas, Die Politik der Gesellschaft, Frankfurt am Main: Suhrkamp, 2000.

Luhmann, Niklas, Soziologische Aufklärung 3. Soziales System, Gesellschaft, Organisation, Wiesbaden: VS Verlag, 2005.

Lupia, Arthur/McCubbins, Matthew D., The Democratic Dilemma. Can Citizens Learn What they Need to Know? Cambridge: Cambridge University Press, 1998.

Maier, Michaela, „Nachrichtenfaktoren – Stand der Forschung", in: Der Wert von Nachrichten im deutschen Fernsehen. Ein Modell zur Validierung von Nachrichtenfaktoren, hg. v. Georg Ruhrmann, Jens Woelke, Michaela Maier und Nicole Diehlmann, Opladen: Leske + Budrich, 2003, S. 27-50.

Maletzke, Gerhard, Psychologie der Massenkommunikation, Hamburg: Hans-Bredow Institut, 1963.

Maletzke, Gerhard, „Integration – eine gesellschaftliche Funktion der Massenkommunikation", in: Publizistik. Vierteljahreshefte für Kommunikationsforschung, Jg. 25, 1980, S. 199-206.

Manza, Jeff/Cook, Fay Lomax, „The Impact of Public Opinion on Public Policy. The State of the Debate“, in: Navigating Public Opinion. Polls, Policy, and the Future of American Democracy, hg. v. Jeff Manza, Fay Lomax Cook und Benjamin Page, Oxford, New York: Oxford University Press, 2002, S. 17-32.

Marcinkowski, Frank, Publizistik als autopoietisches System, Opladen: Westdeutscher Verlag, 1993.

Marcinkowski, Frank, Massenmedien und Politikinhalte. Empirische Fallstudie auf einem unterbelichteten Forschungsfeld, Duisburg: Gerhard-Mercator-Universität Duisburg, 1998.

Marcinkowski, Frank, „Politische Kommunikation und politische Öffentlichkeit“, in: Die Politik der Massenmedien, hg. v. Frank Marcinkowski, Köln: Herbert von Halem Verlag, 2001, S. 237-255.

Marcinkowski, Frank, „Politische Öffentlichkeit. Systemtheoretische Grundlagen und politikwissenschaftliche Konsequenzen“, in: Theorie der Politik. Niklas Luhmanns politische Soziologie, hg. v. Kai-Uwe Hellmann und Rainer Schmalz-Bruns, Frankfurt am Main: Suhrkamp, 2002, S. S. 85-108.

Marcinkowski, Frank, „Die ‚Medialisierbarkeit‘ politischer Institutionen“, in: Mythen der Mediengesellschaft – The Media Society and its Myths, hg. v. Patrick Rössler und Friedrich Krotz, Konstanz: UVK, 2005, S. 341-369.

Marcinkowski, Frank/Greger, Volker/Hüning, Wolfgang, „Stabilität und Wandel der Semantik des Politischen: Theoretische Zugänge und empirische Befunde“, in: Die Politik der Massenmedien. Heribert Schatz zum 65. Geburtstag, hg. v. Frank Marcinkowski, Köln: Herbert von Halem Verlag, 2001, S. 12-114.

Mathes, Reiner/Donsbach, Wolfgang, „Rundfunk“, in: Publizistik Massenkommunikation. Das Fischer Lexikon, hg. v. Elisabeth Noelle-Neumann, Winfried Schulz und Jürgen Wilke, Frankfurt am Main: Fischer, 2004, S. 546-596.

Maurer, Marcus, Politikverdrossenheit durch Medienberichte. Eine Paneluntersuchung, Konstanz: UVK, 2003.

Mazzoleni, Gianpietro/Schulz, Winfried, „‚Mediatization‘ of Politics: A Challenge for Democracy?“ in: Political Communication, Jg. 16, 1999, S. 247-261.

McCombs, Maxwell, New Frontiers in Agenda Setting: Agendas of Attributes and Frames, Chicago: Senior Scholars Session, Association for Education in Journalism and Mass Communication, 2000.

McCombs, Maxwell/Shaw, Donald L./Weaver, David, Communication and Democracy. Exploring the Intellectual Frontiers in Agenda-Setting Theory, Mahwah: Lawrence Erlbaum: 1997.

McDonald, Daniel G., „Media Orientation and Television News Viewing“, in: Journalism & Mass Communication Quarterly, Jg. 67, 1990, S. 11-20.

McLeod, Douglas/Kosicki, Gerald/McLeod, Jack, „Resurveying the Boundaries of Political Communication Effects“, in: Media Effects. Advances in Theory and Research, hg. v. Jennings Bryant und Dolf Zillmann, Mahwah: Lawrence Erlbaum, 2002, S. 215-267.

McLeod, Jack M/Chaffee, Steven R., „The Construction of Social Reality“, in: The Social Influence Process, hg. v. James T. Tedeschi, Chicago: Aldin, 1972, S. 50-99.

McLeod, Jack M/Scheufele, Dietram/Moy, Patricia, „Community, Communication, and Participation: The Role of the Mass Media and Interpersonal Discussion in Local Political Participation“, in: Political Communication, Jg. 16, 1999, S. 315-336.

McLeod, Jack M./Kosicki, Gerald M./Allen, Scott G./Philips, Dana M., Public Images of Mass Media News: What are they and Does they Matter? Norman: Meeting of the Association for Education in Journalism and Mass Communication, 1986.
McLeod, Jack M./Daily, Katie/Guo, Zhongshi/Eveland, Jr William P./Bayer, Jan/Yang, Seungchan/Wang, Hsu, „Community Integration, Local Media Use and Democratic Processes", in: Communication Research, Jg. 23, 1996, S. 179-209.
McQuail, Denis, Mass Communication Theory, London: SAGE, 2005.
McQuail, Denis/Windahl, Sven, Communication Models. For the Study of Mass Communications, Essex: Pearson Education Limited, 1993.
Merten, Klaus, Kommunikation. Eine Begriffs- und Prozessanalyse, Opladen: Westdeutscher Verlag, 1977.
Merten, Klaus, „Zweierlei Einfluss der Medien auf die Wahlentscheidung", in: Media Perspektiven, Jg. 7, 1983, S. 449-461.
Merten, Klaus, Einführung in die Kommunikationswissenschaft, Münster, Hamburg: LIT-Verlag, 1999.
Meyer, Thomas, „Natural Born Politiker. Themeninszenierung am Beispiel ‚Innere Sicherheit', Diskussion", in: Politik als Inszenierung. Zur Ästhetisierung des Politischen im Medienzeitalter, hg. v. Peter Siller und Gerhard Pitz, Baden-Baden: Nomos, 2000, S. 133-140.
Meyer, Thomas, „Mediokratie – Auf dem Weg in eine andere Demokratie?" in: Aus Politik und Zeitgeschichte, Jg. 15-16, 2002.
Meyer, Thomas, Mediokratie. Die Kolonisierung der Politik durch die Medien, Frankfurt am Main: Suhrkamp, 2001.
Meyn, Hermann, Massenmedien in Deutschland, Konstanz: UVK, 2004.
Mill, John Stuart, Considerations on Representative Government, Buffalo/New York: Prometheus Books, 1991 [1861].
Molotch, Harvey, „Media and Movements", in: The Dynamics of Social Movements, hg. v. Mayer N. Zald und John D. McCarthy, Cambridge: Winthrop Publishers, 1979, S. 71-94.
Monroe, Alan D., „Consistency Between Public Preferences and National Policy Decisions", in: American Politics Quarterly, Jg. 7, 1979, S. 3-19.
Montesquieu, Charles-Louis de, Vom Geist der Gesetze, Stuttgart: Reclam, 1994 [1748].
Moy, Patricia/Pfau, Michael. W., With Malice Towards All? The Media and Public Confidence in Democratic Institutions, Westport: Greenwood, 2000.
Mutz, Diana, C., Impersonal Influence, Cambridge: Cambridge University Press, 1998.
Mutz, Diana, C., „The Consequences of Cross-Cutting Networks for Political Participation", in: American Journal of Political Science, Jg. 46, 2002, S. 838-855.
Mutz, Diana, C./Reeves, Byron, „The New Videomalaise: Effects of Televised Incivility on Political Trust", in: American Political Science Review, Jg. 99, 2005, S. 1-15.
Neidhardt, Friedhelm, „Öffentlichkeit, öffentliche Meinung, soziale Bewegungen", in: Öffentlichkeit, öffentliche Meinung, soziale Bewegungen, hg. v. Friedhelm Neidhardt, Opladen: Westdeutscher Verlag, 1994, S. 7-41.
Neidhardt, Friedhelm/Eilders, Christiane/Pfetsch, Barbara, Die Stimme der Medien im politischen Prozeß: Themen und Meinungen in Pressekommentaren, Berlin: Wissenschaftszentrum Berlin für Sozialforschung, 1998.
Neidhardt, Friedhelm/Eilders, Christiane/Pfetsch, Barbara, Die Stimme der Medien. Pressekommentare und politische Öffentlichkeit in der Bundesrepublik, Wiesbaden: VS Verlag, 2004.

Neuman, Russell W., The Paradox of Mass Politics. Knowledge and Opinion in the the American Electorate, Cambridge/London: Harvard University Press, 1986.
Neumann, Franz, „Zum Begriff der politischen Freiheit", in: Demokratischer und autoritärer Staat, hg. v. Franz Neumann, Frankfurt am Main: Fischer, 1986, S. 100-141.
Newton, Kenneth, „Mass Media Effects: Mobilization or Media Malaise?" in: British Journal of Political Science, Jg. 29, 1999, S. 577-599.
Niedermayer, Oskar, „Modernisierung von Wahlkämpfen als Funktionsentleerung der Parteibasis", in: Demokratie und Partizipation, hg. v. Oskar Niedermayer und Bettina Westle, Opladen: Westdeutscher Verlag, 2000, S. 192-210.
Nip, Joyce, „Exploring the Second Phase of Public Journalism", in: Journalism Studies, Jg. 7, 2006, S. 212-236.
Nissen, Peter/Menningen, Walter, „Der Einfluss der Gatekeeper auf die Themenstruktur der Öffentlichkeit", in: Publizistik, Jg. 22, 1977, S. 159-180.
Noelle-Neumann, Elisabeth, Öffentliche Meinung und soziale Kontrolle, Tübingen: J. C. B. Mohr (Paul Siebeck), 1966.
Noelle-Neumann, Elisabeth, Die Schweigespirale. Öffentliche Meinung – unsere soziale Haut, München: Langen Müller, 2001.
Noelle-Neumann, Elisabeth/Kepplinger, Hans Mathias, „Wirkung der Massenmedien", in: Publizistik Massenkommunikation. Das Fischer Lexikon, hg. v. Elisabeth Noelle-Neumann, Winfried Schulz und Jürgen Wilke, Frankfurt am Main: Fischer, 2004, S. 597-647.
Noelle-Neumann, Elisabeth/Kepplinger, Hans Mathias/Donsbach, Wolfgang, Kampa: Meinungsklima und Medienwirkung im Bundestagswahlkampf 1998, Freiburg/München: Alber, 1999.
Nohlen, Dieter/Schultze, Rainer-Olaf, Pipers Wörterbuch der Politik. Band 1, München: Piper Verlag, 1985.
Norris, Pippa, „Does Television Erode Social Capital? A Reply to Putnam", in: Political Science and Politics, Jg. 29, 1996, S. 474-480.
Norris, Pippa, A Virtuos Circle: Political Communications in Postindustrial Societies, Cambridge: Cambridge University Press, 2000.
Norris, Pippa, Digital Divide: Civic Engagement, Information Poverty and the Internet Worldwide, Cambridge: Cambridge University Press, 2001.
Oberreuter, Heinrich, „Legitimation durch Kommunikation. Zur Parlamentarismusforschung in der Bundesrepublik", in: Politische Willensbildung und Interessenvermittlung, hg. v. Jürgen Falter, Christian Fenner und Michael Greven, Opladen: Westdeutscher Verlag, 1984, S. 238-253.
Oberreuter, Heinrich, „Mediatisierte Politik und politischer Wertewandel", in: Medienmacht und Politik, hg. v. Frank R. Böckelmann, Berlin: Spiess, 1998, S. 31-41.
Ortega y Gasset, José, Der Aufstand der Massen, Gütersloh: Bertelsmann Lesering, 1963.
Osgood, C. E./Suci, G. J./Tannenbaum, P. H., The Measurement of Meaning, Urbana: University of Illinois Press, 1957.
Östgaard, Einar, „Factors Influencing the Flow of News", in: Journal of Peace Research, Jg. 2, 1965, S. 39-63.
Page, Benjamin, „The Semi-Sovereign Public", in: Navigating Public Opinion. Polls, Policy, and the Future of American Democracy, hg. v. Jeff Manza, Fay Lomax Cook und Benjamin Page, Oxford, New York: Oxford University Press, 2002, S. 325-344.
Page, Benjamin/Shapiro, Robert, „Effects of Public Opinion on Policy", in: American Political Science Review, Jg. 77, 1983, S. 175-190.

Paine, Thomas, „The Rights of Man", in: The Thomas Paine Reader, London: Penguin Books, 1791, S. 201-364.
Papacharissi, Zizi/Rubin, Alan M., „Predictors of Internet Use", in: Journal of Broadcasting & Electronic Media, Jg. 44, 2000, S. 175-196.
Parsons, Talcott, Das System moderner Gesellschaften, Weinheim/München: Juventa, 1972.
Patterson, Thomas E., The Mass Media Election: How Americans Choose Their President, New York: Praeger, 1980.
Patterson, Thomas E., Out of Order, New York: Alfred A. Knopf, 1993.
Patterson, Thomas E., The Vanishing Voter: Public Involvement in an Age of Uncertainty, New York: Alfred Knopf, 2002.
Pauli-Baleiss, Gabriele, Polit-PR. Strategische Öffentlichkeitsarbeit politischer Parteien, Zirndorf, 1987.
Perloff, Richard M., „Social Effects. Violence, Pornography, and Stereotyping", in: Mass Media Effects, hg. v. Leo W. Jeffres, Prospect Height: Waveland Press, 1997, S. 117-140.
Peters, Bernhard, Die Integration moderner Gesellschaften, Frankfurt am Main: Suhrkamp, 1993.
Peters, Bernhard, „Der Sinn von Öffentlichkeit", in: Öffentlichkeit, öffentliche Meinung, soziale Bewegungen, hg. v. Friedhelm Neidhardt, Opladen: Westdeutscher Verlag, 1994, S. 42-76.
Peters, Carsten, Vertrauen in der öffentlichen Kommunikation. Eine Untersuchung über strukturelle Kopplungen zwischen Politik und Massenmedien am Beispiel des BSE-Konflikts, Universität Bielefeld, Fakultät für Soziologie, 1998.
Pettey, Gary R., „The Interaction of the Individual's Social Environment, Attention and Interest, and Public Affairs Media Use on Political Knowlege Holding", in: Communication Research, Jg. 15, 1988, S. 265-281.
Pfetsch, Barbara, Government News Management – Strategic Communication in Comparative Perspective, Discussion Paper FS III 99-101., Science Center Berlin for Social Research, 1999.
Postman, Neil, Die zweite Aufklärung. Vom 18. ins 21. Jahrhundert, Berlin: BvT, 2001.
Price, Vincent/Zaller, John R., „Who Gets the News? Alternative Measures of News Receptions and their Implications for Research", in: Public Opinion Quarterly, Jg. 57, 1993, S. 133-164.
Putnam, Robert D., „Bowling Alone: America's Declining Social Capital", in: Journal of Democracy, Jg. 6, 1995a, S. 65-78.
Putnam, Robert D., „Tuning In, Tuning Out: The Strange Disappearance of Social Capital In America", in: Political Science and Politics, Jg. 28, 1995b, S. 664-720.
Range, Steffen/Schweins, Roland, Klicks, Quoten, Reizwörter: Nachrichten-Sites im Internet. Wie das Web den Journalismus verändert, Gutachten im Auftrag der Friedrich-Ebert-Stiftung, 2007.
Reese, Stephen D./Shoemaker, Pamela J., Mediating the Message. Theories of Influences on Mass Media Content, White Plains: Longman, 1996.
Renckstorf, Karsten, „Mediennutzung als soziales Handeln? Zur Entwicklung einer handlungstheoretischen Perspektive der empirischen (Massen-)Kommunikationsforschung", in: Massenkommunikation. Theorien, Methoden, Befunde, hg. v. Max Kaase und Winfried Schulz, Opladen: Westdeutscher Verlag, 1989, S. 3214-3336.

Rhomberg, Markus, Eine Bühne für die Politik. Politische Inszenierungen und Theatralität in der massenmedialen Vermittlung. Eine Inhaltsanalyse, Wien: Institut für Politikwissenschaft, 2004.
Rhomberg, Markus, Mediendemokratie. Die Agenda-Setting-Funktion der Massenmedien, München: Willhelm C. Fink, 2008.
Rhomberg, Markus, „Globale massenmediale Kommunikation als Motor der Weltöffentlichkeit", in: Politische Kommunikation in internationalen Beziehungen, hg. v. Jens Tenscher und Ulrike Viehring, Berlin: LIT Verlag, 2007b, S. 35-54.
Ricker, Reinhart, „Medienrecht", in: Publizistik Massenkommunikation. Das Fischer Lexikon, hg. v. Elisabeth Noelle-Neumann, Winfried Schulz und Jürgen Wilke, Frankfurt am Main: Fischer, 2004, S. 241-264.
Robinson, Michael J., „The Impact of the Televised Watergate Hearings", in: Journal of Communication, Jg. 34, 1974, S. 129-135.
Robinson, Michael J., „American Political Legitimacy in an Era of Electronic Journalism: Reflections on the Evening News", in: Television as a Social Force: New Approaches to TV Critizism, hg. v. Douglas Cater und Richard Adler, New York: 1975, S. 97-139.
Robinson, Michael J., „Public Affairs Television and the Growth of Political Malaise: The Case of ‚The Selling of the Pentagon'", in: American Political Science Review, Jg. 70, 1976, S. 409-432.
Römmele, Andrea, „Konvergenzen durch professionalisierte Wahlkämpfe? Parteien auf dem Prüfstand", in: Parteien in der Mediendemokratie, hg. v. Ulrich von Alemann und Stefan Marschall, Opladen: Westdeutscher Verlag, 2002, S. 448-461.
Ronneberger, Franz, „Die politischen Funktionen der Massenkommunikationsmittel", in: Publizistik, Jg. 9, 1964, S. 291-304.
Ronneberger, Franz, „Die politischen Funktionen der Massenkommunikation", in: Zur Theorie der politischen Kommunikation, hg. v. Wolfgang Langenbucher, München: Piper, 1974, S. 193-205.
Rössler, Patrick, Agenda-Setting. Theoretische Annahmen und empirische Evidenzen einer Medienwirkungshypothese, Wiesbaden: Westdeutscher Verlag, 1997.
Roth, Dieter, „Kompetenzzuschreibungen und Inszenierungsmöglichkeiten", in: Politik als Inszenierung. Zur Ästhetisierung des Politischen im Medienzeitalter, hg. v. Peter Siller und Gerhard Pitz, Baden-Baden: Nomos, 2000, S. 123-126.
Rousseau, Jean-Jacques, Vom Gesellschaftsvertrag oder Grundsätze des Staatsrechts, Stuttgart: Reclam, 1977 [1762].
Rubin, Alan M., „The Uses-and-Gratifications Perspective of Media Effects", in: Media Effects: Advances in Theory and Research, hg. v. Jennings Bryant und Dolf Zillmann, Mahwah: Lawrence Erlbaum, 2002, S. 525-548.
Rucht, Dieter, „Öffentlichkeit als Mobilisierungsfaktor für soziale Bewegungen", in: Öffentlichkeit, öffentliche Meinung, soziale Bewegungen, hg. v. Friedhelm Neidhardt, Opladen: Westdeutscher Verlag, 1994, S. 337-358.
Rucht, Dieter, „Das intermediäre System politischer Interessenvermittlung", in: Entgrenzte Demokratie? Herausforderungen für die politische Interessenvermittlung, hg. v. Ottfried Jarren, Dominik Lachenmeier und Adrian Steiner, Baden-Baden: Nomos, 2007, S. 19-32.
Sarcinelli, Ulrich, „Parteien- und Politikvermittlung: Von der Parteien- zur Mediendemokratie?" in: Politikvermittlung und Demokratie in der Mediengesellschaft. Beiträge zur

politischen Kommunikationskultur, hg. v. Ulrich Sarcinelli, Bonn: Bundeszentrale für politische Bildung, 1998a, S. 273-296.

Sarcinelli, Ulrich, „Politikvermittlung", in: Politische Kommunikation in der demokratischen Gesellschaft. Ein Handbuch mit Lexikonteil, hg. v. Ottfried Jarren, Ulrich Sarcinelli und Ulrich Saxer, Opladen/Wiesbaden: 1998b, S. 702-703.

Sarcinelli, Ulrich, „Legitimität", in: Politische Kommunikation in der demokratischen Gesellschaft, hg. v. Ottfried Jarren, Ulrich Sarcinelli und Ulrich Saxer, Opladen/Wiesbaden: Westdeutscher Verlag, 1998c, S. 253-267.

Sarcinelli, Ulrich, „Mediatisierung", in: Politische Kommunikation in der demokratischen Gesellschaft. Ein Handbuch, hg. v. Ottfried Jarren, Ulrich Sarcinelli und Ulrich Saxer, Wiesbaden: Westdeutscher Verlag, 1998d, S. 678-679.

Sarcinelli, Ulrich, „Politische Kommunikation in der deutschen Politikwissenschaft – akademischer Appendix oder mehr?" in: Die Politik der Massenmedien, hg. v. Frank Marcinkowski, Köln: Herbert von Halem Verlag, 2001, S. 226-235.

Sarcinelli, Ulrich/Wissel, Manfred, „Mediale Politikvermittlung, politische Beteiligung und politische Bildung: Medienkompetenz als Basisqualifikation in der demokratischen Bürgergesellschaft", in: Politikvermittlung und Demokratie in der Mediengesellschaft. Beiträge zur politischen Kommunikationskultur, hg. v. Ulrich Sarcinelli, Bonn: Bundeszentrale für politische Bildung, 1998, S. 408-430.

Sarcinelli, Ulrich/Schatz, Heribert, Mediendemokratie im Medienland, Opladen: Leske und Budrich, 2002a.

Sarcinelli, Ulrich/Schatz, Heribert, „Mediendemokratie im Medienland Nordrhein-Westfalen? Eine Bilanz aus Akteurssicht sowie eine zusammenfassende Bewertung der Untersuchungsergebnisse", in: Mediendemokratie im Medienland, hg. v. Ulrich Sarcinelli und Heribert Schatz, Opladen: Leske und Budrich, 2002b, S. 429-442.

Sarcinelli, Ulrich/Schatz, Heribert, „Von der Parteien- zur Mediendemokratie. Eine These auf dem Prüfstand", in: Mediendemokratie im Medienland, hg. v. Ulrich Sarcinelli und Heribert Schatz, Opladen: Leske und Budrich, 2002c, S. 9-32.

Sarcinelli, Ulrich/Tenscher, Jens, Machtdarstellung und Darstellungsmacht. Beiträge zu Theorie und Praxis moderner Politikvermittlung, Baden-Baden: Nomos-Verlag, 2003.

Sartori, Giovanni, Party and Party Systems. A Framework for Analysis, London: Cambridge University Press, 1976.

Sartori, Giovanni, Demokratietheorie, Darmstadt: Wissenschaftliche Buchgesellschaft 1997.

Saxer, Ulrich, „Zur Sozialisationsperspektive in der Publizistik- und Kommunikationswissenschaft", in: Publizistik, Jg. 33, 1988, S. 197-222.

Saxer, Ulrich, „Mediengesellschaft: Verständnisse und Mißverständnisse", in: Politikvermittlung und Demokratie in der Mediengesellschaft, hg. v. Ulrich Sarcinelli, Bonn: Bundeszentrale für politische Bildung, 1998a, S. 52-73.

Saxer, Ulrich, „System, Systemwandel und politische Kommunikation", in: Politische Kommunikation in der demokratischen Gesellschaft, hg. v. Ottfried Jarren, Ulrich Sarcinelli und Ulrich Saxer, Wiesbaden: Westdeutscher Verlag, 1998b, S. 21-64.

Saxer, Ulrich, „Kommunikation", in: Politische Kommunikation in der demokratischen Gesellschaft, hg. v. Ottfried Jarren, Ulrich Sarcinelli und Ulrich Saxer, Wiesbaden: Westdeutscher Verlag, 2002 [1998], S. 668.

Saxer, Ulrich, Politik als Unterhaltung. Zum Wandel politischer Öffentlichkeit in der Mediengesellschaft, Konstanz: UVK, 2007.

Schantel, Alexandra, „Determination oder Intereffikation? Eine Metaanalyse der Hypothesen zur PR-Journalismus-Beziehung“, in: Publizistik, Jg. 45, 2000, S. 70-88.

Scharpf, Fritz Wilhelm, Interaktionsformen: Akteurzentrierter Institutionalismus in der Politikforschung, Opladen: Leske & Budrich, 2000.

Schattschneider, Elmer E., The Semi-Sovereign People, New York: Holt, Rinehart & Winston, 1960.

Schatz, Heribert/Rössler, Patrick/Nieland, Jörg-Uwe, „Politische Akteure in der Mediendemokratie: Einführung in die Thematik und Überblick über die Beiträge des Tagungsbandes“, in: Politische Akteure in der Mediendemokratie – Politiker in den Fesseln der Medien? hg. v. Heribert Schatz, Patrick Rössler und Jörg-Uwe Nieland, Wiesbaden: Westdeutscher Verlag, 2002, S. 11-17.

Schenk, Michael, „Mediennutzung und Medienwirkung als sozialer Prozess“, in: Politikvermittlung und Demokratie in der Mediengesellschaft. Beiträge zur politischen Kommunikationskultur, hg. v. Ulrich Sarcinelli, Bonn: Bundeszentrale für politische Bildung, 1998, S. 387-407.

Schenk, Michael, Medienwirkungsforschung, Tübingen: J.B.C. Mohr (Paul Siebeck), 2002.

Schenk, Michael/Rössler, Patrick, „Das unterschätzte Publikum. Wie Themenbewußtsein und politische Meinungsbildung im Alltag von Massenmedien und interpersonaler Kommunikation beeinflusst werden“, in: Öffentlichkeit, öffentliche Meinung, soziale Bewegungen, hg. v. Friedhelm Neidhardt, Opladen: Westdeutscher Verlag, 1994, S. 261-295.

Scheufele, Dietram A./Shah, Dhavan, Opinion Leaders as Information Seekers: Communication Pathways to Civic Participation, Conference Papers, International Communication Association, 2003.

Scheufele, Dietram A., „Democracy for Some? How Political Talk Both Informs and Polarizes the Electorate“, in: Communication and U.S. Elections: New Agendas, hg. v. P. Roderick Hart und Donald Shaw, Lanham: Rowman & Littlefield, 2001, S. 19-32.

Scheufele, Dietram A., „Examining Differential Gains from Mass Media and their Implications for Participatory Behavior“, in: Communication Research, Jg. 29, 2002, S. 46-65.

Scheufele, Dietram A./Nisbert, Matthew C./Brossard, Dominique/Nisbet, Erik C., „Social Structure and Citizenship: Examining the Impacts of Social Setting, Network, Heterogeneity, and Informational Variables on Political Participation“, in: Political Communication, Jg. 21, 2004, S. 315-228.

Schicha, Christian, „Politik auf der „Medienbühne“. Zur Rhetorik politischer Informationsprogramme“, in: Medieninszenierungen im Wandel, hg. v. Christian Schicha und Rüdiger Ontrup, Münster: 215, 1999, S. 138-167.

Schmidt, Manfred G., Demokratietheorien, Opladen: Leske und Budrich, 2000.

Schmitt-Beck, Rüdiger, „Wähler unter Einfluss. Massenkommunikation, interpersonale Kommunikation und Parteipräferenz“, in: Politikvermittlung und Demokratie in der Mediengesellschaft. Beiträge zur politischen Kommunikationskultur, hg. v. Ulrich Sarcinelli, Bonn: Bundeszentrale für politische Bildung, 1998, S. 297-325.

Schmitt-Beck, Rüdiger/Pfetsch, Barbara, „Politische Akteure und die Medien der Massenkommunikation.“ in: Öffentlichkeit, öffentliche Meinung, soziale Bewegungen, hg. v. Friedhelm Neidhardt, Opladen: Westdeutscher Verlag, 1994, S. 106-138.

Schneider, Beate, „Mediensystem“, in: Politische Kommunikation in der demokratischen Gesellschaft, hg. v. Ottfried Jarren, Ulrich Sarcinelli und Ulrich Saxer, Opladen/Wiesbaden: Westdeutscher Verlag, 1998, S. 422-430.

Schönbach, Klaus, Trennung von Nachricht und Meinung: Empirische Untersuchung eines journalistischen Qualitätskriteriums, Freiburg/München: Alber, 1977.

Schönbach, Klaus, „Massenmedien und Wahlen – Perspektiven der europäischen Forschung", in: Massenmedien und Wahlen, hg. v. Winfried Schulz und Klaus Schönbach, München: Ölschläger, 1983, S. 104-113.

Schönbach, Klaus, „Ein integratives Modell? Anmerkungen zu Palmgreen", in: Rundfunk und Fernsehen, Jg. 32, 1984, S. 63-65.

Schönbach, Klaus, „The „Americanization" of German Election Campaigns", in: Politics, Media, and Modern Democracy, hg. v. David L. Swanson und Paolo Mancini, Westport: CONN, 1996, S. 91-104.

Schönbach, Klaus, „Das Prinzip der zuverlässigen Überraschung. Bürgerjournalismus und die Zukunft der traditionellen Nachrichtenmedien", in: Paradoxien des Journalismus: Theorie-Empire-Praxis, hg. v. Bernhard Poerksen, Wiebke Loosen und Armin Scholl, Wiesbaden: VS Verlag, S. 503-512.

Schönbach, Klaus/Becker, Lee B., „Origins and Consequences of Mediated Public Opinion", in: Public Opinion and the Communication of Consent, hg. v. Theodore L. Glasser und Charles T. Salmon, New York/London: 1995, S. 323-347.

Schönbach, Klaus/Waal de, Ester/Lauf, Edmund, „Online and print newspapers: Their impact on the extent of the perceived public agenda", in: European Journal of Communication, Jg. 20, 2005, S. 245-258.

Schudson, Michael, The Good Citizen: A History of American Civic Life, Cambridge: Harvard University Press, 1998a.

Schudson, Michael, „The Public Journalism Movement and Its Problems", in: The Politics of News. The News of Politics, hg. v. Doris A. Graber, Denis McQuail und Pippa Norris, Washington D.C.: CQ Press, 1998b, S. 132-149.

Schudson, Michael, Good Citizens and Bad History: Today's Political Ideals in Historical Perspective, Murfreesboro: John Seigenthaler Chair of Excellence, First Amendment Studies, College of Mass Communication, Middle Tennessee State University, 1999.

Schulz, Winfried, „Massenmedien und Realität. Die „ptomeläische" und die „kopernikanische" Auffassung", in: Massenkommunikation. Theorien, Methoden, Befunde, hg. v. Max Kaase und Winfried Schulz, Opladen: Westdeutscher Verlag, 1989, S. 135-159.

Schulz, Winfried, Die Konstruktion von Realität in den Nachrichtenmedien. Analyse der aktuellen Berichterstattung, Freiburg/München: Verlag Karl Alber, 1990 [1976].

Schulz, Winfried, „Kommunikationsprozess", in: Publizistik. Massenkommunikation, hg. v. Elisabeth Noelle-Neumann, Winfried Schulz und Jürgen Wilke, Frankfurt/Main: Fischer, 1995, S. 153-182.

Schulz, Winfried, Politische Kommunikation. Theoretische Ansätze und Ergebnisse empirischer Forschung, Opladen: Westdeutscher Verlag 1997.

Schulz, Winfried, „Politische Kommunikation", in: Öffentliche Kommunikation, hg. v. Günter Bentele, Bernd Brosius und Ottfried Jarren, Wiesbaden: Westdeutscher Verlag, 2003, S. 458-480.

Schulz, Winfried, „Nachricht", in: Publizistik Massenkommunikation. Das Fischer Lexikon, hg. v. Elisabeth Noelle-Neumann, Winfried Schulz und Jürgen Wilke, Frankfurt am Main: Fischer, 2004a, S. 328-362.

Schulz, Winfried, „Public Relations / Öffentlichkeitsarbeit", in: Publizistik Massenkommunikation. Das Fischer Lexikon, hg. v. Elisabeth Noelle-Neumann, Winfried Schulz und Jürgen Wilke, Frankfurt am Main: Fischer, 2004b, S. 517-545.

Schulz, Winfried, „Politische Medienwirkungen. Fortschritte der Kommunikationsforschung", in: Fortschritte der politischen Kommunikationsforschung, hg. v. Birgit Krause, Benjamin Fretwurst und Jens Vogelgesang, Wiesbaden: VS Verlag für Sozialwissenschaften, 2007, S. 35-50.

Schumpeter, Joseph A., Capitalism, Socialism and Democracy, London: Harper, 1961.

SevenOneMedia, 17 Fakten versus 17 Vorurteile, Berlin: SevenOne Media, 2006.

Shah, Dhavan/Kwak, Nojin/Holbert, Lance R., „‚Connecting' and ‚Disconnecting' with Civic Life: Patterns of Internet Use and the Production of Social Capital", in: Political Communication, Jg. 18, 2001, S. 141-162.

Shah, Dhavan V., „Civic Engagement, Interpersonal Trust and Television Use: An Individual-Level-Assessment of Social Capital", in: Political Psychology, Jg. 19, 1998, S. 441-465.

Shah, Dhavan V./McLeod, Jack M./Yoon, So-Hyang, „Communication, Context and Community: An Exploration of Print, Broadcast, and Internet Influences", in: Communication Research, Jg. 28, 2001, S. 464-506.

Shah, Dhavan V./Schmierbach, Michael/Hawkins, Joshua/Espino, Rodolfo/Donovan, Janet, „Nonrecursive Models of Internet Use and Community Engagement: Questioning Whether Time Spent Online Erodes Social Capital", in: Journalism & Mass Communication Quarterly, Jg. 79, 2002, S. 964-987.

Shaw, Donald L./Shannon, Martin E., „The Function of Mass Media Agenda Setting", in: Journalism Quarterly, Jg. 69, 1992, S. 902-920.

Shaw, Donald L./Hamm, Bradley J., „Agendas for Public Union or for Private Communities? How Individuals Are Using Media to Reshape American Society", in: Communication and Democracy. Exploring the Intellectual Frontiers in Agenda-Setting Theory, hg. v. Maxwell McCombs, Donald L. Shaw und David Weaver, Mahwah: Lawrence Erlbaum, 1997, S. 209-230.

Sotirovic, Mira, „Affective and Cognitive Processes as Mediators of Media Influences on Crime Policy Preferences", in: Mass Communication & Society, Jg. 4, 2001, S. 311-329.

Sotirovic, Mira/McLeod, Jack M., „Values, Communication Behavior, and Political Participation", in: Political Communication, Jg. 18, 2001, S. 273-300.

Southwell, Brian G./Lee, Mira, „A Pitfall of New Media? User Controls Exacerbate Editing Effects of Memory", in: Journalism & Mass Communication Quarterly, Jg. 81, 2004, S. 643-656.

Speed, Jno. Gilmer, „Do Newspapers Now Give the News?" in: Forum, Jg. 15, 1893, S. 705-711.

Staab, Joachim Friedrich, Nachrichtenwerttheorie: Formale Struktur und empirischer Gehalt, Freiburg, München: Verlag Karl Alber, 1990.

Stehr, Nico, Die Zerbrechlichkeit moderner Gesellschaften, Weilerswist: Velbrück, 2000.

Stehr, Nico, Wissen und Wirtschaften. Die gesellschaftlichen Grundlagen der modernen Ökonomie, Frankfurt am Main: Suhrkamp, 2001.

Stephens, Mitchell, A History of News, New York: Penguin Books, 1989.

Stöber, Rudolf, Mediengeschichte. Band 1: Die Evolution „neuer" Medien von Gutenberg bis Gates, Wiesbaden: VS Verlag für Sozialwissenschaften, 2003.

Sunstein, Cass R., Republic.com, Princeton: Princeton University Press, 2003.

Sunstein, Cass R., Republic 2.0.com. The Revenge of the Blogs, Princeton: Princeton University Press, 2007.

Tenscher, Jens, Professionalisierung der Politikvermittlung? Politikvermittlungsexperten im Spannungsfeld von Politik und Massenmedien, Wiesbaden: Westdeutscher Verlag, 2003.

Tewksbury, David, „What do Americans Really Want to Know? Tracking the Behavior of News Readers on the Internet“, in: Journal of Communication, Jg. 53, 2003, S. 694-710.

Theodorson, S. A./Theodorson, A. G., A Modern Dictionary of Sociology, New York: Cassell, 1969.

Tichenor, Philip J./Donohue, George A./Olien, Clarice N., „Mass Media Flow and Differential Growth in Knowledge“, in: Public Opinion Quarterly, Jg. 34, 1970, S. 159-170.

Tocqueville, Alexis de, Democracy in America, Chicago: University of Chicago Press, 2000 [1835/1840].

Verba, Sidney, „Political Participation and Strategies of Influence: A Comparative Study“, in: Acta Sociologica (Taylor & Francis Ltd), Jg. 6, 1962, S. 22.

Vincent, Richard C./Basil, Michael D., „College Student's News Gratifications, Media Use and Current Events Knowledge“, in: Journal of Broadcasting & Electronic Media, Jg. 41, 1997, S. 380-392.

Vlasic, Andreas, Die Integrationsfunktion der Massenmedien. Begriffsgeschichte, Modelle, Operationalisierung, Wiesbaden: VS Verlag, 2004.

Vlasic, Andreas/Brosius, Hans-Bernd, „‚Wetten dass...‘“ – Massenmedien integrieren? Die Integrationsfunktion der Massenmedien: Zur empirischen Beschreibbarkeit eines normativen Paradigmas“, in: Integration und Medien, hg. v. Kurt Imhof, Ottfried Jarren und Roger Blum, Wiesbaden: Westdeutscher Verlag, 2002, S. 93-109.

Vreese, Claes H. de, „The Spiral of Cynicism Reconsidered“, in: European Journal of Communication, Jg. 20, 2005, S. 283.

Waal, Ester de/Schönbach, Klaus, „Presentation Style and Beyond: How Print Newspapers and Online News Expand Awareness of Public Affairs Issues“, in: Mass Communication & Society, Jg. 11, 2008, S. 1-16.

Weaver, David, „Political Issues and Voter Need for Orientation“, in: Agenda Setting. Readings on Media, Public Opinion, and Policymaking, hg. v. David Protess und Maxwell McCombs, Hillsdale: 1991, S. 131-139.

Weber, Max, Politik als Beruf, Ditzingen: Reclam, 1992 [1919].

Weischenberg, Siegfried, Journalistik. Band 2: Medientechnik, Medienfunktionen, Medienakteure, Opladen: Westdeutscher Verlag, 1995.

Weiß, Hans-Jürgen, „Die Tendenz der Berichterstattung und Kommentierung der Tagespresse zur Neuordnung des Rundfunkwesens in der Bundesrepublik Deutschland. Ergebnisse einer quantitativen Inhaltsanalyse“, in: Media Perspektiven, Jg. 10, 1985, S. 383-390.

Wellman, Barry/Haase, Anabel Q./Witte, James/Hampton, Keith, „Does the Internet Increase, Decrease, or Supplement Social Capital? Social Networks, Participation, and Community Commitment“, in: American Behavioral Scientist, Jg. 45, 2001, S. 436-456.

Welzel, Christian/Inglehart, Ronald, „Liberalism, Postmaterialism, and the Growth of Freedom“, in: International Review of Sociology, Jg. 15, 2005, S. 81.

White, David Manning, „The ‚Gate Keeper‘: A Case Study in the Selection of News“, in: Journalism Quarterly, Jg. 27/4, 1950, S. 383-390.

Whitney, Charles D./Becker, Lee, „„Keeping the Gates“ for Gatekeepers: The Effects of Wire News“, in: Agenda Setting. Readings on Media, Public Opinion, and Policymaking, hg. v. David L. Protess und Maxwell McCombs, Hillsdale: Lawrence Erlbaum, 1991, S. 229-236.

Wimmer, Hannes, Evolution der Politik. Von der Stammesgesellschaft zur modernen Demokratie, Wien: WUV-Universitätsverlag, 1996.

Wimmer, Hannes, Die Modernisierung politischer Systeme. Staat – Parteien – Öffentlichkeit, Wien: Böhlau, 2000.

Windahl, Sven, „Uses and Gratifications at the Crossroads", in: Mass Communication Review Yearbook, Jg. 2, 1981, S. 174-185.

Zaller, John R., The Nature and Origins of Mass Opinion, Cambridge: Cambridge University Press, 1992.

Personenverzeichnis

Schlagwortverzeichnis

pro Studium Politikwissenschaft

UTB